U0534568

本书获得河北师范大学历史文化学院"双一流文库"学科建设经费资助出版

河北师范大学历史文化学院
双一流文库

文化认同视域下的
西夏藏传佛教研究

崔红芬 文志勇 著

A Research of Tibetan Buddhism
in Tangut under the Perspective of Cultural Identity

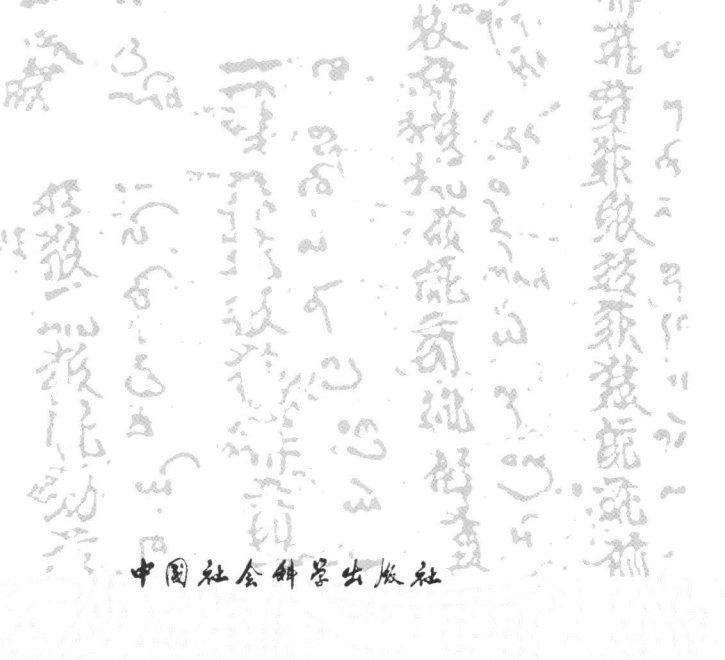

中国社会科学出版社

图书在版编目（CIP）数据

文化认同视域下的西夏藏传佛教研究 / 崔红芬，文志勇著 . —北京：中国社会科学出版社，2021.6

（河北师范大学历史文化学院双一流文库）

ISBN 978 – 7 – 5203 – 8466 – 7

Ⅰ.①文… Ⅱ.①崔…②文… Ⅲ.①喇嘛宗—佛教史—研究 Ⅳ.①B946.6

中国版本图书馆 CIP 数据核字（2021）第 092676 号

出 版 人	赵剑英
责任编辑	宋燕鹏
责任校对	王佳玉
责任印制	李寡寡

出　　版	中国社会科学出版社
社　　址	北京鼓楼西大街甲 158 号
邮　　编	100720
网　　址	http://www.csspw.cn
发 行 部	010 – 84083685
门 市 部	010 – 84029450
经　　销	新华书店及其他书店
印　　刷	北京明恒达印务有限公司
装　　订	廊坊市广阳区广增装订厂
版　　次	2021 年 6 月第 1 版
印　　次	2021 年 6 月第 1 次印刷
开　　本	710 × 1000　1/16
印　　张	27.5
插　　页	2
字　　数	432 千字
定　　价	156.00 元

凡购买中国社会科学出版社图书，如有质量问题请与本社营销中心联系调换
电话：010 – 84083683
版权所有　侵权必究

《河北师范大学历史文化学院双一流文库》
编辑委员会

主　任　　贾丽英　　杨　峰
副主任　　王　坚　　王向鹏　　贺军妙
委　员　　(以姓氏笔画为序)
　　　　　　王文涛　　邢　铁　　汤惠生　　武吉庆　　陈　丽
　　　　　　张怀通　　张翠莲　　吴宝晓　　杨晓敏　　赵克仁
　　　　　　徐建平　　倪世光　　崔红芬　　康金莉　　董文武

《河北师范大学历史文化学院双一流文库》
序　　言

　　河北师范大学历史学科学脉源远流长，底蕴深厚，1952年独立建系。1996年由原河北师范学院历史系、原河北师范大学历史系合并组建成河北师范大学历史文化学院。

　　在长期的演进中，张恒寿、王树民、胡如雷、黄德禄等曾在此弘文励教，苑书义、沈长云等仍耕耘在教学科研第一线，这些史学名家为学科发展奠定了坚实基础。多年来，几代学人筚路蓝缕，以启山林，学院一直呈现良好的发展态势。

　　目前，学院拥有中国史、考古学两个一级学科博士学位授权点、世界史一级学科硕士学位授权点，设有中国史博士后科研流动站。本科开设历史学、考古学、外国语言与外国历史三个专业。历史学专业是河北省强势特色学科、教育部第三批品牌特色专业。钱币学二级学科博士学位授权点为国内独家。考古学专业拥有河北省唯一涵盖本、硕、博的考古人才培养完整体系。2016年，我院中国史入选河北省"国家一流学科建设项目"，考古学入选河北省"世界一流学科建设项目"。2019年，历史学入选国家一流本科专业。

　　河北师范大学历史文化学院作为学校的重点学科，秉承"怀天下，求真知"校训，坚持学术立院、学术兴院的基本精神，瞄准国际和学科前沿领域，做真学问、大学问。以"双一流"建设之契机，本院决定编辑《河北师范大学历史文化学院双一流文库》，出版我院学者的学术论著，集中展示河北师范大学历史文化学院的整体学术面貌，从而更好地传承先辈学者的治学精神，光大学术传统，进一步推动学科和学术的发展。

《河北师范大学历史文化学院双一流文库》编辑委员会

目 录

绪 论 ……………………………………………………………（1）
    第一节 选题基础与研究内容 ………………………………（1）
    第二节 国内外相关研究回顾 ………………………………（8）

第一章 党项与藏传佛教的渊源 ……………………………（34）
    第一节 藏传佛教发展史略述 ………………………………（34）
    第二节 吐蕃占领河西与藏传佛教外传 ……………………（42）
    第三节 党项对藏传佛教的接受 ……………………………（48）

第二章 西夏建立与藏传佛教进一步发展 …………………（59）
    第一节 夏政权与凉州六谷吐蕃的关系 ……………………（59）
    第二节 西夏政权与甘州回鹘的关系 ………………………（65）
    第三节 西夏与河湟吐蕃的关系 ……………………………（68）
    第四节 藏传佛教传入西夏的年代 …………………………（73）

第三章 西夏藏传佛教寺院与译经场 ………………………（81）
    第一节 藏传佛教寺院和石窟寺 ……………………………（82）
    第二节 西夏译经场的设立与分工 …………………………（98）

第四章 西夏的师号与僧人管理 ……………………………（107）
    第一节 西夏的帝师 …………………………………………（107）
    第二节 西夏的国师 …………………………………………（123）

第三节　西夏的法师与禅师 ………………………………（139）
　　第四节　西夏对僧人的管理 ………………………………（152）

第五章　藏传佛教宗派在西夏传播及影响 ………………（163）
　　第一节　西夏与藏传佛教的宗派 …………………………（163）
　　第二节　西夏藏传佛教经典的来源及修习仪轨 …………（182）
　　第三节　藏族僧人对西夏佛教的影响与贡献 ……………（202）

第六章　西夏藏传佛教艺术与特征 ………………………（209）
　　第一节　西夏遗存藏式佛塔 ………………………………（209）
　　第二节　西夏遗存藏式绘画及特色 ………………………（222）
　　第三节　藏式塑像及擦擦 …………………………………（246）
　　第四节　西夏藏传佛教艺术特色 …………………………（253）

第七章　西夏藏传佛教信仰的世俗化 ……………………（261）
　　第一节　西夏观音信仰 ……………………………………（262）
　　第二节　净土经典及其信仰 ………………………………（277）
　　第三节　西夏文殊与五台山信仰 …………………………（296）
　　第四节　护国救世思想的流行 ……………………………（304）
　　第五节　赞佛斋忏的流行 …………………………………（310）

第八章　西夏藏传佛教对后世的影响 ……………………（315）
　　第一节　元明续刊西夏文佛经 ……………………………（316）
　　第二节　西夏遗民的佛事活动及其影响 …………………（322）

结　语 ………………………………………………………（378）

附录：西夏密教典籍与仪轨 ………………………………（386）

参考文献 ……………………………………………………（412）

绪　　论

第一节　选题基础与研究内容

一　选题基础

西夏是以党项族为主在西北地区建立的民族政权。"传统上被视为是西夏党项居民祖先的党项族的记载在《周书》里可以找到"。①　"党项"之名最早见于《隋书》《北史》和《通典》，之后《旧唐书》《新唐书》《旧五代史》《新五代史》《五代会要》《宋史》《辽史》和《金史》等也都有党项传或西夏传。史料记载党项或为"党项羌""三苗之后""西汉羌之别种（遗种）"；或称党项拓跋氏，其出于鲜卑拓跋氏，与元魏同出。

唐以后党项部落活动范围东距松州（今四川松潘），西到叶护，南杂春桑、迷桑，即今青海、四川交界处的果洛、阿坝藏族自治州地区，北连吐谷浑。党项部落处于与羌族、鲜卑、汉和突厥为邻或杂居的局面。在周灭宕昌、邓至以后，党项族日益强大，逐渐形成了以几大姓氏为主的党项部落，分布在今天青海、甘南和四川西北一带。尽管这一时期的党项还处在"土著，有栋宇，织牦牛、羊毛覆屋，岁一易。俗尚武，无法令、赋役。无文字，候草木记岁时。三年一相聚，杀牛羊祭天。妻其庶母、伯叔母、兄嫂、子弟妇"②的阶段，但内迁之前的党项与羌族、鲜卑、汉和突厥为邻或杂居的局面，开始接触和吸收外来文

---

① ［俄］波波娃编：《宋时期的非汉族政权之西夏（982—1227）》，崔红芬、文健译，《西夏研究》2019年第3期。
② （宋）欧阳修、宋祁撰：《新唐书》卷221《西域传》（上），中华书局1975年标点本，第6214页。

化，对汉文化也十分敬仰。

内迁后，经过长期曲折的发展，党项逐渐强大，拥有银、夏、绥、宥、静等州，建立夏政权。太平兴国七年（982），拓跋氏在夏州地方政权继承人选问题上发生严重矛盾，拓跋部大首领、定难军节度观察留后继筠去世，其弟继捧袭封，族人对此颇有异议。继捧为了与反对势力对抗，转而谋求宋廷支持，他率族人入朝，愿献银、夏、绥、宥、静五州（一说银、夏、绥、宥四州八县）与宋，并"陈其诸父昆弟多相怨，愿留京城"①。正愁拓跋氏尾大不掉的宋太宗大喜过望，立即遣使，诏继捧举族入京师赴任，尽收夏州等地。宋廷和继捧的这番举动引起了继迁的强烈不满，他借口奶母死，欲葬郊外，遂率党羽数十人叛奔地斤泽。从此，继迁便开始了恢复夏政权故地和争夺河西的战争。他首先抱着夺回旧地以获立足容身之地的目的，通过与党项部落酋豪和辽联姻，扩充势力，逐渐发展起来。终于在咸平元年（998）重新获取银、夏、绥、宥、静五州故地，完成了第一步计划。

继迁为自身的进一步发展壮大和削弱河西不同民族政权与宋的联盟，以减少对自己的威胁，又谋划攻取灵州和河西地区。他认为"西平北控河朔，南引庆凉，据诸路上游，扼西陲要害。若缮城浚壕，练兵积粟，一旦纵横四出，关中将莫知所备。且其人习华风，尚礼好学。将借此为进取之资，成霸王之业，岂平夏偏隅可限哉？"② 若要占领河西，必须先得取灵州，灵州依山傍水，经济、文化较为发达，地理位置极为重要，一直是唐宋的重镇。咸平五年（1002）继迁攻取灵州，杀知府裴济，改为西平府，并迁都于此。继迁对灵州的占领，为他占据河西提供了可靠的保证。

从咸平六年（1003）到景祐三年或大庆元年（1036），夏政权先后经历继迁、德明和元昊祖孙三代，共用了30多年的时间才最终占据河西整个地区。至此，元昊"自凉州尽有其地，则控制伊西，平吞漠北，

---

① （元）脱脱等撰：《宋史》卷485《夏国传》，中华书局1977年标点本，第13984页；（宋）李焘撰：《续资治通鉴长编》卷23"太平兴国七年条"，中华书局2004年第2版标点本，第520页。

② 戴锡章撰，罗矛昆校点：《西夏纪》卷1，宁夏人民出版社1988年版，第33页。

从此用兵中原，无后顾之忧矣"。① 元昊在宝元元年十月即天授礼法延祚元年（1038）正式称帝，建立西夏政权，经历了谅祚、秉常、乾顺、仁孝、纯祐、安全、遵顼、德旺、睍，共 10 帝，国祚 190 年。若从继迁叛宋开始计算，西夏国祚应有 245 年历史。

党项内迁之前已经接受佛教，存在一定佛教信仰。内迁之后，尤其元昊建立西夏政权，已经拥有今宁夏全境和陕西、甘肃、内蒙古、青海等部分地区。这些地域不仅佛教兴盛，而且是不同的文化融合发展之地。受地理环境、民族因素、历史渊源和周边政权及西夏境内生活着党项、汉、回鹘、藏等不同民族的影响，西夏统治者延续先辈的传统，尊崇藏传佛教，也广泛吸收汉传佛教和不同民族文化，出现汉、藏佛教融合发展的局面。西夏统治者从德明到秉常时期先后六次向宋朝请赐佛经，修建佛塔，存放经典，并以此为底本，汇集汉、党项、藏族、回鹘等僧人共同翻译成西夏文。除了汉文佛教外，还有大量的藏传佛教经典通过多种渠道传入西夏，藏族僧人来此弘法译经，将传入藏文佛经翻译成西夏文或汉文。西夏拥有深厚的汉传佛教发展基础，还出现了西夏文和藏文合璧的佛经，满足了境内不同民族信众对佛经的需求。

在西夏的考古史上有多次重大发现，如 1907—1909 年以科兹洛夫（П. К. Козлóв）为首的俄国皇家地理学会四川—蒙古探险考察队在今内蒙古额济纳旗境内西夏故城黑水城发掘出大量的西夏时期的文物和文献，分别藏于俄罗斯科学院东方学研究所圣彼得堡分所和国立艾尔米塔什博物馆。这批文献以西夏文佛教文献为主，占 90% 以上，它们被运抵俄国以后，一些佛学家和汉学家立即着手对这批文献文物进行初步的整理编目和研究。仅克恰诺夫的《俄藏黑水城西夏文佛经文献叙录》就收录西夏文佛经 374 部，其中译自藏文的佛经、陀罗尼和仪轨多达 130 余种，这些译自藏文的西夏文写本多为修习仪轨、陀罗尼和本尊信仰，包括那罗巴、玛尔巴等辑传作品。

1914 年英国人斯坦因（M. A. Stein）率领的考察队也来至黑水城，

---

① （清）吴广成撰，龚世俊等校证：《西夏书事校证》卷 12，甘肃文化出版社 1995 年版，第 140 页。

也在此获得4000余件文物文献，其中文献现藏于英国国家图书馆，密教经典大致有《佛说圣曜母陀罗尼经》《佛说炽盛光大威德消灾吉祥陀罗尼经》《圣大乘胜意菩萨经》《瑜伽集要焰口施食仪》《佛说最上意陀罗尼经》《圣妙吉祥真实名经》《千手千眼观世音菩萨广大圆满无碍大悲心陀罗尼经》和译自藏文尚未定名的文献等。斯坦因的藏品虽然不及科兹洛夫的藏品丰富，且多为残叶，但与科兹洛夫藏品出土地相同，二者可以相互补充借鉴。

1917年灵武知县余鼎铭在灵武又发现了一批西夏文佛经，这批经卷目前主要藏于中国国家图书馆，少数藏于日本京都大学图书馆和中国甘肃、银川等地的私人手中。

1990年贺兰山拜寺沟方塔被不法分子炸毁，宁夏考古所对其进行紧急抢救发掘，从中又清理出大量的西夏文佛经等文献，有《吉祥遍至口和本续》《吉祥遍至口和本续之解生喜解补》《吉祥遍至口和本续之要文》《吉祥遍至口和本续之广义文》《大方广圆觉修多罗了义经略疏》《佛顶心陀罗尼经》《初轮功德二十偈》《三十五佛名礼忏功德文》《圆觉道场礼□》《救诸众生一切苦难》《众经集要》《修持仪轨》《吉祥上乐轮略文等虚空本续》《顶髻尊胜佛母像》等。其中，方塔中出土的西夏文佛经《吉祥遍至口和本续》等属海内孤本。

在宁夏山嘴沟石窟也出土了西夏时期的文献和文物，佛经有《大方广佛华严经》《妙法莲花经》《金刚般若经集》《圆觉注之略疏》《圣妙吉祥真实名经》等，有西夏文、藏文和汉文，分为写本、雕印本和活字印本等，装帧形式多样，有蝴蝶装、卷子装和经折装等。①

在贺兰县宏佛塔、拜寺口双塔、山嘴沟石窟寺和青铜峡一百〇八塔等处还发现了一些佛经、佛画、唐卡、塑像、擦擦等。在武威张义乡下西沟岘山洞、武威西夏墓中也出土了西夏文、汉文和藏文的佛经、帛画、文书、占卜辞等。另，1908年法国汉学家伯希和（P. Pelliot）继斯坦因之后也到敦煌，他不仅从王道士手中廉价购得64多件文献精品和200多幅绘画、20多件木雕、丝织物等，还到北区，掘得大批遗物，其中文献藏于法国国立图书馆，有西夏文《药师经》等残叶。后来敦煌

---

① 宁夏文物考古研究所：《山嘴沟西夏石窟》（上、下），文物出版社2007年版。

研究院以彭金章为首对莫辽窟北区进行发掘，也获得一些西夏文文献。

此外，在莫高窟、榆林窟、东千佛洞、五个庙石窟、文殊山万佛洞等发现100多个西夏时期新开凿洞窟或重新装銮过的前代洞窟及一些保存下来的西夏碑刻等。这些考古发掘都为研究西夏社会生活、商贸经济、政治制度和佛教文化等方面提供了极丰富的宝贵资料。由于大量西夏资料流失海外，给我们研究西夏学带来了诸多不便，但这也促使中外学者对西夏学领域的共同研究和探讨，从而使西夏学形成了一门国际性的学科，为后来研究者提供了博采众家之长的机会。

近些年，随着俄藏黑水城文献的陆续公布和越来越多的研究成果不断问世，诸位前贤在西夏学的研究方面已取得丰硕成果。研究内容主要涉及石窟考古、石窟艺术、藏传绘画与唐卡、佛经的编目、佛经的译释和佛教史等领域，为我们继续从事西夏佛教研究奠定了基础，提供了便利条件。与此同时，限于材料和条件，前人对西夏佛教的研究还存在一些不足，尤其是西夏藏传佛教发展和传播整体状况的研究仍显薄弱。即使前人涉及的领域，有些观点尚值得进一步商榷和考证，有些问题还可以进一步深入研究。因此，本课题争取在比较全面收集材料和借鉴前人研究成果的基础上，对学界已涉及的问题作进一步深入研究，对没有涉及的问题进行尝试性探讨。

二　研究范围界定

藏传佛教是中国佛教重要流派之一，在西藏发展的历史分两个历史阶段，藏文史籍一般称"前弘期"和"后弘期"。藏传佛教有两层含义：一是指在藏族地区形成和经藏族地区传播并影响其他地区的佛教；二是指用藏文、藏语传播的佛教，如蒙古、纳西、裕固、土族等民族即使有自己的语言或文字，但讲授、辩理、念诵和写作仍用藏语和藏文，故又称"藏语系佛教"。

藏传佛教虽然强调咒术和诵陀罗尼，分为事部、行部、瑜伽部、无上瑜伽部等四部，而各宗派多以无上瑜伽部的各种教授为主要修行法门，但藏传佛教的教义不仅仅限于密教，而在显教理论方面也有很多继承和弘扬，藏传佛教辩论时严格按照因明学的传统进行，辨析精细入微，为其他各系佛学少有。在中观、唯识、因明等佛学研究中，他们也取得并不逊色的学术成果,尤其是据印度原典翻译集大成的藏文大藏经,与汉文大藏经比起来,是有过之而无不及。藏传佛教是大小乘兼学,显密双修,解行并重,并吸收了本教的某些特点。所以在谈到藏传佛教,不应仅仅认为只有密教内容,也应包括显教内容。

因党项和藏族生活地域接近或杂居,语言相通,风俗习惯和文化背景相似等,他们有着密切的联系,彼此间既有僧人的相互往来交流,也有语言文献的翻译传播。本研究论及的西夏藏传佛教既与藏族有密切关系的,却又不仅仅局限于藏传佛教的密教方面,还包含藏传佛教显教的相关内容。这与西夏文化受到多民族、多源文化的影响密切相关。

三 研究思路与内容

因为传世文献记载非常有限,故此研究西夏藏传佛教还要以出土汉、夏佛教文献为主体,并贯穿在全文之中。我们首先对刊布佛教文献进行全面系统的梳理,结合前人研究成果,判定与藏传佛教信仰有关的文献,对相关西夏文献进行翻译。再次依据皇帝尊号、题记、发愿文、传译者和版式等判定佛经大致年代,区分西夏和蒙元等不同时期传抄、刊印的西夏文经典。探讨西夏传译藏传佛教经典的背景和弘法僧人,对教派思想和修习仪轨进行考证。把西夏藏传佛教放入当时多民族文化相互认同历史背景中进行考察,对西夏藏式佛教建筑及艺术的多元文化特点进行研究。

本书着重对以下几个方面的研究和探讨:(1)详细搜集党项与吐蕃的历史渊源、周边民族与西夏的关系、俄藏黑水城西夏文佛经题记以及出土碑铭等材料,以便考证藏传佛教在西夏传播的基础,论证藏传佛教在前弘期就为党项人所接受,及至西夏建立后,藏传佛教在西夏的发展进入一个新阶段。(2)从考证西夏藏品中藏传佛教经典、译经者及年代入手,对西夏佛经的来源、翻译情况作一探讨,进而论述藏传佛教某些教派传入西夏及其影响等情况。(3)藏传佛教要求信徒四皈依,即皈依师、佛、法、僧,"师"的地位崇高。笔者认为,西夏帝师封号是受藏传佛教"上师"的影响而出现,我们还对西夏有师号的高僧、藏传佛教僧人的剃度以及他们在西夏的地位进行论证。(4)藏族视观世音菩萨为藏地的保护神,密教观世音信仰十分兴盛,本书对观世音信仰在西夏的传播情况进行了一定的探讨。（5）受吐蕃和河西地区传统影响，西夏僧人有出家和住家之别，并受佛教世俗化影响，西夏僧人出家而不废俗姓，西夏将其管理也纳入世俗法律体系。

总之，在前人研究的基础上，通过对上述问题的探讨，本书力争对藏传佛教在西夏的传播、发展、文献遗存，以及对后世的影响作较为深入的研究。

四　研究方法与意义

本书采用多学科相结合的研究方法，充分利用民族史学、文献学、藏学、宗教学、目录学和版本学的知识，把出土佛教文献、洞窟资料、碑铭与传世文献等结合起来进行论证，尽量吸收相关各个学科研究的成果，进行多角度综合性的研究。

西夏政权的建立实现了西北地区局部的统一，促进了古代西北开发和西北各民族间的相互融合，为元代大一统奠定了基础。西夏佛教发展又具有鲜明的民族性和地域性，体现出不同文化的杂糅性。由于汉文史料对西夏佛教、文化等方面的记载非常有限，且受西夏文解读、译释和俄语等因素的限制，在已往中国古代佛教史和佛教文献的研究中，学界对西夏佛教重视不够，往往忽略不论。而西夏处于汉、藏、回鹘等多元文化的融摄地带，我们所要研究的西夏藏传佛教正是在多元文化背景影响下形成的对西夏佛教研究有重要价值。西夏佛教还具有承前启后的特点，前承瓜沙归义军、甘州回鹘和凉州吐蕃政权，后接蒙元王朝，是我国佛教发展过程中不可分割的组成部分，也是中国古代佛教史研究中不可缺少的一个重要环节。要研究西夏佛教的发展，既要以前代河西地区佛教发展情况为背景，同时还要考虑西夏与周边政权的关系以及境内各民族等诸多因素。只有这样才能准确把握西夏佛教或西夏藏传佛教发展的特点，对了解西夏时期西北地区佛教发展的状况也有积极的意义。

宋、辽、西夏、金虽是历史上是分裂时期，但又是一个多民族文化相互融合发展时期，本书对多民族文化交融背景下的西夏藏传佛教的研究，对于弘扬优秀民族文化、加强国际学术交往和促进学术繁荣无疑也具有积极作用，对于多民族团结合作和共同发展也具有一定的借鉴意义。

第二节　国内外相关研究回顾

西夏立国近两个世纪，前期与辽、北宋鼎立，后期和金、南宋对峙，在当时产生了深远的影响。西夏崇信佛教，译经、校经事业兴盛，各类斋会活动频繁，佛教在人们生活中占有相当重要的地位，西夏文献有"浮图梵刹，遍满天下"的记载。然而蒙古军队灭西夏时，实物损毁严重，文献资料大多散佚，正史记载极为有限，致使西夏研究资料匮乏，西夏历史在很多方面存在疑问和谜团，西夏被视为"神秘"的王国；随着文献的湮没和文字、文化的消亡，西夏逐渐成为被人们遗忘的王朝，西夏学也成为冷门绝学。

今天我们研究西夏佛教主要得益于大量西夏洞窟和黑水城等地佛教文献的发现与刊布。在西夏的考古史上曾有多次重大发现，主要集中在内蒙古黑水城、甘肃河西走廊和宁夏境内。黑水城是西夏一个边境重镇，元代称亦集乃。元末明初，由于人为和战争等，河流改道，人们赖以生存的水源缺乏，此城遂废。李并成先生对居延古绿洲沙漠化的问题进行了详细考证研究，他认为，人为因素加剧古居延绿洲沙漠化的进程。但从出土文物看，至少在明朝前期居延绿洲并未废弃，仍有人类居住，从事生产劳作。此后史籍中就很少记载古居延绿洲了。

由于历史原因，黑水城文献流散多个国家，主要有俄藏、英藏和中国藏三大部分。黑水城文献以佛教文献占绝大多数，其他内容涉及道教、政治、法律、经济、社会、军事、语言、民族等，是研究唐、五代、西夏、辽、宋、金、元，特别是西夏的珍贵资料。其中"俄藏""英藏"黑水城文献以西夏文为主，佛教文献约占90%；"中国藏"黑水城文献以汉文为主，世俗文献略胜于佛教文献。

一　国外研究

（一）俄罗斯的西夏学研究

1907—1909年俄国人科兹洛夫（П. К. Козлов）率领的四川—蒙古考察队在今内蒙古额济纳旗境内的巴丹吉林沙漠中找到了黑水城遗址，并在城西北角的一个"大佛塔"中掘获大量的西夏文、汉文、藏文、蒙古文、回鹘文等多种语言文献，分为世俗文献和佛教文献，以佛教文献占绝大部分。1926年科兹洛夫讲演时提及："17年前曾从黑水城废墟运出40驼，骆驼运出了一个保存完好的图书馆，计有24000卷。"现已整理编号达8000多。这些可与敦煌藏经洞文献相媲美的黑水城文献的发现是宋金元时期，特别是西夏时期丰富的文化财富，为研究西夏宗教、政治、经济、文化、对外交往和民族关系等提供了极为珍贵的资料。正是科兹洛夫在黑水城的发现，使埋藏了七百多年的西夏文献和文物又重新面世，由此引起了各国学者的关注和投入相关研究，逐渐形成了一门国际学科——西夏学。

1909年科兹洛夫收集品运抵俄罗斯后，立即引起俄国学界极大兴趣，俄国学者凭借得天独厚的资源优势率先开启了西夏学研究的序幕。俄罗斯从事黑水城文献整理和研究的有伊凤阁（А. И. Иванов）、科特维奇（В. Л. Котвич）、奥登堡（С. Ф. Ольденбург）、龙果夫（А. А. Драгунов）、弗鲁格（К. К. Флуг）、聂历山（Н. А. Невский）、戈尔巴乔娃（З. И. Горбачёва）、克恰诺夫（Е. И. Кычаноз）、克平（К. Б. Кепинг）、孟列夫（Л. Н. Меньшиков）、索夫罗诺夫（М. В. Софронов）、捷连吉耶夫-卡坦斯基（А. П. Терентьев-Катанский）、鲁勃-列斯尼钦科（Е. И. Лубо-Лесниченко）、萨玛秀克（К. Самосюк）等学者。

1. 整理编目

（1）汉文文献编目

俄国弗鲁格最早整理汉文佛经，写有《关于西夏刻印的汉文经》（《东方书目》第2—4辑，1933年）和《苏联科学院东方学研究所藏汉文古佛教写本简明目录》（《东方书目》第8—9辑，1936年），并注意到"不见于各种汉文大藏经的几部刻本佛经"。可惜他死于二战列宁格勒（今圣彼得堡）被围困时期，整理工作被迫中止。直到1957年孟列夫（Л. Н. Меньшиков）在弗鲁格编目基础上，对西夏汉文文献继续整理和编目，出版了《黑城出土汉文遗书叙录》（王克孝译，宁夏人民出版社1994年版）收录俄藏汉文文献共488件，佛教文献300多件，将弗鲁格认为的"不见于各种汉文大藏经的几部刻本佛经"收录其中，定为"密教佛经"，内容多为噶举派和萨迦派修习仪轨。

（2）西夏文文献编目

19世纪20年代末，龙果夫开始对西夏文献进行整理和编目，从中选出41种文献编目，即《苏联研究院亚洲博物馆藏西夏文书籍目录二则》，发表在《国立北平图书馆馆刊》（第4卷，第3号"西夏文专号"，1932年）之上。之后俄伊凤阁和聂历山对俄藏西夏文文献继续编目和考证，以聂历山的成绩最大。1929年聂历山从日本回国后，开始对亚洲博物馆收藏西夏文献进行整理编目，1931年发表了《亚细亚博物馆西夏书籍目录》（《北平图书馆馆刊》第4卷，第3号"西夏文专号"）。

1963年戈尔巴乔娃和克恰诺夫对黑水城西夏文文献进行整理，合作出版了《西夏文写本与刊本》（莫斯科东方文献出版社1963年版）。此编目虽存在一些文献定名或分类错误，但是首次对俄藏黑水城部分西夏文藏品进行编目，编目中收录一些译自藏文佛经等。

后来，克恰诺夫在《西夏文写本与刊本》基础上，主要参考日本学者西田龙雄（Tatsuo Nishida）的编目，重新对黑水城西夏文佛经文献进行分类和编目，纠正了《西夏文写本与刊本》中的错误，出版了《俄藏黑水城西夏文佛经叙录》（日本京都大学，1999年，俄文版，崔红芬、文志勇汉译，甘肃文化出版社2021年版）。截至目前，在众多的编目之中，《俄藏黑水城西夏文佛经叙录》是最为全面的西夏文佛经目录，较完整地介绍了俄罗斯科学院东方研究所馆藏西夏文佛经，收录俄藏西夏文佛经374部，其中译自藏文的佛经、陀罗尼经大概有130多种，收录馆册号3000余。尽管克恰诺夫的研究在有些地方还欠推敲，但这是目前从事西夏佛教研究必不可少的一本参考书。这些译自藏文的西夏文写本多为修习仪轨、陀罗尼和本尊信仰，包括那罗巴、玛尔巴等辑传作品。俄罗斯西夏学者克恰诺夫曾说："当由藏文转为西夏文的译著成为学界的财富时，藏族文化和藏传佛教研究者对西夏文献的兴趣也会大增。"[1] 这些译自藏文的西夏文文献有助于我们了解藏传佛教在西夏传播、发展的真相及多民族文化认同的情况，也为研究西夏藏传佛教

---

[1] 中国社会科学院民族语言研究所等编：《俄藏黑水城文献》第1册，上海古籍出版社1996年版，第14页。

对蒙元的影响提供了宝贵材料。

（3）文献的混淆与辨别

随着文献整理编目研究的深入，学者们发现在黑水城文献中存在诸多问题，例如黑水城文献与敦煌文献混淆，科兹洛夫不同地点收集品的混淆等。当时科兹洛夫在黑水城进行发掘工作的人员并非考古专业人士，很多人员的他在当地临时雇用的蒙古族，科兹洛夫考察队在刚开始发掘佛塔时，科兹洛夫本人未到发掘现场，其考察队成员根本不认识西夏文，有的人连汉字也不认识。作为考察队队长的科兹洛夫起初没有关注文献，只是关注佛像画与雕塑。由于上述原因，这批藏品从佛塔中发掘出来的时候，就已经被弄乱了，以致一些文献的某些部分与另外一些文献的某些部分严重地掺混到了一起。科兹洛夫的藏品除了佛塔里文献严重混乱外，还存在塔内发掘出的文献与他在黑水城地表挖掘出的文献也混在了一起。截至目前，还未能将它们完全整理、分拣和归拢清楚。

科兹洛夫藏品从发掘地黑水城被运抵圣彼得堡后，收藏情况变得更为复杂，黑水城藏品又与其他地方的收集品混在一起。俄罗斯藏品来自多个地区，圣彼得堡所藏文献除了科兹洛夫的藏品外，还有以奥登堡（С. Ф. Ольденбург）为首的考察队于1909—1910年第一次吐鲁番考察团带回来的文献，以及驻乌鲁木齐俄国总领事Н. Н. 克罗特科夫（Н. Н. Кромков）于1909—1910年收集品和С. Е. 马洛夫（С. Е. Мапов）在和阗考察带回文献等。

俄罗斯收集品除了来源复杂之外，收集品的管理也存在问题，除少数写卷以外，基本没有清晰的登录制度，且保管和借阅制度也很混乱。一些文献不登记来源，也没有编号的记载，俄藏敦煌文献和黑水城文献的登录、编号，因历经多人之手，曾进行过多次编号，同一卷子反复编号，有几个号码或不同编号的文献并非罕见。在文献管理与借阅上，并无严格的借阅制度[①]等原因，使得黑水城文献和敦煌、吐鲁番等文献又混淆在一起。

---

① Е. И. Кычанов, *Каталог тангутских буддийских памятников*, введение, 崔红芬、文志勇译, Университет Киото, 1999г. стр. 1.

俄罗斯藏品收藏地多次搬迁再一次使文献混淆更加严重。黑水城藏品先是存放在俄国地理学会的大楼内，后来又将它们分别存放在俄罗斯博物馆及俄罗斯科学院亚洲博物馆内。俄罗斯博物馆内收藏的主要是艺术品及物质文化的实物，现在这部分艺术藏品存放在国立艾尔米塔什博物馆内。而俄罗斯科学院亚洲博物馆内收藏的主要是西夏文献资料。起初，这批藏品存放在亚洲博物馆大楼内的一些房间里（现在该处是圣彼得堡科学研究中心所在地），后来它们随亚洲博物馆一起搬迁到了科学院图书馆的新大楼内，在苏联历次战争及二战列宁格勒被围困时期，这批藏品一直存放在此处。二战结束以后，又将藏品搬到滨河宫18号的一幢大楼内存放，一直到现在。40多年的时间内，人们将藏品进行了四次大的搬迁，使得藏品的混杂、破坏现象更为严重了。①

关于俄藏黑水城文献与敦煌文献的甄别工作已有一定进展，最初是由该所孟列夫进行的。1963年和1967年，孟列夫主编的《亚洲民族研究所藏敦煌汉文写卷叙录》（苏联科学出版社东方文学部出版）中收录所藏敦煌卷共11375号。其中甄别"非敦煌所得"共575号，而出自黑水城者有9号，文中注明"黑水城遗物"。

实际上，被混淆的文献远不止此数，柴剑虹先生根据孟列夫主编《俄藏敦煌汉文写卷叙录》（上、下），明确注明出自黑水城的就有13个编号。这些黑水城文献在1984年孟列夫编辑《黑城出土汉文遗书叙录》都加以著录。这些内容再次收入由中俄两国合编的《俄藏黑水城文献》中，有的注明"孟敦录"。从1986年至今，中国学者如吴其昱、方广锠、荣新江、府宪展和日本学者竺沙雅章等也根据已出版的俄藏敦煌文献和黑水城文献内容、时代等甄别判定出俄藏敦煌文献中混入黑水城文献有近百种。

后来，北京大学荣新江先生在前人基础上再对敦煌文献进行甄别，又从已收入敦煌的文献中辑录出200多件黑水城汉文文献，基本是以Ф. Дх. 编号的。这些重新辑录出的黑水城文献多是佛教文献。②

---

① Е. И. Кычанов, *Каталог тангутских буддийских памятников*, введение, 崔红芬、文志勇译, Университет Киото, 1999г. стр. 2.

② 荣新江:《〈俄藏敦煌文献〉中的黑水城文献》, 见沈卫荣等主编《黑水城人文与环境研究》, 中国人民大学出版社2007年版, 第535—541页。

2. 文献译释研究

俄罗斯的学者对科兹洛夫藏品中的佛经文献进行整理研究，陆续发表了一些研究成果。由于最初接触的多为佛教文献，西夏学前期研究主要是对佛经的介绍和译释开始的，西夏文字的考证研究大多也借助佛教文献而进行。1916 年伊凤阁发表了西夏文《观弥勒菩萨上生兜率天经》（圣彼得堡）的部分片段并附有汉译文。

20 世纪初，聂历山开始涉足西夏学研究，并取得了显著成绩，他被认为是苏联西夏学研究真正的奠基人。聂历山的西夏学研究开始于他在日本工作期间（1915—1929），当时他通过伊凤阁和奥登堡等人收集了许多西夏文文献并对其进行研究。聂历山与日本学者石滨纯太郎合作发表了不少关于西夏佛经的研究成果，主要有《西夏文般若经片断》（《艺文》18 卷 5 号，1927 年，京都）、《西夏文地藏菩萨本愿经残纸》（《典籍之研究》第 6 卷，1927 年）、《西夏语译大藏经考》（日本《龙谷大学论丛》第 287 卷，1929 年。周一良将《西夏语译大藏经考》译成汉文介绍到中国来。）、《西夏文八千颂般若经合璧考释》《西夏国书残经释文》（这些文章的汉文本皆载《北平图书馆馆刊》第 4 卷第 3 号"西夏文专号"）和《西夏语译大方广佛华严经入不思议解脱境界普贤行愿品》（MAYURA，第 2 号，1933 年）等。其中《西夏语译大藏经考》介绍了元刊西夏文佛经的大致情况，考证了西夏藏经、译经的情况，认为西夏佛典译自汉文和藏文两个系统。

聂历山对藏文注音的西夏文佛经也有研究和考证，根据藏文注音的西夏文佛教残卷撰写了《西藏文字对照西夏文字抄览》一文①，编成索引，为后人了解西夏时期吐蕃人学习西夏文的情况提供了信息。1938 年聂历山冤死于苏联的肃反运动中，他的研究成果直到 20 世纪 60 年代初期才被整理编辑成两卷本《西夏语文学》（文志勇、崔红芬汉译，见《西夏研究》（第六辑），中国社会科学出版社 2007 年版），本成果虽然不是专门研究佛教的著作，其中所引用的原始材料大多出自佛经。截至目前，中国学者在学习和解读西夏文字时聂历山的著作仍是必须参考的

---

① ［俄］聂历山：《西藏文字对照西夏文字抄览》，刘红君等译，孙伯君编《国外早期西夏学论集》（2），民族出版社 2005 年版，第 1—98 页。

内容。

克恰诺夫的《西夏国的藏族和藏族文化》（译文载《国外藏学研究译文集》第 2 集，西藏人民出版社 1987 年版）则探讨佛教在西夏的地位、国家对宗教的监督掌控以及藏族文化对西夏影响等问题。

近些年来，俄国学者索罗宁（K. J. Solonin）在西夏文文献译读、西夏与辽关系方面取得一定的成绩。他的《西夏文星曜礼忏文献〈圣曜母中道法事供养根〉译考》（《敦煌研究》2019 年第 3 期）对俄藏西夏文文献 инв. No. 4737《圣曜母中道法事供养根》进行了全文译释，厘清了文本本身的结构和属性，进一步对属于同一体系和疑似其他体系的相关文献进行了辨析和阐说。《〈金刚般若经颂科次纂要义解略记〉序及西夏汉藏佛教的一面》（《中国藏学》2016 年第 2 期）主要讨论了文献的序篇，序篇记载证明西夏佛教曾经存在"汉藏佛教圆融"趋势。《西夏佛教之"系统性"初探》（《世界宗教研究》2013 年第 4 期）认为西夏佛教基础是辽代"圆教"信仰，此信仰基础来自于晚唐华严思想，西夏汉传佛教以"华严信仰"为主。西夏有两个佛教传统，即是"官方"佛教与"民间"佛教。《西夏佛教研究学术价值增加》（《中国社会科学报》2012 年 11 月 23 日）从各处出土的西夏文献来看，佛教文献数量远远超过其他宗教以及社会文书，无论是西夏历史或语言研究，皆会涉及西夏佛教的不同侧面，佛教文献的学术价值不断增加。而《西夏佛教著作〈唐昌国师二十五问答〉初探》（《西夏学》2007 年第 2 辑）、《南阳慧忠（？—775）及其禅思想—〈南阳慧忠语录〉西夏文本与汉文本比较研究》（中国多文字时代的历史文献研究国际会议，2008 年）、《西夏文"洪州"文献再考》（首届中国少数民族古籍文献国际会议，2010 年）、《白云释子〈三观九门〉初探》（《西夏学》第 8 辑，2011 年）和《圭峰宗密和西夏禅宗佛教》则对西夏禅宗文献进行考证分析。

3. 佛教艺术研究

除了对佛经的译释和西夏文的解读外，俄国学者对西夏佛教绘画也给予了很大关注，有较深入的研究。1909 年俄国著名的梵藏学家奥登堡开始对黑水城藏品中的唐卡进行研究。1909 年奥登堡和伊万诺娃、考特维奇合作发表了《科兹洛夫黑水城所获文物》，简要归纳出藏品中的藏传文物。1914年又出版了《黑水城佛教造像学资料：藏传风格图像学》（圣彼得堡，《俄国民族学资料》第2卷）一书，这是研究黑水城唐卡的第一部论著，也是研究藏传佛教造像的第一部著作。奥登堡将藏传作品从整个黑水城出土的绘画中清晰地区分开来，其后依照佛教图像学、特别是藏传佛教图像学对这些图像进行了身份辨识并简略地分析了其风格流派。现在俄国学者涉及黑水城唐卡图像神灵身份的鉴定，大多遵从奥登堡的解说。由于受时代所限，奥登堡对唐卡的解释，尤其对其风格的分析都存在一些问题。①

进入20世纪80年代，随着俄藏唐卡的逐渐公之于世，俄罗斯学者列昂诺夫（Г. Леонов）对俄藏黑水城藏传绘画也进行研究，1984年在德国慕尼黑举行的第三届国际藏学会议上他提交了《艾尔米塔什博物馆的西藏艺术品》一文，介绍艾尔米塔什博物馆收藏的绘画大约300件，认为"这些绘画对早期西藏密教艺术的研究具有无与伦比的重要性"，并"可以作为十一至十二世纪最流行的金刚乘仪轨的索引"。②

萨玛秀克也发表了一系列有关黑水城唐卡研究的论文，还与他人合作编写了《丝路上消失的王国——西夏黑水城的佛教艺术》，书中收录各类绘画87幅，附文字说明，并收录了萨玛秀克的《西夏王国的艺术——历史与风格的阐释》一文，她首先叙述了西夏周边文化、佛教背景及西夏文化的特征，进一步论述了汉、吐蕃和中亚地区等佛教信仰及其佛教艺术对西夏佛教的影响，阐释了不同艺术特色在西夏绘画中的融合。2006年萨玛秀克又出版了新作《十二至十四世纪黑水城汉藏佛教艺术》，此书从12—14世纪黑水城佛教艺术和艺术收藏品目录两部分对黑水城出土汉藏艺术作品进行论述。③

萨玛秀克还发表过《俄罗斯国立爱尔米塔什博物馆东方部馆藏黑水城文物记述》（译文载《宁夏社会科学》2002年第6期）、《黑水城遗

---

① 谢继胜：《西夏藏传绘画——黑水城出土西夏唐卡研究》，河北教育出版社2002年版，第15—16页。

② 谢继胜：《西夏藏传绘画——黑水城出土西夏唐卡研究》，河北教育出版社2002年版，第19页。

③ К. Ф. Самосюк, Буддийская живопись из ХАРА-ХОТО VII - XIV веков между Китлем и Тибетом, Санкт-Петербург, издательство государственного Эрмитажа, 2006г.

址出土十二世纪"恒星巫术圈"》（译文载《敦煌学与中国史研究论集》，甘肃人民出版社 2001 年版）和《西夏王国的星宿崇拜》（译文载《敦煌研究》2004 年第 4 期）。后两篇文章是作者在借鉴聂历山的研究成果《十二世纪西夏国的星曜崇拜》等，通过对俄藏十余幅星曜作品进行分析比较，对西夏坛城和各星曜的位置、形象等进行描述，揭示出 11—14 世纪中亚和汉地流行的星宿崇拜的真实面貌，说明西夏星曜信仰深受汉、吐蕃和印度的影响。

鲁勃-列斯尼钦科（Е. И. Лубо-Лесниченко）、沙弗拉诺夫斯卡娅（Т. К. Шафрановская）合著《黑水死城》（莫斯科科学出版社 1968 年版，译文见《西北第二民族学院学报》2005 年第 1—2 期）是一本介绍黑水城历史、西夏文字、书籍装帧、佛教艺术以及西夏净土信仰等内容的通俗读物，其中也涉及藏传佛教艺术。

（二）日本的西夏学研究

日本最早接触西夏文献并介绍科兹洛夫藏品的是狩野君山，尽管他的介绍较为简略，但比伯希和（P. Pelliot）的《科兹洛夫考察队黑城所获汉文文献考》还早。日本真正的西夏学研究与聂历山有密切的联系。聂历山在日本工作期间（1915—1929），他通过与俄国的关系把收集到的很多西夏文献的照片提供给日本学界，促成了日本西夏学研究工作的开展，他还与石滨纯太郎合作发表过多篇有关西夏佛教文献研究方面的文章，具体内容见前述聂历山的研究。石滨纯太郎是第一个正式使用"西夏学"这一名称的学者。

日本早期从事西夏学研究的学者还有川上天山、小林照道、常盘大定等。发表的文章有常盘大定的《关于西夏文大藏经的雕刊》（《东方学报》1938 年第 9 册）、川上天山的《关于西夏语译〈六祖坛经〉》和小林照道的《关于西夏佛教的研究》（皆载《支那佛教史学》第 2 卷 3 号，1938 年）等。其中川上天山在罗福成释译《六祖坛经》的基础，把西夏本《坛经》与敦煌本作了比对，确认西夏文译本是根据敦煌本翻译的。

受战争影响日本西夏学研究也曾一度沉寂，从 20 世纪 50 年代起才又出现了比较繁荣的局面，在西夏佛教研究方面取得了可喜的成绩。如石滨纯太郎的《西夏文大藏经》(《西域文化研究》第4卷,1961年)①和西田龙雄的《西夏文华严经》(1—3册,京都大学文学部出版,1975—1977年)等。

西田龙雄《西夏文华严经》对日本藏十一卷(卷1、2、3、4、5、6、7、8、9、10、36)西夏文《大方广佛华严经》进行译释,《西夏文华严经》(第三册)即《西夏文佛经目录》则汇集了314种西夏文佛经目录,译自藏文有60多种。他在目录中还介绍了世界各地收藏西夏文佛经的情况,并给出佛经译成汉文或藏文的时间依据,以及由梵文译成西夏文的译者,列出了经文的梵文或藏文名称。② 克恰诺夫在重新整理《俄藏黑水城西夏文佛经文献叙录》时参照了西田龙雄的《西夏文佛经目录》。西田龙雄还撰写有《关于天理图书馆所藏〈无量寿宗要经〉》(《富永先生华甲纪念古版书志论丛》第23号,1962年)、《西夏佛教》(《南都佛教》第22号,1969年)和《关于西夏文佛经》(《丝路与佛教文化》,东洋哲学研究所,1980年)等,对于天理图书馆藏佛经和其他西夏文佛经进行探讨考证。

对西夏佛经进行译释、考证的文章还有野村博(后改名为松泽博)《西夏语译〈白伞盖陀罗尼经残卷考〉》(《龙谷史坛》第68、69号,1974年)、《西夏语译〈佛顶心观世音菩萨大陀罗尼经〉》(日本《东洋史苑》第8号)、《关于有仁宗校订期的西藏经典题目的西夏经典考察》《关于元代刊行西夏大藏经的考察》、关于西夏仁宗的译经——以甘肃省天梯山石窟出土西夏经为中心》《敦煌出土西夏语佛典研究序说——关于天理图书馆所藏西夏语佛典》(1)(《东洋史苑》,第36号,1990年)、《敦煌出土西夏语佛典研究序说——关于天理图书馆所藏西夏语佛典》(2)(《龙谷史坛》,第103—104号,京都,1994年)、《西夏语译经史研究》(日本《佛教史研究》第19卷第2号,1977年)和《敦煌出土西夏语佛典研究序说》(3)(龙谷大学东洋史学研究会《东洋史苑》,第63号,京都,2004年)等,其中《敦煌出土西夏语佛典研究

---

① 石滨纯太郎的西夏学研究主要和俄国学者聂历山一起撰写完成,具体成果参见聂历山的成果。

② Е. И. Кычанов, *Каталог тангутских буддийских памятников*,崔红芬、文志勇译,Университет Киото, 1999г. стр. 6.

序说》对敦煌出土的西夏文佛教典籍进行研究并列举出土佛典目录。镰田茂雄的《西夏的华严经信仰：围绕法华经变相图》（《胜吕信静博士古稀纪念论文集》，山喜房书林，1996 年）则对西夏的华严信仰所有研究。

近年来，荒川慎太郎在西夏语言学方面也有一定成绩，他还是研究生时曾到俄罗斯查阅和抄写西夏文经卷，帮助俄罗斯学者克恰诺夫完成《俄藏黑水城西夏文佛经叙录》一书中西夏文字的录入工作。他的博士论文主要对西夏文《金刚经》进行语言学研究，2014 年修改出版了《西夏文金刚经の研究》。[①] 他还发表了《ロシア所藏西夏文〈大千国守护吉祥颂〉断片の研究》（庄垣内正弘先生退休纪念论集《コーテシァ诸语言の研究刊行会，2006 年》）、《ロシア所藏西夏语言〈般若心经注〉の研究》（《中央アヅア古文献の言语学的・文献学的研究》CSEL10 拔刷，2006 年）、《日本所藏西夏语文献について》（所内・コーペスユニット恳话会，2006 年）以及《日本藏〈圣胜慧到彼岸功德宝集颂〉考释》（汉译文见李范文主编《西夏研究》第三辑，中国社会科学出版社 2006 年版）等，利用西夏文佛经对西夏语言特色进行考证。

（三）英、法、美等国的西夏学研究

1. 科兹洛夫发现黑水城之前的研究

早在科兹洛夫发掘黑水城"大佛塔"之前，英、法、美等国就已开始了西夏学研究，他们起步很早，也取得一定的成绩。从 19 世纪中后期开始，英国来华传教士伟烈（A. Wylie），法国汉学家沙畹（Ed Chavannes）、戴维理亚（M. G. Deveria），英国的卜士礼（S. W. Bushell）等利用居庸关石刻、西夏钱币和凉州碑碑铭尝试解读西夏文，进行了零散的、小规模的探索性研究。英国人伟列对居庸关过道上所刻的佛教铭文进行考证，撰有《华北居庸关古代佛教铭文考》一文，[②] 对遗存的梵文、藏文、西夏文和女真文等陀罗尼进行研究。

但真正大规模解读西夏文字的工作是由戴维理亚的学生毛利瑟

[①]［日］荒川慎太郎：《西夏文金刚经の研究》，日本中西印刷株式会社出版部、松香堂书店 2014 年版。

[②]［英］伟列：《华北居庸关古代佛教铭文考》，孙伯君译，孙伯君编《国外早期西夏学论集》（一），民族出版社 2005 年版，第 1—27 页。

（斯）（M. G. Morisse）开始的。1900年毛利瑟在北京得到三卷青纸泥金字西夏文《妙法莲华经》，并着手研究，于1904年发表了《西夏语言文字初探》[①]，这篇文章利用《妙法莲华经》的内容，从"字音""字义""字音和字义""语法考"四部分，对西夏语序进行考证论述。在毛利瑟解读《妙法莲华经》之后五年，即1909年，才有科兹洛夫在内蒙古额济纳旗"大佛塔"中的重大发现。

2. 伯希和、斯坦因藏品的整理研究

法国著名学者伯希和博学多才，精通多国语言，他不仅自己去敦煌进行实地考察，得到了很多敦煌文献，还曾对敦煌莫高窟北区进行考察，也获得一些西夏文文献、拍摄照片和对洞窟进行编号。伯希和的文献藏品藏于法国国家图书馆，现刊布在《法国国家图书馆藏敦煌西夏文文献》（上海古籍出版社2007年版）中。伯希和对聂历山西藏文注音西夏文字研究有自己的评价，他写有《评〈西藏文字对照西夏文字抄览〉》一文。[②] 另德国、瑞典等所藏西夏文佛经亦在整理刊布之中。

继科兹洛夫之后，英国的斯坦因（MarcAurel Stein）（1914）和美国的华尔纳（Langdon Warner）（1923）先后来到黑水城，他们虽没有科兹洛夫那么幸运，但斯坦因所获文献、文物也不少，有4000余件，现已刊布《英藏黑水城文献》（全5册，上海古籍出版社2005、2010年版）。有少量文献遗漏未刊。学界对英藏黑水城文献的译释、定名尚在进行之中，需要花费大量精力和时间才能完成。

斯坦因所获收集品多是些零散的残片，向达对此作过介绍，写有《斯坦因黑水获古纪略》（收录在白滨编《西夏史论文集》，宁夏人民出版社1984年版）一文，书中介绍了一些雕版画残片和佛经残叶。

20世纪50年代中期，印度学者拉格胡·维拉（Parxy Bирa）作为当时苏联最高领导人的朋友曾访问苏联东方研究所手稿部，得到馆藏佛教文献的微缩胶片，其中包括西夏文佛经。后来他的儿子邀请英国学者艾里克·格林斯坦德（E. Grinstead）教授整理这部分文献，出版了九卷

[①] ［法］毛利瑟：《西夏语言文字初探》，唐均译，孙伯君编《国外早期西夏学论集》（1），民主出版社2005年版，第99—102页。

[②] ［法］伯希和：《评〈西藏文字对照西夏文字抄览〉》，聂鸿音译，孙伯君编《国外早期西夏学论集》（2），民族出版社2005年版，第99—102页。

本《西夏文大藏经》（1973年，新德里），对俄藏西夏文佛经进行刊布和介绍。①

美国学者范德康（Leonard W. J. van der Kuijp）的《拶也阿难捺：十二世纪唐古忒的喀什米尔国师》（译文见《国外藏学研究译文集》第14辑，西藏人民出版社1998年版）利用一些藏文文献对国师拶也阿难捺的活动年代、国籍作了考证，认为他是在仁孝时期来到西夏弘法和译经的僧人。

另一位美国学者邓如萍（R. Dunnell）对西夏学也有研究，她的《党项王朝的佛教及其元代遗存——帝师制度起源于西夏说》（译文见《宁夏社会科学》1992年第5期）主要对西夏的帝师起源进行探讨，考证了藏传佛教的宗派与西夏政权的交往、联系。1996年她在其博士论文《党项人和党项大夏国》的基础上又出版了《白高大夏国——十一世纪夏国的佛教和政体》，作者利用大量西夏原始资料，论述了11世纪下半叶西夏前期历史，认为"早期党项佛教史与西夏建国及夏主登基是密不可分的，因而分析其间的关系乃是理解党项佛教史或西夏政治史的前提"，把佛教和西夏政权的关系摆在了极为突出的位置上，强调了佛教与政治相互依存的关系。

法国学者噶尔美（H. Gamei）对《西夏藏》中的藏式木刻绘画进行研究，发表有《〈西夏藏〉中的藏式木刻插图》（译文见《国外藏学研究译文集》第8辑，西藏人民出版社1992年版）一文，文章对西夏藏品的木刻画中的人物及特征等进行分析探讨，论述了西夏与藏传密教的密切关系。

二　国内研究

我国西夏学研究虽然起步稍晚，但由于学者辛勤耕耘，涉及领域非常广博，尤其近些年，随着文献的陆续刊布，中国学者研究取得了令人注目的成绩，国家社科基金重大招标项目有十余项，国家社科基金重点项目、一般项目、青年项目和西部项目更多。我国西夏学研究呈现出蓬

---

① Е. И. Кычанов, *Каталог тангутских буддийских памятников*, 崔红芬、文志勇译, Университет Киото, 1999г. стр. 10.

勃向上的发展局面。

（一）佛经编目整理与文献刊印出版

周叔迦先生首先对北平图书馆藏经进行整理编目，发表了《北平图书馆藏西夏佛经小记》（《辅仁学志》1931 年第 2 期）和《馆藏西夏文经典目录》（《国立北平图书馆馆刊》第 4 卷 3 号"西夏文专号"），这是最早介绍北平图书馆藏西夏文佛经的成果。

在前人研究基础上，1973 年史金波先生再次对北图藏西夏文献进行了整理，又新发现 20 部西夏文佛经，与黄润华合作发表了《国家图书馆藏西夏文佛经整理记》（《文献》1985 年第 4 期），重新对国家图书馆藏西夏文佛经进行考证和研究。

李逸友编入《黑城出土文书》的佛教文献多属于大黑天等本尊修法仪轨，是迄今所知最早藏传佛教修习仪轨文献的汉译本。

20 世纪 90 年代起中国社会科学院民族所、俄罗斯圣彼得堡东方学研究所和上海古籍出版社合作出版了《俄藏黑水城文献》（1—28 册，对科兹洛夫的收集品进行刊布），其中 1—6 册为汉文文献，7—14 册为社会、军政、经济等文献，从 15 册开始为西夏文佛教文献，陆续刊布译自汉文、藏文的西夏文佛经。这是首次整理刊布了俄藏西夏文献，目前对于西夏文佛经还在陆续整理出版之中。上海古籍出版社等单位合作出版了《英藏黑水城文献》（1—5 册，2005、2010 年），对于英国国家图书馆收藏的斯坦因收集品进行刊布，编号到 3900 多。2005—2006 年由宁夏社会科学院、国家图书馆和上海古籍出版社联合出版了《中国国家图书馆藏西夏文献》（1—4 册，主要刊布了灵武出土佛经文献）。2007 年上海古籍出版社又出版了《法国国家图书馆藏敦煌西夏文文献》，对法国国家图书馆藏伯希和收集的敦煌西夏文文献进行整理刊布。2010—2011 年中华书局出版了《日本藏西夏文文献》（全 2 册），对于日本京都大学、龙谷大学、大阪大学、东京大学和天理大学等处收藏的西夏文文献进行刊布。

史金波、陈育宁主编的《中国藏西夏文献》（全 20 册，敦煌文艺出版社 2005—2007 年版）对国家图书馆藏、宁夏、甘肃和内蒙古等藏西夏文献进行整理刊布。塔拉、杜建录等主编的《中国藏黑水城汉文文献》（全 10 册，国家图书馆出版社 2008 年版）对内蒙古等地收藏的黑水城汉文文献进行刊布和介绍。这些文献的刊布为西夏学研究提供了极大便利。

(二) 佛经译释及研究

早在20世纪初,著名学者罗振玉、罗福苌、罗福成和周叔迦等先生已开始整理国内藏西夏佛经,介绍或译释西夏文佛经并发表了相关研究成果。罗福成、罗福苌兄弟都曾从事过西夏佛经的译释工作,合作发表了《妙法莲华经序释文》。罗福成抄录并译释的佛经有《大宝积经卷第二十七释文》《大般若波罗蜜多经卷第一释文》《佛说宝雨经卷第十释文》《佛说佛母出生三法藏般若波罗蜜多经卷第十七释文》《不空羂索神变真言经卷第十八释文》《圣大明王随求皆得经卷下释文》《六祖大师法宝坛经残本释文》《西夏文残经释文》等,并在《馆藏西夏文经典目录考略》中把北平图书馆藏西夏文佛经名称全部译成汉文,为读者提供了参考,其中包含些密教方面的佛经。[①] 罗福苌、罗福成兄弟的研究成果多收录在1932年出版的《国立北平图书馆馆刊》第4卷第3号"西夏文专号"中。

王静如是著名的语言学家和西夏学专家,《西夏国名考》《现在贤劫千佛名经卷下残卷考释》《过去庄严劫千佛名经考释》《佛母大孔雀明王经夏梵藏汉合璧校释》《斯坦因黑水城所获大般若经残卷译释》《西夏文经典题款译释举例》等论文收入其著作集《西夏研究》(第1辑,1932年,北平);而《金光明最胜王经夏藏汉合璧考释》编入《西夏研究》(第2—3辑,1933年,北平)。因王先生在语言、西夏学研究方面的突出贡献,1936年获得法国"儒莲奖"。

陈炳应先生发表有《天梯山石窟西夏文佛经译释》(《考古与文物》1983年第3期)和《图解本西夏文〈观音经〉译释》(《敦煌研究》1985年第3期)等。前文对天梯山出土佛经进行考释,认为天梯山是西夏佛事活动的重要地点。后者结合汉文本观音经对西夏文观音经进行翻译,比较了两种文本观音经在用词方面的区别,说明西夏译经已达到

---

① 刘凤翥:《罗福成的生平及其学术贡献》,李范文主编《首届西夏学国际学术会议论文集》,宁夏人民出版社1998年版,第466—467页,并见《国立北平图书馆馆刊》第4卷第3号"西夏文专号"。

极高水平以及观音信仰在西夏非常兴盛。

史金波先生是著名的西夏学专家,至今依然活跃在西夏学研究的前沿领域,涉猎面广,研究成果颇丰,对《俄藏黑水城文献》的出版功不可没。他的《西夏译经图解》(白滨编《西夏史论文集》,宁夏人民出版社1984年版)对北图藏《现在贤劫千佛名经》卷首版画上译经人物及版画所反映的年代进行考证,说明西夏对译经事业的重视,不同民族的僧俗人员为西夏译经作出了巨大贡献。他的《西夏文〈过去庄严劫千佛名经〉发愿文译证》(《世界宗教研究》1981年第1期)通过对发愿文的译释和考证,认为此发愿文为研究中国译经史,特别是西夏译经史有重要价值;并对西夏文大藏经的翻译时间、卷数和校经等作了深入探讨,阐述了元代刊印散施西夏文大藏经的历史背景。《西夏文〈金光明最胜王经〉序跋考》(《世界宗教研究》1985年第3期)则对经文译者、翻译时间、刊印年代进行了分析考证。《西夏文〈六祖坛经〉残叶译释》(《世界宗教研究》1993年第3期)对所发现的西夏文《坛经》作了分析比定,认为西夏本《坛经》内容与敦煌法海本相近但不雷同,疑西夏本所据汉文底本为现已失传的另一版本。

罗炤先生的《藏汉合璧〈圣胜慧到彼岸功德宝集偈〉考略》(《世界宗教研究》1983年第4期)通过对佛经题记的考证,首次提出帝师始于西夏,改变了以往学界认为帝师始设于元代忽必烈时期的观点。

聂鸿音先生的著述颇丰,他对一些俄藏西夏文佛经或题记等进行译释,对佛经中涉及的问题进行了深入研究,提出了一些独到见解。他认为,西夏在翻译藏族人名时主要采取意译或意译与音译相结合的特殊方法。聂先生发表的有关佛经及题记考释方面的论文颇多,如《俄藏5130号西夏文佛经题记研究》(《中国藏学》2002年第1期)、《吐蕃经师的西夏译名考》[《清华大学学报》(哲学社会科学版)2002年第1期]、《西夏佛教术语的来源》(《固原师专学报》2002年第2期)、《明刻本西夏文〈高王观世音经〉补议》(《宁夏社会科学》2003年第2期)、《大度民寺考》(《民族研究》2003年第4期)、《西夏文〈过去庄严劫千佛名经〉发愿文中的两个年号》(《固原师专学报》2004年第5期)、《贺兰山拜寺沟方塔所出〈吉祥遍至口和本续〉的译传者》(《宁夏社会科学》2004年第1期)、《西夏文藏传〈般若心经〉研究》(《民族语文》2005年第2期）、《西夏帝师考辨》（《文史》2005年第3辑）、《西夏译本〈持诵圣佛母般若多心经要门〉述略》（《宁夏社会科学》2005年第2期）、《昆明一担斋所藏"药师琉璃光佛会"版画考》（《固原师专学报》2006年第1期）、《英藏西夏文〈海龙王经〉考补》（《宁夏社会科学》2007年第1期）和《中国国家图书馆藏西夏文〈频那夜迦经〉考补》[《西南民族大学学报》（人文社科版）2007年第6期]等。

孙伯君教授则主要利用佛经文献对西夏文字、语法、音韵进行考证。《西夏新译佛经陀罗尼的对音研究》（中国社会科学出版社2010年版）对西夏新译陀罗尼作梵汉藏对音考证，指出西夏语译特点。与聂鸿音合作出版的《西夏文藏传佛教史料》（中国藏学出版社2018年版）对西夏文献中遗存藏传佛教史料，尤其是"大手印"法的经典进行汇集和研究。孙伯君将发表的论文编入论文集《西夏文献丛考》（上海古籍出版社2015年版）中，包括《西夏文〈妙法莲华经心〉考释》《德藏吐鲁番所出西夏文〈郁伽长者问经〉残片考》《〈佛说阿弥陀经〉的西夏译本》《西夏文〈观弥勒菩萨上生兜率天经〉考释》《〈无垢净光总持〉的西夏文译本》《黑水城出土〈圣六字增寿大明陀罗尼经〉译释》《黑水城出土西夏文〈佛说最上意陀罗尼经〉残片考释》《澄观、鲜演〈华严经〉疏钞的西夏文译本》《黑水城出土西夏文〈西方净土十疑论〉略注本考释》《俄藏西夏文〈达摩大师观心论〉考释》《西夏新编译佛经译考》《黑水城出土西夏文〈佛说圣大乘三归依经〉译释》《黑水城出土三十五佛名礼忏经典综考》等，通过对西夏佛经释读，考证西夏文用字特点、西北方音、西夏字用法等。

李际宁先生的《关于"西夏刊汉文版大藏经"》（《文献》2000年第1期）对史金波《西夏佛教史略》中提到的李慧月的活动年代重新考证，认为李慧月是西夏遗民，生活在元朝初年，与史先生的观点不同。

崔红芬的《俄藏黑水城文献〈密咒圆因往生集〉相关问题考论》（《文献》2013年第6期）对俄藏黑水城汉文本《密咒圆因往生集》残叶进行考证分析，认为它是西夏原本《密咒圆因往生集》的再次摘录本，属于私刻本或寺院刻本，并结合《大正藏》对《密咒圆因往生集》

中所涉典籍的出处进行考证比勘。由此判定，唐宋辽以来汉地密教和藏传密教对西夏佛教及佛经流行产生很大影响。《西夏汉传密教文献研究》（社会科学文献出版社2015年版，33万字）系统梳理和考证了西夏文和汉文本的汉传密教文献，结合传世文献、碑铭、汉文藏经、佛经题记、发愿文等主要对观音、药师、无量寿和星曜等经典进行考证，并将他们放在时代背景下作了深入探讨。受原始文献影印出版的限制，没能把所有密教文献纳入其中进行研究。崔红芬有关佛经译读研究的论文，汇集为《西夏佛教文献研究论集》（宗教文化出版社2017年版）对《显密圆通成佛心要集》《圣曜母陀罗尼经》《大乘圣无量寿王经》《圣胜慧到彼岸功德宝集偈》《药师琉璃光七佛本愿功德经》《妙法莲华经》《大宝积经》《金刚经》《金光明最胜王经》《英藏西夏文〈佛说无常经〉》《夏译华严经》《英藏西夏文〈普贤行愿品〉》《华严忏仪》《父母恩重经》等16篇论文，从不同角度和侧面对俄、英、中藏西夏文、汉文经典作个案译释定名、残经缀合、版本比对、文本与图像结合等综合研究。崔红芬2010—2015年间还对《英藏黑水城文献》（1—4册）进行逐一译释，对刊布者未定名残经给予定名，对定名错误的给予纠正，并对残经作分类研究，完成60多万字的研究成果。

宗舜法师的《俄藏黑水城文献汉文佛经拟题考辨》（《敦煌研究》2001年第1期）对俄藏黑水城汉文文献中一些没能定名的佛经残片作了详细比对，重新为其定名。他的《〈俄藏黑水城文献〉之汉文佛教文献续考》（《敦煌研究》2004年第5期）在前文基础上，再次对没有定名的三个写卷进行了定名，纠正了八处原定名不正确的情况，通过两次考订，使新定名的佛教文献总数达到三十六件，而未能定名的佛经文献仅有两件。

沈卫荣先生运用国外一些研究成果对黑水城出土汉文藏传佛教经咒进行研究，撰写了《西夏黑水城所见藏传佛教瑜伽修习仪轨文书研究——梦幻身要门》（《当代西藏学术研讨会论文集》，中国台湾"蒙藏委员会"，2004年）、《〈大乘要道密集〉与西夏、元朝所传藏传密法》（《法鼓学报》第1集，中国台湾：2007年）、《序说有关西夏、元朝所传藏传密法之汉文文献》（《欧亚学刊》第7集，北京：2006年）、《重构十一至十四世纪的西域佛教史》（《历史研究》2006年第5期）和《汉、藏译〈圣大乘胜意菩萨经〉研究》（西域文献学术座谈会，北京：2006年）等文章，从而揭示藏传经咒在西夏翻译和流行情况。他还发表了《宗教信仰和环境需求：十一至十四世纪藏传密教于黑水城地区的流行》一文，认为黑水城地区百姓热衷于藏传密教信仰和修习与该地区严酷的自然条件有关，不过笔者认为这一观点尚可进行商榷。①

孙昌盛教授对西夏故地出土藏传佛教文献进行了考释，撰有《西夏文佛经〈吉祥遍至口和本续〉题记译考》（《西藏研究》2004年第2期）、《西夏文藏传〈吉祥遍至口和本续广义文〉节译》（李范文主编《西夏研究》第3辑，中国社会科学出版社2006年版）和《贺兰山山嘴沟石窟出土西夏文献初步研究》等对宁夏地区出土的西夏藏传佛教经典进行译释和考证。孙昌盛对西夏文《吉祥遍至口和本续》（第四卷）进行考释研究，撰写完成博士论文，后修改整理完成《〈吉祥遍至口合本续〉整理与研究》（社会科学文献出版社2015年版）对宁夏拜寺沟方塔出土的西夏文《吉祥遍至口合本续》（卷3—5）进行译文，对经文的传译者、传入西夏的时间、西夏字义、藏式译词翻译等进行探讨，增加西夏语中藏传佛教意译词的认知程度，为西夏学界提供一份新的语言文字资料，并对文本进行梵、藏语音的比较研究。其论文《西夏文藏传佛经〈吉祥遍至口合本续〉勘误》（《北方民族大学学报》2015年第5期）、《西夏文藏传佛经〈本续〉中的古代印藏地名及相关问题》（《西藏研究》2015年第6期）、《西夏文藏传密续〈广义文〉所见印度大成就者黑行师事迹译注》（《西夏研究》2016年第3期）、《俄藏西夏文藏传密续〈胜住仪轨〉题记译考》[《北方民族大学学报》（哲学社会科学版）2017年第2期]、《西夏藏传文献中所见印度大成就者毗卢巴事迹译注》（《西夏学》第15辑，2017年）和《〈胜住仪轨〉夏藏文对勘研究》（《西夏学》第18辑，2018年）等也是围绕方塔出土西夏文献展开论述的，对藏传经典题记、语言和传译者作了探讨。其他论文《西夏服饰研究》（《民族研究》2001年第6期）、《黑水城出土顶髻尊胜佛母曼荼罗木板画考》（《敦煌研究》2001年第2期）、《西夏六号陵陵主

---

① 沈卫荣主编：《黑水城人文与环境研究》，中国人民大学出版社2007年版，第310—327页。

考》(《西夏研究》2012年第3期)、《方塔出土西夏汉文诗集研究三题》(《宁夏社会科学》2004年第4期)、《略论西夏的墓葬形制和丧葬习俗》(《东南文化》2004年第5期)、《宁夏贺兰县拜寺口北寺塔群遗迹的清理》(《考古》2002年第8期,排2)、《试论在西夏的藏传佛教僧人及其地位、作用》(《西藏研究》2006年第1期)、《灵武回民巷西夏摩崖石刻》(《宁夏社会科学》2017年第1期)等则对西夏服饰、木板画、方塔诗集、墓葬形制等进行考证,对某些问题提出自己的观点。

段玉泉借助黑水城佛教文献等进行语言学研究,《西夏〈功德宝集偈〉跨语言对勘研究》(上海古籍出版社2016年版)利用西夏文《功德宝集偈》对译自藏文佛经西夏文残经进行对译考证,分析汉夏本用词特征。《西夏文〈圣胜慧到彼岸功德宝集偈〉考略》(《西夏学》2009年第4辑)、《西夏文献〈圣胜慧到彼岸功德宝集偈〉中的两组程度副词》(《西夏研究》2016年第4期)等观点在论著有所体现。其论文《西夏文〈圣胜相顶尊母成就法〉考释》(《西夏学》2017年第2期)、《西夏文〈胜相顶尊总持功能依经录〉再研究》(《宁夏社会科学》2008年第4期)、《西夏〈白伞盖佛母总持发愿文〉考释》(《宁夏社会科学》2016年第2期)、《西夏文〈佛顶无垢经〉考论》(《西夏研究》2010年第2期)等对西夏文残经的词语、语法和发愿文进行考证。

安娅的《西夏"五部经"》(《西夏学》2016年第2期)介绍西夏文"五部经"的基本情况,指出其中的《大真言随持经》译自藏文本,不同于梵文本和汉文本中的《大护明大陀罗尼经》。《从西夏文〈守护大千国土经〉看西夏人译藏传佛经》(《宁夏社会科学》2016年第4期)对佛教术语的翻译方法归纳发现西夏人译藏传佛经存在四种情况,即意译藏文、意译与音译藏文结合、音译梵文、音译藏文。《普宁藏本〈密咒圆因往生集〉的梵文——八思巴文对音研究》(《西夏研究》2011年第1期)通过八思巴字与梵文的对比,考知其音译规律,为八思巴字研究提供资料。《西夏〈大威德炽盛光陀罗尼经〉考释》(《民族论坛》2016年第6期)和《西夏文译本〈炽盛光如来陀罗尼经〉考释》(《宁夏社会科学》2014年第1期)对西夏文本作了解读、对勘,据刻本、抄本所用译音字的不同,判断佛经的翻译时间。

杨志高的《〈慈悲道场忏法〉西夏译本的复原与研究》(中国社会

科学出版社 2017 年版）主要以各国各地所收藏的已刊布和未刊布的西夏文《慈悲道场忏法》为对象，进行了整理复原，对复原的西夏文本进行详细的校勘、翻译注释研究。《西夏文〈经律异相〉整理研究》（社会科学文献出版社 2014 年版）探讨了《经律异相》西夏文版本的重要价值，对原文图版西夏文字的错讹、脱衍等现象进行了校读；探讨其翻译方法和特点等。其论文《考古研究所藏西夏文佛经残片考补》（《民族语文》2007 年第 6 期）、《中国藏西夏文〈菩萨地持经〉残卷考补》（《西夏学》2 辑，2007 年）、《英藏西夏文〈慈悲道场忏罪法〉误定之重考》（《宁夏社会科学》2008 年第 2 期）、《西夏文〈慈悲道场忏罪法〉残卷二研究》（《民族语文》2009 年第 1 期）、《西夏文〈慈悲道场忏罪法〉第七卷两个残品的补证译释》（《西南民族大学学报》2010 年第 4 期）、《西夏文〈经律异相〉卷十五"优波离为佛剃发得入第四禅一"释考》（《图书馆理论与实践》2013 年第 4 期）、《〈经律异相〉的经录入藏和西夏文本的翻译雕印》（《西夏学》第 10 辑，2014 年）等观点在他的论著中多有反映。

此外，孙颖新《西夏文〈大宝积经·无量寿如来会〉对勘研究》（社会科学文献出版社 2019 年版）和《西夏文〈无量寿经〉研究》（中国社会科学出版社 2018 年版）、王培培《西夏文〈维摩诘经〉整理研究》（社会科学文献出版社 2015 年版）、张九玲《西夏文〈大随求陀罗尼经〉研究》（中国台湾花木兰文化出版社 2017 年版）等对西夏文佛经都进行译释研究，他们的研究偏重利用佛教经卷进行语言学的研究。台湾学者林英津出版了《西夏语译〈真实名经〉释文研究》（中国台湾"中研院"历史语言研究所，2006 年），此书介绍世界各地收藏的《圣妙吉祥真实名经》的情况和对此经进行释文与考证研究。香港戴忠沛利用英藏和俄藏黑水城文献中藏文注音西夏文的残片，分析藏文注音各部分的表音功能和音值，验证了前人构拟的西夏语音。①

（三）佛教史方面

史金波先生的《西夏佛教史略》（宁夏人民出版社 1988 年版）是

---

① 戴忠沛：《西夏文佛经残片的藏文对音研究》，博士学位论文，中国社科院研究生院，2008 年。

对西夏佛教研究的一大贡献。这部书个别章节对藏传佛教的发展和藏文佛经已有涉及，但随着文献的不断刊布，书中有些地方值得进一步深入探讨，个别观点还可以商榷。之后，史先生发表的《西夏佛教新探》(《宁夏社会科学》2001年第5期)、《西夏的藏传佛教》(《中国藏学》2002年第1期)、《西夏的佛教》(上、下)(《法音》2005年第8—9期)和《凉州会盟与西夏藏传佛教——兼释新见西夏文〈大白伞盖陀罗尼经〉发愿文残叶》(《中国藏学》2016年第2期)等文章对之前的观点有所补证。史先生还发表了《西夏学和藏学的关系》(《西藏民族学院学报》2006年第1期)和《西夏的佛教》(《法音》2005年第8和9期)，后者除补充了几个西夏国师和帝师外，其他内容可以说是对《西夏佛教史略》的概括总结。

李范文先生的《藏传佛教对西夏的影响》(中国台湾《历史文物》第6卷第3期)论述了藏传佛教在西夏的地位及藏传佛教经咒、艺术、建筑对西夏的影响，并认为藏传佛教对党项的影响始于内迁之前。牛达生先生的《西夏研究中藏学研究成果的应用》(《中国藏学》2002年第1期)也对党项族起源、西夏建立及灭亡、藏区西夏遗民等方面进行了论述。

陈庆英先生的《西夏大乘玄密帝师的生平》[《西藏大学学报》(汉文版)2000年第3期]、《〈大乘要道密集〉与西夏王朝的藏传佛教》(《中国藏学》2003年第3期)、《西夏及元代藏传佛教经典的汉译本——简论〈大乘要道密集〉(〈萨迦道果新编〉)》[《西藏大学学报》(汉文版)2000年第5期]等则利用从清宫流传出来的汉文《大乘要道密集》对藏传佛教在西夏的传播和一些教派的传承进行研究。陈先生的《简论藏文史籍关于西夏的记载》(《中国藏学》1996年第1期)和黄颢先生的《藏文史书中的弭药》(《青海民族学院学报》1985年第4期)还对藏文史料中关于弭药的记载进行归纳和论述，便于学者参考利用。

崔红芬的《西夏河西佛教研究》(民族出版社2010年版)第六章对西夏藏传佛教有一定的考证研究，对于藏传佛教传入西夏的条件和宗派等进行考证。[①] 张云先生的《论吐蕃文化对西夏的影响》(《中国藏学》1989年第2期)阐述了吐蕃宗教文化对西夏的影响及藏传佛教在

---

① 崔红芬：《西夏河西佛教研究》，民族出版社2010年版，第313—353页。

西夏的发展情况。

(四) 文物与考古

西夏考古发掘为西夏学研究提供了丰富资料，20世纪70年代，王静如先生发表了《西夏文木活字版佛经与铜牌》(《文物》1972年第11期) 和《保定出土明代西夏文石幢》(《考古学报》1977年第1期)，前者介绍了灵武出土的木活字版西夏文《大方广佛华严经》。后者对河北保定韩庄出土的两座明代西夏文经幢石刻的形制、所刻经文、建幢者、布施者进行考证，反映了西夏遗民迁徙及其佛事活动等。王先生的《新见西夏文石刻和敦煌安西洞窟夏汉文题记考释》（吴泽主编《王国维学术研究论集》，华东师范大学出版社1983年版）则对莫高窟、榆林洞窟的西夏时期的汉文、西夏文题记等进行考证和译释。

甘肃省博物馆《甘肃武威发现一批西夏遗物》(《考古》1974年第1期)，西安市文物管理所《西安市文管处藏西夏文物》(《文物》1982年第4期)，史金波先生与翁善珍的《额济纳旗绿城新见西夏文物考》(《文物》1996年第10期)，宁笃学、钟长发《甘肃武威西郊林场西夏墓清理简报》(《考古与文物》1984年第4期)，陈炳应《甘肃武威西郊林场西夏墓题记、葬俗略说》，牛达生《宁夏贺兰山拜寺口西夏古塔》(《考古与文物》1986年第1期)、《再论贺兰山拜寺口古塔为西夏原建》(《考古与文物》1987年第1期)、《贺兰山拜寺沟方塔废墟考古散论》(《宁夏社会科学》1993年第4期)、《西夏文佛经〈吉祥遍至口和本续〉的学术价值》(《文物》1994年第9期)。宁夏文物管理委员会等编写的《宁夏贺兰县宏佛塔清理简报》《宁夏贺兰县拜寺口双塔勘测维修简报》和《宁夏青铜峡市一百〇八塔清理维修简报》(《文物》1991年第8期)，宁夏文物考古所等编写的《宁夏贺兰县拜寺沟方塔废墟清理纪要》和《贺兰县拜寺沟西夏遗址调查》(《文物》1994年第9期) 及《宁夏贺兰县拜寺口北寺塔群遗址的清理》(《考古》2002年第8期) 等对甘肃、宁夏等西夏遗迹进行考古发掘和出土文献文物等作了介绍。牛达生出版的《西夏遗迹》（文物出版社2007年版）一书，对西夏故地出土物作了全面综述。

史金波和白滨两位先生对河西洞窟进行研究，合作发表了《莫高窟、榆林窟西夏资料概述》(《兰州大学》1980年第2期) 和《莫高窟、榆林窟西夏文题记研究》（《考古学报》1982年第3期），前文根据1964年对莫高、榆林窟中西夏洞窟的考察资料，重新确认了西夏的洞窟、形制、分期、壁画题材和题记等。后者对西夏洞窟题记进行了详细考证和分类，对题记所反映的问题也作了充分论述，说明西夏时莫高、榆林等窟佛事活动频繁。史先生的《敦煌莫高窟北区出土西夏文文献初探》（《敦煌研究》2000年第3期）和《敦煌莫高窟北区西夏文文献译释研究》（1—3）（《敦煌莫高窟北区石窟》1—3册，文物出版社2000、2004年版）对莫高窟北区出土的佛经和世俗文献作了考证研究。

雷润泽等编《西夏佛塔》（文物出版社1995年版），牛达生等编写《拜寺沟西夏方塔》（文物出版社2005年版），宿白的《榆林、莫高两窟的藏传佛教遗址》和《西夏古塔的类型》（《藏传佛教寺院的考古》，文物出版社1996年版）及陈炳应的《西夏文物研究》（宁夏人民出版社1985年版）等对出土的文物文献、建筑遗址、佛塔类型及碑铭等作了比较细致的介绍和研究，并对敦煌洞窟中遗存西夏时期的题记进行录文，为研究西夏佛教提供了丰富的文字和图版资料。

（五）石窟艺术

段文杰的《榆林窟党项蒙古政权时期的壁画艺术》（《段文杰敦煌艺术论文集》，甘肃人民出版社1994年版）介绍了榆林窟西夏壁画类型及其艺术风格等。

刘玉权的《本所藏图解本西夏文"观音经"版画初探》（《敦煌研究》1985年第5期）、《榆林窟第3窟〈千手经变〉研究》（《敦煌研究》1987年第4期）、《民族艺术的奇葩：论敦煌西夏元时期的壁画》（《敦煌石窟：西夏、元分卷》）、《瓜、沙西夏石窟概论》（《中国石窟·敦煌石窟》第五册，文物出版社1987年版）、《略论西夏壁画艺术》（《西夏文物》，文物出版社1988年版）等都对西夏石窟壁画、佛经版画的艺术特色进行了全面研究。

刘玉权先生对石窟分期进行研究，发表了《敦煌莫高窟、安西榆林窟西夏洞窟的分期》（《敦煌研究文集》，甘肃人民出版社1982年版）、《敦煌西夏洞窟的分期再议》（《敦煌研究》1990年第3期）、《榆林窟第29窟窟主及其营建年代考论》（《段文杰敦煌研究五十年纪念文集》，世界图书出版公司，1996年）等。其中《敦煌西夏洞窟的分期再议》

根据新资料和新发现，对敦煌西夏洞窟的数量进行了重新认定并对原来敦煌西夏洞窟的分期做了调整，把原来三个阶段的分期，改为分前后两个时期，把原来第二期的主要洞窟划入回鹘窟。调整后西夏洞窟共计77个，其中莫高窟有62个，榆林窟有10个，东千佛洞有2个，五个庙有3个。前期洞窟有65个，后期洞窟有12个，并对调整的情况作了说明，但有些观点还值得商榷。对刘玉权的一些观点，笔者在《西夏河西佛教研究》中进行了探讨。近年来，有关回鹘洞窟与西夏洞窟的分期仍是热点，杨富学和沙武田对此多有论及，且观点各异。

张宝玺的《五个庙石窟壁画内容》（《敦煌学辑刊》1986年第1期）、《东千佛洞西夏石窟艺术》（《文物》1992年第2期）、《文殊山万佛洞西夏壁画的内容》（《全国敦煌学术讨论会文集·石窟艺术编》，甘肃人民出版社1985年版）和李春元的《安西旱峡石窟》（《敦煌研究》1996年第2期）等文章对莫高窟和榆林窟以外的河西其他洞窟中的西夏窟及壁画内容作了介绍。

藏传佛教艺术对西夏佛教艺术产生了很大影响，谢继胜的《关于敦煌第465窟断代的几个问题》及续篇（《中国藏学》2000年第3期和第4期）、《敦煌莫高窟第465窟壁画双身图像辨识》（《敦煌研究》2001年第3期）、《莫高窟第465窟壁画绘于西夏考》（《中国藏学》2003年第2期）、《吐蕃西夏历史文化的渊源与西夏藏传绘画》（《西藏研究》2001年第3期）、《一件极为珍贵的西夏唐卡——武威市博物馆藏亥母洞寺出土唐卡分析》（《宿白先生八秩华诞纪念文集》2002年）和《西夏藏传绘画——黑水城出土西夏唐卡研究》（河北教育出版社2002年版）等对西夏的藏传佛教绘画艺术从不同侧面进行了研究。其中《西夏藏传绘画》一书对黑水城唐卡内容与风格特征、唐卡风格与卫藏艺术的关系、唐卡的双身图像与藏密双身像的渊源、唐卡形制与起源等进行系统而深入地研究，使西夏藏传绘画艺术的研究达到一个较高水平。

陈育宁、汤晓芳《西夏艺术史》（上海三联书店2010年版）和韩小忙等《西夏美术史》（文物出版社2001年版）对壁画、卷轴画、唐卡、木版画和版画等作了艺术层面的介绍。

熊文彬的《从版画看西夏佛教艺术对元代内地藏传佛教艺术的影响》（《中国藏学》2003年第1期和第3期）、陈悦新的《西夏——元的藏传佛教绘画》(《首届西夏国际学术会议论文集》,宁夏人民出版社1998年版)、张伯元《莫高窟465窟藏传佛教壁画浅识》(《西藏研究》1993年第1期)等对西夏藏传佛教绘画艺术也有探讨论述。敦煌研究院的段文杰、万庚育和刘玉权等则对莫高窟和榆林窟西夏壁画类型及艺术风格有所研究。

  由此看来,以往学者对于西夏藏传佛教、西夏佛教文献解读、佛教艺术等研究已涉及多个方面,但西夏藏传佛教的研究较为分散,仍缺乏系统性。因此,在前辈学者研究的基础上,对西夏藏传佛教发展状况作比较全面的研究是非常必要的。对学界的一些观点提出了自己的看法,并加以论证。

第一章 党项与藏传佛教的渊源

第一节 藏传佛教发展史略述

7世纪中期藏族正式接受佛教,到天授礼法延祚元年(1038)元昊立国,佛教在藏地经历了几个世纪漫长而曲折的发展历程。截至15世纪之前,藏传佛教经历了两次发展高潮,即藏文史籍所称"前弘期"和"后弘期"。"前弘期"始于7世纪中叶,结束于9世纪中叶的朗达玛灭佛,历时200年左右。"后弘期"从10世纪中叶开始,至15世纪初期结束,整个过程长达400多年。党项族的发展壮大及其后来到西夏政权的建立正好跨越了藏传佛教发展"前弘期"和"后弘期"两个阶段。为了便于后文的论述,我们首先对西夏立国前后藏传佛教的发展历史作简要回顾。

一 前弘期

学界虽对佛教传入藏地的时间虽有不同的观点,[①] 但普遍认为松赞干布(617—650)正式接受佛教。松赞干布以前的诸位赞普以本教治国,本教的地位非常尊崇,本教徒参与政治、军事事务,协助赞普威慑控制臣民。同时本教的发展也为佛教在松赞干布时正式传入奠定了理论基础。

松赞干布即位后,实行开明的对外政策,认为"凡有益于吐蕃政权建立和发展的事务,不论什么民族的均兼收并蓄、竭力吸取汉地、突

[①] 有观点认为,佛教在松赞干布的高祖拉脱脱日年赞时传入西藏,相传一日从天上降下一个宝匣,内盛金塔、经书和咒语等。

厥、弥乐（木雅）、胡部、霍尔部以及天竺、泥婆罗等，这些地区的工艺、医药、历算、法律、宗教以及文字等都成为吐蕃的学习对象。"①松赞干布为使吐蕃强大，积极采取取长补短的政策，吸收外来政治、经济和文化等，结合吐蕃具体情况，制定了符合吐蕃本民族特色的各项措施和政策。

松赞干布为了建立良好的周边政治环境，先后迎娶尼泊尔墀尊公主和唐朝文成公主入藏。两位公主入藏既密切了吐蕃与周边政权的关系，也促进各地不同宗教、民族文化的交流发展。墀尊公主和文成公主信仰佛教，她们入藏分别带来佛像、佛经、法物和各自国家的僧人等，入藏后分别建立大昭寺和小昭寺，供养她们各自带去的释迦牟尼像，尼泊尔和唐朝文化为藏地文化发展注入了新活力，开始了佛教文化与藏地文化由矛盾抵触到相互融合吸收时期。

吐蕃在密切与尼泊尔和唐朝关系的同时，也派僧人去天竺学习佛法。这一时期唐蕃关系密切，出现了唐僧人或使臣往来天竺的唐蕃之路。《贤者喜宴》记载："松赞干布降旨，授予屯米桑布扎黄金、财物等，遣其前往天竺。"② 屯米（吞弥）遍及天竺各处，随精通声明文字的大婆罗门李瑾学习文字和声明。他学成后携大乘佛典等返回吐蕃，创制吐蕃文字，为吐蕃翻译佛经和佛教进一步发展奠定了语言文字基础，为此屯米也得到了西藏人的尊重，"吐蕃臣民极为敬重屯米（吞弥）桑布扎。继而迎请天竺、泥泊尔诸贤者，广译佛经。天竺的阿阇黎古萨热、婆罗门香嘎、迦什弥罗之达努、泥婆罗之尸罗曼殊、汉地和尚玛哈德瓦茨（即旧译之达寿天和尚）等，皆先后来至吐蕃。译师屯米（吞弥）桑布扎及其弟子达磨郭霞以及拉垅多吉贝翻译了：《集宝顶经陀罗尼》《月灯经》《宝云经》等。据谓，还译有《十万颂般若经》。主要之经尚有《观音经续二十一种》。"③ 屯米在天竺学习也使得吐蕃与尼泊

---

① 巴卧·祖拉陈哇：《贤者喜宴》（摘译二），黄颢译注，《西藏民族学院学报》1981年第1期。

② 巴卧·祖拉陈哇：《贤者喜宴》（摘译二），黄颢译注，《西藏民族学院学报》1981年第1期。

③ 巴卧·祖拉陈哇：《贤者喜宴》（摘译二），黄颢译注，《西藏民族学院学报》1981年第1期。

尔、天竺关系密切，松赞干布开始迎请尼泊尔和天竺僧人来赞地译经弘法。据说松赞干布时期，已经把宣扬观世音菩萨功德的观音显密二十一部经卷翻译成藏文，观世音菩萨信仰以及由此演变的度母信仰在吐蕃广为流传。

与此同时，吐蕃还从天竺、尼泊尔和汉地分别迎请三尊佛像进行供养，认为佛像所在之处，大乘佛法则能显扬，反映了吐蕃弘扬和推崇大乘佛教的决心。《西藏王臣记》讲道："法王松赞干布在位时，修建佛身、语、意三密所依之佛像、经塔和其依处之神殿寺庙；翻译佛教圣典，创立闻、思、修等妙善规制。"[①] 松赞干布时期有了佛像，开始修建神殿庙，翻译佛典，制订典章制度，佛教在西藏有了初步发展。

松赞干布时藏地已经有了汉地、印度和尼泊尔的僧人译经弘法，不同政权的僧人成为吐蕃佛教最初传入的开创者和传播者。实际上，佛教传入吐蕃的过程就是多文化融合发展过程，开启了佛教文化与本教文化、汉藏文化之间既矛盾又融合的历程。

松赞干布之后，经历芒松芒赞（650—676）和都松芒波结（676—704）两代赞普，佛教没有太大的进展，本教依然占据主要地位。墀德祖赞（704—755）在位时，吐蕃再一次和唐朝联姻，迎娶金城公主入藏。金城公主入藏后把文成公主带去的释迦牟尼移供于大昭寺，并安排汉僧管理寺院香火，金城公主入藏再次将佛教发展向前推进，比蕃还从天竺迎请僧人、修建寺院。《西藏王臣记》记载："（赤德祖赞）遂派使往岗底斯山[②]，请佛密与佛寂二大班智达来藏宏法，二师迎而未至。使者仅熟读五部大乘经典，归后写成五大卷函，王为之修建五寺而供之。其五寺：扎玛珍桑、扎玛格如、桑喀扎、秦浦那若、玛莎贡等。自唐都京师翻译《金光明经》《毗奈耶分品疏》及少部分医药典籍。自李域迎请出家沙门，对之恭敬承侍。并派桑喜到汉地取经。"[③] 由于佛教在藏地进一步的发展，从墀德祖赞起佛教与本教之间的矛盾也趋于激烈。

---

① 五世达赖喇嘛：《西藏王臣记》，刘立千译注，民族出版社2000年版，第32页。
② 即"冈底斯山"。
③ 五世达赖喇嘛：《西藏王臣记》，刘立千译注，民族出版社2000年版，第34、36页。

佛教经过与藏地本教反复较量,到 8 世纪晚期,赤松德赞执政时,吐蕃实力进入巅峰时期,佛教在寂护和莲花生等佛学大师的帮助下终于打败本教,佛教受到赞普推崇,得到空前发展。赤松德赞曾派巴塞囊去尼泊尔迎请中观瑜伽行派的创立人寂护(又名静命、菩提萨埵)等入藏传法。寂护来至吐蕃,开创了大乘佛教显宗中观思想的弘传,主要宣讲佛教十善法、十八界和十二缘起等佛教的基本教义。但寂护入藏传法受到来自本教的很大阻力,最终他被迫返回尼泊尔。临行之前,寂护曾向赞普建议迎请莲花生大师入藏弘法。莲花生大师是印度金刚乘的始祖、奥利萨国王因陀罗菩底的儿子、寂护的妹夫。莲花生入藏后,通过密教的法术降伏了本教神灵,使之成为佛教的护法神。莲花生的入藏弘法使佛教在吐蕃得以进一步巩固发展,尤其为密教在吐蕃的传播起到了无可替代的作用。吐蕃赞普再次迎请寂护进藏与莲花生一起弘扬佛法。莲花生和寂护在吐蕃一方面弘传佛法,另一方面倡建桑耶寺,并以桑耶寺为中心翻译了显密佛经和剃度僧人的谍文,推行三户养僧制,推动了吐蕃显教和密教的共同发展,他们为藏传佛教的发展和繁盛做出了巨大贡献。

此外,赤松德赞还迎请阿阇黎大咒师法称、无垢友、佛密、静藏等诸天竺班智达多人来藏。法称依瑜伽金刚曼陀罗传授灌顶法等。无垢友及其余诸大阿阇黎,亦为吐蕃少数已成法器的人随其所应以教授密传,并派遣"七觉士"之一的毗茹札那去印度学法。他学成回吐蕃传授密法,成为赤松德赞时二十五名密宗大成就者之一。由于佛教的快速发展,佛教与本教间的矛盾也再度加剧,出现了"佛本之争"。在"佛本之争"中的论战本教论败,佛教地位大大提高。

赤松德赞时期是藏传佛教前弘期的鼎盛阶段,吐蕃乘安史之乱占领河西地区后,赤松德赞在迎请印度僧人积极推行佛教的同时,还从汉地迎请以摩诃衍为首的和尚进入藏地传法。摩诃衍属于禅宗顿悟派僧人,他提倡一种简便易行的修持方法,得到吐蕃出家僧人和世俗百姓的欣赏,信徒日益增多,赞普妃子等人也从摩诃衍出家,很多藏僧信奉或附和摩诃衍学禅法,禅僧影响迅速扩大。而印度僧人为了恢复他们在藏地的势力,建议赞普迎请寂护的弟子莲花戒进藏。于是吐蕃佛教内部出现了以汉地和尚摩诃衍为首的"顿门派"和以印度僧人莲花戒为首的

"渐门派"的冲突，导致了一场"渐顿之争"的大辩论，其结果是印度僧人获胜，对"渐门派"思想传播起了积极的推动作用。摩诃衍为首的顿悟派论败①，返回敦煌。从此，赞普颁布命令，吐蕃僧人不准修习"顿门派"之法，要奉行十法行和六波罗蜜多，遵循律学；在密教方面，除了修持事、行、瑜伽三续外，无上瑜伽续部经典暂不多译。实际上，"从现有的材料看起来，禅宗在西藏的影响并没有断绝，并且一直影响到后来的宁玛、噶举等派，而在当时译经目录看，却是莲花戒等所传中观宗属于主流，可以说，在当时大概上印僧占了上风。"② 仅从宗教本身来说，"顿渐之争"是汉藏文化交流过程中的一件大事。赤松德赞时期是汉藏文化特别是宗教文化不断融合和碰撞的时期，而以汉禅师摩诃衍入藏达到高潮。

从赤松德赞时开始，藏地佛教兼有汉印两个传统，汉地僧人有善于讲经论的法师，也有主张顿悟禅修的禅师。印度僧人有莲花生一系的密教大师，也有寂护一系的弘扬中观思想的高僧。前弘期藏传佛教的显密思想都得到一定程度的发展，但是密教的无上瑜伽思想尚未得到流行。

赤松德赞去世后，其长子牟尼赞普（797—798年在位）嗣位，他在位时间虽短，但能奉行其父亲弘扬佛教的政策，礼敬僧人，翻译佛经。不久牟尼赞普的弟弟墀德松赞即位，他依然推行尊崇佛教的政策，翻译佛经、兴建寺院，僧人出任钵阐布，参与政治，吐蕃出现了政教合一的趋势。

墀德松赞有五个儿子，长子藏玛出家，二子、三子早亡，四子朗达玛，五子墀祖德赞（热巴巾）。墀祖德赞（热巴巾）即位后，他将吐蕃佛教推向一个新的发展高潮，主要表现在翻译佛经，将大量显教经论从梵文译成藏文，开始统一佛经翻译工作；实行七户养僧制，僧人的地位再次得到提高，享有极高的特权。墀祖德赞的行为也引起本教徒不满，本教徒利用计谋打击佛教势力，谋害赞普。墀祖德赞被本教大臣谋害后，本教大臣拥立朗达玛（838—842年在位）为赞普，在本教大臣的唆使下，朗达玛支持和恢复本教势力，开始打击佛教的灭佛活动，佛经

---

① 敦煌文献《顿悟大乘正理决》记载汉僧论战获胜。
② 王森：《西藏佛教发展史略》，中国社会科学出版社1997年版，第15页。

被毁，僧人被迫还俗或远逃他方。但是，朗达玛的灭佛也遭到佛教徒的反抗，朗达玛因灭佛被杀，为此统一的吐蕃政权瓦解，吐蕃贵族形成两个集团，混战20多年，这一情况还引发了藏地区奴隶平民起义，原来隶属于吐蕃的党项、吐谷浑等部纷纷脱离吐蕃自立。长期战乱给藏地的政治、经济、宗教文化等带来很大破坏，也使藏地处于分裂局面。但从零散的记载分析，9世纪朗达玛灭佛对吐蕃中心地区的僧团和佛教戒律破坏较大，而对边远地区佛教影响相对较小。朗达玛灭佛对吐蕃统治的河西地区基本上没有造成破坏，边远地区得以延续了佛教戒律和佛法的传承。另外，佛法在民间或以父子或在师徒之间秘密传播，他们虽不在寺院，但却对佛法、寺院、佛像进行护持。这些因素的存在也为后弘期佛教复兴奠定了较为坚实的基础。

二 后弘期

藏文史料记载，当达磨（朗达玛）灭佛时，在曲卧日地方有三个僧人：藏饶赛、轮格迥、马尔释迦牟尼，他们看到僧人行猎才得知灭法情况，遂携戒律、论书，以骡驮负西逃阿里，又遵北路北至回鹘居住地。9世纪中期，回鹘王国被蒙古高原的黠戛斯击败后，回鹘部落分三支（一说四支）纷纷南逃或往西南败逃，其中一支来至今新疆东部，建立政权，境内仍流行佛教和摩尼教。藏饶赛、轮格迥、马尔释迦牟尼三人至此，受当地官员名释迦般若者的供养。但因语言不通，不久，藏饶赛等离开往东至朵甘藏区（今西宁一带）。他们在晚年收了一个徒弟，名公巴饶赛。① 后来，公巴饶赛成为下路弘法的关键人物，他学习密法、菩提心法、中观、因明、瑜伽等，受戒后，又修习律典、四阿含及注疏等，在安多弘法，建立寺院，剃度僧人，使佛法在卫藏地区流行，佛法从安多地区传至卫藏地区，藏文史料称"下路弘法"。

在吐蕃内讧战乱中，王室的一支退到后藏西部和阿里地区，建立阿里王朝。阿里王朝统治时期社会趋于稳定，统治者不仅自己信奉佛教，

---

① 王森：《西藏佛教发展史略》，中国社会科学出版社1997年版，第25页。王森所引内容与后面提到的《安多政教史》《凉州佛寺志》内容相同，但翻译有所区别。

吸引很多印度僧人前来传法，迎请僧人阿底峡入藏弘法，而且派遣青年人去印度学习《集密》和《时轮经》等，其中仁钦桑波（rin-chen-bzang-bo，958—1055）是派去克什米尔学习佛法主要代表。这些留学印度的藏僧回藏地后翻译密教经典，传播金刚乘密法，为后弘期佛教发展起了至关重要的作用。阿底峡在阿里建立寺院，恢复戒律传承，协助仁钦桑波翻译显密经典。佛法也从阿里地区弘传至卫藏，称为"上路弘法"。

10世纪，佛教逐渐从西部阿里地区和东部安多地区上下两路传入卫藏，拉开了藏传佛教复兴的序幕，藏传佛教的发展则进入后弘期。

前弘期是藏传佛教形成阶段，虽然出现佛本之争、渐顿之辩，但独立门户的宗派尚未产生。后弘期藏传佛教在传播的范围、信众兴佛的热情、教法和仪轨的完善、传播的速度等方面都远远超过前弘期。

后弘期佛教诸派纷起，显密经典流传和转世活佛的出现成为藏传佛教主要标志。藏传佛教诸派纷起的主要原因有：首先，10世纪中、后期，卫、藏、康、阿里一带虽然稳定下来，但政治上依然极端分散，佛教寺院经济力量不够雄厚，还不能出现一个规模庞大的宗派。其次，当时进藏的印度僧人宗派不一，弘法有一定差异；同时先后留学印度回藏的藏僧译经收徒也有各自门派。留学回藏的仁钦桑波翻译显教经典17部、论33部、密教经典108部……藏僧认为，从仁钦桑波开始，才把密教提高到所谓和佛教理论相结合的"高度"，因此藏人称仁钦桑波和他以后的其他译师所译的密籍为"新密咒"，把念智和他以前，包括吐蕃时代所译的密籍称为"旧密咒"。[①] 藏传佛教显教教义逐渐系统化，密教修法形成体系，为不同宗派出现提供了条件。再次，僧人虽受统治者的支持，但并不完全依靠统治者，他们也积极争取民众，不断扩大自己的影响，形成自己的势力。后弘期先后出现了宁玛派、噶当派、萨迦派、噶举派及后来的格鲁派等，他们互不统属，分别依附不同地方势力，也使藏地没能实现统一的局面。

日本学者矢崎正见对西藏佛教有如下论述："7世纪左右藏地吸收自印度传来的佛教，而此时正是密教根本圣典——《大日》《金刚顶

---

① 王森：《西藏佛教发展史略》，中国社会科学出版社1997年版，第32页。

经》成立的时期。出现于印度佛教最后期的这个密教思想就直接导入西藏。这是塑造西藏佛教特色的一大根源。西藏佛教的历史中，经由14世纪末的宗喀巴以戒律为中心，实行改正密教堕落的宗教改革，因此其后的西藏佛教未必是向密教一边倒，而被称为'显密相关的教'。不过比较起来，西藏佛教之中密教所占比重远比中国、日本的佛教大。西藏佛教中秘密教的色彩之所以浓厚，其理由一方面是当时移入西藏的印度佛教实能有相当大的影响，同时也不能忽视西藏人本身对宗教咒术的喜好较强，并且相信巫术，有时甚至喜爱魔术性的东西的民族性。"[1] 矢崎正见还认为，藏传佛教具有咒术性、对僧人异常的尊崇、活佛思想和宗教与政治的结合[2]等特色。藏传佛教虽然具有咒术性，但在教义方面则是显密融合，且僧人们在中观、因明和唯实等领域也出现了丰硕的学术成果，尤其是印度原典翻译集大成的藏文大藏经，与汉译大藏经比起来，有过之而无不及。

总之，佛教在西藏的发展经历了前弘期和后弘期两个阶段。前弘期佛教主要是松赞干布、赤松德赞和赤祖德赞三大法王的发展时期。赤松德赞时正式剃度第一批僧人，建立著名的桑耶寺，大规模翻译佛经，建立兴佛碑，实行三户养僧制，给寺院赐予属民，寺院经济得到发展。及至赤祖德赞（热巴巾）时佛教发展更上一个台阶，政教合一的局面基本形成，任命僧人为钵阐布主持国家内外政务。由原来的三户养僧改为七户养僧制，寺院经济进一步发展，僧人地位又有了很大提高。前弘期佛教发展因朗达玛灭佛而转入低谷。经过近1个世纪的沉寂，10世纪，佛教分北从安多和阿里地区复兴传至卫藏地区，藏传佛教各宗派形成，显密经典流传，译经活动兴盛，出现多个佛经目录，逐渐形成藏文《甘珠尔》和《丹珠尔》，对周边地区和后世藏传佛教的发展产生了很大影响。

---

[1] ［日］矢崎正见：《西藏佛教史》，陈季菁译，中国台湾文殊出版社1986年版，第10页。

[2] ［日］矢崎正见：《西藏佛教史》，陈季菁译，中国台湾文殊出版社1986年版，第15页。

第二节　吐蕃占领河西与藏传佛教外传

一　河西陀罗尼经典的传译基础

"河西"一词因黄河以西而得名，其概念因年代不同而有所变化。总体来说，河西有狭义和广义之分。狭义的河西指河西走廊，东起乌鞘岭，西至敦煌，北靠龙首山、合黎山及马鬃山等，山外是腾格里沙漠和巴丹吉林沙漠，南依祁连山。南北山中间形成长达一千多公里的狭长地带，被称为"河西走廊"，包括凉、甘、肃、瓜、沙等州和黑水城等地。广义的河西指黄河两段南北流域的西面地区，主要指今天的甘肃、宁夏、内蒙古和青海的部分地区、新疆东部等广大区域。① 此处的河西应指河西走廊一带，河西地区自古就是少数民族聚集区，不同文化在此融通发展，汉武帝时，张骞凿空西域，从长安经河西走廊往不同目的地的陆路丝绸之路开通，河西又成为中西文化的交会地，佛教、道教、儒家文化以及西方宗教文化在这里都得到发展。佛教兴盛的河西地区，为汉、藏佛教文化的传播和交流起到了桥梁的作用。

早在魏晋南北朝时期，大量陀罗尼密教经典在河西地区被翻译成汉文，推动了陀罗尼咒术的流行，主要代表人物有竺法护和昙无谶等。竺法护八岁出家，后去西域各国，笃志好学，万里寻师，拜竺高座为师，精通36种语言，回到中土先后在敦煌、长安等地翻译佛经，将西域诸国流行的大量大乘经典和陀罗尼经典介绍到汉地，促进佛教的传播，因竺法护世居敦煌，化道周给，有"敦煌菩萨"之美誉。《释迦方志》（卷下）记载："晋武世，敦煌沙门竺法护，西游三十六国，大赍胡经，沿路译出，至长安青门外立寺，结众千余，教相广流东夏者，法护深有殊功。"② 《高僧传》（卷一）也记载："经法所以广流中华者，护之力也。"③ 敦煌菩萨西晋竺法护在聂承远、聂道真父子等帮助下翻译了《大哀经》《佛说海龙王经》《佛说八阳神咒经》和《大宝积经》之

---

① 崔红芬：《西夏河西佛教研究》，民族出版社2010年版，第3页。
② （唐）道宣撰：《释迦方志》（卷下），《大正藏》，第51册，第2088号，第969页上栏。
③ （梁）释慧皎撰，汤用彤校注：《高僧传》卷1，中华书局1992年标点本，第23页。

"密迹金刚力士会"等，并对陀罗尼作了进一步解释，扩大和丰富陀罗尼的内涵，突出宣扬陀罗尼的功用。

北凉昙无谶有"明解咒术，所向皆验，西域号为大神咒师"[①] 之称。昙无谶是中天竺人，六岁丧父，其母见沙门为道俗所崇，利养丰厚，于是让昙无谶随沙门为师，先学小乘，后习大乘，精通咒术，后携大乘经典《大涅槃经》来至河西，在姑藏译经，他翻译了《大般涅槃经》《大方等大集经》《悲华经》之"陀罗尼品第二"、《金光明经》等20多部经典，其中《大方等大集经》在讲鬼神的同时，也非常重视陀罗尼。《金光明经》也包括宣扬陀罗尼的内容。昙无谶不仅宣扬陀罗尼，而且他精通咒术，可以和后赵以咒术见长的佛图澄相匹敌。北凉法众也翻译了《方等檀特陀罗尼经》（即《大方等陀罗尼经》）等。与此同时，在莫高窟绘画中也出现一些护法诸天，是密教形象最早传播的遗迹。

此外，元魏昙曜翻译的《大吉义神咒经》不仅讲述诵咒的诸多功德，而且描绘了设坛的方法及不同神灵的不同尊崇方法。元魏菩提流支译《佛说护诸童子陀罗尼经》，周耶舍崛多译《佛说十一面观世音神咒经》以及一些佚译陀罗尼经典，如《牟梨曼陀罗尼》《佛说安宅神咒经》等都推动了陀罗尼经典、简单仪轨以及早期绘画在北方、西北地区流传。

东晋帛尸梨密多罗也有"善持咒术，所向皆验"[②] 的记载，翻译了《佛说灌顶摩尼罗亶大神咒经》等。梁武帝时，梁达摩摩提译《观世音忏悔除罪咒经》，梁僧伽婆罗译《孔雀王咒经》《舍利弗陀罗尼经》和《八吉祥经》，梁佛陀扇多译《阿难多目佉尼诃离陀罗尼经》《金刚三味陀罗尼经》，刘宋昙摩蜜多译《虚空藏菩萨神咒经》和功德直、玄畅译《无量门破魔陀罗尼经》等，刘宋外国居士竺难提译《请观世音消伏毒害陀罗尼》等能够强调救护一切众生。于是消伏毒害和种种障难的陀罗尼经典、在南方也逐渐流行开来。

由此可见，南北朝时期不仅大量密教经典被翻译完成，它们传入南

---

① （梁）释慧皎撰，汤用彤校注：《高僧传》卷2，中华书局1992年标点本，第335页。
② （隋）费长房：《历代三宝纪》卷7，《大正藏》第49册，第2034号，第69页上栏。

北不同地区，为中国僧人传诵修习提供了依据；而且此时密教所宣扬的内容也逐渐融入中国传统文化和鬼神思想，中土僧人开始根据翻译的陀罗尼经典和当时信众的需要而汇编纂集陀罗尼。

这一时期，在莫高窟绘画中也出现一些形象诡异的护法诸天，极有可能是密教形象最早传播的遗迹。及至唐宋时期，佛教（包括密教）在河西地区得到发展，这主要与唐不空在河西地区传法活动和藏族人对河西的统治有密切关系。唐天宝十二年（753）河西节度使哥舒翰上奏唐玄宗，请求让不空到河西"请福疆场"。不空从岭南来到长安，后又赴河西，来到武威，住开元寺，设坛灌顶，开设译场，弘扬密教，为汉传密教在河西地区的发展提供了便利。不空在河西译经等弘法活动奠定了该地区密教的发展基础。

二 藏传佛教在河西的发展

吐蕃对外扩张是在前弘期的赤松德赞统治时期，赤松德赞在位时不仅吐蕃实力强盛，不断侵扰和吞并周邻政权或部落；而且此时的唐朝爆发了安史之乱，唐玄宗为避难逃亡蜀地，吐蕃借机北上，曾一度占领陇右、长安。之后吐蕃虽撤出长安，却又从东向西占据河西走廊，对河西地区的统治长达七八十年。吐蕃统治河西时期，对河西地区的政治、经济、文化和民族关系等都产生很大影响。吐蕃在河西推行佛教，实行易服辫发、清查户籍，迁徙人口、黥面文身和部落制等，打破了河西地区自汉以来以汉文化为主导的局面。

吐蕃占领陇右、河西等地之时正是吐蕃前弘期佛教发展的鼎盛阶段，藏传佛教的政策同样影响着河西地区及它占领的其他地区。据敦煌文献记载，吐蕃高僧大德管理河西佛教事务，敦煌最高的僧官为都教授，佛教在河西地区出现独尊的局面。驻守敦煌一带的吐蕃各阶层官员不但奉佛敬僧，而且积极从事佛教活动，如修建寺院、广度僧尼，设坛场，作法事，唱经诵佛。敦煌文书中保存有许多佛事活动的释门杂文，对吐蕃占领敦煌地区的法事活动作了一定的记载。吐蕃时敦煌寺院由原来的十三所增加到十七所，僧尼人数由三百一十人增加到近千人，寺院拥有田地、果园、粮仓、碾硙、油坊、牲畜、车辆及寺户等，寺院经济十分繁荣。

敦煌还设"经坊",抄写佛经,抄经规模庞大,使译自藏文的佛经和陀罗尼等迅速传播,《大般若经》《大乘无量寿宗要经》等十分流行。吐蕃统治河西时期是汉藏密教文化交流融合的重要历史阶段,一些译师的译经活动促进了汉藏佛教文化和汉藏民族交流,如藏汉高僧如昙旷、摩诃衍、法成等或译经讲道,或专心著述,或传扬禅法,使河西地区佛学水平达到相当高的程度。

吐蕃时期,在敦煌新开洞窟五十五个,重修前代洞窟十八个,共计七十多窟,密教观音像和药师佛大量增多,经变内容虽有所增加,但仍以净土变为主,主要有阿弥陀、观无量寿佛、东方药师和报恩变等。吐蕃统治河西时敦煌壁画特征、结构和内容发生了一些变化,沙武田教授认为,敦煌壁画布局发生了"重构"现象,出现经变画对应关系和屏风画使用;洞窟"原创性"图像出现了经变画新题材、瑞像图、佛教史迹画和独特的毗沙门天王造像;在供养人画像和营造思想与功能等都发生一些变化。[①] 吐蕃统治河西地区为藏传佛教的发展提供了极大的便利,也为西夏时期藏传佛教继续奠定了基础。

9世纪中叶唐朝和西藏几乎同时出现毁佛事件,因河西吐蕃各级官吏的信佛,又远离毁佛的中心地区,河西地区的佛教发展受朗达玛和唐武宗灭佛的影响较小。随后朗达玛因灭佛被僧人所杀,吐蕃内讧,统一政权瓦解,形成了诸多分散的地区政权。河陇一带,洛门川讨击使论恐热与鄯州节度使尚婢婢相攻不已,随军出征的吐蕃奴部纷纷起义,吐蕃势力遂衰,河西地区又逐渐归义军统辖。

大中二年(848),张议潮率瓜沙各族僧俗百姓起义,驱除了吐蕃守将,占领瓜沙二州,由西向东依次占领河西诸州。咸通二年(861)归义军政权统有整个河西地区,废除了吐蕃僧官制度,恢复唐僧官制度,改都教授为都僧统。吐蕃在河西的统治虽然结束,但仍有大量吐蕃人及其役使民族党项、吐谷浑、温末等留居河西,且有一些著名的吐蕃高僧(如法成等)继续留在瓜沙弘扬佛法。斯坦因藏品S.5697《申报河西政状残片》记载:"河西诸州,蕃(吐蕃)、浑(吐谷浑)、嗢末

[①] 参见沙武田《吐蕃统治时期敦煌石窟艺术》,中国社会科学出版社2013年版,第6—135页。

（吐蕃奴部）、羌、龙（焉耆人）犹杂，极难调伏。"① 吐蕃在河西的统治结束了，但仍有大量吐蕃人和奴部留居河西，彪悍难管。P. 3720（7）中的《张淮深造窟记》是咸通八年至十三年间张淮深建造莫高窟第94窟的功德记，其中颂扬其德政功德时记道："加以河西异族狡杂，羌、龙、嗢末、退浑，数十万众，驰诚奉质，愿效军锋。"② 中和二年（882）所立《敕河西节度兵部尚书张公德政之碑》也有颂扬张淮深功绩的记载，"河西创复，犹杂蕃、浑，言音不同，羌、龙、嗢末，雷威慑伏。"张议潮起义结束了吐蕃在河西的统治，河西开始了张氏归义军和曹氏归义军的统治时期。

吐蕃对河西的统治虽然结束了，但对河西地区产生的影响并未结束，大量的藏族人继续居住生活在河西地区。归义军政权建立初期曾得到僧团的大力支持和帮助，佛教继续受到尊崇，归义军政权采取一些保护寺院和僧尼的措施，藏传佛教继续发展。归义军时藏文不仅没有立即废除，而且作为官方语言，在一定范围内继续使用，这类藏文文书在藏经洞共发现20多件，说明归义军时期藏族人的势力还比较强大。吐蕃统治时期的佛教给归义军时期的佛教以决定性的影响。吐蕃时期的抄经保存到归义军时期，丰富了敦煌藏经的种类。

著名藏族僧人管·法成（vgos chos-grub）在吐蕃和张氏归义军时期在河西地区译经弘法，他的活动为汉藏佛教文化的交流起着举足轻重的作用。法成是9世纪一位藏族翻译家，出身吐蕃贵姓管氏家族。随着吐蕃对河西地区的统治而来到沙州（敦煌），其活动一直持续到大中十三年（859），在沙州先住永康寺，后到甘州住修多寺，又回到沙州住开元寺翻译佛典和弘传佛法。法成将汉文经典译成藏文和把藏文经典也翻译成汉文，并从事讲经弘法活动。他翻译、注疏、著述和宣讲佛经等近四十部，有显宗的，也有密宗的。

据王尧先生考证，法成由汉文译成藏文的有：《金光明最胜王经》《解深密经疏》《入楞伽经》《善恶因果经》《贤愚经》《大宝积经》《佛

---

① 唐耕耦、陆宏基：《敦煌社会经济文献真迹释录》（第4辑），全国图书馆缩微文献复制中心，1990年，第361页。
② 郑炳林、郑怡楠辑释：《敦煌碑铭赞辑释》（增订本），上海古籍出版社2019年版，第685页。

说时非时经》《锡杖经》《千手千眼陀罗尼》《观音陀罗尼经》《十一面神咒心经》《百字论颂》《缘生三十颂》《八转声颂》等。由藏文译成汉文的有：《般若波罗蜜多心经》《诸星母陀罗尼经》《萨婆多宗五事论》《菩萨律仪二十颂》《释迦牟尼如来像法灭尽之记》等。集成或讲述的经籍有：《大乘四法经论及广释开决记》《大乘稻芊经随听手镜记》《瑜伽师地论》等。① 这其中很多经籍，如观音经和星曜崇拜经典在河西地区早已流传开来，并对藏地及以后的西夏产生深远影响。

可见，吐蕃统治河西时期，藏传佛教与河西地区的佛教间进行了较为全面的融合，河西地区佛教具有汉藏等不同文化的特点。藏密经典、陀罗尼和汉传密宗典籍在河西地区都流行发展开来，这种情况对以后的西夏佛教产生了巨大影响。

吐蕃、归义军统治河西时期，河西本地高僧和因避"会昌法难"来到河西的内地僧人继续从事佛教教学活动，弘扬佛法，出现法成、法镜、法海、洪辩、法荣、悟真、贤照、福高等著名的高僧大德，佛教显密义理得到弘扬。归义军政权还不断派僧人出使中原，请赐佛经，加强与内地佛教的联系。除此之外，以归义军为代表的统治阶级还施写佛经，修建功德窟。而对于广大的百姓来说，面对苦难的现实，寻求精神寄托，更希望通过信奉佛教，得到佛祖、菩萨的保佑，民众信仰得到进一步发展。曹氏归义军与信仰佛教的回鹘、于阗关系密切，曹氏家族本身也热心奉佛，主要表现在家窟开凿盛行和施写佛经方面，强调修善功德。这一时期疑伪经流行，也是不同文化融合的体现。

总之，归义军政权结束了吐蕃在河西的统治，藏族人和藏族僧人继续在河西一带弘法译经。五代宋时，河西地区有出现了凉州吐蕃政权、甘州回鹘政权和瓜沙归义军政权，藏传佛教能够得以继续发展。11世纪初党项人统一河西地区，西夏政权继续采取支持佛教发展的政策，藏族僧人继续从事弘法活动，他们往来西夏境内译经和进行佛事活动。

---

① 王尧：《西藏文史考信集》，中国藏学出版社1994年版，第17—34页。

第三节　党项对藏传佛教的接受

宋人宋琪说："大约党项、吐蕃，风俗相类。"① 此话较为准确地概括出党项和吐蕃两个民族的相近习俗。党项与吐蕃之间文化相类，信仰相似，政治、经济诸方面有着千丝万缕的联系，他们的渊源可以追溯到党项部落内迁之前，党项部落具有诸多接受早期藏传佛教的条件。

一　党项与藏族历史渊源

西夏文《碎金》对境内不同民族的生活习俗和信仰有生动地描绘"弭药勇健行，契丹步履缓；羌多敬佛僧，汉皆爱俗文；回鹘饮乳浆，山讹嗜荞饼"，"羌多敬佛僧"则十分形象地表达出藏族人对佛教的崇奉。吐蕃"尊释氏，重僧、崇尚浮屠"，则反映藏族人对佛教的信奉和依赖，佛教已成为其生活习俗不可缺少的一部分。党项与藏族族源相近、语言同系、地域相连，他们彼此间关系密切，前弘期藏传佛教就对党项族的信仰产生了一定影响。

《隋书》《旧唐书》《新唐书》等对党项的族源、生活居住地域和生活习性、部落情况进行了描绘。《隋书·党项传》载："党项羌者，三苗之后也。其种有宕昌、白狼，皆自称猕猴种。东接临洮、西平，西拒叶护，南北数千里，处山谷间。每姓别为部落，大者五千余骑，小者千余骑。……魏、周之际，数来扰边。高祖为丞相时，中原多故，因此大为寇掠。"② 魏、周时党项为边患。隋开皇四年（584）党项归附，五年（585）拓跋宁丛等又率部归附。《旧唐书·党项羌》还载："党项羌，在古析支之地，汉西羌之别种也。魏、晋之后，西羌微弱，或臣中国，或窜山野。自周氏灭宕昌、邓至之后，党项始强。其界东至松州，西接叶护，南杂春桑、迷桑等羌，北连吐谷浑，处山谷间，亘三千里。其种每姓别自为部落，一姓之中复分为小部落，大者万余骑，小者数千骑，不相统一。有细封氏、费听氏、往利氏、颇超氏、野辞氏、房当氏、米

---

① （元）脱脱等撰：《宋史》卷264《宋琪传》，中华书局1977年标点本，第9129页。
② （唐）魏徵等撰：《隋书》卷83《党项传》，中华书局1973年标点本，第1845页。

擒氏、拓拔氏,而拓拔最为强族……自周及隋,或叛或朝,常为边患。"①《新唐书·党项传》也载:"党项,汉西羌别种,魏、晋后微甚。周灭宕昌、邓至,而党项始强。其地古析支也,东距松州,西叶护,南春桑、迷桑等羌,北吐谷浑。处山谷崎岖,大抵三千里。"②

由此可见,内迁前党项居住在甘、青和四川交界的松潘一带,西与吐蕃相邻,东与汉地相接,地域辽阔,分八个部落,以拓跋氏为最强,但他们尚处在"织牦牛尾及羖历毛以为屋。服裘褐,披毡以为上饰。俗尚武力,无法令,各为生业,有战阵则相屯聚。无徭赋,不相往来。牧养牦牛、羊、猪以供食,不知稼穑。其俗淫秽蒸报,于诸夷中最为甚。无文字,但候草木以记岁时。三年一聚会,杀牛羊以祭天。人年八十以上死者,以为令终,亲戚不哭。少而死者,则云夭枉,共悲哭之"。③

党项不仅与吐蕃关系密切,且存在一定的血缘关系。党项曾是藏族的同盟军,随吐蕃东征西战,为吐蕃军队取得胜利立下不小功劳。彼此之间能友好相处,相互学习,互为影响。

一些藏族史料也记载了党项的族源,《汉藏史集》和《拉达克王统记》等记载了党项是藏族传说中先民塞、穆、董、东四姓中董姓(ldong)的一个分支。《汉藏史集》载:"内部四族系为东化、冬化、塞化、穆化等。据说由此四族系分出大部分吐蕃之人,故称以上所述为十二根本族系。还有另一种说法是,外部四系……内部四族系克尚汉人、金尚蒙古人、卡勒门巴人、悉补野吐蕃人等四种,……卡勒门巴人分三支,一是门巴人本部族,一是汉藏交界地方的弭药(mi-nyag)(木雅)人,一是工布人。"④党项族又称弭药,或木雅,与藏族关系源远流长。

目前,学界对党项族源的问题已作了较为深入的研究,仍然存在很

---

① (后晋)刘昫等撰:《旧唐书》卷198《党项羌》,中华书局1975年标点本,第5290—5291页。
② (宋)欧阳修、宋祁撰:《新唐书》卷221《党项传》,中华书局1975年标点本,第6214页。
③ (唐)魏徵等撰:《隋书》卷83《党项传》,中华书局1973年标点本,第1845页。
④ 达仓宗巴·班觉桑布:《汉藏史集》,陈庆英汉译,西藏人民出版社1986年版,第10页。

大分歧。归纳起来，大致有三种不同观点：其一认为党项属于羌族，[①]其二认为党项属于鲜卑族，[②] 其三则认为，党项上层属于鲜卑族，而大多数党项百姓属于羌族。[③] 但是李华瑞先生对此问题的看法更值得注意，李先生认为，不论西夏主体民族是出自羌系还是源于鲜卑，在其形成、发展和变迁过程中，已不是由历史上的单一民族发展而来，它是一个经过多民族融合后产生的新的共同体。西夏主体民族的最早活动从北魏开始后，在长期的发展过程中，与中原王朝和周边强族政权发生了密切关系。[④] 笔者认为，李先生的观点比较符合西北地区的各个民族发展历史进程和实际情况。

自古以来，西部就是多民族的聚集区，不同民族相互融合和影响是社会发展的大趋势，这种融合更推动了各民族间文化的大融合、大发展。因党项与吐蕃族源相近、地域相连的关系，风俗相似也是不言而喻。

隋唐时党项部落开始内附，朝廷在轨、崌、奉、岩、懿、嵯、麟、松、西戎等地设立羁縻州，安抚内附的党项部落。隋开皇四年（585），有党项千余家归化。五年（586），拓拔宁丛等率诣旭州内附。松赞干布执政时，对外开始进行兼并诸羌的侵略战争，向东与羌人作战，党项部落也成了吐蕃进攻对象。唐贞观年间，松赞干布借向唐求婚不成，遂率羊同共击"吐谷浑……又攻党项、白兰羌，破之。勒兵二十万入寇松州"。[⑤]《资治通鉴》也载：

贞观十二年（638）初，上遣使者冯德遐抚慰吐蕃，吐蕃闻突

[①] Н. А. Невский, Тангутская филология, в двух книгах, 文志勇、崔红芬译, Издательство Восточной литературы, Москва, 1960г.；李范文：《试论西夏党项族的来源与变迁》，李范文《西夏研究论集》，宁夏人民出版社1983年版，第1—30页；周伟洲：《唐代党项》，三秦出版社1988年版；张云：《党项名义及族源考证》，《中国藏学》1996年第1期。

[②] 汤开建：《党项西夏史探微》，中国台湾允晨文化实业有限公司2005年版，第8—71页。吴天墀：《西夏史稿》，四川人民出版社1983年版。

[③] 唐嘉弘：《关于西夏拓跋氏的族属问题》，《四川大学学报》（社会科学版）1955年第2期。

[④] 李华瑞：《宋夏关系史》，河北人民出版社1998年版，第6页。

[⑤] （宋）欧阳修、宋祁撰：《新唐书》卷216上《吐蕃传》（上），中华书局1975年标点本，第6073页。

厥、吐谷浑皆尚公主，遣使随德遐入朝，多赍金宝，奉表求婚，上未之许。使者还言于赞普弃宗弄赞曰：臣初至唐，唐待我甚厚，许尚公主。会吐谷浑王入朝，相离间，唐礼遂衰，亦不许婚。弄赞遂发兵击吐谷浑。吐谷浑不能支，遁于青海之北，民畜多为吐蕃所掠。吐蕃进破党项、白兰诸羌，帅众二十余万屯松州西境，遣使贡金帛，云来迎公主。寻进攻松州，败都督韩威。羌酋阔州刺史别丛卧施、诺州刺史把利步利并以州叛归之。①

党项与吐蕃间虽然同宗同源，但彼此之间也存在着权力、利益之争，松赞干布时期，吐蕃进攻党项，部分党项部落（拓跋氏、野利氏、巴利氏、破丑氏）迫于吐蕃侵扰和进攻，开始内附，隋设羁縻州给予安置。

唐时党项部落再迫于吐蕃强大的压力，继续请求内附。贞观三年（629）党项羌酋长细封部赖率所属部落归降，以其地为轨州（今四川阿坝）；其余部落包括拓跋部等相继内附，唐又以其地为崌、奉、岩、远四州，并以其部落酋长为各州刺史。每州之内都有两三个县，但"所管百姓，皆是党项诸羌，界内虽立县名，无城郭居处。"②《旧唐书·党项羌》载：

> 及贞观初，诸羌归附，而赤辞不至……太宗又令岷州都督李道彦说谕之，赤辞从子思头密送诚款，其党拓拔细豆又以所部来降。赤辞见其宗党离，始有归化之意。后岷州都督刘师立复遣人招诱，于是与思头并率众内属，拜赤辞为西戎州都督，赐姓李氏，自此职贡不绝。其后吐蕃强盛，拓拔氏渐为所逼，遂请内徙，始移其部落于庆州，置静边等州以处之。其故地陷于吐蕃，其处者为其役属，吐蕃谓之"弭药"。③

---

① （宋）司马光编著，（元）胡三省音注：《资治通鉴》卷195，中华书局1976年标点本，第6139页。
② （唐）李吉甫撰：《元和郡县志》卷39《陇右道》（上），中华书局1983年标点本，第1001页。
③ （后晋）刘昫等撰：《旧唐书》卷198《党项传》，中华书局1975年标点本，第5291—5292页。

党项拓跋部落内附至西戎州，后又迁居到庆州、静边一带，党项故地被吐蕃占领。唐为了安抚内附党项部落，被赐姓李，给予官职。也有部分党项部落，如"黑党项""雪山党项""春桑党项""白兰"，甚至还有著名的，如"丁零或滇零"等留在原居住地，成为吐蕃役属或同盟军，随吐蕃军队到处征讨。

唐仪凤年间（676—679），"吐蕃尽收羊同、党项及诸羌之地，东与凉、松、茂、嶲等州相接，南至婆罗门，西又攻陷龟兹、疏勒等四镇，北抵突厥，地方万余里，自汉、魏已来，西戎之盛，未之有也"。①《新唐书·吐蕃传》载："吐蕃令曩骨委书塞下，言：'论莽热、论泣热皆万人将，以赞普命，谢都督刺史：二国有舅甥好，昨弥不弄羌、党项交构二国，故失欢，此不听，唐亦不应听。'"②仪凤年间（676—679），吐蕃势力非常强大，东面与唐凉、松、茂、嶲相接，党项虽内附唐朝，但依然处于唐边境地带，党项仍然受到吐蕃的威胁。有文献记载，唐贞观九年（635）以后，有些羁縻州的首领或叛归吐谷浑，或被吐蕃征服，形势屡有变更。党项羌和吐谷浑境内的羌族居于唐朝与吐蕃之间，7世纪时羌民成为唐朝和吐蕃争夺的目标。可以说从高宗永徽（650—655）以后，吐蕃不断向外扩张，驱逐党项和吐谷浑国王北走，从此河湟以南、松州以西的许多羌族和羁縻州置于吐蕃统治之下，这也彰显了吐蕃扩张的野心，吐蕃已不满足仅仅兼并诸羌的斗争。唐肃宗时，吐蕃乘安史之乱出兵攻打松州西北部诸羁縻州，于是唐朝"懿、盖、嵯、诺、嶂、佑、台、桥、浮、宝、玉、位、儒、归、恤及西戎、西沧、乐容、归德等州皆内徙，余皆没于吐蕃"。③内迁的党项多居灵、庆、银、夏诸州。《新唐书·地理志》"羁縻州关内道"云："党项州五十一，府十五。贞观三年，酋长细封不赖内附，其后诸姓酋长相率亦内附，皆列其地置州县，隶松州都督府。五年又开其地置州十六，县四十七；又以

---

① （后晋）刘昫等撰：《旧唐书》卷196《吐蕃传》，中华书局1975年标点本，第5224页。
② （宋）欧阳修、宋祁撰：《新唐书》卷216上《吐蕃传》（上），中华书局1975年标点本，第6084页。
③ （宋）欧阳修、宋祁撰：《新唐书》卷43下《地理志》（七）下，中华书局1975年标点本，第1134页。

拓拔赤词部置州三十二。乾封二年以吐蕃入寇，废都、流、厥、调、凑、般、匐、器、迩、锽、率、差等十二州，咸亨二年又废蚕、黎二州。禄山之乱，河、陇陷吐蕃，乃徙党项州所存者于灵、庆、银、夏之境"① 即指此事。

安史之乱后，吐蕃及其奴属又与内迁的党项人为邻，互相姻缘，还时常相互接应入寇唐朝边境。至德元年（756）以后，随着吐蕃势力逐渐伸入，不断诱使党项各部，"密以官告授之，使为侦道，故时或侵叛，寻亦底宁"。直到宝应元年（762），党项才稍微有所收敛，遣使唐朝，表示愿意助灵州军粮。《资治通鉴》载："广德元年（763）冬，十月，吐蕃寇泾州，刺史高晖以城降之，遂为之乡导，引吐蕃深入，过邠州，上始闻之。辛未，寇奉天、武功、京师震骇。诏以雍王适为关内元帅，郭子仪为副元帅，出镇咸阳以御之……吐蕃帅吐谷浑、党项、氐、羌二十余万众，弥漫数十里，已自司竹园度渭，循山而东。"② 留居本地且归顺吐蕃的党项部落又随吐蕃军队占领陇右、河西等数十州，即分别于唐宝应元年（762）攻占临洮、秦州、成州、渭州、兰州、洮州、岷州等；宝应二年即广德元年（763）攻占泾州、会州；广德二年（764）占凉州；永泰二年（766）占甘州、肃州、瓜州；建中二元年（781）占沙州；贞元三年（787）占仪州（华亭）、庆州、原州等地。唐建中四年（783）唐与吐蕃在清水会盟，双方划定以贺兰山、陇山、六盘山为界。这样陇右、河西一带分散居住着大量的吐蕃人及其奴部，藏传佛教也随之传入这些地区，并得到一定的发展。党项在原居住地与吐蕃相邻，内附唐之后，又与北上侵唐的吐蕃军队互相接应，共同侵扰唐朝边境，夺取财物。

为了防止党项与吐蕃联合对唐朝边界的侵扰，唐朝采纳郭子仪等建议，再次把党项人向更东的银、绥迁徙。《新唐书·党项传》载："（郭）子仪以党项、吐谷浑部落散处盐、庆等州，其地与吐蕃滨近，易相胁，即表徙静边州都督、夏州、乐容等六府党项于银州之北、夏州

---

① （宋）欧阳修、宋祁撰：《新唐书》卷43下《地理志》（七）下，中华书局1975年标点本，第1122—1123页。

② （宋）司马光编著，（元）胡三省音注：《资治通鉴》卷223，中华书局1976年标点本，第7150—7151页。

之东，宁朔州吐谷浑住夏西，以离沮之。召静边州大首领左羽林大将军拓拔朝光等五刺史入朝，厚赐赍，使还绥其部。先是，庆州有破丑氏族三、野利氏族五、把利氏族一，与吐蕃姻援，赞普悉王之，因是扰边凡十年。"① 唐再次迁徙党项也并没有阻挡他们与吐蕃的交往。

吐蕃常年对外作战，把其信仰也带到所到之地，建立寺院，从事佛事活动，为将士祈福，S.2146《行军转经文》记载了吐蕃东军国相论掣脯为西征将士祈愿功德所做的法会上"是以远启三危之侣，遥祈八藏之文；冀士马平安，永宁家国。故使虔虔一志，讽诵《金刚》；济济僧尼，宣扬《般若》。想此殊胜，夫何以加？先用庄严护世四王、龙神八部：愿威光盛福，力增；使两阵齐威，北戎伏钦。又用庄严行军将相，伏愿才智日新，福同山积，寿命遐远，镇坐台阶。诸将士等三宝抚护，万善庄严。"② 吐蕃的礼佛行为，颂赞《般若》和《金刚》等经典，促进了藏传佛教外传。由于党项与吐蕃彼此密切的渊源关系，藏传佛教信仰对于党项族的影响早在党项建立政权之前就已经存在。

二 党项与藏族互通婚姻

藏族与党项生活地域相连、生活习俗相近，彼此互为婚姻。据《敦煌吐蕃历史文书》《贤者喜宴》《西藏王臣记》和《第吴宗教源流》等记载，松赞干布的六世祖墀脱赞的王妃为如容萨东甲措玛，可能也是弭药人，她生子拉托托日年赞。可见，早在6世纪，即松赞干布之前一百多年，吐蕃王室就与党项有着联姻关系。③

从松赞干布起，党项人与藏族有了更多的联系。松赞干布派人向东边汉地及木雅学习工艺和历算等知识。为了发展佛教，松赞干布在弭药人甫岗建造雍佐热甫嘎神殿。吐蕃为了镇压魔女右手，以弭药人做工

---

① （宋）欧阳修、宋祁撰：《新唐书》卷221《党项传》，中华书局1975年标点本，第6216页。
② 黄征、吴伟：《敦煌愿文集》，岳麓书社1995年版，第497页。
③ 白西：《吐蕃后妃纪略》，《西藏研究》1983年第2期。

头，在康地建隆塘准玛寺。① 松赞干布还娶了香雄王黎弥佳之女香雄妃黎娣缅、弭药王（即党项或后来所称之西夏或木雅之王）之女茹雍妃洁莫尊、堆垅芒地尚论之女芒妃墀江，她们各自修建了一座佛寺。② 据《贤者喜宴》记载，茹雍妃在查拉路甫雕刻大梵天等佛像并建造米芒才神殿，弭药妃建逻娑卡查寺。有学者怀疑茹雍妃子和弭药妃应为同一人。我们且不管她们是否为同一人，但这说明党项部落与吐蕃之间存在一定的血缘关系，党项人已经开始信仰佛教。

另有资料记载，赤松德赞之子牟尼赞普的妃子为如容萨朵甲，也是弭药人。在《西藏王臣记》和《红史》中除了提及西藏北昂仁西夏史料外，还提到东部康区木雅地方有一支名为"弥尼雅"的西夏族裔。这一支西夏族裔已颇为成熟，俨然一个政权实体，并与早期的吐蕃松赞干布执掌的政权有着多种密切关系，如通婚、经贸、宗教以及文化关系等。③

不仅吐蕃赞普娶党项王的女儿为妃，而且党项人也娶藏族姑娘为妻，生子繁衍不断。在西夏颂歌中讲到有个叫"刺都"的西夏皇族祖先，胸怀大志，娶藏族姑娘为妻，生了七个儿子，才使得西夏皇族得以延续不断。西夏人在对其先祖的描绘中充满了感情："母亲阿妈起族源，银白肚子金胸脯，贵族不断嵬名氏。"④《造字师颂歌》曰："藏人、汉人和弥人，三人本是一母生，居地不同语殊异。西方遥耸高吐蕃，藏人记事用藏文。极东低地居中国，汉人记事用汉文。各有语言各珍爱，吐蕃中国尊其字，我国自有伊利师。文曲星君升东方，创造文字映夕阳。挑选弟子三千七，悉心教导皆成师。州郡处处用蕃字，高天之下读己书，自定礼仪自尊行。为何不跟吐蕃走？吐蕃向我来鞠躬。天下事务我做主，自定官制自任用。为何不服中国管，中国已向我低头。皇族苗裔

---

① 巴卧·祖拉陈哇：《贤者喜宴》摘译（三），黄颢译，《西藏民族学院学报》1981年第2期。

② 巴卧·祖拉陈哇：《贤者喜宴》摘译（三），黄颢译，《西藏民族学院学报》1981年第2期。

③ 黄颢：《二十世纪国内藏学界有关西夏研究》，见杜建录主编：《二十世纪西夏学》，宁夏人民出版社2004年版，第212—213页。

④ Н. А. Невский, *Тангутская филология*, в двух книгах, 文志勇、崔红芬译, Издательство Восточной литературы, Москва. 1960г. стр. 74–94.

不间断，弭药才俊代代传。试看衙门诸所中，弭药官吏最为多。诸般请君细思量，非师之功又哪个？"①

虽然这些诗句是后人撰写，但从中可以透出一些信息：一是吐蕃与党项人关系源远流长，彼此间互为婚姻，使得民族繁衍不息，并在文化、医学、建筑和宗教等方面相互吸收和影响。二是党项族虽要自强自立，党项文化与汉、藏文化也存在一些差异，但党项承认吐蕃、党项和汉人血脉相同，也表现了党项对中华文化的认同。

三　党项与藏族早期佛教交流

内迁前党项族与吐蕃为邻，内迁后的党项人又与藏族人杂居，他们生活习俗相近，语言相通，为彼此文化的密切交流具备前提基础。从党项与吐蕃历史渊源和互为婚姻方面已经看出，党项在内附之前已经接受藏传佛教，党项也有自己的僧人，与吐蕃佛教有一定联系。据《青史》记载："先是藏王赤松德赞时派遣坝色朗和桑喜到汉地迎请来和尚及与有联系的木雅和尚，而成为藏王的供应处（上师）；而且全成为修习大乘教规不衰的持密传承。此传承中出有雅卓杠地区的木雅·迅鲁岭波（童藏），迅鲁岭波之子为迅鲁生格（童狮子）；迅鲁生格之子为仁珍岭波（持明藏）；仁珍岭波来到绒区的甲玛裕后，生子为多杰生格（金刚狮子），此子掌管了绒区的寨堡。多杰生格生有四子，其中长兄名耶协多杰（智金刚）是一位善巧而获得成就者。"②《青史》所载木雅僧人在吐蕃形成了木雅上师父子间的传承关系。可见，在赤松德赞时，木雅人当中已出现有一定佛学修养的僧人。据《多麦佛教史》载，建吐蕃之桑耶寺时，为了调伏神魔，据堪布的教导，在东方弭药嘎地之毗沙门区域，迎请了嘎巴多吉熏努，嘎巴即西夏人。③ 吐蕃政权解体后，木雅巴阿格咱拉随约松王子基德尼玛衮前往阿里一带。这些零散的记载，说明吐蕃前弘期时已有党项僧人在藏区学法或从事法事活动。

---

① ［俄］聂历山：《西夏文字与西夏文献》，崔红芬、文志勇译，《固原师专学报》2006年第1期。
② 廓诺·迅鲁伯：《青史》，郭和卿译，西藏人民出版社1985年版，第517—518页。
③ 班钦·索南查巴：《新红史》，黄颢译注，西藏人民出版社2002年版，注释第233号，第144—145页。

安史之乱爆发，吐蕃北上侵唐，占领陇右和河西地区，吐蕃又与内附的党项相互联系，或共同侵扰唐边境，或与吐蕃杂居，彼此文化交流和影响又得到进一步发展，藏族佛教信仰影响也不断扩大。

9世纪中叶朗达玛灭佛，为了逃避毁佛之难，藏地僧人携经典取道各路逃离卫藏，有僧人来到党项人居住的多康、河西地区学法和继续从事宗教活动，不仅使部分藏传佛教经典得以保存下来，而且藏族僧人又与内附的党项人进行佛教交流。

据载，当时有玉堆吉玛的僧人玛·释迦牟尼、昌穷垛的僧人约·格迥和嘉饶巴的藏·饶赛等三贤者携带经典，逃往上部阿里，昼伏夜行，转至霍尔地区（藏北），到安多地区。他们在本地收一名本教徒的儿子为徒弟，取名格瓦饶萨，因他智慧广大，被尊称公巴饶萨，故又称喇勤。公巴饶萨作为一名佛法高明的人，西藏后弘期下路佛教复兴，多系他的弘传。喇勤曾北上向木雅人①高仁·僧格扎巴（或译为郭戎·桑格扎）学习"律藏"，老师赠他律藏及法、义、欲、解脱等四部佛经典籍。学成返回故里，广建寺庙佛塔神殿等，弘扬佛法，先后收益希雍仲、益希坚参等十名卫藏弟子，为他们授戒后令其返回卫藏，他的弟子们为卫藏后弘期佛教的兴起起了很大的作用。

从藏文史料《安多政教史》《凉州佛寺志》等记载看，上述"三贤哲"在安多的修行传法足迹遍及河西、河湟各地。据说，炳灵寺益格浪谷可能是由约·格迥之名而来；凉州大佛寺亦有约·格迥修行洞。今互助佑宁寺所在地，藏语称"约格隆哇"，可能是因约·格迥在此修行而得名。今互助白马寺则是玛·释迦牟尼和藏·饶赛晚年修行驻足之地，因而得名"玛藏扎"（意为玛、藏二人居住的山崖）。②喇勤曾在此地建造佛殿，修僧寺，其圆寂后，遗体涂以药泥，塑于彼处。……喇勤塑像左侧建一小殿，殿内塑拉隆吉祥金刚，以替持金刚。其右翼为如意金刚，左翼为寂定金刚跏趺坐、青衣三怙主以及请来补数的两名汉族"和

---

① 公巴饶赛生活年代大约在952—1035年，此时，西夏尚未正式建国，有学者认为向西夏僧人学法，可能有误。
② 先巴：《唐五代河西佛教与藏传佛教后弘期"下路弘法"》，《青海民族研究》2000年第4期。

尚"等塑像。①

这些记载说明朗达玛灭佛之后，安多地区藏传佛教信仰依然较为兴盛，随着河湟与河西地区僧人间不断交往，藏传佛教思想、经典对河西地区的党项人产生很大影响。自朗达玛灭佛后，内附的党项为保存藏文经典和藏族僧人等作出了很大贡献。

总之，由于党项与藏族之间有着久远的历史渊源，他们曾互为婚姻，7世纪佛教分别从唐朝和尼泊尔传入藏地，曾有曲折的发展，但经松赞干布、赤松德赞和赤祖德赞三位赞普的大力支持，佛教在藏地有了长足发展，僧人地位非常高，出现了政教合一的趋势。内迁之前的党项部落在与吐蕃的交往中，接受了佛教，有了自己的僧人，并与吐蕃佛教有一定的交流。后来吐蕃强大，对周邻诸羌实行兼并战争，一些党项部落留在原地，成为吐蕃的奴属，另一些党项部落不堪吐蕃侵扰离开故地，内附归唐，但随着安史之乱爆发，吐蕃侵唐，又与内附的党项部落相互支持骚扰唐边境，或与党项杂居生活，藏传佛教再次对党项产生很大影响。9世纪中期，朗达玛灭佛，藏地僧人外逃，他们有人来至党项居住地学习和弘法，彼此间佛教交流继续维持。所以，我们认为党项在建立西夏国之前就受到早期藏传佛教的熏陶和影响，藏传佛教在党项部族中有一定发展，为西夏政权建立后藏传佛教的发展奠定了基础。

---

① 止贡巴·贡却丹巴然杰：《安多政教史》，星全成等译，青海民族学院民族研究所语言文学室1988年版（未正式出版），第53—54页。

第二章　西夏建立与藏传佛教进一步发展

第一节　夏政权与凉州六谷吐蕃的关系

内迁后，党项不断发展壮大，在陕西北部建立夏政权，拥有银、夏、绥、宥、静五州（一说银、夏、绥、宥四州八县）。后因继承人选问题而发生分歧和矛盾，继迁不满夏政权继任者献地归顺宋朝的行为，带领亲信叛奔地斤泽，从此，继迁便开始了恢复故地和争取独立的战争。继迁最先确立了夺回夏州等故地，以获立足容身之地的战略目标，他通过与酋豪和辽联姻，逐渐发展壮大起来，终于在咸平元年（998）重新获取银、夏、绥、宥、静五州，完成了第一步计划。

重新夺取银、夏、绥、宥、静五州以后，继迁为能够与宋抗衡，阻断宋与河西诸政权的联系，他不满足仅拥有五州的势力范围，开始谋划攻取灵州和河西诸州的，确立了"西掠吐蕃健马，北收回鹘锐兵，然后长驱南牧"的战略方针，以削弱河西不同政权与宋的联盟，减少对自己的威胁。继迁认为，欲占河西走廊，必先取灵州。灵州依山傍水，经济文化较为发达，地理位置极为重要，一直是唐宋西北边庭重镇。经过几番与宋的较量，继迁于咸平五年（1002）攻取灵州，杀知府裴济，改灵州为西平府，并迁都于此。他说："（灵州）西平北控河朔，南引庆凉，据诸路上游，扼西陲要害。若缮城浚壕，练兵积粟，一旦纵横四出，关中莫知所备。且其人习华风，尚礼好学。我将藉此为进取之资，成霸王之业，岂平夏偏隅可限哉？"① 灵州地理位置重要，

---

① （清）戴锡章撰，罗矛昆校点：《西夏纪》卷3，宁夏人民出版社1988年版，第88页。

经济文化发达，继迁对灵州的占领为他进一步向河西进军提供了可靠的保证。

一 凉州六谷吐蕃政权

宋初，河西走廊分属几个不同的地方政权，即凉州吐蕃六谷部落联合政权、甘州回鹘政权、瓜沙曹氏归义军政权。

安史之乱后，吐蕃占领陇右和河西地区，唐会昌二年（842）吐蕃赞普朗达玛因毁佛被僧人所杀，吐蕃统一政权瓦解，分裂成许多分散的、各自为政的地方小政权。唐大中二年（848）张议潮乘吐蕃内乱之机，领导当地人民起义，推翻了吐蕃在瓜沙等地的统治，并遣使往唐朝长安报捷。大中五年（851）唐设归义军以张议潮为节度使。咸通二年（861）张议潮收复凉州，唐复设凉州节度使，令张议潮兼领，并调郓州（今山东郓城东）兵二千五百人戍守，凉州居民多嗢末人。张议潮收复河西，标志着吐蕃在河西统治的结束。

吐蕃在河西的统治虽然终结，但仍有大量吐蕃人及奴属部落留居河西一带。敦煌文书"张淮深碑"载："河西创复，犹杂蕃浑，言音不同，羌龙嗢末，雷威慴伏。"① 另一件文书《张淮深造窟记》也载"河西异族狡杂，羌、龙、嗢末、退浑，数十万众，弛诚奉质，愿效军锋"。咸通二年（861）张议潮收复凉州，唐复设凉州节度使，令张议潮兼领，并调郓州（今山东郓城东）兵二千五百人戍守，居民多嗢末人。吐蕃统治势力虽已退出河西，但大量吐蕃居民继续留在河西地区。《旧五代史·吐蕃传》载：

> 至五代时，吐蕃已微弱，回鹘、党项、羌诸夷分侵其地，而不有其人民。值中国衰乱，不能抚有，唯甘、凉、瓜、沙四州常自通于中国。甘州为回鹘牙帐，而凉、瓜、沙三州将吏犹称唐官，数来请命。自梁太祖时，常以灵武节度使兼领河西节度，而观察甘、肃、威等州，然虽有其名，而凉州自立守将。唐长兴四年，凉州留后孙超遣大将拓跋承谦及僧道士耆老杨通信等至京师，明

---

① 荣新江：《归义军史研究》，上海古籍出版社1996年版，第408页。

第二章 西夏建立与藏传佛教进一步发展

宗拜孙超节度使。①

五代时留居凉州的吐蕃势力强大，建立了六谷部吐蕃联合政权。《宋史·吐蕃传》也载：

> 大中五年，其国沙州刺史张议潮以瓜、沙、伊、肃十一州之地来献。唐末，瓜、沙之地复为所隔。然而其国亦自衰弱，族种分散，大者数千家，小者百十家，无复统一矣。自仪、渭、泾、原、环、庆及镇戎、秦州暨于灵、夏皆有之，各有首领，内属者谓之熟户。凉州虽为所隔，然其地自置牧守，或请命于中朝。②

五代初沙州归义军政权已无法对凉州进行控制，凉州的领导权完全由凉州人来支配。《新五代史·吐蕃传》载："自梁太祖时，尝以灵武节度使兼领河西节度，而观察甘、肃、威等州。然虽有其名，而凉州自立守将。唐长兴四年，凉州留后孙超遣大将拓拔承谦及僧、道士、耆老杨通信等至京师求旌节，明宗问孙超等世家，……明宗乃拜孙超节度使。"③文中提到孙超应是凉州人自己拥立的第一个首领。清泰元年（934），担任留后的又改换为李文谦。李文谦又被凉州人赶下台，之后又经历吴继勋、陈延晖等人。后汉隐帝乾祐初年（948），凉州人又推举其土人折逋嘉施权知留后。史载，"清泰元年，留后李文谦来请命。后数年，凉州人逐出文谦，灵武冯晖遣牙将吴继勋代文谦为留后，是年天福七年。明年，晋高祖遣泾州押牙陈延晖赍诏书安抚凉州，凉州人共劫留延晖，立以为刺使。至汉隐帝时，凉州留后折逋嘉施来请命，汉即以为节度使"。④十余年的时间凉州先后更换多任留后，五代时后汉时的留后折逋嘉施应为藏族。

及至宋时，凉州吐蕃的势力已经非常强大，佛教信仰兴盛，出现了

---

① （宋）薛居正等撰：《旧五代史》卷138《吐蕃传》，中华书局1976年标点本，第1839页。
② （元）脱脱等撰：《宋史》卷492《吐蕃传》，中华书局1977年标点本，第14151页。
③ （宋）欧阳修撰：《新五代史》卷74《吐蕃传》，中华书局1974年标点本，第914页。
④ （宋）欧阳修撰：《新五代史》卷74《吐蕃传》，中华书局1974年标点本，第914页。

"凉州郭外数十里，尚有汉民陷没者耕作，余皆吐蕃。其州帅稍失民情，则众皆啸聚。城内有七级木浮图，其帅急登之，绐其众曰：'尔若迫我，我即自焚于此矣。'众惜浮图，乃盟而舍之"① 的局面。咸平元年（998）西凉府有十二万八千多人，其中大部分为藏族血统。

　　五代宋初居住在凉州古浪河、黄羊河、杂木河、金塔河、西营河、东大河河谷地带的吐蕃联盟逐渐发展壮大，乘中原乱世，以凉州为中心建立了六谷吐蕃政权，又称"六谷蕃部"。六谷部落先后以折逋氏和潘罗支兄弟为大首领。潘罗支统治时期，与宋朝保持友好往来，朝贡不断。由于采取了较为得当的内政外交政策，并凭借丝绸之路便利的交通优势，其农牧业、商业、佛教文化都有了快速的发展。《广仁禅院岷州碑》记载："西羌之俗，自知佛教，每计其部人之多寡，推择其可奉佛者使为之。"《宋史·吐蕃传》也载："景德元年，邦逋支又言前赐罗支牌印、官告、衣服、器械为贼劫掠，有诏别给罗支；又言修洪元、大云寺，诏赐金箔物彩。"②

　　除《宋史》记载潘罗支修缮洪元和大云寺外，日本学者岩崎力对此也有论述，景德元年（1004），"潘罗支再次要求宋朝尽快派遣工匠，运送黄金、碧玉和丝绸等礼物以复洪元寺。潘罗支生前可能未完成洪元寺的维修工作，由其弟厮铎督继续进行"。③ 厮铎督时期，他在吐蕃各部的威望以及个人的才能不如潘罗支，到凉州六谷政权的折逋游龙钵曾率部投降党项。

二　夏政权与凉州吐蕃的战争

　　由于北宋对西北地区的战略意义和经济价值认识不足，统治者精力主要是整饬内政，不勤远略，视党项为小蕃，非是劲敌，未加重视。宋没有把河西走廊和朔方作为统一的对象，而是固守五代以来秦州、灵州、夏州一线的边防。而继迁抓住这一机会，谋求向河西地区的发展，继迁的西进战略与凉州吐蕃政权产生矛盾，党项夏政权为争夺凉州也付

---

① （元）脱脱等撰：《宋史》卷492《吐蕃传》，中华书局1977年标点本，第14152页。
② （元）脱脱等撰：《宋史》卷492《吐蕃传》，中华书局1977年标点本，第14157页。
③ ［日］岩崎力：《北宋时期河西的藏族部落与佛教》，李德龙译，《国外藏学研究译文集》（第13辑），西藏人民出版社1997年版，第62页。

第二章 西夏建立与藏传佛教进一步发展

出了很多代价。

  凉州地处河西走廊东端，自汉代开始一直是丝路重镇，位置冲要，适宜农牧，商业、交通繁荣，儒学、佛教文化兴盛。继迁要占领整个河西地区，凉州是首当其冲的第一站。继迁对凉州觊觎已久，早在他占据灵州之前，因多次劫掠和侵扰凉州吐蕃，就与凉州吐蕃部落发生过摩擦。凉州吐蕃曾希望得到宋朝支持，共同对付夏政权的西扩。至道二年（996）四月折平族首领握散上言（宋朝），"部落为李继迁所侵，愿会兵灵州以备讨击，赐币以答之。"① 同年七月，西凉府押蕃落副使折逋喻龙波上言，蕃部频为继迁侵略。面对日益强大的党项拓跋氏，宋采纳了张齐贤等人建议，对西北少数民族实行"以夷制夷"的方针，希望以潘罗支牵制或消灭继迁。咸平四年（1001），继迁围灵州，西凉府六谷首领潘罗支遣部下李万山率兵助宋讨伐继迁。《续资治通鉴长编》载："十一月甲午，（宋）诏西番诸族有能生擒李继迁者，当授节度使，赐银、彩、茶六万；斩首来献者，授观察使，赐物有差。"② 宋利用党项与潘罗支的矛盾，大肆封赏拉拢潘罗支，以潘罗支对抗继迁。《续资治通鉴长编》还载："然继迁终因攻劫六谷，为潘罗支射杀。近知赵德明依前攻劫六谷，兼闻曾破却西凉府，所有节度使并副使，折逋游龙钵及在府户民，并录在部下。"③ 党项为了谋求河西与河西的藏族时常发生冲突。

  咸平六年（1003）三月，继迁又遣人劫掠潘罗支朝宋的使臣，夺罗支牌印、官诰及宋所赐衣服、器械，双方结怨愈深。咸平六年（1003）甲子，西面部署言李继迁劫西蕃，攻陷西凉府，遂出其居人，知凉州、殿直丁惟清没焉。④ 可见，咸平六年继迁曾经一度攻取凉州。在党项军多次进攻下，潘罗支诈降继迁，由于继迁轻敌，在受降时中潘罗支埋伏，中流矢，败走。因伤势过重，继迁在败逃灵州的途中死去，

---

① （元）脱脱等撰：《宋史》卷492《吐蕃传》，中华书局1977年标点本，第14154页。
② （宋）李焘撰：《续资治通鉴长编》卷50"咸平四年条"，中华书局2004年第2版标点本，第1089页。
③ （宋）李焘撰：《续资治通鉴长编》卷68"大中相符元年条"，中华书局2004年第2版标点本，第1538页。
④ （宋）李焘撰：《续资治通鉴长编》卷55"咸平六年条"，中华书局2004年第2版标点本，第1219页。

西凉府得而复失。也就是说咸平六年（1003）三月，继迁在攻打凉州政权时受箭伤而死。景德元年（1004）德明继位，一方面利用假降潘罗支的继迁原部落迷般嘱和日逋吉罗丹二族设计谋杀死潘罗支，为父报了一箭之仇。另一方面德明积极向宋称臣，接受册封，壮大自身势力。天圣六年（1028）德明派子元昊避开凉州直接攻打甘州，并一举攻下甘州。凉州吐蕃政权在夏政权多次进攻下，终在宋明道元年（1032）凉州被元昊彻底攻破，归夏政权所有，同年元昊改号为显道元年（1032）。

　　显道元年（1032）德明去世，元昊继任，九月，元昊又率兵袭取凉州，实现了其祖父和父亲的心愿。景祐二年（1036）元昊败唃厮啰，进而夺取肃、瓜、沙三州。《续资治通鉴长编》载："（元昊）私改广庆三年曰大庆元年。再举兵攻回鹘，陷瓜、沙、肃三州，尽有河西旧地。"[1] 元昊正式称帝前彻底拥有整个河西地区，开始分封官职和设监军司。天授礼法延祚元年（1038）元昊正式称帝，建立西夏政权，西夏统辖范围《续资治通鉴长编》载："赵元昊既悉有夏、银、绥、静、宥、灵、盐、会、胜、甘、凉、瓜、沙、肃，而洪、定、威、怀、龙皆即旧堡镇伪号州，仍居兴州，阻河，依贺兰山为固。始大补伪官……"[2] 元昊拥有河西，但河西地区存留藏族人数多，佛教信仰虔诚，西夏政权建立后，大量的藏族依然生活在西夏境内，且藏族僧人或在西夏翻译弘扬佛法或出任帝师、国师和各级僧官，管理西夏佛教事务，他们为藏传佛教在西夏的发展起了积极的作用。西夏统治者采取崇信佛教的政策，河西地区原有的藏传佛教和佛教艺术得以继续发展，一些藏族高僧在夏境传播佛法，翻译佛经，为西夏藏传佛教的兴盛提供了极为有利的条件。

---

[1]（宋）李焘撰：《续资治通鉴长编》卷119"景祐三年条"，中华书局2004年第2版标点本，第2813页。

[2]（宋）李焘撰：《续资治通鉴长编》卷120"景祐四年条"，中华书局2004年第2版标点本，第2845页。

第二节 西夏政权与甘州回鹘的关系

一 甘州回鹘政权

五代宋初时，河西地区还出现甘州回鹘政权。回鹘原系铁勒的一支，从属于突厥。回鹘在漠北过着游牧生活，但已非常注意发展与周边民族的关系。8世纪中期安史之乱爆发，回鹘曾两次出兵助唐平定叛乱。唐开成五年（840）漠北回鹘被辖嘎斯击败，分数路向西或西南迁徙，一支南逃至今内蒙古阴山南和山西北部，一支逃往葱岭以西，一支往今新疆维吾尔自治区，一支逃到河西走廊。逃到河西走廊的这支回鹘人，散居在河西和陇右的广阔区域与藏族杂居而住，佛教信仰进一步发展。据杨富学先生考证，早在7世纪上半叶，佛教对回鹘有着一定的影响。① 唐末五代初期，回鹘以甘州为中心发展强大，起初他们与归义军政权基本保持着友好关系，与居于甘州的龙家、嗢末、退浑诸部常常争斗。甘州回鹘的强大引起了归义军统治者张淮深的不安，中和三年（883）冬，张淮深为了开通东路、巩固在河西的统治，以声援龙家为名，曾进攻甘州回鹘，归义军政权一度与甘州回鹘关系紧张。可是在龙纪二年或唐大顺元年（890）张淮深与夫人及六子的遇害给甘州回鹘发展提供了有利时机。到张承奉执政时，归义军势力已经衰落，正是甘州回鹘成长壮大的时期，此时甘州回鹘又得到唐朝的认可。② 回鹘的佛教发展也显现多源融合的局面。

早在漠北时，一些回鹘首领就以"菩萨""沙门"为名。《旧唐书·回鹘传》载："特健俟斤死，有子曰菩萨，部落以为贤而立之。"③ 回鹘迁来河西时，正处在吐蕃统治的晚期，他们与藏族杂居，藏传佛教对回鹘的影响也是可想而知的。回鹘人佛教信仰中包含了很多藏传密教成分。自唐朝以来，回鹘人不仅居住在甘、瓜、沙等州，而且在凉州、秦州、灵州和兴庆等地也有居住。宋人洪皓《松漠纪闻》记载："回鹘至

---

① 杨富学：《回鹘之佛教》，新疆人民出版社1998年版，第19页。
② 崔红芬：《西夏河西佛教研究》，民族出版社2010年版，第25页。
③ （后晋）刘昫等撰：《旧唐书》卷195《回纥传》，中华书局1975年标点本，第5195页。

唐末浸微，本朝盛时，有入居秦州为熟户者，女真破陕，悉徙之燕山。甘、凉、瓜、沙，旧皆有族帐。后悉羁縻于西夏，唯居四郡外地者颇自为国，有君长。"①《宋史》也载："（潘罗支）且欲更率部族及回鹘精兵，直抵贺兰山讨除残孽，愿发大军援助。"② 这些散居在陇右和河西地区的回鹘人深信佛教，尤以藏传佛教为盛。《松漠纪闻》还载："（回鹘）奉释氏最甚，共为一堂，塑像其中，每斋刲羊或酒，酤，以指染血涂佛口，或捧其足而鸣之，谓之亲敬。诵经则衣袈裟，作西竺语。"③ 在出土的回鹘佛经文献和壁画中，具有密教特色的经典或绘画占很大数量，佛经有《千手千眼观世音菩萨广大圆满无碍大悲心陀罗尼经》《转轮王曼陀罗》《师事瑜伽》等；遗存的绘画有马头观音和忿怒明王等。回鹘人的藏传佛教信仰对西夏也产生了影响。

二 回鹘僧人对西夏佛教的贡献

西夏与甘州回鹘的交涉，在西夏攻打凉州时就开始了。凉州作为河西重镇，在西夏占领之前，先后几次易主，先是六谷蕃部政权，再由党项守将占据，后又被回鹘占领，直到显道元年（1032）为元昊彻底拥有。《续资治通鉴长编》记载："苏守信者，夏州所遣，领兵七千、马五千戍西凉者，故夜落隔奏及之。大中祥符九年十二月，回鹘使来贡，言苏守信死，其子罗莽领西凉府事，回鹘遣兵攻破其族帐百余，斩级三百，夺其马牛羊甚众。"④ 这说明大中祥符九年（1016），甘州可汗夜落隔遣兵攻凉州，破之，罗莽弃城走，凉州归属回鹘。天禧元年（1017）秋八月，罗莽虽然竭尽全力想夺回凉州，但终因回鹘和六谷诸部联合起来顽强抵抗而没有成功。这种局面再次说明凉州不仅有大量吐蕃人，而且有很多回鹘人。

继迁几次攻打凉州未果，天圣六年（1028）德明派元昊进攻甘州，甘州回鹘政权灭亡，除少数回鹘人逃往河湟及瓜沙、西州回鹘等地外，

---

① （宋）洪皓撰：《松漠纪闻》卷1，翟立伟标注，吉林文史出版社1986年版，第15页。
② （元）脱脱等撰：《宋史》卷492《吐蕃传》，中华书局1977年标点本，第14156页。
③ （宋）洪皓撰，翟立伟标注：《松漠纪闻》卷1，吉林文史出版社1986年版，第15页。
④ （宋）李焘撰：《续资治通鉴长编》卷85"大中相符八年条"，第1952页；卷88"大中相符九年条"，中华书局2004年第2版标点本，第2031页。

大量的回鹘人仍然生活居住在河西地区。今天裕固族就是河西回鹘的后裔，他们还保持藏传佛教的信仰。

回鹘迁至河西之时，正好是吐蕃统治时期，他们接受藏传佛教和汉传佛教影响，西夏占领河西后，回鹘人的佛教信仰得到西夏的支持。西夏境内的回鹘与西州回鹘有着一定联系。西州回鹘的僧人使团与中原王朝的交往也屡见史载。《宋史》记载："宣和中（1119—1126），（回鹘）间因入贡，散而之陕西诸州，公为贸易，至留久不归，朝廷虑其习知边事，且往来皆经夏国，于播传非便，乃立法禁之。"① 来往于中原与西州之间的僧人使团对河西地区佛教的发展也起了一定促进作用和积极的影响，很多回鹘僧人得到西夏的重用。

西夏建国初开始翻译佛经，回鹘高僧白法信和白智光等受到礼遇，被委任西夏的国师之职，负责佛教事务，在西夏早期译场负责佛经的翻译工作，从事经文讲解。史载，天授礼法延祚十年（1047）在高台寺和福圣承道三年（1055）在承天寺竣工之时曾迎请回鹘僧人居之，从事讲经弘法活动。拱化五年（1067）和天祐民安五年（1095）谅祚和乾顺为了发展与辽的关系先后两次向辽进献回鹘僧人和其所译经文。回鹘僧人为西夏的译经和佛法传播起了积极推动作用，并充当西夏对外友好使者。回鹘人不仅为西夏佛教做出贡献，从出土文献看，西夏一些佛经也曾输入高昌，对高昌佛教也产生一定的影响。

截至目前，在吐鲁番共发现四件西夏文残片，其中三件是1980年在伯孜克里克千佛洞遗址出土，现藏吐鲁番博物馆，另一件藏于德国柏林民俗博物馆，内容为西夏文《郁伽长者问经》。② 回鹘人佛教信仰，尤其藏传佛教信仰和西域绘画艺术都对西夏佛教及其艺术发展产生影响；同时，西夏译经也传入回鹘之地，流行传播。

---

① （元）脱脱等撰：《宋史》卷490《回鹘传》，中华书局1977年标点本，第14117—14118页。

② 孙伯君：《俄藏吐鲁番所出西夏文〈郁伽长者问经〉残片考》，《宁夏社会科学》2005年第5期。

第三节　西夏与河湟吐蕃的关系

11世纪初西夏和河湟吐蕃政权相继建立。河湟吐蕃与西夏互为联姻，也促进藏传佛教僧人与经典的交流。

一　唃厮啰吐蕃的佛教信仰

因河湟地区的佛教受朗达玛影响不大，而其周围地区，如凉州、甘州、沙州等地佛教又一直比较盛行，河湟地区的佛教在周边地区影响下，直到河湟唃厮啰吐蕃政权建立已是十分兴盛。《宋史·吐蕃传》记载："唃厮啰者，绪出赞普之后，本名欺南陵温篯逋。篯逋犹赞普也，羌语讹为篯逋。生高昌磨榆国，既十二岁，河州羌何郎业贤客高昌，见唃厮啰奇伟，挈以归，置窭心城，而大姓耸昌厮均又以厮啰居移公城，欲于河州立文法。河州人谓佛'唃'，谓儿子'厮啰'，自此名唃厮啰。"① 唃厮啰意即"佛之子"，单从政权的名称上就能知道其崇佛敬僧的程度。唃厮啰政权是僧人扶植的政教合一的割据政权，大喇嘛李立遵是唃厮啰的大相。

宋人李远《青唐录》不仅有"（青唐）城中之屋，佛舍居半，维国主殿及佛舍以瓦，余虽主之宫室，亦土覆之"的记载，而且有"青唐吐蕃国重佛，有大事必集僧决之，僧罹法无不免者"的规定。宋代为了联系吐蕃共同对抗西夏，派人出使吐蕃，康定元年（1040）八月，屯田员外郎刘涣请行，却提出以僧人的身份出使，因为吐蕃有法令规定，僧人过境不会被拘留和为难，并且还给以饮食，说明唃厮啰政权对僧人的崇敬。唃厮啰政权的建立基本上结束了河湟地区藏族"种族分散，无复统一"的局面。唃厮啰政权与宋、辽、西夏和回鹘政权都有交往，特别是与宋、西夏的交往尤为密切。

二　西夏与唃厮啰吐蕃的关系

为了拉拢河湟一带的吐蕃势力与宋对抗，元昊对河湟吐蕃恩威并

---

① （元）脱脱等撰：《宋史》卷492《吐蕃传》，中华书局1977年标点本，第14160页。

第二章 西夏建立与藏传佛教进一步发展

施,且多次进行联姻。

几乎在元昊进攻河西肃、瓜、沙三州与攻取河湟的同时,"景祐二年,(元昊)遣其令公苏奴儿将兵二万五千攻唃厮啰,败死殆尽,苏奴儿被执。元昊自率众攻牦牛城,一月不下。既而诈约和,城开,乃大纵杀戮。又攻青唐、安二、宗哥、带星岭诸城,唃厮啰部将安子罗以兵绝归路,元昊昼夜角战二百余日,子罗败,遂取瓜、沙、肃三州"。① 景祐二年(1035)对唃厮啰的进攻并不顺利,三年(1036)打败唃厮啰,进而夺取肃、瓜、沙三州。《续资治通鉴长篇》载:"(元昊)私改广庆三年曰大庆元年。再举兵攻回鹘,陷瓜、沙、肃三州,尽有河西旧地。"② 元昊对唃厮啰进攻的同时,还利用唃厮啰父子间的矛盾,进行分化瓦解。

唃厮啰妻李氏,李立遵之女,因李氏父李立遵死而失宠,斥为尼姑。为此她的儿子瞎毡、磨毡角怨恨其父。元昊阴以重贿间之,使磨毡角叛父出居宗哥,与夏国联姻。《太平治迹统类》"神宗开熙河"载:"河州龛谷生穆珍玛尔珍,居宗噶尔城,元昊妻以女,遂附元昊。"③ 唃厮啰另一论相温逋奇因叛乱被唃厮啰所杀,其子一声金龙捆众万余,叛归元昊,结为婚姻,成为西夏镇边大将。《儒林公议》载:"拓跋元昊少好兵,父德明时,将兵破甘、凉,其可汗自焚,乃俘其妻孥以归。自是益喜,战势亦渐盛。……又其子瞎毡、摩毡角皆叛其父自立。摩毡角素依首领郢成俞龙(一声金龙)为谋主,俞龙复纳女于元昊子宁令伪号梁王者。由是唃厮啰常忧祸发肘腋,意益衰怯矣。"④

谅祚执政时期,宋为了对付西夏,采取了王韶"欲取西夏,当先复河湟"的战略方针。拱化元年(1063),河州刺史王韶略熙河,尽降洮西诸族。首领禹藏花麻不顺命,秦州钤辖向宝攻掠之,花麻力不支,遂以西使及兰州一带土地举籍献夏国。谅祚大喜,遣兵戍之,而以宗室女

---

① (元)脱脱等撰:《宋史》,卷485《夏国传》,中华书局1997年版,第13994页。
② (宋)李焘撰:《续资治通鉴长编》卷119"景祐三年条",中华书局2004年第2版标点本,第2813页。
③ (宋)彭百川:《太平治迹统类》卷16"神宗开熙河",校玉玲珑阁钞本。
④ (宋)田况撰:《儒林公议》(卷上),王云五主编《丛书集成初编》,商务印书馆1937年版,第5页。

妻花麻，封驸马。① 这在《续资治通鉴长编》记载中也得到证实："又通远军以北定西一带，元系夏国婿花麻所据之地也，通远不满百里。"②《续资治通鉴长编》还载："其定西及兰州：议者或谓本花麻所居，赵元昊以女妻之，羁縻役属，非其本土，欲且存留以为后图，犹自有名。"③ 这里记载元昊妻女有误，因为拱化年间已经到了谅祚时期。但花麻与西夏联姻却是事实。

天赐礼盛国庆三年（1072）秉常在位时，梁氏见董毡日渐强大，欲联络吐蕃，以保西部边境的安宁，可集中精力对付宋朝。而此时的董毡因不断受到宋的攻击，失去大片土地，也想争取外援，联络西夏是其首选。首先是要与西夏解仇结好，于是为了表示双方的友好，夏国梁太后遣使请将自己的女儿嫁给西蕃董毡的儿子兰逋比（又译成奇鼎或欺丁），董毡许之。《青唐录》载，青唐城分为东西两部分，兰逋比先娶的契丹公主居东，而夏国公主居西。《续资治通鉴长编》记载："上出西边探报云：董戬子与秉常妹为婚。王安石曰：'洮、河一带内附，董戬不能不惮，与秉常结婚，理或有之。'"④《续资治通鉴长编》也载："董毡先有子奇鼎，夏人及回鹘皆以女妻焉。"⑤

《续资治通鉴长编》所载董毡子娶夏国和回鹘公主，而《青唐录》则载其娶夏国和契丹公主，二者记载有一定差异，尚须进一步考证，但文献在迎娶夏国公主的记载上是一致的。西蕃王子董欲为壮大自己的势力也想和夏国联姻，《续资治通鉴长编》载："丙辰，盐铁副使、兵部郎中韩缜为天章阁待制、知秦州。先是，蕃僧结吴叱腊、康藏星罗结两

---

① （清）吴广成撰，龚世俊等校证：《西夏书事校证》卷20，甘肃文化出版社1995年版，第238页。

② （宋）李焘撰：《续资治通鉴长编》卷342"元丰七年条"，中华书局2004年第2版标点本，第8222页。

③ （宋）李焘撰：《续资治通鉴长编》卷365"元祐元年条"，中华书局2004年第2版标点本，第8750页。

④ （宋）李焘撰：《续资治通鉴长编》卷233"熙宁五年条"，中华书局2004年第2版标点本，第5651页。

⑤ （宋）李焘撰：《续资治通鉴长编》卷340"元丰六年条"，中华书局2004年第2版标点本，第8192页。

人者潜迎董欲，诣武胜军，立文法，谋姻夏国，并有吞诸羌意。"① 吐蕃各部一方面不断扰边，另一方面还常常与西夏有密切联系。《宋史·郑骧传》载："唃厮啰氏旧据青唐，置西宁州，董毡入朝，其弟益麻党征走西夏。"②

乾顺时河湟地区由阿里骨执掌，阿里骨初期还一度与夏保持比较好的关系，阿里骨也娶夏国和回鹘公主。《续资治通鉴长编》记载："奇鼎性轻佻，好易服微行，阿里骨阴使人贼杀奇鼎。及董毡死，阿里骨与乔氏匿丧，出令如它日。悉召诸族首领至青唐城，矫董毡之命曰：'吾一子已死，唯阿里骨母尝事我，今当以种落付阿里骨。'仍厚赐大酋鬼章、温溪心等，于是诸首领共立阿里骨为董毡嗣。阿里骨并纳奇鼎二妻位己妻，以母事董毡妻契丹公主。"③ 阿里骨娶夏国公主后，十分宠信夏公主。李复《潏水集》说阿里骨执政后，"辖沁擅权，因董戬死，果荘助而立之。……果庄死无助，国人阴有，欲逐之意。辖沁微知之，每朝廷遣使至青唐，大夸于其国，以谓有朝廷之助。自前岁以来，专宠夏国伪公主，从其所好，修寺造塔，科配国中出金，国人大怨。"④ 阿里骨崇西夏公主，双方关系自然亲切。阿里骨与夏联合进攻宋朝，后来彼此关系多有曲折。在天仪治平四年（1090）梁乙逋闻阿里骨与温溪心构怨，思并邈川，于是遣使入青唐，为儿子向西蕃阿里骨的女儿请婚，约取邈川，互为应援。阿里骨许之，后因为发生变故，这次联姻可能不了了之。及至贞观元年（1102）时，河湟吐蕃传至拢拶（怀德），中国以羌人久乱，守将不能定，议弃鄯、湟，赐拢拶姓名为赵怀德，授河西军节度使。乾顺见西蕃恢复故土，重申姻好，许以宗室女妻怀德。⑤

可见，西夏与河湟吐蕃政权虽时常发生战争，但彼此互为姻缘，他们之间在各个方面的相互影响是很大的，这对双方僧人和宗教间的交往

---

① （宋）李焘撰：《续资治通鉴长编》卷213"熙宁三年条"，中华书局2004年第2版标点本，第5188页。
② （元）脱脱等撰：《宋史》卷448《郑骧传》，中华书局1977年标点本，第13202页。
③ （宋）李焘撰：《续资治通鉴长编》卷340"元丰六年条"，中华书局2004年第2版标点本，第8192页。
④ （宋）李复：《潏水集》卷3"又上章丞相书"，文渊阁四库全书本影印本。
⑤ （元）脱脱等撰：《宋史》卷492《吐蕃传》，中华书局1977年标点本，第14166页。又见龚世俊等校证：《西夏书事校证》卷31，甘肃文化出版社1995年版，第359页。

非常有利，藏传佛教在西夏的传播更是不言而喻。

党项与吐蕃之间一直处在你中有我，我中有你的局面。先是吐蕃强大，部分党项部落为吐蕃的属民，接受藏传佛教的影响。后来吐蕃政权解体，党项建立了夏政权，但藏传佛教在河西和陇右地区已有一定的发展规模和影响，很多藏族人又成为西夏的臣民，他们继续信仰藏传佛教。党项与藏族之间杂居融合，多次联姻，并与周边吐蕃政权关系密切，这促进双方各方面的交流。各政权间密切的关系自然也带动其僧人间交往和佛教方面的交流，为西夏佛教得以更好地从藏传佛教中吸取营养提供了前提和保障。

总之，党项自内迁建立西夏政权以来，其藏传佛教信仰除了保留早期与吐蕃交往受到影响外，还受到陇右、河西遗存藏族信仰影响，并受到河湟吐蕃、凉州六谷吐蕃和回鹘等藏传佛教信仰等诸多因素的影响。西夏建立后，藏传佛教进入后弘期发展阶段，藏传佛教各个宗派出现，不同宗派僧人携带经典来至西夏境内，弘传佛法。藏传佛教在西夏时期得到进一步发展，一些藏文的经典、陀罗尼被翻译成西夏文和汉文在西夏境内广为流行。为了适应不同民族民众诵经念陀罗尼和藏人学习西夏文的需要，在西夏还流行以藏文注音的西夏文佛经，在英藏和俄藏黑水城文献中保存藏文注音西夏文的残经有40件左右。西夏一些大乘经典前加进陀罗尼，诵正经前，先诵佛咒，很多陀罗尼还独立成篇，单独流行。这是西夏佛教受唐宋译经的影响所致。

##另外党项人也对汉族文化有着比较默契的认同，尤其党项部落内迁以后，与中原政权有着更多交往，从德明到秉常时期先后六次向宋朝请赐佛经，为佛经在西夏境内的传播提供了前提。西夏僧人还参照借鉴唐宋所译陀罗尼经典编撰辑录密教经典即《密咒圆因往生集》，以满足境内信徒的需求。信众认为陀罗尼真言虽然字数较少，但却有无尽的法力，高深莫测，其功效甚至超过本经数万倍。大量陀罗尼的出现是河西地区佛教发展的总趋势，且与密教的发展和宣说密不可分。所以，在西夏时期不仅汉传佛教（包括汉传密教）得到发展，藏传佛教事、行、瑜伽也得到传播，为无上瑜伽的发展提供了良好的条件，藏传佛教僧人的生活习俗对西夏僧人产生了很大影响。在黑水城等地出土的大量而珍贵的佛教文献就充分证明了藏传佛教在西夏的发展和影响。实际上，党

项人接受的藏传佛教是已融合进很多汉文化因素，西夏藏传佛教既有显密结合的特色，又有藏汉文化相融合的成分。

第四节　藏传佛教传入西夏的年代

通过上述论述，笔者认为在内迁之前，党项部族已经受到藏传佛教的影响，及至西夏建立后藏传佛教得到进一步发展。然而学界有些学者认为藏传佛教传入西夏的时间在西夏中后期。本节就此观点展开讨论，以明晰藏传佛教传入西夏的年代问题。

据克恰诺夫的统计，收入《藏文大藏经正经全目录》的有30多部，此外，还有一些疏赞、论的内容以及在宁夏方塔等出土的译自藏文的佛教经典，内容非常丰富。元昊建立西夏，他本人也"晓浮图学，通蕃汉文字"，[①] 元昊创制文字，修建寺院，开设译场，派人往五台山礼佛，撰写于天授礼法延祚元年八月（1038）的汉文《大夏国葬舍利碣铭》提道"钦崇佛道，撰述蕃文，奈苑莲宫，悉心修饰，金乘宝界，合掌护持。是致东土名流，西天达士，进舍利一百五十嵩，并中指骨一节，献佛手一枝及顶骨一方……"[②] "东土名流，西天达士"云集西夏，为佛经翻译奠定了基础，从元昊到乾顺执政前期，用了50余年时间西夏就翻译出西夏文佛经3579卷，共820部，分362帙。之后仁孝皇帝时期主要是校勘译经，也少量翻译佛经。

黑水城文献保存的译自藏文的佛教文献、佛经题记和不同地区出土的碑铭、洞窟题记等材料可充分证明"藏传佛教在西夏中晚期传入"的观点值得进一步探讨。我们通过以下的论证，提出不同的观点。

一　译自藏文的佛经题记所载

通过对译经和刊印题记的考证，可以证明藏传佛教对西夏产生了进一步的影响。众所周知，《大乘圣寿无量经》是吐蕃、归义军时在河西

---

① （元）脱脱等撰：《宋史》卷485《夏国传》（上），中华书局1977年标点本，第13993页。

② （明）胡汝砺编：《嘉靖宁夏新志》卷2，陈明猷校勘，宁夏人民出版社1985年版，第153—154页。

非常流行的经典，在藏经洞出土的经卷中占相当大的比例。西夏在河西佛教发展的基础上，继承了前朝流行的经典，吐蕃统治河西时流行的《大乘圣寿无量经》在乾顺时期已经被翻译西夏文，又在西夏十分流行。

自藏文的西夏文《大乘圣寿无量经》（第193—194号，西夏特藏342号，馆册812、953、697、6943号，刻本，经折装）在黑水城等地皆有保存，俄藏馆册第812号和6943号提到此经是由乾顺和其母御译为西夏文的。馆册第953号题记则讲述诵读和抄写此经的种种功效。乾顺和其母发愿刻印一万卷，散施民众。希望官员能忠于国家，勤于政务，使国家不受敌人侵夺，五谷丰登，为一切生灵祈福禳灾，时间为天祐民安五年（1094）。① 这一题记说明乾顺时期译自藏文的西夏文佛经刻本在西夏已经流行，藏传佛教中流行的经典在西夏传播开来，这与西夏时期在河西地区居住大量藏人不无关系，与《凉州碑》所载乾顺时期已有"羌汉二众提举"是一致的。

译自藏文的西夏文《圣胜慧到彼岸八千经》（第21号，西夏特藏67号，馆册102号）标题后标有嵬名皇帝尊号（德成主国扬…民正大明皇帝嵬名）及其母梁皇太后尊号（天生全能番禄式法国正皇太后梁氏）御译。② 从秉常及其母梁皇太后尊号看，《圣胜慧到彼岸八千经》在秉常执政时被翻译成西夏文，因记载缺失，仅根据尊号无法判断秉常和其母尊号出现的具体时间。结合秉常和其母去世的时间大概判定翻译的时间。秉常在位20年，但朝中大权由外戚执掌，他实际上是个傀儡皇帝。据现存文献可知，秉常是西夏译经的高峰期之一，其佛事活动都是与其母一同参与，译经也都标注秉常和其母的尊号，其母比他早一年去世，天安礼定二年（1086）秉常也郁郁而终。秉常母去世后，秉常和其母的尊号不可能同时出现在译经之中，由此可确定西夏文《圣胜慧到彼岸八千经》在天安礼定元年（1085）之前被译成西夏文。《圣胜慧

---

① Е. И. Кычанов, *Каталог тангутских буддийских памятников*, 崔红芬、文志勇译, Университет Киото, 1999г. стр. 411. 崔红芬:《西夏河西佛教研究》, 民族出版社2010年版, 第332页。

② Е. И. Кычанов, *Каталог тангутских буддийских памятников*, 崔红芬、文志勇译, Университет Киото, 1999г. стр. 275.

到彼岸八千经》翻译时间比《大乘圣寿无量经》要早，说明秉常、乾顺已翻译来自藏地的佛经。

此外，依据克恰诺夫考证，还有一些译自藏文的《佛说圣佛母般若波罗蜜多心经》《种咒王荫大孔雀经》《圣胜慧到彼岸功德宝集偈》等是由仁孝御译或重译的。这都可以说明一些藏文佛经在秉常或乾顺时已被译成西夏文。故此，认为藏传佛教在西夏中晚期传入的观点值得商榷。

二 《华严忏仪》的相关内容

明崇祯十四年（1641）刻本汉文《大方广佛华严经海印道场十重行愿常遍礼忏仪》（简称《华严忏仪》），共四十二卷，辑录人为"唐兰山云岩慈恩寺护法国师一行沙门慧觉依经录"，学者已考证，一行国师非唐朝人，而是夏末元初的西夏僧人。[①] 笔者认为"《华严忏仪》最晚在大德六年（1302）前已由慧觉[②]辑录完成，大德六年雕板完备，到大德十一年（1307）前后已刊毕散施西夏故地，在河西等地流行。慧觉辑录《华严忏仪》，并将自己列入西夏传承华严诸师中，这恰恰向我们

[①] 最初关注到一行国师非唐人的是周叔迦先生，他在《国立北平图书馆馆刊》（四卷三号）《西夏文专号》上发表的《馆刊西夏经典目录》中在译释馆藏西夏文《金光明最胜王经》序首行题款按语中提到。史金波先生在《西夏文〈金光明最胜王经〉序跋考》（载《世界宗教研究》1983年第3期）认定"一行沙门"为夏末元初的西夏僧人。白滨先生在《元代西夏一行慧觉法师辑汉文〈华严忏仪〉补释》（《西夏学》2007年第1辑）中通过新材料再次证明"一行"为夏末元初人。崔红芬的《僧人慧觉考略——兼谈西夏的华严信仰》（《世界宗教研究》2010年第4期）依据《故释源宗主宗密圆融大师塔铭》和遗存佛经题记对僧人慧觉的佛事活动进行考证，认为塔铭所记慧觉与佛经题记中提到的一行沙门慧觉应是同一僧人，是位显密兼通的高僧，主要活动在蒙元时期。慧觉最初在贺兰山慈恩寺出家，修行密法，后到洛阳白马寺从龙川大师研习华严义理，深得龙川大师赏识。世祖时他协助龙川重修白马寺，随龙川去大都校经，被授以"宗密圆融大师"之号。

[②] 慧觉（？—1313年）凉州人，俗姓杨，西夏高官的后代，精通显宗和密宗，融会华严圆融之旨，一生致力于弘扬佛法，其活动大致可分为三个阶段。第一阶段，大约在蒙古国时出家为僧，修道于贺兰山云岩慈恩寺，法名慧觉，主修密宗和禅观，为西夏遗民重刻西夏文《金光明最胜王经》作序等。第二阶段，慧觉来到洛阳，从龙川修习华严，对法性圆融的理解已达到极高的境界。后留居白马寺，协助龙川修葺释源，并随大师去大都从事校经，被授"宗密圆融大师"号。第三阶段，慧觉受永昌王延请和奉太后诏，多次到凉州等地进行佛事活动，弘法建寺，教化民众。在此期间，慧觉出任河南僧录和洛阳白马寺第三任释源宗主，辑录《华严忏仪》。慧觉的活动为蒙元时期佛教传播和白马寺的兴盛起了积极作用，促进了西北和中原佛教文化的交流与融合，在当时享有较高的声望。崔红芬：《僧人慧觉考略——兼谈西夏的华严信仰》，《世界宗教研究》2010年第4期。

透露了一个重要信息,一行沙门慧觉是位精通华严宗旨的高僧以西夏后裔而自豪。《华严忏仪》在元代刊印流行后,又经苍山载光寺沙门普瑞添加注释,重新刻印,到明代正式收录到《嘉兴藏》中。"①

而《华严忏仪》卷四十二谈到"大夏国弘扬华严诸师"的传承。其中涉及的僧人应该对探讨藏传佛教在西夏传播和洞窟年代的断定有一定的帮助。《华严忏仪》中提到华严诸师的传承:

> 南无大方广佛华严经中讲经律论重译诸经正趣净戒鲜卑真义国师;
> 南无大方广佛华严经中传译经者救脱三藏鲁布智云国师;
> 南无大方广佛华严经中令观门增盛者真国妙觉寂照帝师;
> 南无大方广佛华严经中流行印造大疏钞者新圆真证帝师;
> 南无大方广佛华严经中开演疏钞久远流传卧利华严国师;
> 南无大方广佛华严经中传译开演自在命咩海印国师;
> 南无大方广佛华严经中开演流行智辩无碍颇尊者觉国师;
> 南无大方广佛华严经中西域东土依大方广佛华严经十种法行劝赞随喜一切法师;
> 南无大方广佛华严经中兰山云岩慈恩寺流通忏法护国一行慧觉法师。②

我们先看"新圆真证帝师",聂鸿音先生考证新圆即波罗显胜,③而在后文帝师一节中笔者进一步考证波罗显胜是仁孝前期的帝师。那么我们继续考证新圆真证帝师前面的帝师和国师。新圆真证帝师前是"真国妙觉寂照帝师",寂照帝师史料无载,依据其传承,他的生活年代应在"新圆帝师"之前。寂照帝师前是鲁布智云国师,而鲁布智云在国家图书馆馆藏西夏文《现在贤劫千佛名经》前有一幅木刻板画"西夏译经图"中曾经出现。木版画中刻有僧、俗人物二十五身,有西夏文榜

---

① 崔红芬:《僧人慧觉考略——兼谈西夏的华严信仰》,《世界宗教研究》2010年第4期。
② 参见《嘉兴藏》(明版)第15册,中国台湾新文丰出版公司1987年版,第2—553页。《卍续藏》第128卷"礼忏部",中国台湾新文丰出版公司1975年版,第276—719页。
③ 聂鸿音:《西夏帝师考辨》,《文史》2005年第3期。

题十二条，标明图中主要人物的身份和名字。译经图上部横刻一条题款为"都译勾管作者安全国师白智光"。智光左右两侧各有僧俗四人，僧前俗后，共十六人。题款为"相佑助译者，僧俗十六人"，其中八位僧人的名字：北却慧月、赵法光、嵬名广愿、吴法明、曹广智、田善尊、西玉智园、鲁布智云。而北却慧月、嵬名广愿、西玉智园、鲁布智云为党项人。① 据考"西夏译经图"描绘的是秉常时期译经场景，白智光是回鹘僧人，参与译经，为秉常（1068—1086年间在位）时期的一位国师。鲁布智云与白智光一起译经，他也应是同期的僧人。

鲁布智云国师前是鲜卑真义国师，鲜卑真义国师是大家比较熟悉的一位国师。在榆林第29窟内室西壁门南侧有西夏供养人画像，在供养人前面是位僧人的画像，有榜题曰："（第一身）真义国师信毕智海。（第二身）□□□沙州监军摄受赵麻玉一心皈依。（第三身）□内宿御史司正统军使趣赵一心皈依。（第四身）□儿子御宿军讹玉一心皈依。（第三身与第四身之间纸贴小孩）孙没力玉一心皈依。"从第29窟供养人看，这是一个典型的家窟，可以认定榆林第29窟是西夏官员赵麻玉等人请画中西夏国师主持开凿的。

自归义军政权开始，一些有权势的家族纷纷开窟造像，并请僧人作为导引已成为一种潮流。西夏继续这一传统，在第29窟供养人之前绘国师像，也说明鲜卑真义国师与这一家族关系非同一般。《华严忏仪》卷四十二谈到"大夏国弘扬华严诸师"的传承中鲜卑真义国师居第一位，由此可以推测，他的生活年代应在秉常之前谅祚或是秉常时期，进而推断第29窟的营造年代应是西夏早期，而没有到西夏晚期。这与已往藏传佛教在西夏中晚期传入的观点发生矛盾。

持中晚期藏传佛教传入西夏观点有学者根据之一是榆林第19窟甬道北壁汉文刻画题记"乾祐二十四年□□□日画师甘州住户高崇德小名那征到此秘密堂记"，推断第29窟即是"秘密堂"②，并断测其营建时

---

① 史金波：《西夏佛教史略》，宁夏人民出版社1988年版，第76页。
② 宿白先生最早推断榆林第19窟题记中的秘密堂就是指第29窟，绘制年代就是1193年，笔者认为这一推断缺乏证据。

间是乾祐二十四年（1193），属西夏晚期。①

如此看来，《华严忏仪》卷四十二谈到"大夏国弘扬华严诸师"材料对榆林第 29 窟的营建年代提出质疑。结合我们前面论述，认为榆林第 29 窟营建在西夏早期，第 29 窟既然作为"秘密堂"出现，那么画师甘州住户高崇德小名那征是否参与榆林第 29 窟的营建？我们无从知晓。把 29 窟中遗存题记所记内容与《华严忏仪》卷四十二谈到"大夏国弘扬华严诸师"结合分析，再次证明藏传佛教在西夏早期已经比较流行了。如果确实如此，那么对第 29 窟中壁画内容出现的时间也应重新考证。

三 《凉州碑》的记述

著名的《凉州重修护国寺感通塔碑》（以下简称《凉州碑》）是天祐民安五年（1094）感通塔修缮完毕后立碑庆赞时所立的，碑文一面为汉文，一面为西夏文。汉文碑文提到"护国寺感通塔番汉四众提举赐绯僧王那征遇"，而西夏文碑文也有同一人，译为"感通塔下羌汉二众提举赐绯僧臣王那征遇"。从碑文看，凉州当时已经设立管理蕃汉事务的僧官，凉州藏族僧人众多、藏传佛教流行，这与前面考证黑水城藏品中保存有乾顺时译自藏文的西夏文《大乘圣寿无量经》也是相一致的。

安史之乱以后，吐蕃军队占领河西地区，吐蕃崇佛政策也在河西地区广泛推行，为本来佛教比较兴盛的地区又注入了一股新鲜活力，河西地区佛教在很大程度上又增添了藏传佛教的特色。

朗达玛灭佛后，安多和河西等边缘地区佛教信仰继续存在和发展。在敦煌出土的古藏文文书《赞普乌冬赞愿文》（P.T.134）就说明这一点，赞文中乌冬赞即朗达玛，朗达玛灭佛被杀，赞文是佛教徒为赞普亡灵追福，为其所犯罪孽忏悔，祈祷三宝早日赐福，通达彼岸。② 这篇发愿文没有出现地点和发愿人，但可以判定朗达玛灭佛后，藏地和藏族信众的佛教信仰在一定范围内仍然继续存在。

---

① 刘玉权：《榆林窟第 29 窟窟主及其营建年代考论》，《段文杰敦煌研究五十年纪念文集》，世界图书出版公司 1996 年版。
② 罗秉芬：《从三件〈赞普愿文〉看吐蕃王朝的崩溃——敦煌古藏文文书 P.T.16，I.O.751·P.T.134··P.T.230 初探》，北京图书馆敦煌吐鲁番资料中心与中国台湾《南海》杂志社合编《敦煌吐鲁番学研究论集》，书目文献出版社 1996 年版，第 343—345 页。

西夏占领河西后，大量藏族百姓又成为西夏臣民，留居河西地区的藏族僧人和信众继续从事和弘扬藏传佛教，他们参与了天祐民安五年（1094）凉州重修护国寺感通塔的修缮工作，因此名字出现在《凉州重修护国寺感通塔碑》中。这也充分说明生活在河西地区的僧人或百姓一直从事佛事活动，他们的信仰和弘法活动对西夏产生的影响十分重大。

四　藏传绘画特征的体现

朗达玛灭佛，躲避灾难的僧人来到安多地区，周边地区佛教、艺术的相互交流，卫藏地区藏传佛教及其艺术在这些地区得到进一步发展和传播。谢继胜先生从绘画角度进行考证，认为在吐蕃前弘期就已经存在包括上乐金刚法在内的金刚乘无上瑜伽密智慧母续部教法与仪轨，并在一定范围内得以流行。这一局面在吐蕃政权解体后更进一步得到发展，甚至出现密法修行极为混乱的情形，10世纪前后密教图像包括双身像在藏地已经广为传播。[①] 他通过对西夏唐卡、绘画与藏地绘画艺术的比较研究，证明藏传佛教对西夏的影响早在吐蕃时期就已经开始，西夏藏传佛教实际上受到了藏地前弘期佛教的影响。

西夏绘画在很大程度受到早期印度波罗风格影响，具有苗条夸张扭曲的身形、特殊的珠宝装饰、尖顶的头冠、臂上的三角装饰等特点，主要体现在莫高窟第465窟壁画和黑水城出土的一些绘画之中。谢先生断定"第465窟壁画的年代不会晚于黑水城等西夏故地所出藏传风格唐卡的创作年代"[②]。他还对西夏故地出土的具有藏传佛教特色的绘画特点和文献涉及人物等进行研究，推测宁夏贺兰县宏佛塔中所出上乐金刚等藏传佛教仪轨文献断代在西夏大安二年（1075）四月一日之前的可能性……并认为"有关上乐根本续等西夏文、汉文文献与上乐金刚坛城、大手印等修习法可能不是噶玛噶举派僧人藏巴敦库哇1189年进入西夏王廷以后才在西夏流行开来的，而是在噶玛噶举派僧人入夏以前就已经

[①]　谢继胜：《西夏藏传绘画——黑水城出土西夏唐卡研究》，河北教育出版社2002年版，第322—323页。

[②]　谢继胜：《西夏藏传绘画——黑水城出土西夏唐卡研究》，河北教育出版社2002年版，第383页。

盛传"①。

  另外，元昊本人晓浮图学，通蕃、汉文字。广运二年（1035）元昊第二次向宋请购大藏经，到天授礼法延祚八年（1045）遣使谢赐经。《续资治通鉴长编》记载："夏国主曩霄遣丁卢、嵬名聿、营吕则依张延寿来谢册命。又遣僧吉外吉法正谢赐藏经。"②西夏人自己编写的《文海宝韵》是一部具有较高学术价值的韵书，据此书序文（已残）推断，谅祚时受梵文、吐蕃文和汉文影响，于奲都五年（1061）开始酝酿编纂此书，成书于惠宗天赐礼盛国庆年间，即11世纪中期。③这些绘画内容与前述探讨的西夏译自藏文的佛经年代是一致。

  聂鸿音先生还对西夏一些佛教术语的来源进行了考证，认为有些西夏文词汇"如来、经、论"等可能源于吐蕃。这些词提醒我们，在论述11世纪前党项佛教的起源时是不能把吐蕃绝对排除的。④

  综上所述，藏传佛教对西夏的影响在党项内附之前就已经开始了，西夏政权建立，实行一系列崇佛政策，藏传佛教在原来党项部落信仰的基础上有了广泛发展。藏族僧人在西夏建国之初已得到重用，出现管理藏族僧人的机构。藏文经典在元昊、谅祚、秉常时已比较流行逐渐被翻译西夏文，藏传佛教艺术得到一定发展。随着后弘期藏传佛教各宗派纷纷建立，为了进一步弘扬佛法，不同宗派的藏族僧人纷纷来至西夏，在境内译经弘法，出任帝师，更进一步推动了藏传佛教在西夏境内的兴盛，对西夏产生了更为深远的影响。

---

① 谢继胜：《西夏藏传绘画——黑水城出土西夏唐卡研究》，河北教育出版社2002年版，第343页。
② （宋）李焘撰：《续资治通鉴长编》卷156"庆历五年条"，中华书局2004年第2版标点本，第3779页。
③ 史金波：《西夏出版研究》，宁夏人民出版社2004年版，第35页。
④ 聂鸿音：《西夏佛教术语的来源》，《固原师专学报》2002年第2期。

第三章　西夏藏传佛教寺院与译经场

寺院是出家人进行宗教活动和修习的场所，也是佛教徒礼佛之所。寺院在南北朝时期逐渐发展兴盛，因各地建筑传统、生活习俗不同，寺院也出现了中国化的演变进程，有汉式寺院、藏式寺院和不同风格相互融合的寺院。

西夏佛教兴盛，寺塔林立，僧尼众多，贺兰山拜寺沟方塔出土的汉文诗集中有一首专门描绘寺院的诗《寺》："静构招提远俗踪，晓看烟霭梵天宫。□□万卷释迦教，□起千寻阿育功。宝殿韵清摇玉磬，苍穹声响动金钟。宜□渐得成瞻礼，与到华胥国里同。"[①] 西夏统治者崇信佛教，不仅新建塔寺，而且大规模修葺旧寺，寺院规制不同，却都呈现出玉磬摇、金钟动的景象。《凉州碑》也有："至于释教，尤所崇奉，近自畿甸，远及荒要，山林溪谷，村落坊聚，佛宇遗址，只椽片瓦，但仿佛有存者，无不必葺，况名迹显敞，古今不泯者乎？"无怪乎后世诗人发出"云锁空山夏寺多"的感慨。

我们这里所要考证的寺院应是以修持藏传佛教教义、仪轨和翻译藏传佛教经典为主的寺院。据俄罗斯学者克恰诺夫考证，西夏有以党项人为主的寺院、以藏人为主的寺院、以汉族人为主的寺院等，或者有以修藏传佛教为主的寺院、以修汉传佛教为主的寺院和显密兼修的寺院。可惜由于资料的严重缺乏，给我们具体考证哪些是藏传佛教寺院带来诸多不便。及至12世纪西夏很多寺院皆是显密兼修，不少僧人也显密精通。本章只能依据零散的记载，对一些藏传佛教寺院进行大致梳理考证。

---

① 宁夏文物考古研究所：《拜寺沟西夏方塔》，文物出版社2005年版，第369页。

第一节　藏传佛教寺院与石窟寺

一　黑水城地区

（一）五明显生寺

黑水城，具体修建年代不详，汉文史料无载，但在俄藏黑水城西夏文佛经题记中多次出现，佛经题记提到五明显生寺及寺院僧人慧聪、慧照和确照（觉照）等。俄藏黑水城西夏文佛经文献的题记中共有十二处提到了五明显生寺，五明显生寺的西夏文是"𗃰𘜶𗒛𗷅𘄴𘓋"，倒数第二个西夏字是"僧、众"之义，倒数第一个则是"家、宅、宫"之义。在西夏有把寺院称为"众宫或僧宫、圣宫"的传统，如榆林 12 窟前室甬道北壁西侧划文有"游世界圣宫及甘州圣宫者勒盈，（修造）□□，修者勒月，修者味奴，修者……"

俄藏西夏文《胜住令顺法事》（第 391 号，西夏特藏第 97 号，馆册第 810 号）译自藏文，见《藏文佛经正经全目录》第 3960 号，"善住仪轨"，又见西田龙雄《西夏文佛经目录》第 150 号[①]。经文标题后有：

𘆝𘈩𗃰𘜶𗄽𗔇𗵒𗣼𘄴𘏞𗗙𘄴
𗒘𗊌𗌮𗖻𗏇𗣼𘄴𘏞𗒛𘌽
𗃰𘜶𗒛𗷅𘄴𘓋𗣼𘄴𘏞𗒛𘌽

西天五明大师须嘛帝吃得帝　造
御前路赞讹般若密吃得帝　藏译
五明显生寺释迦善生慧照　蕃译[②]

俄藏西夏文《胜慧彼岸到要论教学现量解庄严论显颂》（第 393

[①] ［日］西田龙雄把五明显生寺译"五照出现宫"，见西田龙雄著《西夏文华严经》（卷三），京都大学文学部 1977 年版，第 34 页。聂鸿音先生对这一题记进行研究，将此句译为"五明显生寺院讲经律论辩番羌语比丘李慧明"，见《俄藏 5130 号西夏文佛经题记研究载》，《中国藏学》2002 年第 1 期。

[②] Е. И. Кычанов, *Каталог тангутских буддийских памятников*, 崔红芬、文志勇译, Университет Киото, 1999г. стр. 490.

号，西夏特藏第 101 号，馆册第 5130 号）译自藏文，见《藏文佛经正经全目录》第 5191 号"般若波罗蜜多优波提舍论现观庄严名注"，西田龙雄《西夏文佛经目录》第 145 号。此经题记中也出现五明显生寺：

𗼇𘟙𗸕𗖵𗏆𘉋𘕕𗕿𗖻𗗱𗖻𘂰𗦇𗆟𗡞𗌮……
𘉋𗖄𘟣𘃎𗃜𘃥𗃜𗇋　𗼑
五明显生寺讲经论律辩蕃藏语善生　李慧照……
光定丙（鼠）子 六年六月　日①

俄藏西夏文《菩提勇识之业中入顺》（第 400 号，西夏特藏第 118 号，馆册第 4827 号　上部；第 404 号，馆册第 2621 号）译自藏文，见《藏文佛经正经全目录》第 5272 号"入菩萨行"，西田龙雄《西夏文佛经目录》第 293 号。馆册第 4827 号经文标题后有译者名字：

𗼇𘟙𗸕𗖵𗏆𗄽𗁮𗌮
五明显生寺沙门慧聪（明）

馆册第 2621 号经文标题后用草体书写大藏经藏文作者的名字（具体不详），西夏文译者名字是五明寺沙门 𗌮（慧聪或慧明）。

俄藏西夏文《菩提勇识学所道及果与一顺显释宝炬》（第 459 号，西夏特藏第 120 号，馆册第 5129 号　上部）标题后有作者和译者的名字：

𘟣𗾞𗤋𗥤𗒹𗏆𗸕𗥛𗧘𘈩𗘺𗧘𗐾
𗼇𘟙𗸕𗖵𗏆𘉋𘕕𗕿𗄽𗁮𗌮𗖵𗢳，
西藏中国三乘知悟（解）大善智宝法狮子　造
五明显生寺讲经律论禅定沙门慧照　蕃译

---

① Е. И. Кычанов, *Каталог тангутских буддийских памятников*, 崔红芬、文志勇译, Университет Киото, 1999г. стр. 491.

西夏文《菩提勇识学所道及果与一顺显释宝炬》（第461号，馆册第888号　上部写本）标题后有：吐蕃中国三藏大师、大善巧智法师（Лдиэ Ка-чией）编写，五明寺讲经、律、论者、沙门慧照译西夏文。

西夏文《菩提勇识学所道及果与一顺显释宝炬》（第480号，馆册第4981号　下部）的标题后有作者和译者的名字：吐蕃与中国三藏大师、大善巧智法师（Лдиэ Ка-чией）编写，五明寺讲经、律、论沙门慧照译西夏文。净本发愿者、德善僧人𗼇𘊝（慧那），清信抄经者、出家僧𗼇𘊝（静思）。

西夏文《菩提勇识学所道及果与一顺显释宝炬》（第482号，馆册第6375号　上、中、下3部；第484号，馆册第2880号　上、中、下3部；第485号，馆册第2903号　上、中、下3部）标题后都有作者与抄经者的名字：吐蕃中国三藏大师、大善巧智法师（Лдиэ Ка-чией）编写，五明寺讲经、律、论沙门慧照译西夏文。

西夏文《欲乐圆混令顺要论》（第594号，西夏特藏第325号，馆册第2546号）译自藏文，见西田龙雄《西夏文佛经目录》第293号，标题后有作者和译者名字：Наруопа（那罗巴）、Чиа Дао Сюй（蕤𗹙/道次）大师传经，沙门慧照译西夏文。用草体书写年款：光定年9月9日，地羊年（1223年10月3日）。题记中也提到黑水城和五明寺。

在俄藏黑水城文献中多次出现五明显生寺，经文题记虽过于简单，给我们透露的信息也较少，但根据第594号经文保存已经不十分完好的题记内容推断，五明显生寺可能在黑水城，始建年代和具体地址皆不详。五明即声明、因明、医方明、工巧明和内明，五明也包括了大乘菩萨所学的全部学术，五明显生寺显然是以五明命名的。从第5130号题记可以知道，五明显生寺在光定六年（1216）已进行翻译佛经活动，直到光定十三年（1223）译经工作仍在继续。可见，五明显生寺是西夏晚期一个重要寺院，并有一定的规模，主要以翻译藏文佛经为主，是一所典型的具有藏传佛教特色的寺院。

五明显生寺在西夏晚期从事译经活动，这也说明从元昊开始直到晚期，西夏的译经活动一直在进行。在五明显生寺参与译经的僧人有慧照、慧聪（慧明）、觉照和御前路赞讹般若密吃得帝藏族僧人等，他们翻译藏传佛教经典，弘扬藏传佛教。

（二）黑水城寺庙群

从考古材料看，黑水城内应存在多座寺庙群。"黑水城分东西两大部分，在西北角城墙上有佛塔五座，城外西北隅有佛塔群，南城外有佛塔一座，城中心有佛塔三座，城内其他地方尚有佛塔数座，总计城内外有佛塔遗址二十余座、佛寺数座，很多佛塔具有藏传佛教的特色"。[1]

在城墙上建立佛塔是受藏传佛教影响而出现的。吐蕃赤松德赞时期修建桑耶寺，桑耶寺有三种屋顶，寺之中殿（象征）须弥山，须弥上四角顶部，建有能起震慑作用的佛塔四种，为白、青、绿、红四色。[2] 在黑水城城墙修建佛塔，说明黑水城地区不乏藏传佛教寺院和佛塔，但具体数量和形制不能详细考证。

黑水城普亥寺或普渡寺，在俄藏 Инв. 4762/11 号西夏文借粮契约中出现，契约内容有：天庆寅年（1194）正月二十九日立契约者梁功铁，今从普亥寺中持粮人梁任麻等处借十石麦、十石大麦……据史先生考证，此寺名在借贷文书中多次出现，西夏文写成"普、亥、众、宫"，亥与渡在西夏文中字形相近，或许称为"普渡寺"。[3] 我们知道西夏有把庙称为"众宫、圣宫"的习惯，众宫和圣宫都表示寺庙，普亥寺多次出现在借贷文书中说明此寺是黑水城比较大的寺院，且经济实力也比较雄厚。可惜文献对普亥寺没有太多记载。普亥寺应是黑水城的寺庙之一。

二　凉州地区

（一）护国寺

护国寺有大云寺或佑国寺之称，建在凉州，始建年代较早。《凉州碑》载：

> 阿育王起八万四千宝塔，奉安舍利，报佛恩重。今武威郡塔，即其数也。自周至晋，千有余载，中间兴废，经典莫记。张轨称制

---

[1] 陈炳应：《西夏文物研究》，宁夏人民出版社1985年版，第87页。
[2] 巴卧·祖拉陈哇：《贤者喜宴》，黄颢译，《西藏民族学院学报》1982年第2期。
[3] 史金波：《西夏贷粮契约简论》，林英津等编《汉藏语研究——龚煌城先生七秩寿庆论文集》，中国台湾"中研院"历史语言研究所2004年版，第563—584页。

> （西）凉，治其官室，适当遗址，（中缺九字）宫中数多灵瑞，天锡异其事。时有人谓天锡曰：惜阿育王奉佛舍利，起塔遍世界中，今之宫乃塔之故基之一也。天锡遂舍其宫为寺，就其地建塔。适会□□□技类班输者来治其事，心计神妙，准绳特异，材用质简，斤踪斧迹，极其疏略，视之如容易可及，然历代工巧，营心役思，终不能度其规矩。兹塔造建，迄今八百二十余年矣。大夏开国，奄有西土，凉为辅郡，亦已百载，塔之感应，不可殚纪。①

天祐民安三年（1092），佛塔因地震倾斜，乾顺和其母于天祐民安四年（1093）故命头监，集聚诸匠进行修缮，翌年匠事乃毕，作法事立碑庆赞。《凉州碑》碑文中有"番汉四众"和管理羌汉僧众的提举，说明此寺院有番汉等不同民族的僧人共同修行和弘扬佛法。

西夏文《伏藏变化解键》（第743号，西夏特藏第203号，馆册第2821号）是一部译自藏文的佛经。佛经题记和发愿文中提到护国寺，经文标题后有：护国寺沙门、三藏大师、西夏文和藏文语言大师、法师法慧译西夏文。

1992年台湾出版的《大乘要道密集》（《萨迦道果新编》）的第五十六篇"依吉祥上乐轮方便智慧双道玄义"的题款中提到"祐国宝塔弘觉国师沙门慧信录"，这里的祐国宝塔可能即是凉州护国寺感通塔。② 凉州吐蕃政权时期，潘罗支派出使臣向宋请求赐金箔物彩和派工匠等，要修洪元、大云寺等。可知，护国寺在五代时就已存在，西夏时期依然兴盛。

（二）洪元寺

洪元寺，在凉州，五代时已存在。《宋史·吐蕃传》载："（景德元年）邦逋支又言前赐罗支牌印、官告、衣服、器械为贼劫掠，有诏别给罗支；又言修洪元、大云寺，③ 诏赐金箔物彩。"④ 除《宋史》记载潘罗

---

① 陈炳应：《西夏文物研究》，宁夏人民出版社1985年版，第107—108页。
② 陈庆英：《西夏及元代藏传佛教经典的汉译本——简论〈大乘要道密集〉》，《西藏大学学报》2000年第2期。
③ 张宝玺认为，文献中提及的洪元寺、洪元大云寺、洪元佛应寺是洪元谷大云寺之略称，即今武威天梯山石窟，见张宝玺《凉州洪元谷大云寺考》，《敦煌研究》2015年第1期。
④ （元）脱脱等撰：《宋史》卷492《吐蕃传》，中华书局1977年标点本，第14157页。

支修缮洪元和大云寺外，日本学者岩崎力对此也有论述，景德元年（1004），潘罗支再次要求宋朝尽快派遣工匠，运送黄金、碧玉和丝绸等礼物以复洪元寺。潘罗支生前可能未完成洪元寺的维修工作，由其弟厮铎督继续进行。①景德二年（1005）三月，厮铎督又贡马求易金彩修洪元佛寺，宋从其请赐之，还其马值。潘罗支作为凉州吐蕃政权的首领，此寺院与藏传佛教有密切关系。夏占领凉州，洪元寺成为西夏的寺院。

（三）圣容寺

圣容寺，在凉州，大约在永昌县城北10公里处存有"千佛阁"，有汉文"天盛"年号，西夏文题记及壁画等始建年代不详。估计千佛阁和圣容寺应是同一个地方。《凉州碑》载："庆寺监修都大勾当行宫三司正兼圣容寺、感通塔两众提举律晶赐绯僧药乜永铨……"

（四）崇圣寺

崇圣寺，在凉州，"《凉州碑》载：修塔寺小监崇圣寺僧正赐绯僧令介成庞……"

（五）海藏寺

海藏寺，在凉州，在城北五公里处，又称北海藏寺，始建立于宋、元之间。文殊山万佛洞左侧（西侧）壁面大部分毁损，仅零星残存部分壁画，可见一排比丘像，其一题名"武威郡海藏寺僧考真。"②《安多政教史》载，海藏寺又称"嘉措寺"，萨迦班钦曾在此弘扬佛法并降伏麻风病魔。③海藏寺作为一座藏传寺院，窝阔台为汗时，任命三子阔端驻守凉州，封西凉击掌西夏故地。为了解决西藏问题，阔端曾派军队进藏至藏北热振寺附近。为了维护西藏的和平，在乃马真称制三年时（1244），西藏各宗派推举萨迦派的萨迦班智达为代表到凉州与阔端谈到，定宗贵由时（1246），萨迦班智达与两个侄子到凉州，第二年萨迦

---

① ［日］岩崎力：《北宋时期河西的藏族部落与佛教》，李德龙译，《国外藏学研究译文集》（第13辑），西藏人民出版社1997年版，第62页。

② 张宝玺：《文殊山万佛洞西夏壁画内容》，《全国敦煌学术讨论会文集·石窟艺术编》，甘肃人民出版社1985年版，第258页。

③ 止贡巴·贡却丹巴然杰：《安多政教史》，昂全成等译，青海民族学院民族研究所语言文学室1988年版（未正式出版），第160页。

班智达与阔端举行会谈，这就是历史上著名的"凉州会谈"。在凉州期间，萨迦班智达曾在海藏寺弘法，为阔端等治病，从此，萨迦派与蒙古建立了密切的关系。

（六）贺家寺

贺家寺，在凉州，宋时已存在，谢继胜先生认为莫高第 464 窟是西夏前期开凿的洞窟。此窟前室北壁西端有墨书题记：大宋阆州阆中县锦屏见在西凉府贺家寺住坐游礼到沙州山寺宋师父杨师父等。①《安多政教史》载，在贺家寺四周建有两座三世诸佛殿及护法神殿等，殿内供奉持金刚、文殊菩萨和无量寿佛等。②

（七）杂木寺

杂木寺，在凉州，位于武威市南 30 公里处的古城乡八五村蓝家庄。《安多政教史》有载。此寺存摩崖石刻，刻在塔基岩龛中，上下五层，有两层佛像、两层马像和一层藏文陀罗尼。③

（八）金刚亥母洞寺

金刚亥母洞寺始建年代不详，位于武威县新华乡缠山村，原有四个洞，均已倒塌，仅从寺名则可看出具有很典型的藏传佛教特色。1989 年在其中一个洞中发现一批西夏文献和文物，有西夏文佛经、契约文书、字典、佛头、佛画、唐卡、鞋、丝织品、藏文和梵文石刻、经版等。洞中还有佛像、覆钵式佛塔等，发现佛经，有泥活字版佛经，是西夏时期一个著名的藏传佛教石窟寺。

据《安多政教史》载，自凉州城南行 30 里，便至帕莫寺，又称"亥母洞"。佛殿右册供奉装有屠夫灵骨的释迦牟尼药泥像，左侧供奉持金刚和督木像。后方佛殿内供奉有喜金刚等许多塑像，并绘有各种绘画。虽佛殿曾失火，但金刚亥母却完好无损。④

---

① 王静如：《新见西夏文石刻和敦煌安西洞窟夏汉文题记考释》，吴泽主编《王国维学术研究论集》（一），华东师范大学出版社 1983 年版，第 210—248 页。
② 止贡巴·贡却丹巴然杰：《安多政教史》，星全成等译，青海民族学院民族研究所语言文学室 1988 年版，第 164 页。
③ 陈炳应：《西夏探古》，甘肃文化出版社 2002 年版，第 76 页。
④ 止贡巴·贡却丹巴然杰：《安多政教史》，星全成等译，青海民族学院民族研究所语言文学室 1988 年版，第 157 页。

（九）天梯山石窟寺

天梯山石窟寺在武威城南50公里的黄羊河边，始建于北凉，西夏时仍是佛事活动的主要场所。1952年发现一批西夏文和藏文文献，有《妙法莲华经》、《佛母大孔雀明王经》（译自藏文）、《圣胜慧到彼岸赞颂功德宝集》（下）、《般若经》及咒语、发愿文等，有写本和刻本。

（十）张义乡修行洞

距武威75公里，1972年发现大量西夏时期文物文献，有西夏文、汉文和藏文，分写本和刻本。有西夏文和藏文佛经、发愿文、四言杂字、医方、会款单、占卜辞、欠款单、请假条、竹笔、生牛皮鞋、石纺轮、泥和铜制苦修像、钱币、小泥塔、佛画等。洞中还有佛座、小土塔、壁画、题记、残塑像和一些简陋的生活用品，是西夏时一处佛事活动地。

（十一）白塔寺

白塔寺，又名百塔寺，藏语称之为"谢尔智白代"，译为东幻化寺。据《凉州佛寺志》载，此前萨班与蒙古王经常漫谈。一次，蒙古王将"乌龟皮无毛"为题相辩，萨班拿出了有毛的乌龟皮。蒙古王有点难堪，便召集魔术师变出一座雄伟庄严的寺院，邀请萨班及众使臣去看，萨班破其幻化术，使寺院不得还原。因此便成了幻化寺。此外，还有因幻化寺的佛塔数不清，说是空行化身佛塔，也与此寺名含义有关。乾隆十四年《武威县志·建置志》之"寺观条"载，百塔寺，城东南四十里，内有大塔，周环小塔九十九，因得名。白塔寺始建年代不详，明宣德五年《重修凉州白塔志》（碑阳）载："凉州为河西之重镇。距城东南四十里有故寺，俗名白塔，不知起于何代，原其本乃前元也，禅火端王重修，请致帝师撒失加班支答居焉，师后化于本寺，乃建大塔一座，高百余尺，小塔五十余座。周匝殿宇非一。元季兵燹，颓毁殆尽，瓦砾仅存。"碑文中"也禅火端王"应指阔端，"撒失加班支答"即1246年萨迦班智达。阔端重修白塔寺，就是供萨班一行居住、藏经及设坛传教所用的。阔端重修在战争时被毁寺院，可以说明百塔寺在阔端之前已经存在，西夏时就应存在，且与藏传佛教有一定的关系。

（十二）罗什寺等

凉州的罗什寺、清应寺和百灵寺等可能也是西夏时期凉州地区的寺院，鉴于河西地区藏传佛教兴盛，估计这些寺院也与藏传佛教信仰有某些关系。

《安多政教史》中记载光兴寺、洛瓦山寺（汉人称禅房寺）、噶玛山寺（汉人称柏林寺）、金塔寺（亥母洞寺 2.5 公里处）、莲花寺（又称班莫寺，在凉州城西 15 公里处）等也是凉州地区出现的寺院，估计西夏时期已经存在，具体情况已无法详细考证。

河南洛阳白马寺出土一通由沙门法洪撰文的《故释源宗主宗密圆融大师塔铭》有"世祖皇帝诏海内德望校经于燕，公从护法以见，赐'宗密圆融大师之号'。会永昌王遣使延公启讲于凉，公之道大振于故里，创寿光觉、海二寺。"[①] 公指西夏遗民在蒙古时期出家的慧觉，因慧觉祖籍凉州，先在贺兰山慈恩寺出家修习密教，后到洛阳随龙川大师学习华严学，并到大都参与校勘佛经等，由于佛学得到朝廷赏识，赐"宗密圆融大师之号"。恰好永昌王延请慧觉回家乡讲经弘法，慧觉还在凉州创建"寿光"和"觉海"两座寺院（可惜这两座寺院无考），从此慧觉名声大振于故里。慧觉的佛事活动和寺院的修建也彰显了河西地区佛教信仰在元代依旧兴盛。

三 瓜沙肃甘地区

（一）卧佛寺

卧佛寺，建于甘州，其前身应是迦叶如来寺，西夏僧人掘得卧佛，并在原寺院基础上新建寺院，赐额卧佛寺。元代又把十字寺划归卧佛寺，所以卧佛寺还有弘（宏）仁寺和宝觉寺等称呼。关于卧佛寺的修建有两种记载。一说永安元年（1098）修建，据明朝《敕赐宝觉寺碑记》载："西夏乾顺时，有沙门族姓嵬咩（嵬名），法名思能，早先从燕丹国师学成佛理，受境内人崇敬，号为国师。"他掘得古涅槃佛像后，在甘州兴建大寺时为崇宗永安元年（1098）。一说贞观三年（1103）修建，据《西夏书事》载，乾顺自母亲梁氏死后，常供佛为母祈福。甘州僧人法净声称，自己于甘州西南甘浚山下夜望有光，掘得古佛三身，

---

① 洛阳市地方史志编纂委员会编：《洛阳市志》，卷 15 "白马寺·龙门石窟志"，《故释源宗主宗密圆融大师塔铭》，中州古籍出版社 1996 年版，第 100—102 页。

皆卧像，献于乾顺。乾顺遂于贞观三年（1103）在甘州建宏仁寺，即卧佛寺。这两种说法虽然时间上存在差别，但卧佛寺也确实建于西夏乾顺时期。

榆林第 12 窟外室甬道北壁西，有刻画西夏文四行，内容记（勒）某游世界圣宫，及（甘）（州）圣宫等事，世界圣宫指敦煌，甘州圣宫大概就指卧佛寺。从《马可波罗行纪》的记载看，到元代时卧佛寺的佛事依然非常兴盛。

（二）崇庆寺

崇庆寺，建于甘州，崇宗永安元年（1098）建，具体情况不详。①

（三）大觉圆寂寺

大觉圆寂寺建于在甘州或甘州附近，《大乘要道密集》一书的第七篇"解释道果逐难记"提到："甘泉大觉圆寂寺沙门宝昌传译。"② 而明宣宗《敕赐宝觉寺碑记》载："甘州，故甘泉之地，居中国西部，佛法所从入中国也。"③ 但在《杂字》"地方部第十九"中却有甘泉、甘州、肃州等的记载，据此推测，甘泉和甘州是两个不同的地方，二者相距可能不会太远。

（四）诱生寺

诱生寺，建于在甘州或其附近。据西夏僧人辑录《密咒圆因往生集》题记载：甘泉师子峰诱生寺出家承旨沙门智广编集。

（五）禅定寺

禅定寺，建于甘州，日本天理图书馆藏有西夏文残经，如《摩利支陀罗尼经》《无量寿宗要经》《观世音菩萨大陀罗尼经》《圣胜慧到彼岸八千颂》等，其中一页残经上共有九行题记，提供了在甘州寺院和译经的重要线索。题款表明由甘州禅定寺庙高僧译，并记有译为西夏文的译主、印行发愿者、印者和书者人名等。日本天理图书馆所藏西夏文经末题记为（每行为一段）：

---

① （清）钟庚起等撰：《甘州府志》卷 5，中国台湾成文出版社 1976 年版，第 25 页。
② 陈庆英：《西夏及元代藏传佛教经典的汉译本——简论"大乘要道密集"》，《西藏大学学报》2000 年第 2 期。
③ （清）钟庚起等撰：《甘州府志》卷 13，中国台湾成文出版社 1976 年版，第 26 页。

译发愿译者，甘州禅定寺庙□僧正
律法师　讹瑞
禅定众法堂□正　正法堂译
癸巳年贤正月十五日
译主宝幢瑞贤大　西夏语译
印行发愿施主　杨正瑞师
发愿眷·寅□氏　ma□-nufi
显语空　印者慧戒　韦师
书者笔持　正智。①

禅定寺是甘州寺院，比较重视禅修，其规模较大，设有僧正、法师等僧官，从事译经工作，所译佛经与藏传佛教经典有密切关系。

（六）马蹄山北寺、金塔寺

马蹄山北寺、金塔寺都位于甘肃肃南裕固族自治县。史金波先生在《西夏佛教史略》中则提到在民乐县马蹄山北寺、金塔寺中有西夏时期雕刻的佛像和菩萨像。② 在藏族史料中马蹄寺又与藏族传说有一定的关系。此寺在西夏时期是一座藏传佛教寺院。《安多政教史》也载，在马蹄山的石岩上雕塑有数尊佛像，并有新建的两座佛殿及经堂寺。石岩前尚有一座涂有表层的佛塔，相传是西夏王的灵塔。③ 至于是否为西夏王的灵塔尚需进行考证，但这也说明在马蹄山一带曾是西夏僧人的活动中心之一。

（七）肃州文殊寺

肃州文殊寺位于肃南裕固族自治县，石窟大概始建于北魏年间，唐贞观年间始建寺。到元代时因年久失修，已经破败，元喃答失太子于泰定三年（1326）来朝拜时，出现"豁然天面两分，现五色之瑞光"④ 的瑞景，于是众人布施，重新修缮、彩绘。文殊寺在文殊山，

---

① ［日］西田龙雄：《西夏文华严经》，京都大学文学部1975年版，第13页。
② 史金波：《西夏佛教史略》，宁夏人民出版社1988年版，第187页。
③ 止贡巴·贡却丹巴然杰：《安多政教史》，星全成等译，青海民族学院民族研究所语言文学室1988年版，第166页。
④ 张维、鸿汀纂次：《陇右金石录》，甘肃省文献征集委员会校印1943年版，第56页。

文殊山又称嘉峪山，是佛道圣地，文殊山分为前山和后山。20世纪50年代史岩对文殊山进行调查，发表了《甘肃酒泉文殊山的石窟寺院遗迹》，认为前山多藏庙，后山多汉庙，1244年萨班携侄子八巴思和恰那多吉云凉州途中，曾到文殊山社佛朝圣，说明蒙古时期及以前文殊山的佛事兴盛。学界根据文殊山万佛洞保存的上师像和元泰定三年（1326）汉回鹘文合璧"重修文殊寺碑"等论证了万佛洞壁画年代，一是西夏说，①二是元代说。②但无论如何，文殊寺西夏时存在，且致藏佛教都有弘传。

（八）阿育王寺

榆林第15、16窟的窟记中记载有赐紫僧人惠聪是阿育王寺的高僧，曾经游历到榆林窟并在此住持40余日。据李正宇先生考证，阿育王寺是瓜州僧寺，在州城东（今安西东南），始建莫考。北周建德三年（574），禁断佛道二教，此寺被毁。唐朝初年，犹存东西廊庑及周围墙垣。③不知榆林窟题记中提到的阿育王寺是不是敦煌地区的这座寺院呢？若是同一寺院，说明它在后世已被重修，西夏时仍然存在。莫高窟、榆林窟、东千佛洞、五个庙石窟和旱峡石窟等都有西夏僧人住持，进行佛事活动。

（九）光宅寺（西夏寺）

莫高第256窟东壁门南侧第一身供养人后面有一处汉文墨书题记：大元国西夏寺住僧人十五人，此旧字补写。这个西夏时期的寺院在元代继续使用。陈炳应先生推测，西夏寺可能就是敦煌文物研究所藏的一件西夏文墨书发愿文中记载的"光宅寺"④。

（十）圣光寺

莫高第206窟东壁门北侧西夏供养人像列北向第一身墨书题名："故施主圣光寺院主主僧张和……"⑤李正宇先生考证，圣光寺为敦煌

---

① 施爱民：《文殊山石窟万佛洞西夏壁画》，《文物世界》2003年第1期。
② 杨春燕：《酒泉文殊山与藏传佛教》，硕士学位论文，西北民族大学，2014年；杨富学：《文殊山万佛洞西夏说献疑》，《西夏研究》2015年第1期。
③ 季羡林主编：《敦煌学大辞典》，上海辞书出版社1999年版，第628页。
④ 陈炳应：《西夏文物研究》，宁夏人民出版社1985年版，第28页。
⑤ 史金波：《西夏佛教史略》，宁夏人民出版社1988年版，第293页。

尼寺，在沙州城内，吐蕃统治后期吐蕃尚书令、都元帅、赐大瑟瑟告身尚起律心儿（尚绮心儿）建，以"圣主（赞普）统三光之明，无幽不照"，"率滨咸服，观国之光"，故名圣光寺（S.2765 背）。西夏时好似已改为僧寺。①

四 兴庆府与贺兰山地区

（一）大度民寺

大度民寺全称"大德坛度民之寺院"，克恰诺夫推测其可能在西夏都城附近，②而聂鸿音先生则把大度民寺与银川市郊的"高台寺"联系在一起。③大度民寺出现在黑水城汉文《观弥勒菩萨上生兜率天经》（TK-58）的发愿文中，内容如下：感佛奥理，镂板斯经。谨于乾祐巳（己）酉二十年九月十五日（1189 年 10 月 26 日），恭请宗律国师、净戒国师、大乘玄密国师、禅法师、僧众等，就大度民寺，作求生兜率内宫弥勒广作法会，烧结坛，作广大供养，奉广大施食。并念佛诵咒，读西番、番、汉藏经及大乘经典，说法作大乘忏悔，散施番汉《观弥勒菩萨上生兜率天经》一十万卷，汉《金刚经》《普贤行愿经》《观音经》等各五万卷。暨饭僧，救生，济贫，设囚诸般法事，凡七昼夜。所成功德，伏愿一祖四宗，证内宫之宝位；崇考皇妣，登兜率之莲台。④

在西夏文佛经题记中出现大度民寺的还有《金刚般若波罗蜜多经》（第 53、58 号，西夏特藏第 386 号，馆册第 4099、3834 号），《观弥勒菩萨足知皇上生观经》（第 151 号，西夏特藏第 320 号，馆册第 76 号）、《聚轮供养作次第》（第 384 号，西夏特藏 182 号，馆册第 821 号，译自藏文）、《金刚王亥母随净瓶以亲诵作顺》（第 541 号，西夏特藏第 260 号，馆册第 2557 号，译自藏文）、《中有身要论》（第 559 号，西夏特藏第 170 号，馆册 7116 号，译自藏文）、《道之间休止顺要论》（第 574 号，西夏特藏第 252 号，馆册第 3823 号），《身中围于依以四主受顺广根》

---

① 季羡林主编：《敦煌学大辞典》，上海辞书出版社 1999 年版，第 630—631 页。
② Е. И. Кычанов, *Каталог тангутских буддийских памятников*, 崔红芬、文志勇译, Университет Киото, 1999г. стр. 26.
③ 聂鸿音：《大度民寺考》，《民族研究》2003 年第 4 期。
④ 《俄藏黑水城西夏文献》第 6 册《附录·叙录》，上海古籍出版社 1997 年版，第 7 页。

（第689号，西夏特藏第88号，馆册第822号）[1]法会上作烧结坛，诵读西番大藏经，翻译藏文佛经，这一切也与藏传佛教有关。大度民寺是西夏重要的皇家寺院，译经活动兴盛，有多位国师住持。

（二）北五台山清凉寺

北五台清凉寺位于宁夏贺兰山，修建年代应在西夏早期。五台山本是中国北方一座名山，又名为清凉山，是文殊菩萨的修行道场，中国著名的佛教圣地。晚唐五代时敦煌僧人朝拜五台山已成一种风气。由于文殊信仰流行，很多地方纷纷效仿五台山在本地建立"文殊院"和"文殊堂"。《宋高僧传》记载："释僧竭者，不知何许人也，生在佛家，化行神甸。护珠言戒，止水澄心。每嗟靳固之夫，不自檀那之度，乃于建中中造曼殊堂，拟摹五台之圣相。"[2]德明和元昊时，曾两次请求宋往五台山礼佛。后因西夏与宋关系紧张，无法再去五台山礼佛和作供养，于是西夏在贺兰山中修建了以五台山清凉寺命名的寺院，以满足人们礼拜文殊的需要。莫高第444窟窟门北柱墨书题记有：北五台山大清凉寺僧沙门□光寺主……西夏僧人编撰《密咒圆因往生集》的题款也提到：北五台山清凉寺出家提点沙门慧真编集。《嘉靖宁夏新志》中有一首安塞王诗，诗文这样写道："……文殊有殿存遗址，拜寺无僧话旧游。紫塞正怜同鼍画，可堪回首暮云稠。"[3]可见，西夏时期从敦煌—兴府—五台山一线的文殊信仰都十分流行。

（三）拜寺沟方塔寺院

拜寺沟方塔寺院位于宁夏贺兰山，初建年代为元昊或谅祚时期，后经秉常及其子孙扩建，修缮，是西夏一座重要寺院。拜寺沟方塔周围有一处大型寺院建筑群遗址，总面积达10余万平方米，它被山洪冲沟分割成沟南、沟北两大部分。方塔塔心柱题记有："白高大国大安二□（年）寅卯岁五月，□□大□□□特发心愿，重修砖塔一座并盖佛

---

[1] Е. И. Кычанов, *Каталог тангутских буддийских памятников*, 崔红芬、文志勇译, Университет Киото, 1999г. стр. 286、284、388、487、539、546、547-548、552、591。

[2] （宋）赞宁撰，范祥雍点校：《宋高僧传》卷27，中华书局1987年标点本，第675页。

[3] （明）胡汝砺编：《嘉靖宁夏新志》卷1，陈明猷校勘，宁夏人民出版社1985年版，第17页。

殿，缠腰塑画佛像，至四月一日起立塔心柱。奉为皇帝皇太后万岁，重臣千秋，雨顺风调，万民乐业，法轮常转……"① 孙昌盛先生认为，方塔寺院是北五台山寺院的一部分。② 元昊不仅在贺兰山修建帝陵，而且筑离宫于贺兰山。贺兰山内的一些寺院在元昊时已经修建。

1991年在方塔内出土了30余种珍贵的西夏文献，其中有译自藏文的西夏文《吉祥遍至口和本续》（卷三、卷四、卷五），《吉祥遍至口和本续之要文》，《吉祥遍至口和本续之广义文》，《吉祥遍至口和本续之解生喜解补》，佛经长卷，经咒等，汉文有《大方广圆觉修多罗了义经略疏》（下卷）、《佛顶心陀罗尼经》、《圣妙吉祥真实名经》、《吉祥上乐轮略文等虚空本续》等③，方塔中保存如此之多的藏密佛典，说明方塔寺院也是一所显密兼修的寺院。

（四）宏佛塔寺院

宏佛塔寺院位于宁夏贺兰县，距银川市20余公里，距县城约9公里。现仅存废寺遗址，寺庙废址内有一塔，即宏佛塔，塔残高28.29米，是汉式楼阁式塔与藏式覆钵式塔相结合而成的复合式佛塔。佛塔内出土彩塑泥像残块、西夏文木雕残版及朽残的绢质彩绘佛画（14幅，较完整的有10幅，4幅残损严重，涣漫不清）、经书残页、木雕残件，如绢质喜金刚像、绢质彩绘《炽盛光佛》（139厘米×80厘米）、绢质彩绘《炽盛光佛图》（120.5×61.8厘米），及千佛像、佛像、护法神、千手观音、大日如来、接引佛、八相塔、木雕、刻经版和《番汉合时掌中珠》残叶等。从塔的形制和出土文物判断，宏佛寺也与藏传佛教和僧人有一定关系。

（五）贺兰山慈恩寺

国图藏元刊西夏文《金光明最胜王经》序文提道"《金光明最胜王经》流传 序 兰山石台云岩谷慈恩寺一行沙门慧觉集"。慈恩寺在贺兰山中，慧觉最初在贺兰山慈恩寺出家，修行密法，有感于"密乘固修心之要，非博通经论，不足以究万法之源，穷佛道之奥"。后到洛阳白马

---

① 孙昌盛：《西夏方塔塔心柱汉文题记考释》，《考古与文物》1997年第1期。
② 孙昌盛：《西夏方塔塔心柱汉文题记考释》，《考古与文物》1997年第1期。
③ 宁夏文物考古研究所编著：《拜寺沟西夏方塔》，文物出版社2005年版。

寺从龙川大师研习华严义理，深得龙川大师赏识。

慧觉，又称一行，为西夏遗民，生活在西夏晚期到元皇庆年间，①是位显密兼通的高僧，主要活动在蒙元时期。世祖忽必烈时慧觉协助龙川重修白马寺，随龙川去大都校经，被授以"宗密圆融大师"之号。慧觉还出任河南僧录和白马寺第三任释源宗主，多次前往河西地区弘扬佛法，为西北与中原佛教文化交流起了积极的促进作用。②一行沙门慧觉生活在夏末至蒙元时期，曾在贺兰山慈恩寺出家，受到元朝的重用，他从事佛经翻译和校勘工作；为西夏遗民慈恩寺僧慧觉为重雕西夏文《金光明最胜王经》作序；精通华严，辑录《华严忏仪》和《涤罪礼忏要文》等，皆有题记记载。

总之，文献对慈恩寺没有太多记载，但从慧觉出家修习密法的情况看，慈恩寺也与密教的弘传有关。

（六）拜寺口双塔寺院

拜寺口双塔寺院位于宁夏贺兰县金山乡拜寺口北坡，东南距银川市50余公里。现寺庙无存，保留东西两座残塔。双塔东西对峙，皆为十三级八角密檐式，有塔身、塔刹两大部分组成，塔刹具有藏传覆钵式塔的特点，尤其是相轮粗短壮实，与13世纪西藏乌思藏萨迦时期盛行的"噶当觉顿"十分相像。从佛塔出土的具有藏传风格的唐卡《上师像》《上乐金刚图》以及彩绘木雕上乐金刚像等文物看，拜寺口双塔当时所在寺院也与藏传佛教有密切关系。

（七）山嘴沟石窟寺

山嘴沟石窟寺位于宁夏贺兰山东麓，银川市西约40公里处。2005年9月，宁夏文物考古研究所对此进行调查，发现大量西夏文献，初步整理有60余种，以佛经为主，有汉传佛教文献，也有藏传佛教文献，如《大方广佛华严经》《圣妙吉祥真实名经》《大方广佛圆觉修多罗了义经》《圆觉注之略疏第一上半》《占察善恶业报经》《金刚般若经集》（一卷）《妙法莲华经集要义镜注》以及不知经名的科文、各种藏传密

---

① 《故释源宗主宗密圆融大师塔铭》只记慧觉圆寂时间即皇庆二年五月，而没有他卒时的岁数，很难推断他的生年。但根据他父亲在夏亡出家为僧的内容判断，慧觉或生于西夏晚期，或是作为遗腹子，生于西夏亡后不久。

② 崔红芬：《僧人慧觉考略——兼谈西夏的华严信仰》，《世界宗教研究》2010年第4期。

教修法仪轨、藏文咒语等。①

（八）百眼窟

在内蒙古鄂尔多斯市西南的鄂托克旗阿尔巴斯苏木乡境内有一座孤立的小山岗，在山岗红色砂岩的崖壁上，凿有大小不等的楼阁式或覆钵式的浮雕石塔和石窟，该处遗址正式命名为"阿尔寨乌里雅四石窟"。内蒙古鄂尔多斯市西南的鄂托克旗境内的"阿尔寨乌里雅四石窟"，汉人称之为"百眼窟"，蒙古人称之为"苏默特阿尔寨"。据当地文物部门调查，计有65窟，较为完整的43窟。在第28号石窟东、西两壁上存13幅完整的藏传佛教双身像，推断为西夏晚期所绘。②但具体情况尚需进一步研究。

总之，《嘉靖宁夏新志》记载，明代时"（贺兰山）上有颓寺百余所，并元昊故宫遗址"。③西夏故地应该还有一些寺院，随着新材料的不断公布，对西夏寺院还有待于进一步考证。由于吐蕃在河西地区统治长达七八十年，在吐蕃崇佛政策的支持下，这一地区的寺院和僧尼数量都有很大程度的增加。

归义军时期佛教继续兴盛，大量吐蕃人居瓜、沙等地，且归义军政权还把藏文作为对外交往的书写公文的一种文字，藏族僧人法成继续从事翻译佛经的工作。这些零散记载都证明瓜、沙等处也一定保存有不少传播藏传佛教思想的寺院，有些寺院在西夏时期可能继续存在。但因史料严重缺乏，对西夏时期佛教寺院尚无法进行考证，希望文献的继续刊布，或许能对此作进一步探讨。

第二节　西夏译经场的设立与分工

一　译经场的设立

目前，据遗存的佛经题记，西夏译经都与某一寺院有关，大致可确

---

① 沈卫荣主编："黑水城人文与环境国际学术讨论会文集"《黑水城人文与环境研究》，中国人民大学出版社2007年版，第571—572页。

② 汤晓芳等编：《西夏艺术》，宁夏人民出版社2003年版，第27页。

③ （明）胡汝砺编：《嘉靖宁夏新志》卷1，陈明猷校勘，宁夏人民出版社1985年版，第12页。

定，西夏译经场应设在寺院，但从其译经分散状况判断，译场很可能不是常设机构，根据译经的需要而设立，佛经翻译完毕要暂时关闭译场，如有需要再重开译场所。西夏译经场不仅在兴庆府有设立，在各州重要的寺院也根据译经的需要设立译场。

西夏译经时间持续长久，从元昊朝开始，一直延续到西夏晚期的遵顼朝。《大夏国葬舍利碣铭》记"东土名流，西天达士"①汇集西夏。此碑撰写于天授礼法延祚元年（1038），可见元昊建国前后，佛教已有了相当发展规模，各地高僧慕名而来。西夏译经工作开始于元昊时期，西夏译场的设置也开始于这一时期。西夏晚期皇室内部矛盾斗争激烈，且蒙古兴起，也多次侵扰和进攻西夏，西夏内忧外患严重，光定四年（1214）遵顼再开译场翻译《金光明最胜王经》经疏，亲自御制发愿文介绍重开译经场的情况，"以见此经之深妙功德，澄信大愿虽已发，然旧译经文，或与圣意违，或词意不明，复亦需用疏无所译。因此，建译场，延请番汉法定国师译主等，重合旧经，新译疏义，与汉本仔细比较，刻印流行，欲使流传万代。"同时也希望重译刊印《金光明最胜王经》，以保佑其统治顺利渡过难关，发愿文还讲道："其中守护国家，福所蓄集，世俗胜义双全，现身来世受益者，唯此金光明王经契是也。今朕安坐九五，担万密事，如临深渊，如履薄冰。夜以继日，思远柔近能；废寝忘食，念国泰民安。……唯愿以此善根，常行德治，六合全和，□集道变，远传八荒。复愿（？）□□止，百谷成熟，□□□□□□次，万物具不失性，复愿沙界众生，法雨中洗除业垢。□国众生，以佛日消除愚影。②"另据黑水城文献题记记载五明显生寺在光定六年（1216）还在从事翻译佛经活动，直到光定十三年（1223）译经工作仍在继续。西夏晚期处在内忧外患之中，国力衰微，但仍不惜人力和物力，开设译场重译经文并翻译疏义，希望能够得到神灵的护佑，保护国土免遭蒙古军队的入侵。在这种情况下，统治者不去调整其内外政策，积极谋划退兵之策，而

---

① （明）胡汝砺编：《嘉靖宁夏新志》卷2，陈明猷校勘，宁夏人民出版社1985年版，第153—154页。
② 西安市文物管理处等：《西安市文管处藏西夏文物》，《文物》1982年第4期。

是妄想通过施舍经文，礼佛诵经，祈求佛祖的保佑，终不免国破家亡的命运。①

夏天授礼法延祚十年（1047）元昊在兴庆府东役使民夫修建高台寺及绘制诸浮屠，俱高数十丈，贮中国所赐《大藏经》，广延回鹘僧居之，演绎经文，易为蕃字。② 高台寺应是早期从事佛经翻译的场所之一，并有回鹘僧人参与佛经的翻译。夏福圣承道三年（1055）冬十月，起承天寺。没藏氏好佛，因中国赐《大藏经》，役兵民数万，相兴庆府西偏起大寺，贮经其中，赐额"承天"，延回鹘僧登座演经，没藏氏与谅祚时临听焉。③ 这里只提及请回鹘僧讲演佛经，没有提到译经之事，但从皇太后和皇帝经常光临寺院听讲经文的情形看，在承天寺也应该设有译场。同样国图藏西夏文《现在贤劫千佛名经》卷首有一幅木刻"西夏译经图"也说明西夏都城存在译经场的情况，皇帝和皇太后亲临译经场，彰显了朝廷对于译经的重视。

1990年在贺兰县宏佛塔也出土了大小共两千余块的雕板残片。《金刚般若波罗密经》（TK–14、17）有"温家寺道院记"楷体黑方印。佛经上出现刊印寺院的印章以及大量的雕板残片在寺院或佛塔中被发现皆可说明佛寺是刻印佛经主要地点。

西夏译经不仅限于都城地区的寺院，凉、甘、瓜、沙、黑水城等地既是西夏的重镇，也是佛事活动兴盛的地区。前述黑水城地区的五明显生寺应是一座译经场，俄藏黑水城西夏文佛经文献的题记中共有十二处提到了五明显生寺，以及五明显生寺僧人慧聪（明）、慧照和确照（觉照）等，从俄藏西夏文第5130号《胜慧彼岸到要论教学现量解庄严论显颂》题记可以知道，五明显生寺在光定十三年（1223）译经工作仍在继续，慧照仍在五明显生寺翻译佛经，以翻译藏文佛经为主。

1952年天梯山石窟寺中发现了西夏文《妙法莲花经》（写本）、

---

① 崔红芬：《西夏河西佛教研究》，民族出版社2010年版，第214页。
② （清）吴广成撰：《西夏书事校证》卷18，龚世俊等校证，甘肃文化出版社1995年版，第212页。
③ （明）胡汝砺编：《嘉靖宁夏新志》卷2，陈明猷校勘，中华书局1987年版，第152—153页。（清）吴广成撰：《西夏书事校证》卷19，龚世俊等校证，甘肃文化出版社1995年版，第226页。

《佛母大孔雀明王经》（刻本）、《圣胜慧到彼岸赞颂功德宝集》（下卷）（刻本）、《般若经》（刻本）和写本咒语、发愿文等。陈炳应先生认为周慧海住持天梯山石窟寺，曾奉敕主持翻译佛经，时间在仁孝执政初期，凉州天梯山石窟寺也设有译场。

凉州护国寺也应是一座译经场，三藏法师法慧，精通西夏文和藏文，在此把《伏藏变化解键》《吉有恶趣净令本断纲》《吉祥上乐轮随中有身定入顺次》《见顺伏文》《等持集品》《佛说阿弥陀经》等显密经典译成西夏文或藏文。

西夏甘州也是重要军事和文化重镇，设有民族事务管理机构，派皇族王室成员驻守，建有大佛寺，佛教兴盛，佛事活动频繁，根据日本天理图书馆藏存的西夏文残经题记，甘州禅定寺庙设僧正，有译主宝幢瑞贤大西夏语译和印行发愿施主、印者慧戒、书者笔持等内容，甘州禅定寺也设有主要翻译藏文经籍的场所。

西夏佛经的翻译绝大部分是在国家设立的译场完成的。皇帝和皇太后不仅亲临译经的现场，而且在不少佛经题记或发愿文中经常出现某位皇帝和皇太后御译、御校字样。西夏译场有自身特点，由于西夏所处地域，境内不仅存在大量汉族僧人，也有藏族僧人、回鹘僧人等，他们共同参与西夏译经事业，译场人员在忠实于佛经原文的基础上，又能结合西夏语言的特色和各民族传统习俗，在翻译佛经的过程中能灵活运用，使译出的佛经更符合西夏人的要求。陈炳应先生对莫高窟出土图解本《观音经》进行译释研究，认为西夏译文很具有党项语言的特色，西夏文与汉文经文虽内容相同，但在语言表达上却存在一定差异。如《观音经》第212行西夏文为"剑折成段段"，汉文经为"刀寻段段坏"，因为西夏人习惯用剑，而不是用刀。在《天盛律令》条款中对判处死刑的人有剑斩、有绞杀，而没有见到用刀的记载。

笔者曾对甘博藏西夏文残经（G21.055［10705］）是由《普贤行愿品》疏序进行翻译，与其他版本进行比较，发现西夏文在用词上存在一些特色，主要体现在以下方面：

第一，西夏文本开始用"𗤢𘂪（今朝）"，即"今朝真界，万法依始"，而未用汉文"大哉"，即"大哉真界，万法资始"。西夏人改为"今朝"所要表达一定的意思，他们把自己所在国家比作"伟大极致的一真法界",认为万事万物都要依靠它方能生起。这一词语虽然有些狂傲,但也充分表明了西夏统治者崇佛之诚和民众信仰之盛。

第二,汉文"融身刹以相含,流声光以遐烛"中"身刹"在西夏文则为"𗦫𗥤"(万刹),即"𗦫𗥤𗧘𘜶𗖻𘟀𗦇𘜶𘊂𗖻"(融万刹以相摄,传声光以远照),西夏文用"万刹"则想显示西夏境内佛教塔寺之多,佛教之盛。

第三,汉文"百城询友"则用西夏文"𗦫𗥃𘊄𗖻"(百城闻味),西夏人用"气味相投"表示"询友"更加形象。那么汉语"百城询友"的标准是什么?西夏人认为只有"趣味相投"才是真正的朋友,可能与西夏生活风俗和判断敌友的标准有密切关系。

第四,汉文"扇慈风以长春",西夏文则改用"𗸎𘟀𘓝𘜶𘟀𗷅"(扇慈风以长夏),汉文本"长春"被西夏译者改为"长夏","夏"应该是指"西夏",他们认为只要信佛颂经,就可得到佛陀的关照,在佛陀扇动慈悲的和风之下,才可以保佑国祚长久和人民昌盛。这也充分体现了西夏佛教信仰的世俗性和功利性。

第五,汉文"我皇御宇,德合乾坤,光宅万方,重译来贡"中的"重译"西夏文用"𗍫𘜶𘃽𘓯"(重传来奉)四个字,我认为西夏文本的"𘜶"(传)字比汉文本的"译"字更贴切,"重传来奉"更明白无误表达出《大方广佛华严经》(40卷)先是由南天竺国王手自书写,梵本进奉,后由大唐皇帝于贞元十二年(796)六月五日诏令罽宾三藏般若等诸多僧人翻译的实际情况。简单的四个字把金刻本《普贤行愿品疏》序后的几行附记的内容进行了交代,说明西夏译经僧人比较了解《华严经》(40卷)传译的来龙去脉。

第六,汉文本"东风入律"中的"律"字在西夏文"𘔼𘟀𘓝𘟀"(东风入阳)中则改为"阳"。笔者认为西夏文改为"阳"字说明西夏文本借用了"律吕调阳"的典故。"律吕"是指给古代音乐定调所用的律管和吕管,共十二根管,将十二根管分为"六阴"和"六阳"两组,六根单数的属阳,叫"六律";六根偶数属阴,叫"六吕"。"律吕"即可以定时间,也可用来调物候的变化,叫作"律吕调阳"。在翻译《普贤行愿品疏》序时,西夏译经者应是熟知"律吕调阳"的意思,所以在西夏文本中将"律"换成"阳",意思则完全一致。但为什么西夏人

第三章 西夏藏传佛教寺院与译经场

会换成"阳"字,估计和他们生活的环境和所处的气候有着某种关系,西夏生活在今宁夏、陕北、甘肃河西走廊等处日照非常充分,他们对于阳光有着更为深刻的体会。

第七,汉文"总斯七字,为一部之宏纲"中"七字"在西夏文本中改为"八字",我们知道汉文本《大方广佛华严经》正好是七个字,而这一经名翻译成西夏文则是"𘕕𘑨𘜶𘃎𘄏𘅍𘟣𘋢"(大方广佛华严经典)则为八个字,这与西夏文使用特点是有关系的。

西夏译经中,类似的例证非常之多,《密咒圆因往生集》中也有体现,这是西夏僧人根据其境内流行的唐宋所译陀罗尼经典摘录和改编而成。实际上,西夏僧人在辑录时也不是全文照抄,而是进行了一些简化。① 据此可知,西夏翻译佛经时并没有严格按照汉文进行字面对译,而是在理解汉文意思的基础上,结合西夏语义特点、语言习惯或党项人的风俗习惯对一些词语进行改动,西夏译经者在比较透彻的理解汉文疏序所要表达的内容基础上,以更加符合西夏人的习惯。西夏译文的变动也表达出西夏人希求以崇佛诵经来保佑国祚长久的美好愿望。

二 译经场的分工

在黑水城、敦煌莫高窟北区、凉州、兴庆府、灵武等地虽然出土了丰富的西夏文佛经,但多为残经,也远不是西夏译经的全貌。其中国图藏西夏文《过去庄严劫千佛名经》记载了"发愿文"𘕿𘎑𘊝𘆄𘟂𘙏𘟣𘝗𘍦𘜶𘃎𘑨𘕕𘑘𘙏𘜶𘕕𘞅𘊝𘜶𘏨𘝞𘝤𘛽𘊝𘝞𘝞𘜶𘄏𘑨𘆄𘎑𘝞𘜶𘑨𘕖𘝞𘟣𘆏𘏩𘝞𘟣𘓱𘟣𘑨𘞤𘆁𘒂𘟣𘆄𘎑𘟣𘞅𘊝𘈪𘝞𘃎𘕿𘊝𘞅𘋨𘆏𘜹"[翻译汉文为:戊寅(1038—1048)年中国师白法信及后治平年(1087—1090)臣智光等先后三十二人为首依令番译。民安(1090—1097)初年,五十三年国内先后大小三乘、半满法皆有盛传,已成三百六十二帙,八百十二部,三千五百七十九卷]"。② 由此可知,西夏在50多年的时间里翻译了362帙,712部3579卷西夏文佛经,说

---

① 崔红芬:《俄藏黑水城文献〈密咒圆因往生集〉相关问题考论》,《文献》2013年第6期。

② 崔红芬:《西夏文〈过去庄严劫千佛名经〉发愿文之西北方音及相关问题》,《宁夏社会科学》2017年第6期。

明西夏有严格的译经场分工，具体情况只能从遗存的佛经题记和发愿文记载中寻得一些线索。

国图藏西夏文《现在贤劫千佛名经》卷首有一幅木刻"西夏译经图"版画，这幅译经图为我们展示了西夏翻译佛经的场面。史金波先生考证，图上总共刻有僧俗人物二十五身，两个比较显赫的人物是秉常和其母梁氏。坐在上座的重要人物是国师白智光，即渡解三藏安全国师，安全国师白智光当属秉常时期一位僧人。他旁边有题款"都译勾管作者安全国师白智光"。他端坐高位，似乎正在讲解什么，右手以手势相辅助，显示出他是译经场译主。在他前面摆放着桌案，上有笔、砚、经书。白智光的左右两侧各有两排僧俗人物，每排各四人，僧前俗后，共十六人，旁边也有题款为"相佑助译者，僧俗十六人"，表明他们是白智光的译经助手。其中八位僧人上方写有他们的姓名：北却慧月、赵法光、嵬名广愿、吴法明、曹广智、田善尊、西玉智园、鲁布智云。左右僧人面前有长案一条，上置经卷、笔、墨、纸、砚。从衣着上判断，后面八位为世俗人，他们有的双手合十，神态各异，有的仰视听讲，有的凝神思索。① 从"西夏译经图"上的题记可知西夏译经场的大致情况，有译主，即"都译勾管作者安全国师白智光"和译场的辅助翻译人员，即"相佑助译者"，西夏译经场由僧、俗人员组成，"译经图"是西夏当时译经场的真实反映，但具体分工没有体现。

而俄藏西夏文《胜慧到彼岸要论教学现量解庄严论显颂》（第393号，西夏特藏第101号，馆册第5130号）的题记较为详细地记载了西夏译场分工的情况，可弥补"译经图"的缺憾。题记内容为：

𗄊𗼩𗖻𗤋𗪁𗯨𗋕𗧘𗦀𗖻𗙏𗏹𗏁𗋕
𗫘𗩱𗏹𗧘𗒀𗧘𗥤𗆬𗹙𗲠𗴜𗴂𗵃
𗴒𗧘𗥀𗶷𗫂𗉹𗧘𗼼𗋕𗜰𗭧𗴒𗰜𗍫𗋩
𗷰𗶷𗘞𗘍𗧘𗥤𗆬𗧘𗁨𗴒𗢳𗧘𗐯
𗅆𗔑𗷐𗼣𗃜𗝹𗥂𗪇𗷕𗧘𗽜𗥃𗝬𗜈𗢳𗐰𗏣𗳒
𗵯𗘅𗜰𗧘𗷰𗠁𗪸𗅆𗧫𗩱𗷓𗧘𗪇𗧁𗧘𗞶𗢄

---

① 史金波：《西夏佛教史略》，宁夏人民出版社1988年版，第76—77页。

第三章　西夏藏传佛教寺院与译经场

𗼇𘝦𗟻𘃎𗰜𘝞𗰭𗢭𗥃𗌽𘐇𗏆𘃎𗮺𗼃

𗼇𘝦𗟻𘃎𗰜𘝞𗧚𘝞𗢭𗥃𘍞𘔼𗐎𘕕𗊢𘌽

𗼇𘝦𗟻𘃎𗰜𗧹𘝞𗢭𘒣𗢭𗏆𗺉𗥃𗊢𘖑

𗄊𘄴𘓓𘍾𗒀𗼇𘝦𗤁𘜔𗼃𘏒𗳒𗠁𗥃𘆒𘒣

𗰜𘃎𗫉𗳒𘝛𗫈𘖑𗄊𘄴𗒀𘛑𗠐𘇂𗤁𗼇𘝦

𘈷𗼇𘝦𗟻𘃎𗰜𗧹𘝞𗢭𗏆𗺉𗥃

𗄊𘄴𗒀𘛑𗠐𘇂𗤁𗼇𘝦𘓓𗨐𘃞𗥃𘄴𗥃𗅊

𗼇𘈇𘒢𘓢𗒀𘏲𗥒𗺌𗳒　𘃅

汉译为：西天大巧健钵弥怛（班智达）毗达迦啰波啰勒传译，善生（比丘）玉卓执梵本藏译、重校为勘定。大钵弥怛（班智达）吉祥果名可名尼勒兀、路赞讹（哇）毗勒智有①师执梵本再勘作证译。五明显生寺讲经、论、律，辩番藏语善生李慧照，五台山知解三藏国师沙门杨智幢新译番文，出家功德司正禅师沙门彭智满证义，出家功德司正副使沙门没藏法净缀文，出家功德司承旨沙门尹智有执藏本校，御前都头监、中兴府签判、清（秦）原县司检校罔恇义持所疏校，御前疏补、印字活都案头监、出家德功司承旨尹智有，御前疏补所印字活都案头监工院正罔忠敬，光定丙子 六年六月　日（克恰诺夫推算日期为：鼠年1216年6月17日—7月17日）。②

这里提到译场分工有：传译、执梵本藏译勘定、执梵本再证译、辩番藏语、新译番文、证义、缀文、执藏本校、御前疏校都头监、御前疏补、印字活都案头监和御前疏补所印字活都案头监工院正等。御前注疏是润文官，御前疏校是佛经的校勘者，佛经润文和校勘都头监当分别由世俗官员和僧人担任。文中提到执藏本校尹智有既是出家功德司承旨，又有御前注疏印活字都大勾当。罔恇义持是一位世俗官员，兼任御前注

---

① 译者注：克恰诺夫俄译把此处断为三个人，即大班智达 ngiu ru Нгиу Ру、ko mi · ie min Ко-ми Гхие-мин 及藏人译师 Рноглоцава Лоданшейраб 三人共执梵本对照校勘并重译经文。可能应为两个人即：大钵弥怛（班智达）吉祥果名可名尼勒兀、路赞哇毗勒智有师执梵本再勘作证译。

② Е. И. Кычанов, *Каталог тангутских буддийских памятников*, 崔红芬、文志勇译, Университет Киото, 1999 г. стр. 491. 译文系根据原书提供西夏文翻译。

疏校经。

　　西夏初期，由于僧人缺乏，还向宋朝请要译经人员，《涑水记闻》记载："（谅祚）及乞国子监所印诸书、释氏经一藏并译经僧及幞头、工人、伶官等……诏给释氏经。"[1] 谅祚在向宋请赐佛经的同时还请赐译经僧，请译经僧的目的很明了，就是希望他们帮助翻译佛经。

　　可见，西夏译经场有译主和辅助译经者，译主由国师或地位较高僧人担任。辅译人员较多，由僧俗人员共同担当，他们充当证义、润文、刊定、校对和执笔等工作。西夏译经场人员的设置、分工与中原地区的译场有很大的相似性，既借鉴中原译经场的人员设置，又有所不同，因为西夏时存在雕版和活字版的佛教，相应人员要有所增加。在佛经翻译校勘完毕后，还需要印行发愿者、印者等相应的负责雕版雕刻、活字排版、印刷等一系列人员。

　　西夏译经场分工细致，有僧人也有世俗官员，有党项人、汉人、回鹘人和藏族人共同完成，在译经过程中可取长补短，保证译经质量。西夏译经水平已经很高，西夏时期由于藏传佛教的发展和外传，所译佛经中藏传佛教的比例增加。西夏译经语种比较复杂，主要是从汉文、藏文和梵文译成西夏文，或从梵文译成汉文和西夏文。

　　西夏译经史属于我国译经历史发展长河中不可缺少的一环，所译经典具有一定的时代性和民族性，同时黑水城文献与敦煌文献又有密切的互补和延续关系，是研究中国佛教史必不可少的内容。

---

[1] （宋）司马光撰：《涑水记闻》卷9，中华书局1997年标点本，第165页。

第四章　西夏的师号与僧人管理

"师"在藏传佛教中占有相当重要的地位，藏传佛教除了信仰"佛、法、僧"三宝外，更尊崇"师"，有上师之尊。藏传佛教认为祖师上与诸佛、菩萨智慧融通，下能为学道的人授法与印证。"师"列在三宝之前，成为师、佛、法、僧。西夏藏传佛教兴盛，藏族僧人尊崇"师"，西夏受藏传佛教和汉传佛教的影响，有了诸多师号，他们有较高的佛学修养与声望，也有较高的世俗官衔。囿于材料的严重缺乏，我们还无法把这些高僧的出身年代、籍贯和活动事迹的来龙去脉考察清楚，只能依据现有材料粗略探讨一下高僧大德的情况。

第一节　西夏的帝师

一　帝师的概说

佛教帝师制度始于何时，学术界有不同观点。罗炤先生通过对汉藏合璧《圣胜慧到彼岸功德宝集偈》题记进行研究，提出帝师始于西夏的观点。[①] 这一观点现为大多学者接受，罗炤先生还认为帝师封号应始于西夏中后期，即仁宗仁孝时期。后来有学者提出反对意见，认为"元朝帝师制度并非如流行的说法源自西夏，而是儒家'王者必有师'治国思想和相关职官制度的继承。据汉文典籍记载，早在春秋战国时期这种思想和职官制度，就已经出现。至迟在西汉时期，'帝师'作为帝王之师的专门用语就已在当时的政治生活中广为应用"，同时还提出"元

[①] 罗炤：《藏汉合璧〈圣胜慧到彼岸功德宝集偈〉考略》，《世界宗教研究》1983年第4期。

朝帝师制度沿袭西夏说缺乏充足的证据。忽必烈敕封八思巴为帝师的初衷是表彰其创制蒙古新字之功，只是在其圆寂之后，帝师才演变为萨迦派僧人独具的最高僧职，这和西夏根本不存在制度上的继承关系"。①实际上，二者所论述的"帝师"的概念有一定差别。儒家"王者必有师"的概念与佛教信仰上的"帝师"不同。笔者赞同罗炤先生的帝师始于西夏的观点，并认为佛教中帝师封号与所谓的"王者必有师"的内涵存在很大的差异，不可混同。陈庆英先生依据《大乘要道密集》题记内容对大乘玄密帝师的生平及所属教派进行了考证。②熊文彬先生也谈到西夏有四位帝师，即贤觉帝师波罗显胜、大乘玄密帝师、藏波巴和日巴。③俄西夏学者克恰诺夫在《俄藏黑水城西夏文佛经叙录》中共有八处提到六位帝师封号，其中五位是佛经撰写者，一位是佛经校刊者，能确定身份名称的有四位，即贤觉帝师波罗显胜、贤觉帝师显胜④、大乘玄密帝师慧玄（宣）和慧竹。⑤史金波先生认为西夏有五位帝师，即贤觉帝师波罗显胜或显胜、大乘玄密帝师、慧宣、真国妙觉寂照帝师和新圆真证帝师。⑥聂鸿音先生认为西夏有四位帝师，即妙觉、波罗显胜（新圆）⑦、藏波巴、底室哩喇实巴，前三人相继任仁宗仁孝的帝师，后一人连任夏桓宗、襄宗、神宗、献宗四朝帝师。⑧

　　这几种有代表性的观点都认为，西夏帝师有贤觉、大乘玄密、寂照、真证等封号，人员基本上限定在波罗显胜、显胜（多数学者认为二者本系一人）、慧宣（慧称）、妙觉等人身上。

---

①　张羽新：《帝师考源》，《中国藏学》2004年第1期。
②　陈庆英：《西夏大乘玄密帝师的生平》，《西藏大学学报》2000年第3期。
③　熊文彬：《从版画看西夏佛教艺术对元代内地藏传佛教艺术的影响》，《中国藏学》2003年第1期。
④　克恰诺夫把贤觉帝师波罗显胜和贤觉帝师显胜看作有同一封号的两位帝师，与其他人有差异。
⑤　Е. И. Кычанов, Каталог тангутских буддийских памятников, 崔红芬、文志勇译, Университет Киото, 1999г. стр. 20.
⑥　史金波在《西夏佛教新探》（《宁夏社会科学》2001年第5期）中提到前三位帝师，而在《西夏的佛教》（《法音》2005年第8期）中又加进后两位帝师，但未指明出处，共五位。
⑦　聂鸿音在《西夏帝师考辨》（《文史》2005年第3期）中从藏语角度对帝师名称进行分析考证，认为波罗显胜和《华严忏仪》中的"新圆"应是同一人，此观点尚待进一步的考证。
⑧　聂鸿音：《西夏帝师考辨》，《文史》2005年第3期。

根据俄藏黑水城文献中西夏文《西夏官阶封号表》的内容，"'受俱足'封号只授给西夏佛教地位崇高的像帝师一级的僧人，帝师有'受俱足（嚷卧勒）'，与大国王、中书、枢密等并列，相当于上等位。"① 西夏帝师统领功德司，担任功德司正之职，全面负责国家宗教事务，且黑水城藏品汉文《杂字》第十七官位部中列有帝师、国师、法师、禅师等众多僧官，更确证了帝师存在于西夏时期，但《杂字》没有标明时间，给我们判定帝师的出现年代带来一定的困难。而《天盛律令》中只出现上师、国师、法师、禅师等封号，而未见帝师封号。史金波先生据此推测大概到了仁宗乾祐年间才出现了帝师封号，与克恰诺夫认为的在乾祐十三年（1182）以后才出现帝师的说法基本一致。美国学者研究表明，西夏是在乾祐元年（1170）以后开始建立"帝师"制度的。综合学者们的研究，基本上把帝师的出现圈定在乾祐年间。但笔者在梳理西夏文佛经题记和部分藏族史料的过程中，认为对西夏帝师的活动年代和身份确认等一些问题有必要继续深入探讨，西夏帝师是在藏传佛教上师的影响之下出现的，是西夏僧人的最高封号。西夏皇帝信仰藏传佛教，随帝师灌顶，帝师作为皇帝的精神导师，地位备受尊崇，还有一定级别的世俗官衔。并认为西夏帝师应出现在仁孝前期，不排除仁孝前朝乾顺时就出现帝师的可能，比现在学者考证帝师出现时间要早。

二　帝师及其出现的年代

（一）贤觉帝师波罗显胜或显胜

学界普遍认为，贤觉帝师是仁孝时的帝师，法名曰波罗显胜或显胜。西夏文《如来一切之百字要论》（第292号，西夏特藏第195号，馆册第7165号）题记中记载：贤觉帝师是天竺人，至于何时来到西夏不得而知，在西夏他与其他僧人一起从事传译佛经的工作。俄藏西夏文《佛说阿弥陀经》（第109号，西夏特藏第147号，馆册第6761号）题记称：

---

① 参见文志勇《〈西夏官阶封号表〉残卷新译及考释》，《宁夏社会科学》2009年第1期。

110　文化认同视域下的西夏藏传佛教研究

𗏁𗕿𗥻𗏁𗖵𘊚𗓁	贤觉帝师沙门显胜
𘝯𗯝𗥻𗏁𗖵𗱕𗫂𗯨𗫻	五明国师沙门拶也阿难答
𗹙𘝯𗥻𗏁𗖵𗤁𘓺	金解国师沙门法慧
𗦻𗏁𗥻𗏁𗖵𘓺𘟙	至觉国师沙门慧护（慧守）
𗧘𘉋𘓺𗥻𗏁𗖵𗅁𗳱	圆和法师①沙门智明
𗏁𗯿𘓺𗥻𗏁𗖵𘓺𗬝𗾟	觉行法师沙门德慧等传译②

译自藏文的西夏文《圣胜慧到彼岸功德宝集偈》（第 375 号，西夏特藏第 66 号，馆册第 598 号）题记载：

𗏁𗕿𗥻𘟪𗦇𗴟𘎆𗦀𗪘𗥲𘟙𗞞𘉋𘉜𗧘𗯿
𗵈𘃞𗏁𗖵𘊚𘊚𗫻𘊚𗟻𘉌
𘐑𗤒𘊚𗤁𘑠𘝯𗯝𘎊𗧘𘎆𗦀𗪘𗥲𘟙𘉌𘉜𗵈𗫻𗏁𗖵𗱕𗫂𘓺
𗏁𗖵𘊚𘊚𗫻𗸕𘃞𗣼𘉁 𗬓𘏞
𗩠𗠃𗥻𗏁𘂯𗦧𗄛𗵈𘊚𘟙𗏁𗖵𗴽𗫂𘊚𗫡
𘓋𘇂𘉁𘈣
𗫲𗫻𗥻𗏁𗖵𗱕𗫂𘊚𗫻𗳏𗫡𗏁𗖵𗜌𗤁𗸦𗈪
𘟜𘎆𗮓𘉁𘐝𗉻𗦍𗏆𗃗

贤觉帝师讲经律论者功德司正偏袒都大提点
嚩卧勒（受俱足）③沙门波罗显胜证义
西天大般密怛五明显密国师讲经律论者功德司正嚩乃将（受安仪）④
沙门拶耶阿难答自执梵本证义

---

① 克恰诺夫将"𗧘𘉋"译为"不安定地区"，可能有误，见 Е. И. Кычанов, *Каталог тангутских буддийских памятников*, 崔红芬、文志勇译，Университет Киото, стр. 356.

② Е. И. Кычанов, *Каталог тангутских буддийских памятников*, 崔红芬、文志勇译，Университет Киото, стр. 355.

③ 笔者注：波罗显胜官居功德司正并且有"受具足"（音为"嚩卧勒"）的封号。此封号在官阶封号表残片中与"大国王"同属一级，相当于西夏上、次、中、下、末五等官品位的上等官品，也就是说此封号的品级很高。

④ 笔者注：相当于西夏上、次、中、下、末五等官品的下品，见《俄藏黑水城文献》卷 9，"西夏文官阶封号表"甲种本（2-2），инв. №5921, 367 页。参见文志勇《〈西夏官阶封号表〉残卷新译及考释》，《宁夏社会科学》2009 年第 1 期。

第四章 西夏的师号与僧人管理

讲（演）义法师路赞讹嚷赏则（受俱覆）① 沙门遏啊难捺吃哩底梵译

显密法师功德司副使嚷卧英（受平义）② 沙门周慧海番译

御前抄净本者李童光③

译自汉文的西夏文《如来一切之百字要论》（第292号，西夏特藏第195号，馆册第7165号）题记称：

𗼇𘝯𘕿𗧘𗣼𗖊𘄴𗣼𗙏𗣼𘉞𗗉𘃡
𗼞𗗙𘋣𗣼𗨁𗗙𗾞𗣼𘃽𘊳𘃡
𗼇𘕿𘋣𗣼𗤒𗤋𗓱𗏁𗱒𘃡
𘋣𗼇𗤒𗤋𗓱𗦎𘋣𗒘𗣼𗧯𘝯𘃡

贤觉帝师及西天五明班弥怛传

经（解）义法师神赞哇师彦译

显密法师功德司副周番译

出家功德司正至觉禅（定）师李汉译④

可惜这几则与帝师有关的佛经题记都没有注明时间，也没有出现可供判断大致年代的皇帝尊号或其他时间性的标志，给判断西夏帝师出现的年代带来一定困难。

幸好北京房山云居寺收藏的藏汉合璧《圣胜慧到彼岸功德宝集偈》经文题记与上述第375号经文题记内容极为相似，所涉及的译经人员大

---

① 笔者注：相当于西夏上、次、中、下、末五等官品的末品，见《俄藏黑水城文献》卷9，"西夏文官阶封号表"甲种本（2-2），инв. №5921，367页。参见文志勇《〈西夏官阶封号表〉残卷新译及考释》，《宁夏社会科学》2009年第1期。

② 笔者注：相当于西夏上、次、中、下、末五等官品的末品，见《俄藏黑水城文献》卷9，"西夏文官阶封号表"甲种本（2-2），инв. №5921，367页。参见文志勇《〈西夏官阶封号表〉残卷新译及考释》，《宁夏社会科学》2009年第1期。

③ Е. И. Кычанов, *Каталог тангутских буддийских памятников*，崔红芬、文志勇译，Университет Киото，стр. 482–483.

④ Е. И. Кычанов, *Каталог тангутских буддийских памятников*，崔红芬、文志勇译，Университет Киото，стр. 448–449.

致相同，可以互补。更可喜的是，这一经文题记中标有仁孝皇帝的尊号，有助于我们断定以上经文译成西夏文的大致年代，从而间接地判断帝师大致活动的年代。云居寺藏经题记为：

  诠教法师、番汉三学院兼偏袒提点、囔美则沙门鲜卑宝源汉译；显密法师、功德司副使、囔卧英沙门（周慧海）；演义法师、路赞讹、囔赏则沙门遏啊难捺吃哩底梵译；天竺大钵弥怛、五明显密国师、讲经律论、功德司正、囔乃将沙门捋也阿难答亲执梵本证义；贤觉帝师、讲经律论、功德司正、偏袒都大提点、囔卧勒沙门波罗显胜；奉天显道耀武宣文神谋睿智制义去邪惇睦懿恭皇帝再详勘。①

据考题记中出现仁孝的尊号中有"制义去邪"四个字。大德五年（1139）仁孝即位，夏大庆元年四月，夏州慕潘叛乱，十月任得敬平定叛乱。二年（1141）春正月，使贺金正旦，请上尊号，大庆二年（1141）八月受尊号，群臣上仁孝尊号曰"制义去邪"。② 可以说带有"制义去邪"的尊号从大庆二年八月以后才开始使用。那之前仁孝的尊号没有"制义去邪"四个字。毫无疑问，这说明西夏仁孝时期译经存在帝师。但仁孝皇帝的尊号"奉天显道耀武宣文神谋睿智制义去邪惇睦懿恭皇帝"使用时间延续很长，据此还是不能将帝师出现的年代具体地确定下来。

  武威天梯山石窟中还发现西夏文《圣胜慧到彼岸功德宝集偈》（下卷）。其题记有，……沙门长耶阿衲捺（笔者按：捋也阿难答）传，显密法师、功德司副、受利益沙门周慧海奉敕译，并有"奉天显道耀武宣文圣智惇睦懿恭皇帝"尊号。陈炳应先生考证这是仁孝皇帝在1139—1140年使用的尊号。③ 陈先生所列的仁孝尊号中没有"制义去邪"，将

---

① 罗炤：《藏汉合璧〈圣胜慧到彼岸功德宝集偈〉考略》，《世界宗教研究》1983年第4期。
② （元）脱脱等撰：《宋史》卷486《夏国传》（下），中华书局1977年标点本，第14024页。
③ 陈炳应：《西夏文物研究》，宁夏人民出版社1985年版，第56页。

第四章 西夏的师号与僧人管理

其尊号使用的时间定在1139—1140年，题记中提到周慧海的封号与职衔为"显密法师、功德司副、曩美则沙门"，与上述佛经题记的记载基本一致，据此推知周慧海在仁孝即位之初已是法师了，周慧海任法师时，贤觉帝师的封号也已存在，周慧海和贤觉帝师二人同时出现在多个题记当中，他们曾在一起从事佛经的翻译和校勘工作。

接下来我们继续分析题记中其他僧人，借助他们的考证，以便进一步锁定西夏帝师出现的时间。云居寺藏《圣胜慧到彼岸功德宝集偈》题记中还记载了另一位法师鲜卑宝源，他和周慧海是同一时期的法师。而鲜卑宝源多次出现在西夏文佛经题记之中，那么鲜卑宝源从什么时候有法师称号呢？俄藏汉文《圣观自在大悲心总持功能依经录》和《胜相顶尊总持功能依经录》（TK－164、165）的题记中提到：

> 诠教法师、番汉三学院并偏袒提点、曩卧耶沙门鲜卑宝源奉敕译；天竺大般弥怛、五明显密国师、在家功德司正、曩乃将沙门拶也阿难答传。以下缺，没有出现时间。但经文后有仁孝皇帝的御制后序发愿文，曰：朕睹兹胜因，倍激诚恳，遂命工镂板，雕印番汉一万五千卷，普施国内臣民……伏愿神考崇宗皇帝超升三界，乘十地之法云，越度四生，达一真之性海，默助无为之化，潜扶有道之风。之子之孙，益昌益盛……奉天显道耀武宣文神谋睿智制义去邪惇睦懿恭皇帝（仁孝）谨施。

可以断定《圣观自在大悲心总持功能依经录》和《胜相顶尊总持功能依经录》是仁孝为纪念父亲崇宗乾顺去世忌日而施印，而带"制义去邪"的尊号又是在大庆二年（1141）开始使用的。发愿文中只提到愿神宗崇考皇帝，而未涉及皇妣，由此推测施经发愿文可能不早于乾顺去世三周年忌日时，即大庆二年（1141），不晚于曹皇后去世三周年施印的，因为在《佛说圣佛母般若波罗蜜多心经》《持诵圣佛母般若多心经要门》（TK－128）的题记中提到天盛十九年（1167）曹皇太后已经去世三周年而作法事。笔者认为大庆二年（1141）是最可能刻印TK－164、165佛经的年代。刊印的经文在乾顺三年忌日大作斋会上散施的。大庆二年（1141）鲜卑宝源已有法师的称号，拶也阿难答已是国师，他们都参加崇宗乾顺皇帝去世三周年斋会。

在下列俄藏西夏文佛经中又记鲜卑宝源已拥有国师封号，如《金刚般若波罗蜜多经》（第 53 号，西夏特藏第 386 号，馆册第 3834 号）题记有"奉天显道耀武宣文神谋睿智制义去邪惇睦懿恭皇帝御译"，内容为：

𗦻𘑨𘜶𘜶𗐱𗧘𗖻𗐓𘓁𗡝𗩾𗫉𘑨𗤋𗣼𗌮𗖵𘕰
𗢳𗰔𘜶𘜶𗛧𘟣𘟣𗕊𗹨𗤋𘃽𘄡𗍫𘜶𗖵𘋢𗢳𗥑𘜶
𘘥𗰜𘈧𗫉𗤋𗍫𗢳𗊐𘜶𘎑

大白高国大德台度民寺法显国师沙门宝源
执梵本及汉番本注疏与一一重校实为净本
姚秦三藏法师鸠摩罗什①

《金刚般若波罗蜜多经》（第 58 号，馆册第 4099 号）题记是："𘜶𗐓𘓁𗡝𗩾𗫉𘑨𗤋𗣼𗌮𗖵𘕰（大度民寺法显国师沙门宝源）"。而《金刚般若波罗蜜多经》（第 56 号，西夏特藏第 386 号，馆册第 101 号）题记中则出现刊印佛经的时间为"𘜶𘎑𗤋𘜶𘟣𘜶𘟣𘜶𘟣𘜶（天盛戊鼠二十年五月一日）"。② 这一记载充分说明最晚在天盛二十年（1168）鲜卑宝源已由法师升为国师。鲜卑宝源为法师时，波罗显胜已经有贤觉帝师的封号，他们一起从事佛经的翻译和校勘工作。由此推断，在天盛二十年（1168）以前的某一年，西夏可能已出现帝师封号，而不应晚到乾祐（1170—1193）年间。

西夏文佛经《圣观自在大悲心随燃施法事》（第 507 号，西夏特藏第 86 号，馆册第 5989 号）题记有"𗤋𘜶𗤋𘜶（帝师贤觉）"、《默有自心自恋要论》（第 566 号，西夏特藏第 222 号，馆册第 6778 号）题记有"𘜶𗤋𗣼𘜶𗤋（贤觉帝师传）"和《等持集品》（第 409 号，西夏特藏第

---

① Е. И. Кычанов, *Каталог тангутских буддийских памятников*, 崔红芬、文志勇译, Университет Киото, 1999 г. стр. 284.

② Е. И. Кычанов, *Каталог тангутских буддийских памятников*, 崔红芬、文志勇译, Университет Киото, 1999 г. стр. 278 – 287.

307号，馆册第816号）的题记有"𘜶𘄒𘏞𘊱𘆯（贤觉菩萨所集）"。[①] 克恰诺夫认为这可能是某位帝师的封号，但没有考证出其名称，不知他具体是哪位帝师。克恰诺夫提到的帝师波罗显胜、显胜以及 Ме Ндвэы（贤觉）在史先生的论述中应是同一人，即帝师波罗显胜或显胜。[②]

明崇祯十四年（1641）汉文刻本《大方广佛华严经海印道场十重行愿常遍礼忏仪》（简称《华严忏仪》）卷首题给我们具体推断西夏帝师出现的年代提供了新线索。此忏仪是西夏遗僧兰山一行沙门慧觉法师辑录。卷四十二谈到"大夏国弘扬华严诸师"的传承，内容为：

  南无大方广佛华严经中讲经律论重译诸经正趣净戒鲜卑真义国师；
  南无大方广佛华严经中传译经者救脱三藏鲁布智云国师；
  南无大方广佛华严经中令观门增盛者真国妙觉寂照帝师；
  南无大方广佛华严经中流行印造大疏钞者新圆真证帝师；
  南无大方广佛华严经中开演疏钞久远流传卧利华严国师；
  南无大方广佛华严经中传译开演自在命咩海印国师；
  南无大方广佛华严经中开演流行智辩无碍颇尊者觉国师；
  南无大方广佛华严经中西域东土依大方广佛华严经十种法行劝赞随喜一切法师；
  南无大方广佛华严经中兰山云岩慈恩寺流通忏法护国一行慧觉法师。

笔者之前曾对鲁布智云和鲜卑真义国师进行较为详细的考证，鲁布智云在北图藏"西夏译经图"中出现，他是秉常时的国师。而寂照之前则是鲁布智云国师，由此推测，妙觉寂照帝师应是秉常和仁孝朝之间的帝师，大概是乾顺时期的帝师，进而判定西夏帝师封号的出现比仁孝前期还要早，可以说在乾顺时期已经出现帝师封号。

---

 ① Е. И. Кычанов, *Каталог тангутских буддийских памятников*, 崔红芬、文志勇译, Университет Киото, 1999г. стр. 528、549、496 – 497.
 ② 史金波：《西夏佛教新探》，《宁夏社会科学》2001年第5期。

在俄藏汉文《杂字》中也能透露出相关信息，《杂字》"官位部"中列举的西夏僧官有帝师、国师、法师、禅师等，虽因残缺而没有出现时间，但《杂字》"姓名部"中有汉姓和蕃姓，汉姓以"梁"开头，蕃姓以"嵬名和没藏"开头。这说明西夏姓氏排列是以皇族和后族为先的。有学者认为《杂字》大概写于仁孝时期，若是仁孝时编写，为什么蕃姓中没有出现仁孝皇后罔氏的姓？罔氏，也是西夏大族。而《杂字》只有嵬名、没藏氏和梁氏等。《杂字》中汉姓也只有谅祚妻、秉常母，秉常妻、乾顺母的梁氏，没有乾顺后曹氏、任氏和仁孝后罗氏等。由此推断《杂字》可能出现在与梁、嵬名和没藏相关的年代，这几朝正是谅祚、秉常和乾顺时期。同时结合《杂字》中还出现有"养贤"之类的词，"养贤"或许与乾顺在永安三年（1101）设立"养贤务"有关，这也再次证明汉文《杂字》至少在乾顺朝就存在。《杂字》中出现"帝师"则说明帝师至少在乾顺朝已经存在，与《华严忏仪》中诸师的传承记载可以相互印证。

（二）大乘玄密帝师慧玄

陈庆英先生对汉文本《大乘要道密集》进行研究，其中有些篇章题记中出现中国大乘玄密帝师，如第六篇"解释道果语录金刚句记"题记曰：北山大清凉寺沙门慧忠译，中国大乘玄密帝师传，西番中国法师禅巴集。陈先生在《西夏大乘玄密帝师的生平》一文中指出，大乘玄密帝师是桓宗纯祐时的帝师，属噶举派僧人，是米拉日巴大师再传弟子，修习玛尔巴、米拉日巴传承下来的"大手印"教法。

在俄藏黑水城佛经题记中也提到过大乘玄密帝师这一封号。如西夏文《吉祥上乐轮随狮子卧以定正修顺要论》（第555号，西夏特藏第126号，馆册第2521号）题记：中国大乘玄密帝师、沙门𘝯𘞥（慧玄或慧宣）编传，兰山智昭（觉行）国师德慧译西夏文。[①] 西夏文《吉祥上乐轮随耶稀鸠稀字咒以前尊习为识过定入顺要论》（第557号，西夏特藏第128号，馆册第2838号）题记："𘝯𘞥𘜶𘄒𘀗𘃀𘄴𘒛𘘥𘋢𘝯𘞥（中国

---

① Е. И. Кычанов, *Каталог тангутских буддийских памятников*, 崔红芬、文志勇译, Университет Киото, 1999г. стр. 544.

大乘密教帝师沙门慧宣编写），兰山觉行国师德慧译西夏文。"① 西夏文佛经和《大乘要道密集》中提到的大乘玄密帝师，可能指同一个人。克恰诺夫认为大乘玄密帝师的法号为慧玄②。

上述列举佛经虽没有标明时间，但两部经文中都出现过兰山觉行国师德慧。西夏文佛经中关于德慧国师的记载是比较多见，且有些经文还标明了施写、刊印的时间。我们可以根据德慧出现的年代大致推断大乘玄密帝师活动年代。

德慧是西夏著名的高僧，他先后有兰山觉行法师、兰山觉行国师、兰山智昭国师等不同封号。下面的佛经题记中都出现过德慧封号，如西夏文《佛说阿弥陀经》（第109号，西夏特藏第147号，馆册第6761号）完成时，德慧还是觉行法师。而在西夏文《佛说圣佛母般若波罗蜜多心经》（第70号，西夏特藏第138、139号，馆册第4336、5605、6360号）题记中已被尊为兰山觉行国师。③ 汉文《佛说圣佛母般若波罗蜜多心经》和《持诵圣佛母般若多心经要门》（TK-128）的经文题记有：兰山觉行国师沙门德慧奉敕译，奉天显道耀武宣文神谋睿智制义去邪惇睦懿恭皇帝仁孝皇帝详定。发愿文题记曰："朕睹胜因，遂陈微言。仍集真空观门、施食仪轨，附于卷末，连为一轴。于神妣皇太后周忌之辰，开板印造番汉共二万卷，散施臣民。请觉行国师等烧结灭恶趣中围坛仪，并拽六道，及讲演《金刚般若经》《般若心经》，作法华会、大乘忏悔，放神幡，救生命，施贫济苦等事，恳伸追荐之仪，用答劬劳之德。……天盛十九年岁次丁亥五月初九日施印（1167年5月29日）。"④ 西夏文《佛说圣佛母般若心经诵持顺要论》（第553号，西夏特藏第68号，馆册第2829号）题记称："兰山觉行国师沙门德慧奉敕为纪念曹皇太后去世周年忌日而翻译佛经，天盛十

---

① Е. И. Кычанов, *Каталог тангутских буддийских памятников*, 崔红芬、文志勇译, Университет Киото, 1999г. стр. 545.

② 聂鸿音在《吐蕃经师的西夏译名考》（《清华大学学报》（哲学社会科学版）2002年第1期）中对馆册2838号西夏文佛经进行考证，认为大乘玄密帝师的法号为慧称，相当于藏文名字"喜饶扎巴或益西扎巴"，梵文名字"般若吃哩底"。

③ Е. И. Кычанов, *Каталог тангутских буддийских памятников*, 崔红芬、文志勇译, Университет Киото, 1999г. стр. 291.

④《俄藏黑水城文献》第3册，上海古籍出版社1996年版，第76—77页。

九年五月（1167 年 6 月 8—30 日）。"①

西夏文《佛说圣大乘三归依经》（第 382 号，西夏特藏第 141 号，馆册第 4940 号及 383 号，馆册第 6542 号）题记载："𗼃𗰱𗧻𗤋𗒹𗆬𗅲𗧊𗦻𗦜𗦻𘟣（兰山智昭国师沙门德慧奉敕译）"，并标有仁孝皇帝尊号和"𗾈𗆐𗅋𗦻𘟣𗗚𗼃𗰱𗧻𗤋（白高国乾祐十五年九月五日，即 1185 年）"。②汉文《佛说圣大乘三归依经》（TK-121）题记称："兰山智昭国师沙门德慧奉诏译，仁孝皇帝详定，白高大夏国乾祐十五年九月十五日（1185 年 10 月 20 日）。"③《圣大乘胜意菩萨经》（TK-145）中也有兰山智昭国师名号，时间为白高大夏国乾祐十五年九月十五日（1185 年 10 月 20 日）。从 TK-121、TK-145 和西夏文《佛说圣大乘三归依经》等经文施经题记判断，它们可能是在同一法会上一起刻印的。

从上述佛经题记可以看出，德慧早在天盛十九年（1167）就有兰山觉行国师封号，乾祐十六年（1185）前后开始改称智昭国师。封号前面的"兰山"说明他极可能是贺兰山寺庙群中某一寺院的高僧和管理者。那么，大乘玄密帝师编传在先，才有觉行国师的翻译，这说明大乘玄密帝师最晚在仁孝天盛（1149—1169）年间已拥有帝师封号，而不是到了乾祐（1170—1193）时期才被尊为帝师的。

综上所述，乾顺、仁孝朝有两位帝师，即贤觉帝师波罗显胜或显胜、大乘玄密帝师慧玄或慧称。从佛经题记上判断，应是贤觉帝师在先，大乘玄密帝师在后。因为当德慧还是法师时，波罗显胜已有贤觉帝师的封号了，及德慧升为国师后，才与大乘玄密帝师一起参与佛事活动。但两位帝师之间的更迭时间和原因还无从知晓。

有学者认为，大乘玄密帝师是由大乘玄密国师荣升而来，笔者不赞同这一观点。持此观点的学者基本上以俄藏黑水城汉文佛经《观弥勒菩萨上生兜率天经》（TK-58）题记作为其依据，此经发愿文云："感佛

---

① Е. И. Кычанов, *Каталог тангутских буддийских памятников*, 崔红芬、文志勇译, Университет Киото, 1999г. стр. 543-544.

② Е. И. Кычанов, *Каталог тангутских буддийских памятников*, 崔红芬、文志勇译, Университет Киото, 1999г. стр. 485-486.

③ 《俄藏黑水城文献》第 2 册，上海古籍出版社 1996 年版，第 49、53 页。

奥理，镂板斯经。谨于乾祐巳（已）酉二十年九月十五日（1189年10月26日仁宗在位），恭请宗律国师、净戒国师、大乘玄密国师、禅法师、僧众等，就大度民寺，作求生兜率内宫弥勒广大法会。……"通过上面论述，天盛年间已有大乘玄密帝师封号，大乘玄密国师是乾祐年间才出现的，可知大乘玄密帝师要比大乘玄密国师出现得早。大乘玄密帝师和大乘玄密国师虽然都是仁孝时代的僧人，但从时间上看，却是先有大乘玄密帝师，后有大乘玄密国师称号。所以，笔者认为大乘玄密帝师和大乘玄密国师并不是同一个人，是有同一封号的两位高僧。西夏有由法师升为国师的记载，尚未见由国师升任帝师的情况。

（三）格西藏波哇帝师

《贤者喜宴》载，一位名叫格西藏波哇（？—1218或1219）的僧人是噶玛噶举派创始人都松钦巴（1110—1193）的弟子。仁孝曾遣使到西藏粗朴寺迎请都松钦巴，都松钦巴未能亲往，遂派遣弟子格西藏波哇前往西夏，藏波哇到西夏后，被仁宗尊奉为上师，又称藏巴底室哩（帝师）。此后，西夏王室不断向粗朴寺布施。乾祐二十四年（1193）都松钦巴圆寂，为表示纪念在焚尸处建造一座吉祥聚米塔时，藏波哇自西夏献上供奉，用金铜将此塔加以包裹，由恭钦热巴西建造了闭关住室及大尸骨塔。① 美国学者邓如萍推断，藏波巴于阳土虎年（1218或1219）卒于凉州。他亲眼看见了仁孝子纯祐被堂兄安全废，而安全又被遵顼罢黜。② 学界对藏波哇来西夏时间有不同的意见，俄罗斯学者萨玛秀克接受莱因等学者的观点，认为藏波哇于天盛十一年（1159）到达西夏，十三年后，即于乾祐三年（1172）被仁孝尊为上师。③ 谢继胜先生则根据《贤者喜宴》对粗朴寺建立年代的记载，确定藏波哇到西夏的时间为乾祐二十年（1189）。④ 熊文彬先生认为他是襄宗安全时的帝

---

① 巴卧·祖拉陈哇：《贤者喜宴》，黄颢译注，《西藏民族学院学报》1986年第2期。
② ［美］邓如萍：《党项王朝的佛教及其元代遗存——帝师制度起源于西夏说》，聂鸿音等译，《宁夏社会科学》1992年第5期。
③ ［俄］萨玛秀克编著：《丝路上消失的王国——西夏黑水城的佛教艺术》，许洋主译，中国台湾历史博物馆1996年版，第64页。
④ 谢继胜：《西夏藏传绘画—黑水城出土西夏唐卡研究》，河北教育出版社2002年版，第195页。

师，光定九年（1219）圆寂于凉州。①

综合各位学者观点并结合上文论述，笔者认为藏波哇在西夏至少经历两朝，他继大乘玄密帝师之后出任西夏上师，大概在仁孝晚期及乾祐朝任上师。这些记载也说明西夏的上师与帝师间有某种密切的关系，甚至可以说是一种师号的不同称谓而已。所以《天盛律令》中只出现上师，而未用帝师之号。格西藏波哇与前述大乘玄密帝师的关系还有待于进一步考证。通过上述分析，我们知道在仁孝朝大概先后出现过三位帝师、贤觉帝师、大乘玄密帝师和格西藏波哇。仁孝是西夏历史上执政时间最长的一位皇帝，也是西夏发展最鼎盛的时期，佛教得到充分发展。他在位五十五年，出现几次帝师更迭也是正常的。

（四）日巴帝师（底室哩喇实巴）

藏文史料还记载了一位帝师日巴。《红史》载："日巴是蔡巴噶举派贡塘香喇嘛的弟子，其历史不详。"② 王森先生在《西藏佛教发展史略》也提道："达玛旺秋寿命特长，聚徒甚众，帝师热巴（ti-shri ras-pa，此人不见于《元史》释老传，时代也较早，似为西夏帝师？待考）为其最著名的弟子，达玛旺秋死后，拔戎寺的堪布职位由其家族世代相承，后来，族中多有争执，堪布数数易人，此寺与此教派渐归衰绝。"③ 这位蔡巴噶举派僧人日巴可能是拔绒噶举派的僧人热巴，又称桑恰喇钦，喜饶僧格等。他大概生于1164年或1165年，在天庆三年（1196）他32岁或33岁时来到西夏，在格西藏波哇后成为西夏皇帝的帝师。邓如萍考证，他的名字是底室哩喇实巴，是噶举派另一分支拔绒噶举创始人达玛旺秋的弟子，31岁接受圣职，在天庆三年（1196）来到西夏，又是藏波巴的西夏的弟子，在藏波巴之后成为西夏皇帝和朝臣的供奉师，"置诸人于佛法之途，……建四大寺，传不思议之（广大）信众"。他在西夏获帝师尊号，就像他名字所反映的那样（底室哩即帝师），30

---

① 熊文彬：《从版画看西夏佛教艺术对元代内地藏传佛教艺术的影响》，73页注释6，《中国藏学》2003年第1期。
② 蔡巴司徒·贡噶多吉：《红史》，陈庆英等译，西藏人民出版社1988年版，第112页。
③ 王森：《西藏佛教发展史略》，中国社会科学出版社1997年版，第140—141页。

（五）藏巴·东库瓦旺秋扎西帝师

藏族史籍中记载的另一位西夏上师是藏巴·东库瓦旺秋扎西，他是蔡巴噶举派僧人，是贡塘香喇嘛的弟子涅麦释迦益喜的弟子。最初受西夏之请，为西夏王的上师，并在西夏弘扬蔡巴噶举派法。宝义元年或太祖二十二年（1227）成吉思汗征服了西夏，又受成吉思汗邀请来到蒙古地方，他为成吉思汗讲授教法，在蒙古地方弘扬蔡巴噶举派法，其生卒年不详。② 史载，成吉思汗与蔡巴噶举发生了联系，当时有七位蔡巴噶举僧人在西夏境内传法，其中有一位叫藏巴·东库瓦旺秋扎西的僧人，他从西夏来到蒙古，在山间修行，会施法术，被成吉思汗召见，并受到重视。他曾向成吉思汗说法，使成吉思汗对佛教产生了敬仰。太祖二十一年（1226）成吉思汗灭西夏时曾大肆毁坏寺院和残杀僧人，藏巴东库哇又去面见成吉思汗，为西夏僧人求情，使一些僧人得到赦免，让蒙古统治者意识到要礼遇僧人。在他的说教影响下，成吉思汗开始礼遇僧人，并发布了免除僧人差税、兵役和不准在寺院内驻兵的诏书，修复了战争中被毁的部分西夏寺院。

可见，藏巴·东库瓦旺秋扎西应是西夏历史上最后一位上师。这一点在萨玛秀克的论述中得到验证，她提到在光定十二年（1222），止贡派的六位喇嘛谒见西夏王③（笔者按：据《红史》载应是蔡巴噶举派僧人，而非止贡派④）。西夏灭亡后，藏巴·东库瓦旺秋扎西仍然继续在西夏故地进行佛事活动。

此外，西夏佛经中还有帝师慧竹，如西夏文《风气心于入顺》（第549号，西夏特藏第425号，馆册第3708号）题记中出现：中国大师、

---

① [美]邓如萍：《党项王朝的佛教及其元代遗存——帝师制度起源于西夏说》，聂鸿音等译，《宁夏社会科学》1992年第5期。
② 蔡巴司徒·贡噶多吉：《红史》，陈庆英等译，西藏人民出版社1988年版，第271页。
③ [俄]萨玛秀克编著：《丝路上消失的王国——西夏黑水城的佛教艺术》，许洋主译，中国台湾历史博物馆1996年版，第64页。
④ 熊文彬：《从版画看西夏佛教艺术对元代内地藏传佛教艺术的影响》，73页注释6，《中国藏学》2003年第1期。

帝师、沙门慧竹撰写，① 其具体情况不详。这位慧竹与史先生在《西夏佛教新探》一文提到的帝师慧宣的出处相同，史先生提到的帝师"慧宣"出自《风身上入顺》，与克恰诺夫讲到帝师"慧竹"的经文《风气心于入顺》大概是同一经文，克恰诺夫和史先生当中有一个人可能把这两个名字搞混了。

西夏文佛经中还出现带有"上师"封号的僧人慧明，译自藏文的《心习顺续》（第 422 号，西夏特藏第 168 号，馆册第 5923 号）的题记称：

༄༅།།སངས་རྒྱས་ཐེག་པ་གསུམ་རྟོགས་བླ་མ་དགེ་སྐྱོང་
ཧུའི་མིང་ཤི་ཧུའ་བོས་བསྒྱུར་བ།

三乘知悟（解）须弥上师善生慧明番译

抄净本者僧人（和尚）法慧

慧明还校勘《圣大乘大千国守护经》（第 215 号，西夏特藏第 74 号，馆册第 27 号）。② 至于佛经题记中出现帝师慧竹和上师慧明的情况还不明了，待以后再作研究。

总之，西夏出现了妙觉寂照帝师、贤觉帝师、大乘玄密帝师慧玄或慧称、格西藏波哇、日巴（底室哩喇实巴）、藏巴·东库瓦旺秋扎西和慧明等，这些帝师（上师）都是藏传佛教僧人，分属噶举派、噶玛噶举派、蔡巴噶举或拔绒噶举派。这充分说明西夏与藏传密教关系非同一般，西夏帝师封号或是深受藏传密教"上师"影响而出现的，或与藏传密教上师有着十分密切的关系。在《天盛律令》中只有上师而没有帝师，而前文已经考证天盛年间或以前已可能存在帝师封号，这恰恰说明西夏上师大概相当于帝师。

---

① Е. И. Кычанов, *Каталог тангутских буддийских памятников*, 崔红芬、文志勇译, Университет Киото, 1999г. стр. 542.

② Е. И. Кычанов, *Каталог тангутских буддийских памятников*, 崔红芬、文志勇译, Университет Киото, 1999г. стр. 500、421.

第二节 西夏的国师

一 国师的概说

国师从古代印度传入中国，隆安五年（401）后秦灭后凉，迎请鸠摩罗什入长安。姚兴以礼相待，尊以国师之礼。北齐时文宣帝曾请高僧法常入宫讲《涅槃经》，拜为国师。在我国的历史上国师封号出现较早。西夏借鉴了中原的僧人国师封号，据文献记载国师是仅次于帝师的封号，在帝师出现之前，国师是西夏僧人的最高封号。国师由汉族僧人和藏族僧人共同担任。西夏文《西夏官职封号表》残片上，国师列在师位，地位相当高。① 元昊时始设国师院，国师人数比较多，由国师院直接管理。帝师和国师都可充任功德司正，功德司可以同时有多名国师。国师也可住持寺院，负责佛经翻译和校刊，从事斋会和经济活动等。在黑水城文献和洞窟造像题记中共出现30多位国师，他们对佛教在西夏的传播起了很大作用。

二 国师及其传译经典

（一）觉照

觉照大度民寺中国觉照国师法狮子（tseka-co），藏文名字是却吉僧格（chos-kyisen-ge）。② 俄藏西夏文《身中围于依以四主受顺广典》（第689号，西夏特藏第88号，馆册第822号）标题后有：

---

① 笔者注：《俄藏黑水城文献》，第9卷，Инв. No. 4170a、41706 "官阶封号表"（乙种本）3—1，上海古籍出版社1999年版，第368页。参见文志勇《〈西夏官阶封号表〉残卷新译及考释》，《宁夏社会科学》2009年第1期。参见文志勇《〈西夏官阶封号表〉残卷新译及考释》，《宁夏社会科学》2009年第1期。

② 聂鸿音：《吐蕃经师的西夏译名考》，《清华大学学报》（哲学社会科学版）2002年第1期。

金刚（王）铃造
大度民寺中国觉照国师罗（拉）令（领）野传①
出家功德司承旨沙门李德妙译②

西夏文《金刚王亥母随净瓶以亲诵作顺》（第541号，西夏特藏第260号，馆册第2557号）译自藏文，见西田龙雄《西夏文佛经目录》第017号。标题后有作者名字：

𗨁𗨁𗨁𗨁𗨁𗨁𗨁𗨁𗨁𗨁𗨁𗨁
大度民寺觉照国师法狮子造

西夏文《中有身要论》（第559号，西夏特藏第170号，馆册第7116号）译自藏文，见西田龙雄《西夏文佛经目录》第117号。标题后有：

𗨁𗨁𗨁𗨁𗨁𗨁𗨁𗨁𗨁𗨁𗨁𗨁
大度民寺中国觉照国师法狮子编写

西夏文经文集《修以觉证顺定愚火要论》、《梦见以觉证顺定变身要论》、《睡眠以觉证顺定光明要论》、《无修以觉证顺识行要论》、《中有身要论》、《余垣宫于入顺要论》（第564号，西夏特藏第209号，馆册第2545号）每个经文标题后都有：大度民寺中国觉照国师法狮子编写。

西夏文《道之间休止顺要论》（第574号，西夏特藏第252号，馆册第3823号）标题后有作者和译者名字：

𗨁𗨁𗨁𗨁𗨁𗨁𗨁𗨁𗨁𗨁𗨁𗨁
大度民寺中国觉照国师法狮子传

---

① 有学者译为"任集立"，见《西夏佛教新探》，《宁夏社会科学》2001年第5期，但结合三种西夏字典却查不出"任集立"三个字，还可以商榷。
② Е. И. Кычанов, *Каталог тангутских буддийских памятников*, 崔红芬、文志勇译, Университет Киото, 1999г. стр. 591.

出家功德司承旨沙门德妙译

从翻译佛经看，大度民寺中国觉照国师法狮子集传和编写的典籍与噶举派教法有密切关系，估计他是一位噶举派僧人。

（二）法慧

法慧精通西夏文和藏文，护国寺沙门。聂鸿音先生考证法慧的藏文名字是却吉喜饶（却吉益西），藏文中"却吉"汉译为"法"，"喜饶"和"益西"都有"智慧"的意思。① 译自藏文的西夏文《吉有恶趣净令本断纲》（第708号，西夏特藏第309号，馆册第7909号）经文题记有：

藏中国大隐修者（大瑜伽者）哩酪上师集
瑞云山慧净国师沙门法慧译

西夏文《伏藏变化解键》（第743号，西夏特藏第203号，馆册第2821号，译自藏文）题记有：

护国寺三藏知解番羌语辩才法师沙门郭法慧番译

译自藏文的西夏文《吉祥上乐轮随中有身定入顺次》（第672号，西夏特藏第126号，馆册第4826号）有沙门（𗙏𗋁）法慧译；译自藏文的西夏文《见顺伏文》（第430号，西夏特藏第289号，馆册第2544号）题记有：

---

① 聂鸿音：《吐蕃经师的西夏译名考》，《清华大学学报》（哲学社会科学版）2002年第1期。

𘞁𘜶𘒆𘃽𘆤𘟃𘉄　　　　　圣化身洛莫基传
𘞁𗅲𗬻𗑱𘟣𗠁𘟪𘖞　　　　圣寺沙门法慧译校

译自藏文的西夏文《等持集品》（第410号，西夏特藏第307号，馆册第2852号）题记称（𘟣𗠁）法慧译藏文。另外，法慧等还传译《佛说阿弥陀经》（第109号，西夏特藏第147号，馆册第6761号）和抄写译自藏文的《心习顺续》（第422号，西夏特藏第168号，馆册第5923号）等。可惜，在这些佛经中没有刻印翻译佛经的日期或皇帝的尊号。但根据对贤觉帝师和拶也阿难答国师等考证，国师法慧也是仁孝前期的国师，他是由法师升为国师的，翻译多种藏文佛经译成西夏文，可能在河西地区从事弘法活动。

（三）德缘（源）

德缘（源）皇族冤名僧人，有译文证义勾管、讲经律论者、功德司正头衔。译自藏文的西夏文《菩提勇识之业中入顺》（第402号，西夏特藏第118号，馆册第944号）题记称：

𗴾𗖰𗐯𘟃𘏨𘌒𘏨
𘏨𘕤𗢳𗬀𘟪𘏒𘓆𗤒𘔾𗬻𗑱𘏑𘕰𗡝𗧘𘏨
现怛陶哇菩萨造
传译经义理主（勾管）讲经律论国师沙门德源奉敕所译[①]

译自藏文的西夏文《等持集品》（第409号，西夏特藏第307号，馆册第816号）题记称"𘕤𗢴𘏨𘕰𘟩𗧖（贤觉菩萨所集），功德司正、国师𘏑𘕰（德源）译西夏文"，并有仁孝尊号"奉天显道光耀武宣文神谋睿智制义去邪惇睦懿恭皇帝"。可见德缘（源）是仁孝时期一位高僧，从事藏文经典的翻译工作。

（四）德慧

德慧是西夏时期非常活跃的一位高僧，他参加翻译、编撰和校勘的

---

① Е. И. Кычанов, *Каталог тангутских буддийских памятников*，崔红芬、文志勇译，Университет Киото，1999г. стр. 494.

第四章　西夏的师号与僧人管理

经文很多。在黑水城出土汉文佛经《佛说圣大乘三归依经》（TK-121）首题中出现德慧，在经题后另有双行小字"兰山智昭国师沙门　德慧奉诏译/奉天显道耀武宣文神谋睿智制义去邪惇睦懿恭皇帝（仁宗）详定"，仁孝皇帝为自己本命之年，大作法事，并选定施舍经文，散施于众。时间是白高大夏国乾祐十五年岁次，甲辰九月十五日（1184年10月20日）。

俄藏黑水城汉文《圣大乘胜意菩萨经》（TK-145）的首题"此云圣大乘胜意菩萨经"后双行小字"兰山智昭国师沙门……/奉天显道耀武宣文神谋睿智制义去……"施经时间为白高大夏国乾祐……甲辰九月十五日（1184年10月20日）。

黑水城汉文《佛说圣佛母般若波罗蜜多心经》和《持诵圣佛母般若多心经要门》（TK-128）首题中也出现德慧，首题"此云佛说圣佛母般若波罗蜜多心经"后另双行小字"兰山觉行国师沙门　德慧奉　敕译，/奉天显道耀武宣文神谋睿智制义去邪惇睦懿恭皇帝（仁宗）详定"。首题"持诵圣佛母般若多心经要门"后的双行小字为"德慧奉敕传译"。在经文后有御制发愿文为（以"/"表示另行开始）："……朕睹胜因，遂陈诚愿。/寻命兰山觉行国师沙门德慧，重将梵本，/再译微言。仍集真空观门、施食仪轨，附于/卷末，连为一轴。于神妣　皇太后周忌之辰，开板印造番/汉共二万卷，散施臣民。请觉行国师等/烧施灭恶趣中围坛仪，并拽六道，及讲演/《金刚般若经》《般若心经》，作法华会、大乘忏/悔，放神幡，救生命，施贫济苦等事，恳伸追/荐之仪，用答劬劳之德。仰凭觉荫，冀锡冥/资，直往净方，得生佛土，永住不退，速证法/身。又愿/六朝祖宗，恒游极乐，万年社稷，永享升平。/一德大臣，百祥咸萃，更均余祉，下逮含灵。/天盛十九年岁次丁亥五月初九日（1167年5月29日），/奉天显道耀武宣文神谋睿智制义去邪惇睦懿恭皇帝　谨施"。

德慧传译的这几部佛经未见收录于汉文《大藏经》，从佛经题记看，《佛说圣佛母般若波罗蜜多心经》和《持诵圣佛母般若多心经要门》应是德慧从梵文本重译成汉文的，估计以前还有别的版本，而所据何种文本不得而知。在《佛说圣大乘三归依经》和《圣大乘胜意菩萨经》的施经题记相同，并指出德慧奉诏译，说明这两部经是在同一法会上印造散施于信众的。沈卫荣先生对照《圣大乘胜意菩萨经》汉、藏译本的内容，推断这个由兰山智昭国师德慧所译之汉译本不是译自藏文，而可能是直接从梵文原本翻译过来的。也验证了题记"从梵文本重译"的记载。由此推断《佛说圣大乘三归依经》也是德慧从梵文本翻译成汉文的，可以说德慧是一位精通汉、梵和西夏文的高僧。德慧有国师的封号，天盛十九年（1167）他有兰山觉行国师沙门德慧的封号，而在乾祐十五年（1184）他又有兰山智昭国师沙门德慧的封号。德慧虽有国师封号，但两个封号的年代不同，他先有兰山觉行国师封号，后有智昭国师封号。据此可知他翻译《佛说圣佛母般若波罗蜜多心经》和《持诵圣佛母般若多心经要门》在先，而翻译《佛说圣大乘三归依经》和《圣大乘胜意菩萨经》在后。

德慧不仅在汉文佛经题记中出现，而且在西夏文佛经题记中多次出现，下面我们看看德慧翻译西夏文佛经的情况。西夏文《佛说圣佛母般若波罗蜜多心经》（第70号，西夏特藏第139号，馆册第4336号；第77号，西夏特藏第139号，馆册第5605、6360号）译自藏文，在汉文和藏文《大藏经》都有收录，见《大正藏》第257号，宋施护译。《藏文佛经正经全目录》第160号，Bcom-ldan-hdas-ma sher-rab-kyi pha-rol-tu phyin-pahi snying-po《世尊母般若波罗蜜多心》。经文标题后有仁孝皇帝"奉天显道光耀武宣文神谋睿智制义去邪惇睦懿恭皇帝嵬名"御校勘。

其中馆册第4336号题记：

𗴂𗵽𘟙𗐺𘉋𗗙𗄼𗦻𗟲𗐯𘘚𘃪
兰山觉行国师沙门德慧奉敕译

馆册第5605号《佛说圣佛母般若波罗蜜多心经》标题后有仁孝皇帝/尊号"奉天显道光耀武宣文神谋睿智制义去邪惇睦懿恭皇帝嵬名"御览并核准确认，兰山觉行国师沙门德慧（Чхие Жиэ /Дэ хуй/）奉敕译并传经。

馆册第6360号《佛说圣佛母般若波罗蜜多心经》标题后有仁孝皇帝（尊号"奉天显道光耀武宣文神谋睿智制义去邪惇睦懿恭皇帝嵬名"）御览并钦定。兰山沙门德慧（Чхие Жиэ /Дэ хуй/）奉敕译。经文题记内容为：："此经书是仁孝皇帝为纪念他去年去世的母亲而刻印出版的。他感念他的母亲在十分艰难的条件下对他的生养和教育之恩。在她去世一周年的日子，作为一个伟大的发愿者邀请兰山沙门德慧，将经文重新由梵文和藏文译成西夏文和汉文。经书印刷二万卷，散施民众。皇帝希望他母亲在西方净土世界里超生。"①

西夏文《三十五佛随忏悔要论》（第103号，西夏特藏第301号，馆册第880号）译自汉文，见《大正藏》第326号，唐不空译《佛说三十五佛名礼忏文》。经文标题后有：

  𘜶𘂆𗖰𗷅𗅲𗠁𗤶𗰜𗵘   觉行法师德慧造

西夏文《佛说阿弥陀经典》（第109号，西夏特藏第147号，馆册第6761号）译自汉文，见《大正藏》第366号，姚秦鸠摩罗什译《佛说阿弥陀经》。经文标题后有：

  𗼇𘜶𗬩𗖰𗷅𗅲𘃽𗤋   贤觉帝师沙门显胜
  𗦳𗖵𗬩𗖰𗷅𗅲𗫸𗯨𗫦𗙏𗭊 五明国师沙门拶也阿难答
  𗵽𘃨𗬩𗖰𗷅𗅲𗖰𗤶   金解国师沙门法慧
  𗮔𘜶𗬩𗖰𗷅𗅲𗤶𗰜   至觉国师沙门慧护或慧守
  𗷅𗰞𗖰𗷅𗅲𗫸𗮆   圆和法师沙门智明
  𘜶𘂆𗖰𗷅𗅲𗠁𗤶𗰜𘄴𗟻 觉行法师沙门德慧等传

西夏文《无垢净光总持》（第232号，西夏特藏第389号，馆册第2830号）译自汉文，见《大正藏》第1024号，唐天竺三藏弥陀山译《无垢净光大陀罗尼经》。经文标题后有：

  𘓘𗰜𘜶𘂆𗖰𗠁𗤶𗰜𗵘   兰山觉行法师德慧校勘

---

① Е. И. Кычанов, *Каталог тангутских буддийских памятников*, 崔红芬、文志勇译, Университет Киото, 1999г. стр. 293–294.

西夏文《佛说圣大乘三归依经》（第382号，西夏特藏第141号，馆册第4940、7577号；第383号，馆册第6542号）译自藏文，见《藏文佛经正经全目录》第891号，Hphags-pa gsum-la skyabs-su hgro-ba zhes-bya-ba theg-pa chen-pohi mdo《圣归依三宝大乘经》。馆册第4940经文题记后有仁孝皇帝尊号"奉天显道光耀武宣文神谋睿智制义去邪惇睦懿恭皇帝嵬名"御览。

䔥䒱䚫䄄䕍䆞䒝䖜䚬䙵䚩䘐䙵

兰山智昭国师沙门德慧 奉敕译

馆册第7577号经文题记有：

仁孝皇帝（尊号）刊印此经，西夏文版5万卷，汉文版5万卷，并有刊经时间：

䙘䔥䄄䙀䕂䕍䗖䗋䘈䘐䘂䘐䘔　白高国乾祐十五年九月五日

馆册第6542号经文标题后有：兰山智昭国师沙门德慧奉敕译。

西夏文《菩提勇识大勇识不价菩萨众之归依礼拜》（第526号，西夏特藏第122号，馆册第4996号）标题后有作者名字：（䚬䙵）德慧。

西夏文《风气心于入顺》（第550号，西夏特藏第425号，馆册第3808号）指出译者：兰山沙门（䚬䙵）德慧。

西夏文《佛说圣佛母般若心经诵持顺要论》（第552号，西夏特藏第68号，馆册第4090、5253号；第553号，馆册第2829号）译自藏文，标题后有：兰山智昭国师沙门德慧奉敕译。仁孝皇帝（尊号"奉天显道光耀武宣文神谋睿智制义去邪惇睦懿恭皇帝嵬名"）御览并钦定。题记：为了报答父亲（䖜䖜 易易）和母亲（䒢䗖 耶哈）对上侍奉父母之敬顺、对下养育我们之恩德，我们俩人发愿用金粉抄写《般若心经》，以此纪念父母，愿他们万古长青、永垂不朽，记载父母一生功绩并向众人散经。赠经的儿子（䙘䚬䘂䙷 梁夏萨成），抄经者（䙘䚬䘂䙶 梁夏萨吉）。

馆册第2829号有题记：兰山沙门德慧奉仁孝皇帝御旨，为纪念皇太后去世一周年，于天盛十九年五月（1168年6月8日—30日）用梵文本与藏文本对照校勘并翻译经文。译经目的是以慈航般若之船渡皇太后到达彼岸。皇帝作为大发愿者，刻印经文2万卷，散施官吏及民众，在祈法大会上读诵经文，好使皇太后在净土世界里获得超生并得到法身正果。①

西夏文《吉祥上乐轮随狮子卧以定正修顺要论》（第555号，西夏特藏第126号，馆册第2521号）标题后有：中国大乘密教帝师、沙门（𗼗𗆐 慧称或慧宣）编写，兰山智昭国师德慧（Чхиа Жиэ）翻译。

西夏文《吉祥上乐轮随耶稀鸠稀字咒以前尊习为识过定入顺要论》（第557号，西夏特藏第128号，馆册第2838号）标题后有：

𗼻𗫡𗆧𗼨𗆐𗴝𗼊𗐾𗙏𗐱𗼗𗆐

中国大乘密教帝师沙门慧称或慧宣编写　另克恰诺夫俄译文有"兰山智昭国师"翻译。②

西夏文《佛说圣佛母般若诵持顺要论》（第558号，西夏特藏第140号，馆册第6360号）译自藏文。标题后有仁孝皇帝（尊号"奉天显道光耀武宣文神谋睿智制义去邪惇睦懿恭皇帝嵬名"）御览并钦定。兰山寺国师沙门德慧奉敕翻译并改写。

西夏文《大乘默有者道中入顺大宝聚集要论》第600号，西夏特藏第340号，馆册第5031号　上部、馆册第5149号　中部）译自藏文，其中馆册第5031号标题后有译者名字：兰山沙门德慧。馆册第5149号标题后有译者名字：兰山沙门（𗐱𗼗）德慧经文抄写者（𗼊𗩱𗰭 梁易宝），经书拥有者 Су Жиэ Чхиа。

西夏文《大印究境要集》（第663号，西夏特藏第345号，馆册第824号；第665号，馆册第2526号）译自藏文。经文标题后有作者：兰山沙门德慧集。

---

① Е. И. Кычанов, *Каталог тангутских буддийских памятников*, 崔红芬、文志勇译, Университет Киото, 1999г. стр. 544.

② Е. И. Кычанов, *Каталог тангутских буддийских памятников*, 崔红芬、文志勇译, Университет Киото, 1999г. стр. 545.

西夏文《吉祥护法大集求主》（第763号，西夏特藏第442号，馆册第4994号）标题后有译者兰山沙门德慧译。

通过对上述题记的梳理，可以看出德慧有三个封号，即觉行法师、兰山觉行国师和兰山智昭国师，先有兰山沙门、兰山觉行法师封号，后升任国师，先称作兰山觉行国师，后改为兰山智昭国师。他是贺兰山某一寺院的僧人，精通藏文、梵文和汉文，应是仁孝时期比较著名的僧人。由德慧身份的变化，可证明西夏存在法师升为国师的制度。

（五）知金刚

拜寺沟方塔出土的汉文经卷残片《吉祥上乐轮略文等虚空本续》中有吐蕃国师知金刚。经文录文为：……空本续……国师知金刚传，[沙]门提点海照译。谢继胜先生还结合《大乘要道密集》有关篇章中所载师承关系，进一步确认知金刚最晚活动于仁孝中晚期。其师承关系排序为玛尔巴/辣麻马巴—米拉热巴/铭移辣啰悉巴—日琼巴/辣麻辣征—玄密帝师—知金刚国师/大宝上师—玄密国师。[①] 可知，知金刚为吐蕃人，在西夏任国师，从事译经弘法活动。

（六）宗律、净戒、大乘玄密国师

宗律、净戒、大乘玄密国师是仁孝时的国师，俄藏汉文《观弥勒菩萨上生兜率天经》（TK-58）的发愿文提到：乾祐二十年（1189）九月十五日仁孝为了纪念崇考皇妣，而恭请宗律国师、净戒国师、大乘玄密国师等就大度民寺作法会、诵经和散施经文等一系列法事活动。

（七）玄照国师

汉文本《大乘要道密集》之第六十六篇"大手印伽陀支要门"开头记载了玄照国师的师承关系。据陈庆英先生考证，大乘玄密帝师是米拉日巴的再传弟子，而玄照国师又是玄密帝师的再传弟子，他们都是噶举派或噶玛噶举派的传人。[②] 玄照国师是西夏国师，与藏地僧人关系密切。

（八）四续善巧国师米啰不动金刚师

1991年在贺兰山拜寺沟方塔中出土九册西夏文《吉祥遍至口和本

---

① 谢继胜：《西夏藏传绘画—黑水城出土西夏唐卡研究》，河北教育出版社2002年版，第339、344—345页。

② 陈庆英：《西夏及元代藏传佛教经典的汉译本》，《西藏大学学报》2000年第5期。

续》，其中七册的卷首各有三行题记，每册佛经卷首题记记载了这些佛经的著者、传者、译者及其称号。题记中出现"四续善巧国师米啰不动金刚师传"，据考米啰不动金刚师是吐蕃来西夏传法的一位高僧。[1] 他可能参与了《吉祥遍至口和本续》的传译工作。

（九）瓦国师

1989 年在甘肃武威亥母寺洞遗址发现的《乾定申年（1224）典糜契约》中提到："乾定申年（1224）二月二十五日，立文约人没水何狗狗，向瓦国师处典一斛糜，还于一斛，从中获利八斗……"[2] 此处的瓦国师应是西夏末年住持凉州亥母洞石窟寺的一位高僧，有国师的封号，可能是位吐蕃僧人，他所住持的寺院在当时规模较大，经济收益较好。

（十）弘觉国师慧信

《大乘要道密集》（《萨迦道果新编》）之第五十六篇"依吉祥上乐轮方便智慧双运道玄义"的题款有"佑国宝塔弘觉国师沙门慧信录"。陈庆英先生推测，佑国宝塔应是凉州的护国寺感通塔。[3] 道果传承是藏传佛教萨迦派的核心教义，弘觉国师可能是一位吐蕃僧人，在凉州护国寺修行道果法。

（十一）阿难答或拶耶阿难答

阿难答或拶耶阿难答被称作天竺大钵陀、五明显密国师、功德司正、受安宁沙门、受利益沙门、讲经律论者。在凉州天梯山石窟中还发现很多西夏文佛经，其中有"沙门拶也阿难答传，显密法师功德司副受利益沙门周慧海奉敕译"的经文，陈炳应先生推测，这批出土佛经刊印时间初步确定在大庆年间（1140—1142），天梯山是西夏时期佛教活动的重要地点之一，周慧海可能主持在天梯山翻译佛经。[4] 拶也阿难答和周慧海等也曾在河西地区从事弘法、译经活动。

俄藏汉文佛经《圣观自在大悲心总持功能依经录》和《胜相顶尊总持功能依经录》（TK-164、165）题记有：……天竺大般弥怛、五明显密国师、在家功德司正、嚷乃将沙门拶也阿难答传。前文已考证《圣

---

[1] 孙昌盛：《西夏文佛经〈吉祥遍至口和本续〉题记译考》，《西藏研究》2004 年第 2 期。
[2] 孙寿龄：《西夏乾定申年典糜契约》，《中国文物报》1993 年第 5 期。
[3] 陈庆英：《西夏及元代藏传佛教经典的汉译本》，《西藏大学学报》2000 年第 2 期。
[4] 陈炳应：《天梯山石窟西夏文佛经译释》，《考古与文物》1983 年第 3 期。

观自在大悲心总持功能依经录》和《胜相顶尊总持功能依经录》(TK-164)大致在大庆二年(1141)乾顺三周辰忌日之时刊印的,捺也阿难答是一位仁孝初期的国师,在大庆二年(1141)前后已有功德司正的职务。这与美国学者范德康的考证在时间上存在矛盾,范德康推测在天盛年间(1152—1169)捺也阿难答和另一位吐蕃僧人恰巴·却吉僧格(1109—1169)在桑普寺进行了关于"中观"内容的辩论,结果他负于吐蕃高僧(一说他战胜了吐蕃高僧①),在吐蕃不受重用,于是来到西夏,在贺兰山某座寺庙修行,并参加了西夏仁孝时的译经活动。据说他在吐蕃时还写过《入中论颂注疏》。②

在西夏文佛经题记中也常常出现捺也阿难答,如译自藏文的西夏文《圣胜慧到彼岸功德宝集偈》(第375号,西夏特藏第66号,馆册第598号)称:

𘜶𘂜𘄒𘀗𘃽𘅝𘄴𘆄𘌒𘑘𘄴𘟪𘊱𘁩𘄴𘀗𘃽𘅝
𘕕𘞫𘒣𘅍𘅃𘑄𘑠𘋆𘘥𘅎𘂜
𘟣𘆖𘊣𘁨𘌒𘄉𘒑𘑨𘒣𘅍𘄒𘃽𘅝𘄴𘆄𘌒𘑘𘄴𘕕𘟃𘒨
𘅍𘅃𘈷𘕂𘉋𘉖𘆝𘖚𘂀𘂜𘕕　𘒐𘕕
𘒐𘟤𘒣𘅍𘈷𘑘𘅃𘑨𘄴𘕕𘅃𘉹𘆝𘖚𘒣𘄉
𘋇𘟃𘆝𘉋
𘌒𘑠𘒣𘅝𘄴𘑠𘒑𘕕𘒐𘅘𘅃𘑄𘈷𘞟𘊏𘅂𘑘
𘋒𘈟𘅿𘟃𘒑𘑷𘋆𘃴𘅉𘃊𘋢

贤觉帝师讲经律论者功德司正偏袒都大提点

囊卧勒(受俱足)沙门波罗显胜证义

西天大般密怛五明显密国师讲经律论者功德司正囊乃将(受安仪)沙门捺耶阿难答自执梵本证义

讲(演)义法师路赞讹囊赏则(受俱覆)沙门遏啊难捺吃哩底梵译

---

① [美]邓如萍:《党项王朝的佛教及其元代遗存——帝师制度起源于西夏说》,聂鸿音等译,《宁夏社会科学》1992年第5期。

② [美]范德康:《捺耶阿难答:十二世纪唐古式的喀什米尔国师》,陈小强等译,《国外藏学研究译文集》(14辑),西藏人民出版社1998年版,第341—153页。

显密法师功德司副使嚷卧英（受平义）沙门周慧海番译
御前抄净本者李童光①

西夏文《顶尊胜相总持功德韵集》（第654号，西夏特藏第109号，馆册第4078号；第657号，馆册第7592号）译自汉文译成。馆册第4078号经文标题后有作者和译者的名字：西天五明大般密怛、国师、功德司正、授安义、沙门（𗏁𗣼𗖻𘂎𘃎𗇋　拶耶阿难答传）。解义法师、功德司护法、增利益、沙门（𗏁𘊲𗤶　周慧海）传经。

拶耶阿难答和周慧海传译经文在天盛元年（1149）散施民众，在《顶尊胜相总持功德韵集》（第655号，馆册第6796、6821号）标题有，仁孝皇帝（尊号"奉天显道光耀武宣文神谋睿智制义去邪惇睦懿恭皇帝宽名"）于天盛元年，地蛇年（1149）向民众散施经文。

拶耶阿难答还传译西夏文《圣观自主大悲心总持功德经韵集》（第369号，西夏特藏第83号，馆册第6881号），此经译自藏文，见《藏文佛经正经全目录》第380号，"圣者大悲观自在妙集功德陀罗尼"。经文名称后有作者的名字：

𗼃𗤻𗖴𗅋𘟙𗰜𘝯𗖻𘂎𗫔𘏨𗫂𗖵𗑠
𗙏𗗙𗏁𗣼𗖻𘂎𘃎
𗦇𗖵𘏨𗫂𗖵𗢳𗲪𗏁𘃞𗙏𗗙𗏁𘊲𗤶𘝯𗫡
西天大钵弥怛五明国师功德司正授安仪
沙门拶耶阿难答传
显密法师功德司副授利益沙门周慧海奉敕译。

拶耶阿难答是一位天竺僧人，曾在吐蕃地区从事弘法活动，精通藏文，之后约在仁孝早期来到西夏，曾在凉州停留译经，后又来到兴庆府，得到西夏重用，任功德司正，他不仅精通梵文，而且精通藏文和汉文，把多部汉、藏经典翻译成西夏文，为西夏藏传佛教经典的传播起了积极作用。

---

① Е. И. Кычанов, *Каталог тангутских буддийских памятников*, 崔红芬、文志勇译, Университет Киото, 1999г. стр. 483.

（十二）鲜卑宝源

俄藏西夏文《金刚般若波罗蜜多经》（第53号，西夏特藏第386号，馆册第3834号）题记有"奉天显道耀武宣文神谋睿智制义去邪惇睦懿恭皇帝御译"，内容为：

𗦻𗪌𗤦𗤦𗅢𗆧𗒒𗩾𗃛𗅆𗨁𗫀𗤦𗤴𗰔𗌰𗤺𗐱
𘝞𗬩𗤦𗤦𗥑𗯴𗦺𗦶𗰛𗰛𗾒𘓯𘟩𗤦𗤴𘒣𗤴𗩾𗬩𗿒𗤦
𘓓𘃽𗴴𗋕𗤴𗐱𗆮𘑨𗽾𘏲

大白高国大德台度民寺法显国师沙门宝源
执梵本及汉番本注疏与一一重校实为净本
姚秦三藏法师鸠摩罗什①

《金刚般若波罗蜜多经》（第58号，馆册第4099号）题记是："𗤦𗤦𗅢𗆧𗒒𗩾𗃛𗅆𗨁𗫀𗤦𗤴𗰔𗌰𗤺𗐱（大度民寺法显国师沙门宝源）"。而《金刚般若波罗蜜多经》（第56号，西夏特藏第386号，馆册第101号）题记中则出现刊印佛经的时间为"𘟀𗼃𘃶𘝞𗼃𗥑𗫨𗧘𗤋𘁂𘄒（天盛戊鼠二十年五月一日）"。②这充分说明最晚在天盛二十年（1168）鲜卑宝源已由法师升为国师了，《金刚般若波罗蜜多经》的记载外，他还与贤觉帝师一起翻译佛经，是一位显密兼通的僧人，所译经典有显教也有密教的内容。

（十三）觉照

觉照是黑水城五明显生寺中国国师。俄藏西夏文《岸求顺略集要论》（第613号，西夏特藏第469号，馆册第6972号）标题后有作者名字：

𗤴𗦻𗴴𗤴𗐱𗯴𘓦𗰔   吵我诱啰吃巴 造

---

① Е. И. Кычанов, *Каталог тангутских буддийских памятников*, 崔红芬、文志勇译, Университет Киото, 1999г. стр. 284.

② Е. И. Кычанов, *Каталог тангутских буддийских памятников*, 崔红芬、文志勇译, Университет Киото, 1999г. стр. 278–287.

五明显生寺中国国师 ndwew swew Ндвэы Свеы （𗼇𘚺/觉照）译西夏文。

觉照还翻译了西夏文《大虚空智显注》（第 495 号，西夏特藏第 355 号，馆册第 7170 号 上部，译自藏文，见西田龙雄《西夏文佛经目录》第 71 号）结尾重复标题，提到法师的名字 ndwew swew Ндвэы Свеы（觉照）。觉照是由法师升为国师的，他翻译《大虚空智显注》时还是法师，而在《岸求顺略集要论》题记中觉照已是五明显生寺中国国师了。国师前出现"中国"字样，学者认为西夏文佛经题记中经常出现"西藏中国或中国"是指吐蕃。① 觉照封号前冠以中国，说明他是藏族人，在西夏境内翻译佛经，弘传佛法。

（十四）杨智幢

杨智幢三学藏解国师、三藏国师、五台山沙门。西夏文《胜慧彼岸到要论教学现量解庄严论显颂》（第 393 号，西夏特藏第 101 号，馆册第 5130 号）译自藏文，见《藏文佛经正经全目录》第 5191 号，"般若波罗蜜多优波提舍论现观庄严之注"。经文题记称：

𗼇𘚺𘝞𘃪𘏒𘊝𘈇𘙇𗗙𗣼𗰔𗵘𗏆𘇵𗖵𘃎𗗙𘃪𗏇𗵘
𘟪𗤊𗧊𘉍𘆚𗵘𘏓𘃞𗖵𘗽𗂧𗄈𗴺𗇐𘂤𗗙
𘃎𗵘𗵘𘈇𘏒𗤋𘃞𗖵𘌲𗣼𗾈𗸰𗏇
𘃎𗵘𗵘𘈇𘏒𘉍𘟪𘃞𗖵𗈁𗤺？𘃎𗧊𗇐𗳠
𘃎𗵘𗵘𘈇𘏒𗗙𘘚𘃞𗖵𘉍𗣼𗏓𗢳𘉋𗢳……

𗃍𗊱𗓽𘒂𗳐𗊴𗳐𗥢 𗂧𗏤

五明显生寺讲经论律辩蕃藏语善生 李慧照

五台山知解三藏国师沙门杨智幢新译番文

出家功德司正禅师沙门彭智满证义

出家功德司正副使沙门没藏法净缀文

出家功德司承旨尹智有执羌本校……

---

① 史金波：《西夏的藏传佛教》，《中国藏学》2002 年第 1 期，聂鸿音《吐蕃经师的西夏译名考》，《清华大学学报》（哲学社会科学版）2002 年第 1 期。沈卫荣在《序说有关西夏、元朝所传藏传密教之汉文文献——以黑水城所见汉译藏传佛教衣归文书为中心》（《欧亚学刊》第 7 辑，北京：2006 年版）认为，"中国"是藏文 dhus gtsang，即"乌斯藏""卫藏"之对译。

光定丙（鼠）子 六年六月　　日

杨智幢应是贺兰山五台山僧人，于光定六年六月即鼠年（1216 年 6 月 17—7 月 17 日）他重译西夏文经典，杨智幢主要活动在兴庆府一带，是西夏晚期的一位高僧。

（十五）慧护或慧守

慧护或慧守为至觉国师、金光山①沙门，俗姓嵬名，皇族。俄藏西夏文《安立总集》（第 667 号，西夏特藏第 394 号，馆册第 4862 号）题记称：抄经者𗼃𗼇𘝯𘝎（嵬名慧护）。而《安立总集》（第 668 号，馆册第 900 号）题记有天庆六年十一月（1199 年 11 月 20 日—12 月 20 日）施经记载。

西夏文《集毕一乘元明心义》（第 501 号，西夏特藏第 183 号，馆册第第 2848 号）称：

| 𗼃𗼇𘝯𘝎𘃡 | 羯摩山沙门慧护译 |
| 𘝎𗉝𗪒𗷅𗡞 | 住山解义施经 |

西夏文《佛说阿弥陀经》（第 109 号，西夏特藏第 147 号，馆册第 6761 号）经文标题后有：

𗣼𗤑𗤶𗷅𘝯𗼩𗼃	贤觉帝师沙门显胜
𗤋𘝯𘟙𗷅𘉌𗾫𗦻𘛽	五明国师沙门捼也阿难答
𗵃𘟙𘝯𗷅𘝯𗤋	金解国师沙门法慧
𗼃𗼇𘝯𗷅𘝯𗼃	至觉国师沙门慧护或慧守
𘊄𘘽𗤶𗷅𘝯𗷅𗤋	圆和法师沙门智明
𘝯𗰔𗤶𗷅𘝯𗾷𗼃𗺉𗡪	觉行法师沙门德慧等传

慧护曾与贤觉帝师、捼耶阿难答等一起翻译佛经，是仁孝和纯祐时

---

① 聂鸿音在《昆明一担斋所藏"药师琉璃光佛会"版画考》（《固原师专学报》2006 年第 1 期）一文中译为"禅摩山"。

期的一位国师，与藏族僧人一起译经，说明他也是位显密兼修的僧人，精通藏密内容。

此外，还有上文提及的鲜卑真义国师、鲁布智云国师、卧利华严国师、命咩海印国师和弘觉国师等，他们从事佛经传译和洞窟开凿妆銮等弘法活动。

总之，西夏的国师远远不止这些，但囿于材料，也不能对国师有详细的考证，至于西夏文献中出现的其他国师以及陈炳应先生考证莫高第61窟甬道北壁第一身国师、东千佛洞第4窟正壁上国师等是否与藏传佛教有关，还需新材料才能继续考证证实。

第三节　西夏的法师与禅师

一　法师与禅师的概说

西夏法师是仅次于国师的一种封号。法师是指通晓佛法为人之师的高僧，他们是智慧深广，善于思辩，善于讲解佛法，致力于修法弘道的僧人。如《法华经序品》曰："常修梵行，皆为法师。法华文句曰：法者轨则也，师者训匠也，师于妙法自行成就。能以妙法训匠于他人。"[①]《高僧传·义解》也讲到法师的职责："故须穷达幽旨，妙得言外，四辩庄严，为人广说，示教利熹，其在法师乎！"[②] 法师能穷达经论之意，广为弘传，示教利生。

禅师即是好禅用心人，是不为静乱所恼者。一个好禅师在坐禅过程中能够做到不为静、乱的内外境所影响，能够止观双修，既能使心专一入定，又能在禅定状态下观悟诸法实相，使心达到"明净"。在西夏，法师、禅师是次于国师、帝师的封号，在佛经和题记中常常出现。法师和禅师所强调的修法弘传的侧重点不同。

文献记载西夏法师很多，到底有多少，无法具体考证。史金波先生在《西夏佛教史略》和论文《西夏的佛教制度》中对法师都有所论述，共列举了八位法师和一位大法师，他们是《圣胜慧到彼岸功德宝集偈》

[①] 丁福保编：《佛学大辞典》，文物出版社1984年版，第703页。
[②] （梁）释慧皎撰：《高僧传》卷8，汤用彤校注，中华书局1992年标点本，第343页。

的汉译者诠教法师鲜卑宝源，梵译者显密法师周慧海，梵译者演义法师遏啊难捺吃哩底；汉文《大方广佛华严经普贤行愿品疏序》中的诠义法师；作《三十五佛随忏悔要论》和传《佛说阿弥陀经》的觉行法师德慧；传《佛说阿弥陀经》的圆混法师；译《如来一切之百字要论》的义干法师；译《伏藏变化解键》的知解三藏番羌语才法师郭法慧和《最乐净土求生颂》的集传者讲经律论蕃国大法师龙幢。① 史先生列举法师和大法师有些可能不是西夏时期的，在译自藏文《最乐净国求生颂》（第449号，西夏特藏第408号，馆册第2265号）的题记有：

𗂧𗹦𗖻𗤶𗫴𗅁𗡞𗪺𗦺𗧓𗖻𗗒𗃢𗖻𘘥𗀕𗫡

讲经律论羌国大法师沙门龙幢集传②

聂先生对龙幢进行考证，认为龙幢，藏文名字为鲁意坚参，是9世纪吐蕃王热巴巾时代的三大译师之一。③ 可证龙幢不是西夏大法师。

再有俄藏黑水城汉文《大方广佛华严经普贤行愿品》（TK–142）是黑水城保存的金刻本，不是西夏刻本，题记中出现的诠义法师也不应是西夏的法师。

有宋一朝，废除国师的封号，但又行"大师"封号。"大师"作为僧人的封号，在西夏文佛经题记中虽多次出现，但聂先生认为有"大师"称号的僧人一定不是西夏时代的人，基本上是吐蕃或天竺人，是人们对前代高僧的尊称。④ 故此西夏是否有"大师"尚需进一步核证。

西夏文佛经题记中经常出现"吐蕃中国或藏中国"法师字样，"吐蕃中国或藏中国"到底指哪里？学界认为大概有三种观点，史金

---

① 史金波：《西夏的佛教制度》，李范文主编《首届西夏学国际学术会议论文集》，宁夏人民出版社1998年版，第301—315页。

② Е. И. Кычанов，*Каталог тангутских буддийских памятников*，崔红芬、文志勇译，Университет Киото，1999г. стр. 510.

③ 聂鸿音：《吐蕃经师的西夏译名考》，《清华大学学报》（哲学社会科学版）2002年第1期。

④ 聂鸿音：《西夏帝师考辨》，《文史》2005年第3期。

波、聂鸿音二位先生认为"中国"是指吐蕃；① 陈庆英先生认为中国指西夏；② 沈卫荣先生认为，"中国"是藏文 dhus gtsang，即"乌斯藏""卫藏"之对译。③ 而笔者更认同陈庆英先生的观点，法师前出现"藏中国或吐蕃中国"可能指此人原为吐蕃人，现在西夏境内活动。如果专指西藏可能用"羌国"，译自藏文《最乐净国求生颂》题记"꧁꧂꧁꧂꧁꧂ 讲经律论羌国大法师沙门龙幢集传"即是证明。

西夏法师因弘法特色而有不同称号，在文献中出现"诠教法师""显密法师"和"演义法师"等称号，这些封号也说明西夏法师显密兼修，他们既传播藏传佛教，也弘扬汉传佛教。有的法师是以传播讲解藏传佛经为主，称密教法师；有的则以汉传佛经的讲解为主，称显教法师；而有的法师可能又兼通汉传和藏传佛经，称显密法师等。下面将出土佛经文献中的法师进行考证。

二 法师与禅师及佛法弘传

（一）慧海

慧海、惠海，即周慧海，功德司沙门、副使，天梯山？④ 显密藏解法师，受平义和受利益（꧁꧂）。他传译《注华严法界观门深》（第306号，西夏特藏第395号，馆册第942号），其题记有"꧁꧂（妙喜〈悦〉寺沙门慧海）"。还传译《顶尊相胜总持功德韵集》（第654号，西夏特藏109号，馆册4078号；第657号，馆册7592号），其题记有"西天五明大般密怛、国师、功德司正、受安义沙门（꧁꧂ 捺耶阿难答传）传经，解义信师、功德司护法、受利益沙门（꧁꧂ 周慧海）等"。

---

① 史金波：《西夏的藏传佛教》，《中国藏学》2002年第1期，聂鸿音《吐蕃经师的西夏译名考》，《清华大学学报》（哲学社会科学版）2002年第1期。
② 陈庆英：《西夏及元代藏传佛教经典的汉译本——简论"大乘要道密集"》，《西藏大学学报》2000年第2期。
③ 沈卫荣：《序说有关西夏、元朝所传藏传密教之汉文文献——以黑水城所见汉译藏传佛教仪轨文书为中心》，《欧亚学刊》第7辑，2006年版。
④ Е. И. Кычанов, Каталог тангутских буддийских памятников, 崔红芬、文志勇译，Университет Киото，1999г. стр. 685.

西夏文《如来一切之百字要论》（第292号，西夏特藏第195号，馆册第7165号）题记有：

𗣼𗵽𗤶𘟙𗧘𗖵𗖻𗰞𗦻𗫡𘟙𗙏𘃎𘄴
贤觉帝师及西天五明班弥怛传
𗙏𗖵𘟙𗙏𗵽𗙏𗦻𘟙𗤋𘉞𘃎
经（解）义法师路赞讹师延梵译
𗰔𗖵𘟙𗙏𘃎𗤋𘟊𘈷𘝯𘃎
显密法师功德司副周番译
𗦤𗦻𘉞𘃎𗤋𘝯𘜘𗰔𗖵𗵽𘊠𗫡𘃎
出家功德司正至觉禅（定）师李汉译①

西夏文《圣胜慧到彼岸功德宝集偈》（第375号，西夏特藏第66号，馆册第598号）题记有：

𗰔𗖵𘟙𗙏𘃎𗤋𘟊𘈷𘝯𘟙𗦤𘟊𘜘𗵽𘃎𗙏𘟊𗫡𘉞𘃎
显密法师、功德司副使、囊卧英（受平义）沙门周慧海番译

周慧海还翻译《圣观自主大悲心总持功德经韵集》（第369号，西夏特藏第83号，馆册第6881号）和发愿施舍西夏文《大般若波罗蜜多经》（第14号，西夏特藏第334号，馆册第1513、1589、1919、2704号）等。

周慧海是仁孝顺时期的法师，精通密教和显教，有显密法师的称号，主持翻译了不少佛经。武威天梯山发现的佛经残页内容有"显密法师功德司副受利益沙门周慧海奉敕译"。他曾任武威天梯山石窟寺的住持，出任功德司副，掌管西夏的一些佛教事务，负责佛法的传播。②

---

① Е. И. Кычанов, *Каталог тангутских буддийских памятников*, 崔红芬、文志勇译, Университет Киото, 1999г. стр. 449.
② 陈炳应：《西夏文物研究》，宁夏人民出版社1985年版，第56页。

第四章 西夏的师号与僧人管理

（二）师延法师

师延法师[①]是《如来一切之百字要论》（第292号，西夏特藏第195号，馆册第7165号）的译者，经文题记称："𘕘𘕰𘟪𘏒𘃢𘊐𘕣𘒨𘃞𘄡𘅝 经（解）义法师路赞讹师延梵译"。他善于讲解经义，精通梵文、西夏文等。

（三）至觉法师李

至觉法师李在《如来一切之百字要论》（第292号，西夏特藏第195号，馆册第7165号）题记提及，尾题称："𘕘𘕰𘟪𘏒𘃢𘊐𘕣𘒨𘃞𘄡𘅝 出家功德司正至觉禅（定）师李汉译"。至觉法师负责经文的汉译，其他情况不清楚。

（四）慧照

慧照法师五明显生寺法师，德者，讲经律论沙门，精通藏文、西夏文。慧照在西夏文佛经题记中出现次数最多，慧照把很多藏文经典翻译成西夏文，它们是：

西夏文《圣金刚王能断胜慧到彼岸大乘经》（第380号，西夏特藏第81号，馆册第2561号）译自藏文，见《藏文佛经正经全目录》第739号，"圣般若波罗蜜多能断金刚大乘经"，西田龙雄《西夏文佛经目录》第248号。标题后有：

𘕘𘏒𘕰𘊐𘒨𘕣𘋊　　　法师苏巴普哺 集
𘃞𘄡𘅝𘊐𘒨𘕣　　　沙门慧照 番译[②]

西夏文《胜住令顺法事》（第391号，西夏特藏第97号，馆册第810号）译自藏文，见《藏文佛经正经全目录》第3960号，"善住仪轨"，经文题记称：

𘕘𘏒𘕰𘊐𘒨𘕣𘋊𘃞𘄡𘅝

---

① 史金波先生译"乂干"法师。
② Е. И. Кычанов, *Каталог тангутских буддийских памятников*, 崔红芬、文志勇译, Университет Киото, 1999г. стр. 485.

西天五明大师须嘛帝吃得帝 造
御前路赞讹般若密吃得帝 藏译
五明显生寺释迦善生慧照 番译①

西夏文《胜慧彼岸到要论教学现量解庄严论显颂》（第393号，西夏特藏第101号，馆册第5130号）译自藏文，见《藏文佛经正经全目录》第5191号，"般若波罗蜜多优波提舍论现观庄严名注"，经文题记称：

五明显生寺讲经论律辩蕃藏语善生 李慧照……
光定丙（鼠）子 六年六月 日②

西夏文《菩提勇识学所道及果与一顺显释宝炬》（第459号，西夏特藏第120号，馆册第5129号 上部）标题后有作者和译者的名字：

西藏中国三乘知解大善智宝法狮子 造
五明显生寺讲经律论禅定沙门慧照 番译③

西夏文《增寿定次主承次要论》（第591号，西夏特藏第322号，

---

① Е. И. Кычанов, *Каталог тангутских буддийских памятников*, 崔红芬、文志勇译, Университет Киото, 1999г. стр. 490.
② Е. И. Кычанов, *Каталог тангутских буддийских памятников*, 崔红芬、文志勇译, Университет Киото, 1999г. стр. 491.
③ Е. И. Кычанов, *Каталог тангутских буддийских памятников*, 崔红芬、文志勇译, Университет Киото, 1999г. стр. 513.

馆册第 4989 号）译自藏文，经文题记有慧照译。

西夏文《欲乐圆混令顺要论》（第 593 号，西夏特藏第 325 号，馆册第 5116 号）译自藏文，经文题记称：

𘘄𘟀𘊖𘏨𘝶𘉞 　　　　大师那罗巴 传
𘀄𘗣𘗇𘟂𘊐𘛝 　　　　沙门慧照 番译①

西夏文《欲乐圆混令顺要论》（第 594 号，西夏特藏第 325 号，馆册第 2546 号）译自藏文，经文题记称：Hapyona/那罗巴（𘜨𘟂/道次）大师传经，沙门慧照译西夏文，光定年 9 月 9 日，地羊年（1223 年 10 月 3 日）②。

西夏文《六法自体要论》（第 602 号，西夏特藏第 371 号，馆册第 4858 号；第 604 号，馆册第 7983 号；第 605 号，馆册第 2542 号）译自藏文，见西田龙雄《西夏文佛经目录》第 234 号。这些经文标题后都有作者的名字 Hapona /Чиа Hre/纳罗巴。译西夏文者沙门慧照。

西夏文《念定绝害要论》（第 606 号，西夏特藏第 415 号，馆册第 2892 号）标题后有作者名字：法师 Hapona Чиа Hre /Дао Сюй/道次/纳罗巴/传经。译西夏文者、沙门慧照。

西夏文《六法混元道次》（第 684 号，西夏特藏第 354 号，馆册第 2734 号；第 685 号，馆册 6373 号）译自藏文，经文题记称：

𘟃𘃽𘏨𘝶𘅏𘐊 　　　　耶凉浪巴吃集
𘀄𘗣𘗇𘟂𘛝 　　　　沙门慧照译③

此外，慧照还翻译译自藏文的《药光海生金刚王文二部》（第 711

---

① Е. И. Кычанов, *Каталог тангутских буддийских памятников*, 崔红芬、文志勇译，Университет Киото，1999г. стр. 558.

② Е. И. Кычанов, *Каталог тангутских буддийских памятников*, 崔红芬、文志勇译，Университет Киото，1999г. стр. 559.

③ Е. И. Кычанов, *Каталог тангутских буддийских памятников*, 崔红芬、文志勇译，Университет Киото，1999г. стр. 590.

号，西夏特藏第241号，馆册第2543号)、《解脱道随主承令顺要论》（第554号，西夏特藏第89号，馆册第2883号)、《大盖白母之总持诵顺要论》（第596号，西夏特藏第333号，馆册第7589号）等，并抄写译自藏文的西夏文《德王不文之广供顺》（第540号，西夏特藏第237号，馆册第4984号 中部、第1卷）和拥有译自藏文的《二谛于入顺本母之义解记》（第619号，西夏特藏第198号，馆册第833号）等经典。

从佛经题记看，慧照于乾祐年三月十五日（1178年4月3日）抄写《二谛于入顺本母之义解记》经文，乾祐十七年九月，木蛇年（1186年10月14日—11月13日）发愿施舍经文，到光定十三年（1223年）他仍在五明显生寺翻译佛经。可以说慧照是西夏晚期一位高僧，他精通佛法、藏文、西夏文，致力于佛经翻译。这也说明西夏晚期仍有高僧在坚持译经和弘法活动。

（五）法慧

法慧[①]三藏法师，是西夏文、藏文语言大师，护国寺沙门，他是由法师升为国师的，翻译多种藏文佛经译成西夏文，可能在河西地区从事弘法活动。但法慧是何时由法师升为国师的还不得而知。具体情况参见国师"法慧"的相关内容。

（六）尚法师

仅《五部法界之都序》（第709号，西夏特藏第250号，馆册第7160号，第3卷）的题记提及"𗰜𗣠𗼇𗖵𘘦𗰔 抄经者尚法师"。[②] 尚法师曾抄写经文，但其他具体情况不得而知。

（七）宝源

鲜卑宝源，有诠教法师、法显国师之称，大白高国大度民寺沙门，主要翻译般若经类的典籍，如《金刚般若波罗蜜多经》（第58号，西夏特藏第386号，馆册第4099号；第63号，馆册第689号）有"𗰜𗣠𗼇𗖵𘘦𗰔𗰜𗣠𗼇𗖵𘘦𗰔𗰜𗣠 大度民寺法显国师沙门鲜卑宝源"校勘。从宝源的姓氏看，宝源可能是位具有鲜卑血统的党项人。

---

① 史金波：《西夏佛教史略》，宁夏人民出版社1988年版，第145页。
② Е. И. Кычанов, *Каталог тангутских буддийских памятников*, 崔红芬、文志勇译，Университет Киото，1999г. стр. 599.

第四章 西夏的师号与僧人管理

西夏文《金刚般若波罗蜜多经》（第 53 号，馆册第 3834 号）的题记有：

"𗼇𗵒𗵘𘝯𘝯𗆧𘟂𗗒𗦫𗟲𗖵𘃽𘏨𘝯𘆌𗡞𗴼𘊳𗎁
𗐮𗵒𘝯𘝯𗠁𘃶𘟂𗾞𘆑𘆑𘋊𗗙𘕋𘝯𗖵𗔀𗤶𘊄𗵒𗤶𘟂
𗣔𘊐𘉋𗵘𘏨𘆌𗯿𘁁𘓄𗴂
大白高国大德台度民寺法显国师沙门宝源
执梵本及汉、番本注疏与一一重校，实为净本
姚秦三藏法师鸠摩罗什"。①

在黑水城出土汉文题记中还有《圣观自在大悲心总持功能依经录》和《胜相顶尊总持功能依经录》（TK–164、165）首题下有 "诠教法师番汉三学院兼偏袒都提点𗣛卧耶沙门鲜卑宝源奉敕译/天竺大般弥怛五明显密国师功德司正𗣛乃将沙门捴耶阿难答传"。在 TK–165 经题后存刊印发愿文 "……以兹/胜善，伏愿/神考崇宗皇帝超升三界，乘十/地之法云，越度四生，达一真之性海，默助无为之化，潜扶有道之风。……奉天显道光耀武宣文神谋睿智制义去邪惇睦懿恭皇帝谨施。" 俄罗斯学者孟列夫根据仁孝皇帝的尊号及发愿文内容，推测刻经时间应在崇宗皇帝去世以后，不早于崇宗去世三周年（1141），不晚于崇宗曹皇太后去世三周年（1167）。② 结合西夏文《顶尊胜相总持功德韵集》题记出现时间，可知此经散施年代大约在天盛元年，即地蛇年（1149）前后。从公布材料看，鲜卑宝源还编写过劝世格言集，即《贤智集》和《鲜卑国师劝世集》，它们完成于乾祐十九年（1188）。

但是宝源并不仅翻译汉传经典，在云居寺保存有一卷明正统十二年（1447）重版的藏汉合璧《圣胜慧到彼岸功德宝集偈》，题记有："诠教法师、番汉三学院并偏袒提点、𗣛美则沙门鲜卑宝源汉译。" 看来鲜卑宝源也参加藏译经文的汉译工作，精通藏文、西夏文和汉文等。

---
① Е. И. Кычанов, *Каталог тангутских буддийских памятников*, 崔红芬、文志勇译, Университет Киото, 1999г. стр. 284.
② [俄] 孟列夫：《黑水城出土汉文遗书叙录》，王克孝译，宁夏人民出版社 1994 年版，第 153 页。

在仁孝期间宝源先担任法师，有显教法师的封号，任功德司副，后来提升为国师，主要从事佛经的汉译任务。

（八）智明

智明[①]圆和法师是西夏文《佛说阿弥陀经》（第109号，西夏特藏第147号，馆册第6761号）的传经者，经文题记有：

𗾻𗤛𗏁𗖻𗖻𗓰𗖻𗖼	圆和法师沙门智明
𗧁𗖻𗏁𗖻𗖻𗓰𗩭𗾻𗓰	觉行法师沙门德慧等传

（九）德慧

德慧先后任觉行法师、贺兰山觉行国师及兰山智昭国师。德慧精通西夏文、藏文和梵文，是乾顺和仁孝时期的法师。他翻译和校勘的经文很多，具体内容见德慧国师的相关条目。

（十）少黑法师

俄藏汉文佛经《甘露中流中有身要论》（A16，孟黑录244）的首题称：少黑法师传[②]，具体情况不知。

（十一）遏啊难捺吃哩底法师

遏啊难捺吃哩底法师见于云居寺保存的明正统十二年（1447）重版的藏汉合璧《圣胜慧到彼岸功德宝集偈》的题记：演义法师、路赞讹、囔赏则沙门遏啊难捺吃哩底梵译[③]。在俄藏黑水城保存的相应佛经题记中也有提及。他精通梵文，与鲜卑宝源、周慧海、拶也阿难答和帝师波罗显胜共同翻译佛经，是仁孝时期的高僧。

（十二）彭智满禅师

俄藏西夏文《胜慧彼岸到要论教学现量解庄严论显颂》（第393号，西夏特藏第101号，馆册第5130号）的题记中提道："𗧁𗾻𗓰𗏁𗖻𗖻𗖼𗓰𗩭𗾻𗓰𗖻　出家功德司正禅师沙门彭智满证义"，说明他懂藏文、西夏文等，任功德司正，负责翻译了藏文经典。

---

① 史金波先生在《西夏的佛教制度》（李范文主编"首届西夏学国际学术会议论文集"）一文中译作圆混法师。
② 《俄藏黑水城文献》，六册《附录·叙录》，上海古籍出版社1997年版，第40页。
③ 罗炤：《藏汉合璧〈圣胜慧到彼岸功德宝集偈〉考略》，《世界宗教研究》1983年第4期。

(十三) 黑禅和尚

《嘉靖宁夏新志》记载了一位黑禅和尚,河西人,通禅观之学,年六十余,先知死期,至日坐灭。① 具体情况不得而知。

文献中出现法师绝大部分是仁孝时期的,这与出土的佛经绝大多数是仁孝时期的有关。西夏的一些法师不仅可以住持重要寺院,也可出任功德司正、副的职务,同时某些法师可能因为佛学知识渊博和在传法中成绩突出,还有一些荣誉官衔并担任一些差遣使职。以往学者认为,西夏只有帝师、国师可以出任功德司正,法师出任功德司副之职。笔者在对佛经题记进行梳理的过程中,发现法师既可任功德司副,也可出任功德司正,法师和禅师的地位相当。禅师和法师一样,从事佛经的翻译和各类法事活动,也可出任功德司正、副之职。西夏法师可以迁升为国师,但目前对法师进封国师的办法和程序还不得而知。

在西夏文献中禅师虽不多见,但他们也出现在西夏的法事活动之中。俄藏汉文《观弥勒菩萨上生兜率天经》的施印题记载:于乾祐二十年九月十五日(1189年10月26日),恭请宗律国师、净戒国师、大乘玄密国师、禅法师、僧众等,就大度民寺,作求生兜率内宫弥勒广大法会……

乾祐十五年(1184)仁孝在其本命年之际,特发利生之愿,施舍《佛说圣大乘三归依经》(TK-121),恳命国师、法师、禅师,暨副判、提点、承旨、僧录、座主、僧众等,遂乃烧施结坛,摄瓶诵咒,作广大供养,放千种施食,读诵大藏等尊经,讲演上乘等妙法。亦致打截截,作忏悔,放生命,喂囚徒,饭僧设贫,诸多法事。《天盛律令》卷十"失职宽限变告门"称:"国师、法师、禅师、功德司大人、副判、承旨、道士功德司大人、承旨等司中有职管事限度者一日起至十日,寺检校、僧监、众主二十日期间当报所属功德司,使定宽限度,二十日以上则当告变。国师、法师、禅师等司内不管者,径直当报中书,依所报次第限之。"② 汉文《杂字》中"官位部"中也列举了禅师等。从举例看,

---

① (明)胡汝砺编,陈明猷校勘:《嘉靖宁夏新志》卷2,宁夏人民出版社1985年版,第150页。

② 史金波等译注:《天盛改旧新定律令》,法律出版社2000年版,第352页。

西夏有"禅法师"的称号，说明法师和禅师地位相当，禅师则强调是修禅的法师。

此外，在俄藏黑水城西夏文佛经文献中还出现一些从事佛经翻译和弘传佛法的僧人，没有提到他们的封号或赐衣等，可统称为法师，他们是：

（1）慧聪：五明显生寺沙门，精通藏文、西夏和汉文，可能是位精通显密的高僧。黑水城出土西夏文佛经题记和发愿文多次提到五明显生寺以及其寺的僧人。俄藏西夏文《菩提勇识之业中入顺》（第400号，西夏特藏第118号，馆册第4827号 上部；第404号，馆册第2621号）译自藏文，见《藏文佛经正经全目录》第5272号，Byang-chub-sems-dpahi spyod-la hjug-pa"入菩萨行"。馆册第4827号经文标题后有译者名字：

𗼇𗥃𗤙𗗚𗵽𗏇𘜶𗩾𘟀𗥃
五明显生寺沙门慧聪（明）

馆册第2621号经文标题后用草体书写大藏经藏文作者的名字（具体不详），西夏文译者名字是五明寺沙门𘟀𗥃（慧聪或慧明）。

西夏文《金刚般若义解记》（第324号，西夏特藏第385号，馆册第886号 第4卷）的校勘者𘟀𗥃（慧聪或慧明），此经译自汉文，见《大正藏》第2740号《金刚般若义记》。慧聪既把《菩提勇识之业于入顺记》从藏文翻译成西夏文，又对译自汉文的《金刚般若义解记》进行校勘。

（2）嗯嗯、法明：甘州僧人，天庆二年（1195）译自藏文的西夏文《圣大悟荫王求随皆得经》（第239号，西夏特藏第76号，馆册第26号）的题记称：

𗵒𗥃𗥺𗤓𗧓𗢳𗥃𗏤𗫻𘟀
𗵘𗯨𗧓𗒹𗏇𗗚𘉋𗖻𗖻𘟀𘃝
天庆乙卯（兔）二年八月一日
发愿写经者等甘州和尚嗯嗯、法明

而法师的其他情况不得而知。

（3）释智：西夏文《圣妙吉祥真实名经》的译者，在西夏藏品中不仅有《圣妙吉祥真实名经》，而且有译自藏文的《圣柔吉祥之加赞》（第390号，西夏特藏第64号，馆册第7578号），见《藏文佛经正经全目录》第3531号。在《大正藏》第1190号《圣妙吉祥真实名经》标有元释智译。但根据现已公布西夏文材料，有学者对释智的生活年代产生怀疑。卓鸿泽先生提出释智所译《文殊最胜真实名义经》实际上是西夏时代作品，其根据的原本不是梵文本，而是藏文本。[①] 台湾学者林英津也认为释智究竟是不是元朝人可能有问题。[②] 这一观点在西夏文佛经和史料记载中得到印证，黑水城等处出土有西夏文《圣妙吉祥真实名经》，说明《圣妙吉祥真实名经》在西夏时期就已经存在，并且非常流行，成为番羌行童剃度时必须诵读经文之一。

（4）智吉祥：中印度摩竭陀国那烂陀寺僧人，宋西天同译经宝法大师、赐紫沙门。他于宋皇祐中（1049—1054）与天吉祥同来，绍圣二年（1095）与金总持共译出《大乘智印经》（《大正藏》第634号）。《至元法宝勘同录》中称智吉祥为西夏三藏。智吉祥还翻译了《清净毗奈耶最上大乘经》《巨力长者所问大乘经》（《大正藏》第543号）等。

（5）金总持：西天三藏明因妙善普济法师，《至元法宝勘同总录》称金总持为西夏沙门。他翻译佛经有《法大乘义决定经》（《大正藏》第763号）、《文殊所说最胜名义经》（《大正藏》第1188号）和《大乘智印经》（《大正藏》第634号）等，称西天宝轮大师赐紫沙门奉诏译。他原是天竺人，后到西夏译经弘法。

总之，通过对僧人师号的论述，我们知道帝师、国师、法师虽然皆可出任功德司正。但从目前材料看，法师可以升为国师，却未见国师升为帝师的记载，也未见帝师参与任何法事活动的记载。主要因为帝师作为皇帝的精神导师，更强调他为皇室服务的特点。而众多的国师、法

---

① Hoong Teik Toh, *Tibetan Buddhism in Ming China*, Dissertaition, Harvard University, 2004, pp. 23–33.

② 林英津：《西夏语译〈真实名经〉释文研究》，中国台湾"中研院"历史语言研究所2006年版（非正式出版），第7页，注释10。

师、禅师等则是佛法弘传的中坚力量，西夏及对外的一切佛教事务主要靠国师、法师等来负责，而大量的僧众则是佛事活动和弘法的具体执行者。西夏僧人参加译经和诵经等弘法活动，把藏文佛经译成西夏文和汉文，或把汉文佛经译成西夏文等，为西夏的译经事业和佛教的传播做出了巨大贡献，同时他们又要参与各类法事，践行着佛教的"自利利他的活动"。

第四节 西夏对僧人的管理

西夏统治者积极推行佛教，佛教也得到快速的发展，但统治者并没有任其发展，而是借鉴中原的管理制度和结合西夏佛教的发展特色，设立功德司和任命僧官管理佛教事务和僧众，西夏将僧尼的管理纳入世俗法律和佛教内典之中，实行严格的试经度僧和籍账制度，使西夏佛教寺院和僧众得以有序发展，从事译经弘法和佛事活动等。

一 僧人的赐衣

西夏僧官享有很大特权，除了有师号外，有些僧官还有赐衣，彰显其地位的尊崇。西夏既继承了中原的赐紫、赐绯制度，还有所创新和发展，增加了赐黑、赐黄，所以西夏僧人有赐黑、黄、绯、紫之制。唐代官制中有"赐紫、赐绯"的规定：三品以上赐紫色袍，五品以上赐绯色袍，以官服的颜色区分官位的高低。后来这一制度也逐渐被佛、道所采用，用于赐给佛、道中职位较高者。《天盛律令》为这种独特而创新的佛教赐衣制度提供了可靠的佐证："诸有官人及其人之子、兄弟，另僧人、道士中赐穿黄、黑、绯、紫等人犯罪时，除十恶及杂罪中不论官者以外，犯各种杂罪时与官品当，并按应减数减罪，其法按以下所定实行，勿施一种黥刑。"[①] 赐衣的僧人可减免罪刑，且不能受黥刑等。除了法律条款中提到有赐黄、黑、绯、紫者以外，在西夏石窟、碑文题记和佛经题记中也见到了有关赐紫、赐绯者的记载。但根据目前所公布的资料，我们仍未见到赐黑、黄者的其他例证。

---

① 史金波等译注：《天盛改旧新定律令》，法律出版社2000年版，第138—139页。

榆林窟第 15 窟门顶右边和第 16 窟窟口北壁各有一处长篇题记，两处内容相同，有：阿育王寺释门赐紫僧惠聪姓张住持窟记盖闻五须弥之高峻，劫尽犹平……①西夏有赐紫僧记载虽不多，但确实存在。

西夏有关赐绯者的记载很多，如凉州感通塔碑所记："感通塔下羌汉二众提举赐绯僧臣王那征遇，修塔小头监崇圣寺下僧监赐绯臣令介成庞，匠人小头监感通塔下汉众僧监赐绯僧酒智清，修塔匠人小头监感通塔汉众僧副赐绯白智宣……"另外，在克恰诺夫的《俄藏黑水城西夏文佛经叙录》中共提到赐绯者 6 处，他们是经文的审核者、译者或抄写者。如：第 316 号，馆册第 4536 号，《慈悲道场罪忏法》经文审核者智海；第 311 号，馆册第 7714、2267 号，《慈悲道场罪忏法》抄经者慧清；第 346 号，馆册第 4976 号，《十王经》译者法海。

西夏赐黄、黑、绯、紫衣者中，有学者认为赐黄者级别最高，赐紫者最低，凡被赐衣者，皆有官品和职位。② 笔者不赞成此观点，认为西夏赐衣制度中仍以赐紫者级别最高，其次才是赐绯、赐黑、赐黄。并且赐衣者不一定都有官品及职位，具体理由在《〈天盛律令〉与西夏佛教》中有详细的阐述。③ 笔者认为，西夏官制制度多继承和借鉴唐宋的官制，僧人的赐紫、绯之制也应当与官制中的衣紫、绯制度是一致，但西夏并不是所有赐紫、绯、黑、黄者均有官品和职位，赐衣只是统治者的一种奖赏。

二 度僧制度

统治者控制僧团主要表现在对僧尼剃度和籍账的监管方面。度牒是官府颁发给出家僧尼的证明文书，它一方面是佛教发展过程中严格剃度的产物，是封建国家用以控制编户民随意流向寺院的工具；另一方面又是僧尼最主要的身份证件。目前尚未见到西夏度牒的样本，《天盛律令》中的规定或多或少为我们透露出西夏度牒上应有的内容，应有僧尼俗家姓名、年龄、法名、僧尼师主及僧人所了解佛法等。唐朝首次把禁止僧

---

① 陈炳应《西夏文物研究》，宁夏人民出版社 1985 年版，第 5 页。
② 韩小忙：《〈天盛改旧定新律令〉中所反映的西夏佛教》，《世界宗教研究》1997 年第 4 期。
③ 崔红芬：《〈天盛律令〉与西夏佛教》，《宗教学研究》2005 年第 2 期。

人私度的行为写入法律条文，规定私度僧人违法，要按律治罪。宋和西夏都因袭了这一做法，《天盛律令》是我国历史上保存下来的第一部用少数民族文字印行的法典，从中可了解到西夏僧人管理层面的大概情况。

（一）试经度僧与籍账管理

（1）试经度僧

西夏有在家僧和出家僧之分，与河西地区有一脉相承的发展关系。河西地区在家僧人是受中原王朝鬻卖度牒的影响而出现的。安史之乱爆发，唐朝为了平定内乱，解决军费不足的问题，曾在全国范围内几次出售度牒，于是出现了很多意在享受僧尼不承担赋役特权，仍像世俗百姓一样住在家中过平常人生活的僧尼。这种出售度牒之风也波及了河西地区，后来挂名的僧尼在中原被取消了资格。而在吐蕃统治下的河西地区，购买度牒的伪僧人不仅没有还俗，而且把他们编入双层籍账管理，即将他们的户籍编入原来家庭的户籍，得到土地并与世俗百姓一样纳赋，同时又编入僧尼部落，免除他们基于人身部分的徭役和兵役，允许寺院役使他们，对他们进行管理。他们不住寺院，与家人住在一起，成为在家僧或住家僧。西夏在家僧人大量存在大概是对吐蕃这一传统的延续，并与佛教世俗化和禅宗宣说有一定关系。

西夏在家僧虽然吃住在家，但他们成为在家僧的程序与以往不同，发生了一些变化，他们也要受到相应衙门的管理和约束，并有一套剃度程序，剃度过程与出家僧剃度基本相同，只是度为在家僧的要求相对较低。《天盛律令》卷十一"为僧道修寺庙门"中详细规定了剃度出家僧和在家僧的条件，其中度为在家僧的条件是：

> 僧人、道士所属行童中，能颂《莲花经》、《仁王护国》等二部及种种敬礼法，梵音清和，则所属寺僧监、寺检校等当转，当告功德司，依次当告中书，当问本人及所属寺僧监、副判、寺检校、行童首领、知信等，令寻担保只关者。推寻于册，实是行童根，则量其行，前各业晓，则当奏而为住家僧人。此外，居士及余类种种，虽知其有前述业行，亦不许为僧人。①

---

① 史金波等译注：《天盛改旧新定律令》，法律出版社2000年版，第402—403页。

度为出家僧的条件是：

> 番、汉、羌行童中有能晓诵经全部，则量其业行者，中书大人、承旨中当遣一二□，令如下诵经十一种，使依法诵之。量其行业，能诵之无障碍，则可奏为出家僧人。番羌所诵经颂：《仁王护国》、《文殊真实名》、《普贤行愿品》、《三十五佛》、《圣佛母》、《守护国吉祥颂》、《观世音普门品》、《竭陀般若》、《佛顶尊胜总持》、《无垢净光》、《金刚般若》与颂全。汉之所诵经颂：《仁王护国》、《普贤行愿品》、《三十五佛》、《守护国吉祥颂》、《佛顶尊胜总持》、《圣佛母》、《大□□》、《观世音普门品》、《孔雀经》、《广大行愿颂》、《释迦赞》。①

从条款内容看，不论是剃度为出家僧还是在家僧，都必须经过严格的试经程序。剃度者必须是行童出身，只有符合剃度条件的行童才能参加试经度僧的考核。西夏在家僧只需了解《莲花经》《仁王护国经》及种种敬礼，诵经声音要清和，要比度为出家僧需了解十一部经容易得多。西夏的在家僧人与吐蕃、归义军时期的住家僧在很多方面应是一脉相承的，在家僧人也有度牒，政府承认，并且有寺籍，属于某一寺院的在家僧人。寺院剃度僧人都要有一定的出家受戒仪式，大概程序是要剃度的行童必须有寺籍，须经所属寺院僧官的推举，还要有担保人，并且还要验明其行童身份后才允许试经。②

试经合格后还须按程序依次奏报功德司、中书，入册后，才正式成为出家僧和在家僧，发给度牒。入册即为僧尼上报籍账，对僧尼实现严格的籍账造册和管理，也就是说，将世俗百姓的户籍管理办法用于僧尼户籍，将僧尼名籍编册后呈送官府，这一做法是西夏效仿中原僧尼管理特有的做法而实行的。实际上西夏颁发度牒的权利可能在中书，西夏僧人剃度由僧俗权力机构相互监督执行。在家僧人与出家僧人一样也有度牒，得到朝廷承认，有寺籍，是属于某一寺院的在家僧人。

---

① 史金波等译注：《天盛改旧新定律令》，法律出版社2000年版，第404—405页。
② 文志勇、崔红芬：《西夏僧人的管理及义务》，《宁夏社会科学》2006年第1期。

试经度僧源于唐代，它既可考查欲剃度者真实的佛学水平，控制僧人数量，也有利于招纳有真才实学者为僧人，保证僧人质量，促进僧众素质的提高，更好地推动佛教事业的发展。为保证试经度僧的公正性，西夏在剃度僧尼时既有僧官参加，也有中书派遣官员监督试经全过程。

(2) 僧人籍账管理

西夏对僧人、行童等都实行严格的管理。行童在未剃度之前就要入籍造册，正式僧人和行童籍账上报的部门不同，僧人、道士、居士、行童及常住物、农主等都要纳册，佛僧常住物及僧人、道士等造册后上报中书。居士、童子、农主等造册上报殿前司，"僧人、道士、居士、行童及常住物、农主等纳册时，佛僧常住物及僧人、道士等册，依前法当纳于中书。居士、童子、农主等册当纳于殿前司，并当为磨勘"。[①] 可见，行童在剃度为僧人之前，也由寺院、功德司和殿前司等共同管理。

由此可知，西夏对僧尼和寺院依附人口的管理也是相当严格的。不论是僧人，还是寺院依附人口，都要分别纳册上报主管部门。出家和住家僧尼要造册上报功德司及中书；外来僧人在百日内要造册上报监军司；寺院依附人口要造册上报殿前司。这种僧俗多重共管的体制既体现了西夏对僧尼的重视和私度的限制，似乎又暗示着他们身份不同，所承担的社会义务也有所不同。

(二) 敕度僧人

除试经度僧尼外，西夏也存在敕度和施舍度僧等情况。敕度僧尼一般发生在国家的重大节日或发生重要事件等情况下，敕度僧人的条件就比试经度僧的条件要宽松得多。《凉州碑》载："用鸣法鼓，广集有缘，兼启法筵，普利群品，仍饰僧一大会，度僧三十八人，曲赦殊死罪五十四人，以旌能事。"天庆三年（1196），罗氏在仁宗皇帝三周年忌日之时大作斋会，施印《普贤行愿品》（TK-242），在佛经发愿文结尾处提到自仁孝去世三年来共度西番、番、汉僧三千员。这些在庆赞和纪念亡故皇帝的法会上剃度僧人属于敕度僧人的行为，敕度僧人的条件可能要比试经度僧的要求要低，只需皇室和官府的政令即可度为僧尼。

[①] 史金波等译注：《天盛改旧新定律令》，法律出版社 2000 年版，第 408 页。

(三) 纳钱物度僧与赐衣

西夏立国近两个世纪，对外战争和自然灾害虽经常发生，但在文献中没有发现鬻卖度牒以充军需和救灾的记载，这与国家政策有一定关系。按规定西夏人在 15—70 岁属成丁，军队有正军、负担之分。战时西夏人皆为军人，参加战斗，平时各务生业，从事其原来的行业。西夏军队兵种不同，待遇也不同。西夏每遇点集出征，士兵多自携军粮甲马，而国家只负担内宿护卫等一少部分军人的粮饷甲马。为此国家不需要靠鬻卖度牒以资军需。然而在西夏法律条款中却存在着纳钱换取剃度、赐衣和僧官之职的现象。

藏族有纳钱或物以换取剃度和拜师学法的习俗，这一传统在河西地区也较为流行。敦煌文书记载了归义军时期新戒者要负担布置道场所需费用和交纳一定的粮食作为受戒的费用。西夏境内民族成分众多，有汉、藏、回鹘和党项人，虽实行试经剃度办法，但为其试经剃度时，寺院要请一些高僧大德和世俗官员参加，试经合格后还要为行童进行剃度，剃度僧人中自然有不少是番、羌行童，藏传佛教纳钱或纳物以充受戒的费用的做法在西夏继续存在。再说剃度为僧尼也意味着他们地位的提高，可以享受到僧尼的某些特权，为此付出一定的代价，以示对佛教的虔诚也是应该的。

《天盛律令》卷十一"为僧道修寺庙门"载："诸人修造寺庙为赞庆，尔后年日已过，毁圮重修及另修时，当依赞庆法为之，不许寻求僧人。又新修寺庙□为赞庆，舍常住时，勿求度住寺内新度人，可自旧寺内所住僧人分出若干。若无所分，则寺侍奉常住镇守者实量寺庙之应需常住，舍一千缗者当得二僧人，衣绯一人。舍二千缗当得三僧人，衣绯一人。自三千缗以上者一律当得五僧人，衣绯二人。不许别旧寺内行童为僧人，及新寺中所管诸人卖为僧人"；"诸出家寺检校派遣次第，实量常住自一千缗至三万缗遣一人，实量三万缗以上至五万缗遣二人，五万缗以上一律当遣三人。其所遣人常住不欠，能办职务，尊老人堪任□刚□肯得执法中，当奏而派遣"。[①] 纳钱度僧或纳钱换取赐衣和僧官之职的所得是用于寺院或佛事活动，而不是用于军需和救灾救难。也就是

[①] 史金波等译注：《天盛改旧新定律令》，法律出版社 2000 年版，第 404、405 页。

说纳钱度僧的钱财用于寺院重修和另修,不是由于国家财政所有。这点与唐宋鬻卖度牒不同。

(四) 对女尼的剃度

西夏建国之初已存在女尼和尼庵,元昊的野利皇后因发现没藏氏与元昊私通,遂将没藏氏送入戒坛寺为尼,戒坛寺是兴庆府附近的一座尼寺。西夏文佛经题记对女尼抄写、刊印佛经的情况也多有记载。《天盛律令》卷十一"为僧道修寺庙门"规定:"诸寡妇、未嫁女等有诚心为佛法,异议无有而为僧人者,当令寻只关担保者。依所欲住家或出家为僧人。自中等司承旨、中书、枢密、都案以上人之母亲、妻子等衣绯,此外以下者当衣黄。"① 女性出家虽相对简单,但寡妇和未嫁女只要诚心向佛,有担保人即可度为僧人。若是官家的女性,还可依官衔高低,有赐绯衣和黄衣的优待,但也不许无牒而为尼,否则会受到处罚,《天盛律令》卷十一"为僧道修寺庙门"还规定:"诸妇人不许无牒而为尼僧。若违律时,有主、为他人奴仆则徒四年,无主而无障碍则徒二年。举赏二十缗钱,由犯罪者承担。已判断后仍为不止者,当以新罪判断。"② 西夏对于女尼剃度出家的条件要比男性宽松,一些有权势的妇女出家还享受赐衣待遇,地位低下的女性若违律出家要受到惩治,对举报私度者还给予一定的奖励。

三 对僧众的监管

(一) 对投奔来夏僧人的管理

西夏对投奔入夏的他国僧尼也实行严格管理。《天盛律令》卷十一"为僧道修寺庙门"规定:"他国僧人或俗人等投奔来,百日期间当纳监军司,本司人当明晓其实姓名、年龄及其中僧人所晓佛法、法名、师主为谁,依次来状于管事处,应注册当注册,应予牒当予牒……"③ 按律西夏对投奔来的僧人也实行严格管理,投奔来的僧人要纳册,符合条件者应发给度牒。俄藏黑水城汉文佛经文献《注华严法界观门卷下》

---

① 史金波等译注:《天盛改旧新定律令》,法律出版社2000年版,第406—407页。
② 史金波等译注:《天盛改旧新定律令》,法律出版社2000年版,第409页。
③ 史金波等译注:《天盛改旧新定律令》,法律出版社2000年版,第408—409页。

(TK-242)题记载,……皇朝天盛四年岁次壬申八月望日(1152),沔道沙门释法随劝缘及记,邠州开元寺僧西安州归义刘德真雕版印文。刘德真就是宋朝投奔西夏的僧人,在西夏继续为僧,并发挥特长,从事国经的佛经的活动。西夏崇佛,周边政权投奔西夏僧人可能不会少,所以把对投奔僧人的管理也写入法律条款中。

(二)保人制度的实行

西夏将"保人"制度被纳入西夏僧人和常住的管理之中,《天盛律令》多次提到"担保者",剃度僧尼需要担保,施舍常住也要担保。笔者认为担保剃度是为了防止私度,强化对剃度僧人的监控力度。担保常住则是为了保证寺院的经济利益,体现了政府对佛教的支持。为使担保行为更加可靠有效,担保人很可能是由本寺有威信的高僧大德等充当,担保人要承担一定的风险,若有违律情况发生,担保人也会受到牵连,受国法制裁。

(三)严控度牒的发放

限制私度僧尼和控制僧尼数量的另一办法是对亡故僧尼或还俗僧尼度牒、紫衣师号等实行收回制度,不允许世袭,即对亡故僧尼的度牒或还俗者的度牒都采取收回注销,僧官度牒也不允许世袭。《天盛律令》卷十一"为僧道修寺庙门"规定:"国境内僧人、道士中虽有官,儿子、兄弟曰求袭出家牒等时,不许取状使袭之。若违律时,报取状者等一律有官罚马一,庶人十三杖";"诸僧人、道士本人已亡,有出家牒,彼之父、伯叔、子、兄弟、孙诸亲戚同姓名等涂改字迹,变为他人出家牒而为僧人、道士者,依为伪僧人、道士法判断";"国境内有僧人情愿交牒为俗人者,于前宫侍、合门、帐门末宿本处纳册,不许入臣僚中。而后欲入军待命、独诱、执种种重职,则当报,于所情愿处注册。其中与行童引导,则不许为辅主,当另置抄"。① 为限制私度僧人和保障赋役纳税等,僧官度牒也不允许世袭,若违反规定要受到相应处罚。僧人去世,其度牒不许亲人或亲戚涂改而成为他人的度牒,已涂改变成他人度牒者,当事人按伪僧人处治。对情愿还俗者,不仅要交回度牒,而且不许为官。

---

① 史金波等译注:《天盛改旧新定律令》,法律出版社2000年版,第410页。

(四) 僧人寺籍和转寺规定

西夏僧人有度牒、户籍和寺籍，以便于寺院和官府对其进行有效监控。"为僧道修寺庙门"规定："僧人、道士有出家牒而寺册上无名，不许其胡乱住。自为僧人、道士之日百日期间当告局分处，于本处所属寺册上注册。若违律不注册时，徒一年，举赏依举杂罪赏罚当得。已判断后仍不注册，则当免为僧人，而入于行童中。"① 可见，僧尼有寺籍，不同寺院的僧人未经批准不允许随便转换寺院，对违律行为要严厉制裁。僧尼如此，寺内的其他人员亦如此。还规定："诸寺僧人所属居士、行童等，除同寺外，不许下面相投予状转寺。若违律转寺时，依任轻职自相互转院法，徒十二年"；"僧人、道士之居士、行童，若册上无名，或册上有名而落之，不许为免摊派杂事，还为变道之学子。若违律册上注销，及不注册而为伪僧人，转寺院时，与前时现已死未及注销，及不注册为僧人、同类自相为转院等之罪情相同。若已来处册上实有，未为伪僧人，则导处勿坐变道罪"。② 西夏用此法律条款严格控制每一寺院僧人及依附人口的数量。僧人要在寺籍注册，不许随意转换寺院。若册上无名，不准免其杂役，还要受重惩。

(五) 对违法剃度者的处罚

西夏为禁止私度僧人，严厉打击未经朝廷批准的违法私度行为，把惩处和奖励相结合。《天盛律令》卷十一"为僧道修寺庙门"的相关条款对此有明确规定，现列举如下：

> 1. 种种善时剃度使为僧人时，僧人行童、室下常住二种行童等，以及道士行童等中可使为僧人，此外种种诸类中，不许使为僧人。若违律时，使为僧人者及为僧人者等之造意当绞杀，从犯徒十二年。若为僧人者未及丁，则罪勿治，使为僧人者依法判断，为僧人处之师傅与造意罪相同。担保者知觉则当比从犯减一等。其中受贿者与枉法贪赃罪比较，从重者判断。③

---

① 史金波等译注：《天盛改旧新定律令》，法律出版社2000年版，第409页。
② 史金波等译注：《天盛改旧新定律令》，法律出版社2000年版，第408—409页。
③ 史金波等译注：《天盛改旧新定律令》，法律出版社2000年版，第406页。

第四章 西夏的师号与僧人管理

2. 僧人、道士之实才以外诸人，不许私自为僧人、道士。倘若违律为僧人、道士貌，则年十五以下罪勿治，不许举报，自十五以上诸人当报。所报罪状依以下所定判断：

诸人及丁以上为伪僧人、道士时，及丁攉伪才者，上谕□□□□奏，行上谕后判断无才，于册上消除，当绞杀。又册上不消除，亦未攉伪才，仅仅为伪僧人、道士貌者，徒六年。已判断后再为不止，则当以新罪判断。同抄内首领等知觉不报者，当比犯罪者减二等。其中亲父母者，因允许父子互相隐罪□□判断，与各节亲减罪次第相同。举赏当依杂罪举赏法得，由犯罪者承担给予，无能力则当由官赐。

使军为伪僧人、道士亦承罪，承担举赏法与前诸人为伪僧人相同。其中死罪以外，获劳役时，依别置所示罪实行。

僧监、副、判、众主等，知觉本寺所属人为伪僧人、道士，因不告，不禁止，则当比犯罪者判断减二等。

大小臣僚于京师、边中任职、军首领于本军检校未至，变换小首领、舍监、权检校等知觉为伪僧人、道士，不禁止，及不报官方等时，依前述僧监等法判断。

为伪僧人、道士者，现在僧监、副、判、众主及所在首领及臣僚、在军小首领、舍监等知觉，罪分明以外，未闻，亦因是管事者，未好好禁止，有官罚马一，庶人十三杖。

寺中为尼僧，僧监、副、判、寺主等知闻不报时，应获徒四年罪则徒六个月，应获徒二年罪则徒三个月。有主、头监等知闻不报，亦依僧监等法判断。

3. 诸人欲为伪僧人，执剃度者知其非僧人而为之落发时，当比有罪人减三等判断。未知，则因未仔细询问，有官罚钱五缗，庶人十杖。[①]

从上述条款看出，为了保证国家的税收、徭役、兵役，严禁成丁私度为僧人，朝廷采取重罚和奖赏相结合的办法严厉打击私度，实行试经

[①] 史金波等译注：《天盛改旧新定律令》，法律出版社2000年版，第407—410页。

度僧制度，控制僧人数量。但因西夏崇佛，僧人地位高且享有一定特权，愿为僧尼者不少。西夏到底有多少僧尼，没有一个确切数字，仅依据现有材料很难作出较为合理的判断。史先生曾提到在应天四年（1209）参加斋会的僧众达六万多，[①] 然而在史先生提供的西夏文佛经题记中却未找到相关记载。综合各类记载分析，西夏佛教僧团的人数估计不少，但会不会一次斋会就有几万僧人参加尚须进一步考证。庞大的佛教僧团在西夏不仅没有引起政府的担心，反而在很多方面得到朝廷扶植和庇护。笔者认为，这种局面的出现既说明西夏僧尼并不是一个完全靠朝廷和人民来供养的寄生阶级，他们要承担一定的社会义务，也与唐宋以来佛教世俗化进程的加快和僧尼蠲免赋役的经济特权日益丧失有密切关系。

综上所述，西夏僧尼地位较高，有些僧官享有一定的特权，拥有帝师、国师之号和赐衣的奖赏。西夏设有功德司，专门管理佛教事务，帝师和国师出任功德司正、副之职，同时僧人的籍账等还纳入中书和监军司等管理机构，不论是僧人，还是行童都要分别纳册上报各自不同的主管机构。出家僧和住家僧要造册上报功德司、中书；外来归义僧人要造册上报监军司；行童等要造册上报殿前司，严格限制私度行为。西夏僧俗共同管理僧人的体制既体现了朝廷对佛教僧团的限制，也说明僧尼身份不同，上级管理机构不同，他们所尽的义务也不尽相同。西夏统治者既利用佛教的宣说维护其统治，也采取诸多措施严控僧人的数量，打击私度行为，以保证其财政收入和军人的来源。

---

① 史金波：《西夏佛教新探》，《宁夏社会科学》2001 年第 5 期。

第五章　藏传佛教宗派在西夏的传播及影响

第一节　西夏与藏传佛教的宗派

10世纪末，佛教在藏地得到复兴，进入后弘期发展阶段。藏族僧人依附不同的地方势力，因传承、修持方法的不同形成了众多宗派，主要有宁玛派、噶当派、萨迦派、噶举派及其分支派系等，一些藏传佛教僧人为了弘扬佛法，加强了对外交往和活动。党项族与藏族僧人的交往和相互学习在西夏建国之后达到高峰，很多派别与西夏建立联系，一些藏族僧人纷纷来到西夏译经、建寺弘法，开窟造像绘画，他们受西夏统治者重用，负责西夏佛教事务，为西夏藏传佛教的发展和繁荣做出了巨大贡献。

一　噶当派与西夏的交涉

噶当派是11世纪藏传佛教后弘期最早出现的一个教派，由阿底峡奠定，仲敦巴开创，那措译师和俄·勒贝喜饶继续扩展，分为教典传承、教授传承和道阶传承三大支脉，是由传授之法命名的教派。噶当即把佛的一切言教（所有显密经论）都看作是对于僧徒的行为和修持（包括日常的行为、修心和密教修法）的知识、指导。噶当派与西夏的接触始于何时已无法考证。据《木雅五学者传》记载："热德玛桑格大师等五位学者，早期都无一例外地去过吐蕃地区，在桑普寺求师学法。他们还到过夏鲁寺、萨迦寺、那塘寺及觉木隆寺，其中有的人还得到布顿大师的称赞，学有所成。"① 一些学者把这条记载作为党项与吐蕃早期交往的例证。但黄颢先生却对此持不同观点，认为"木雅五学者均系元末明初高僧，与宋、西夏无涉"。② 依据黄先生的观点，这段记载反映了西夏灭亡后西夏遗民中的僧人在藏区继续从事佛教活动，他们与噶当派有比较密切联系。这里所记述寺院大多属于噶当派寺院。其中桑普寺即桑普内邬托寺，"1073年由阿底峡的亲传弟子俄译师勒贝喜饶创建。寺院建成后，招收僧人五百多，由俄译师亲自讲经。后来，他把传法重任交给自己的侄子罗丹西饶。罗丹西饶七岁就开始跟随叔父等人学习经论，曾到尼泊尔、中印度和克什米尔等地拜师学法，十七年中他精通经典、论理显密口授、注释、秘诀等，回国之后将其全部译成藏文，在卫藏、南部边区、安多和康区、东部宗喀、西夏等地都有修习本派教法的弟子，不管多远都有他传授的弟子"。③

那塘寺是西藏历史上一座著名的噶当教典派寺院，在今日喀则县，是"1153年由格西夏热哇（1070—1141）的弟子董敦罗追扎巴（1106—1166）倡建"。④ 噶当教典派弟子吉纳扎森格修建法相院，主要是学习佛教法相学五部大论的大寺院，西藏大法相寺院包括六大寺院，其中还有觉木隆寺，它是噶当派以讲习法相宗为主的寺院。夏鲁寺也是噶当派的一个寺院，《红史》记载，由聂巴希波的弟子藏楚到夏鲁建立讲经院。目前学界对该寺建立的时间还存在争议，有三种观点：一是建于1003年，相当宋咸平六年。二是建于1027年，相当宋天圣五年。三是建于1039年或1040年，相当宋宝元二年或三年，西夏天授礼法延祚二年或三年。但实际上夏鲁寺与耶玛尔寺、聂萨寺、姜普寺等几乎是同时由安多返回卫藏的十人及弟子建立。⑤

噶当派创立之时正是西夏秉常皇帝在位时期，有些西夏僧人曾向桑

---

① 高景茂译：《木雅五学者传》，转引自黄颢《藏文史书中的弭药》，《青海民族学院学报》1985年第4期。
② 黄颢：《二十世纪国内藏学界有关西夏研究》，杜建录主编：《二十世纪西夏学》，宁夏人民出版社2004年版，第214页。
③ 蔡巴司徒·贡噶多杰：《红史》，西藏人民出版社1988年版，第60—61页。
④ 蔡巴司徒·贡噶多杰：《红史》，西藏人民出版社1988年版，第225页。
⑤ 谢继胜：《西夏藏传绘画——黑水城出土西夏唐卡研究》，河北教育出版社2002年版，第252页。

普寺住持罗丹西饶学习噶举教法，说明在桑普寺建立不久西夏的僧人就与噶举派建立了联系。西夏派僧人到藏地学习佛法，西夏灭亡以后仍然有些木雅僧人到藏区活动，在噶当派创建的一些寺院继续学习佛法。

　　黑水城出土西夏绘画也受到噶当派的影响，谢继胜先生对黑水城出土的藏传绘画进行分析考证，认为俄罗斯艾尔米塔什博物馆藏《文殊师利菩萨》唐卡残片（X-2359）是一幅具有西藏早期绘画风格的作品，创作年代应在10—11世纪。黑水城出现的文殊菩萨，从画幅规模、人物造型等特征都充分说明其遵奉了早期噶当派的风格。同时，谢先生把西夏藏传绘画与扎唐寺、夏鲁寺壁画进行比较，认为西夏藏传绘画与11世纪创建的夏鲁寺和扎唐寺壁画之间存在风格渊源关系。黑水城雕版印画风格与夏鲁寺早期壁画风格更为接近，即西夏藏传绘画作品更多地发展了夏鲁寺早期壁画所代表的风格。①

　　尽管噶当僧人来西夏境内传法的线索尚不太明了，但噶当派的绘画艺术却对西夏绘画艺术产生了不小的影响，这也足以说明西夏藏传佛教和艺术曾与噶当派有着某种联系。

二　噶举派与西夏文经典

　　噶举派是以领授语旨教授而为传承的，特别重视师徒口耳相传的密法的修习，是藏传佛教各宗派中藏族色彩较浓厚的宗派之一，它的特殊教法是"大手印法"。"大手印"指的是一切的现象、一切的宇宙姿态与运行，以及一切所化现的无边无际，因此"大手印"也可译作"大象征"，它实际上是指心灵的妙明之境，指玄奥的精神照耀。② 一切诸法，不离于心，手印可普印一切诸事法，大手印强调修心要门。大手印法是11世纪从印度传入藏地，成为噶举派的修行的教法。

　　噶举派的祖师之一是印度大成就者第洛巴（808—?），其弟子是那若巴（1016—1100），那若巴又传玛尔巴（1012—1097）译师，玛尔巴修习那若六法和上乐金刚。他多次去印度，除了依师那若巴之外，还跟

---

① 谢继胜：《西夏藏传绘画——黑水城出土西夏唐卡研究》，河北教育出版社2002年版，第220、251页。
② 洛桑杰嘉措编：《图解大手印》，陕西师范大学出版社2007年版，第38页。

从其他上师学习喜金刚、密集金刚和大手印法。玛尔巴的弟子是米拉日巴（1040—1123）除修习上乐耳传外，大多是实践玛尔巴的教法，并修习金刚亥母。到米拉日巴的弟子岗布巴·索南仁钦（1079—1153）即著名的达波拉结时形成达波噶举派。达波拉结以医学知识闻名藏区，依米拉日巴修习拙火定和大手印法，以后达波噶举又分为四大派、八小派。四大派即噶玛噶举、蔡巴噶举、拔绒噶举和帕竹噶举。八小派即止贡噶举、达垄噶举、竹巴噶举、雅桑噶举、绰浦噶举、修赛噶举、叶巴噶举和玛仓噶举。

　　从史料记载看，噶举派和西夏关系密切，交往也较为频繁，对西夏的影响很大。从清朝皇宫流传出来的藏传佛教的密教修习法之汉文译本文献《大乘要道密集》（萨迦道果新编）第六篇"解释道果语录金刚句记"的题记中载："北山大清凉寺沙门慧忠译，中国大乘玄密帝师传，西番中国法师禅巴集。"据考证大乘玄密帝师是仁孝时的一位帝师，法名为慧玄或慧称。《大乘要道密集》第六十六篇"大手印伽陀支要门"首题记载："然此要门师承次第者，真实究竟明满传与菩提勇识大宝意解脱师，此师传与萨啰喝师，此师传与萨啰巴师，此师传与哑斡诺帝，此师传与辣麻马巴，此师传与铭移辣啰悉巴，此师传与辣麻辣征，此师传与玄密帝师，此师传与大宝上师，此师传与玄照国师。"陈庆英先生考证萨啰喝、萨啰巴和哑斡诺帝是在西藏广为流行的佛教"印度八十四位大成就者"故事中的著名高僧，而藏传佛教的萨迦派和噶举派都把他们奉为本教法祖师传承中的重要人物。辣麻马巴和铭移辣啰悉巴则是噶举派两位祖师即玛尔巴和米拉日巴。大乘玄密帝师为噶举派僧人，是米拉日巴的再传弟子，修习噶举派传承下来的"大手印"教法。[①] 大乘玄密帝师不仅精通噶举派的大手印教法，而且兼修萨迦派的道果教法。玄照国师是大乘玄密帝师的再传弟子，他大概属于噶举派下属的某一分支系。

　　《大乘要道密集》还记载了一些师承关系，如第六十三"新译大手印不共义配教要门"题记中提道："大巴弥怛铭得哩斡师集，果海密严寺玄照国师沙门惠贤传，果海密严寺沙门惠幢译"。第六十四篇"新译

---

① 陈庆英：《西夏及元代藏传佛教经典的汉译本》，《西藏大学学报》2000年第2期。

第五章 藏传佛教宗派在西夏的传播及影响

大手印顿入要门"中提道:"果海密严寺玄照国师沙门惠贤传,果海密严寺沙门惠幢译"。第六十八篇"新译大手印金璎珞要门"的开头处记"其师承者,萨斡哩巴传与铭得哩斡师,此师传与巴彼无生师,此师传与末则啰二合孤噜师,此师传与玄密帝师,此师传与智金刚师,此师传与玄照国师"。结合第六十六篇"大手印伽陀支要门"的师徒传承关系可以得出智金刚国师和玄照国师也是大手印教法传人,他们应属于噶举派或噶举派下属分支的僧人,其师承应是大乘玄密帝师—智金刚—玄照国师。① 玄照国师住果海密严寺,这一寺院在经文中是首次出现,其始建年代和地址都不清楚。而智金刚的名字在拜寺沟方塔出土的残卷佛经《吉祥上乐轮略文等虚空本续》的题记中出现过,这至少说明国师智金刚与贺兰山拜寺沟寺庙群有一定的关系,他可能就是其中某一寺院的僧人,而玄照国师又是他在西夏的传人。贺兰山拜寺口双塔中的西塔是藏传佛教典型佛塔之一,西塔塔刹穹室壁内有朱书梵文,大意为:圆满菩提会成佛,解脱妙法会解脱,清净清净会清净,普遍解脱遍解脱,一切清净佛世尊,以大手印为依身。② 看来,在贺兰山等地寺庙也存在大手印修行教法,可能还存在一定的师承关系。噶举派僧人有多位在西夏出任帝师和国师,说明噶举派与西夏的关系非同一般,噶举派对西夏的影响是比较大。

噶举派主张修习大手印教法,同时也崇尚上乐金刚和金刚亥母教法修行。有关"大手印法"含义,桂译师·循努贝作了论述:佛之岁依即从别解脱至吉祥集密之间的成就及实践等一切均以印印之,故称为大手印。印即印契而说手印,如印章而盖之,故称为印也。此印为至极无上之佛法心髓,故名为大。噶举派佛学大师岗波巴说:若能通达诸生死涅槃之一切法皆不超出法性无生之范围,即是"手",所现所有的一切法均不超出本元之义,即谓"印",于法性自然解脱中证悟,故成"大"。"大手印"如大译师桂(桂译师·循努班)所讲"使对佛教之本从别解脱至《吉祥密集续》之一切修持与实践盖以印记的大手印"。

---

① 谢继胜:《西夏藏传绘画——黑水城出土西夏唐卡研究》,河北教育出版社2002年版,第345页。
② 宁夏回族自治区文物管理委员办公室、贺兰县文化局等:《宁夏贺兰县拜寺口双塔勘测维修简报》,《文物》1991年第8期。

大手印几乎囊括了无上瑜伽的全部精华，《密集根本续》《胜乐根本续》《喜金刚根本续》《时轮根本略续》和《大手印明点续》等经续思想在其中都有所反映。关于噶举派大手印教法的佛典也被译成西夏文，如《大手印之三种义比》（第 503 号，西夏特藏第 348 号，馆册第 2841 号）、《大手印直入要论》（第 600a、601 号，西夏特藏第 346 号，馆册第 892、7216 号）、《大手印于合加过……灭诛要论》（第 611 号，西夏特藏第 447 号，馆册第 4977 号）、《大手印定引导略文》（第 649 号，西夏特藏第 347 号，馆册第 875 号）等。① 这些藏密经典存在于西夏藏品之中，说明当时西夏修习噶举派大手印教法还是比较流行的。

在黑水城文献中有几种汉译藏传佛教密宗无上瑜伽修习仪轨文书，如《梦幻身要门》（A15）、《甘露中流中有身要门》（A16）、《中有身要门》（TK－327）、《舍寿要门》（A17）、《拙火能照无明》（写本，A18）、《□寿定仪》（инф. №274）以及其他多种有关修习金刚亥母之仪轨文书，如《金刚亥母禅定》（写本，A19）、《金刚亥母修习仪》（写本，Ф249 Ф327）、《1、金刚亥母略施食仪；2、金刚亥母自标授要门；3、金刚修习母究竟仪；4、□寿定仪；5、金刚修习母标授瓶仪》（写本，ИНВ. №274）等。沈卫荣先生认为涉及梦幻身修习的主要有宁玛派的中有修法和噶举派的《那若六法》，因宁玛派之中有经典《寂忿尊密意自解脱》是伏藏师噶玛噶岭巴于 14 世纪中期才发现的。

黑水城汉文《梦幻身要门》是噶举派大师冈波巴（即塔波拉结）所造《纳若六法释论》中《幻身要门》一节的汉译，也是后世行者修习梦幻瑜伽的主要依据。② 因此，黑水城所见的这些有关中有密法文献的根据当不可能是宁玛派所传之中有法，而更可能是根据噶举派《那若六法》所作之授受。六法分别指脐火（拙火）、幻身、光明、往生、夺舍和中有，这说明噶举派的纳若六法也传到西夏。

在黑水城藏品中保存有那若巴的《六法自体要论》（第 602—605 号，西夏特藏第 371 号，馆册第 4858、4698、7983、2542 号）的西夏

---

① Е. И. Кычанов, *Каталог тангутских буддийских памятников*, 崔红芬、文志勇译, Университет Киото, 1999г. стр. 526, 561, 565, 578.

② 沈卫荣：《西夏黑水城所见藏传佛教瑜伽修习仪轨文书研究》（1）：《梦幻身要门》, 当代藏学学术研讨会所提交论文, 中国台湾"蒙藏委员会"2004 年版, 第 382—473 页。

第五章 藏传佛教宗派在西夏的传播及影响

文译本,在其标题后都提到那若巴(1012—1100)撰写,沙门慧照译西夏文。慧照是黑水城五明显生寺法师,精通汉、藏和西夏文,西夏晚期在黑水城翻译了不少藏文佛典。黑水城藏品中还有那若巴译传的其他经文,如《欲乐圆混令顺要论》(第593—594号,西夏特藏第325号,馆册第5116、2546号)、《念定害绝要论》(第606号,西夏特藏第415号,馆册第2892号)等,[①] 这些经籍也是由慧照译成西夏文,在西夏流传。可以推测慧照也应是西夏噶举派僧人,为弘传噶举派教法作出了不少贡献。

在黑水城还保存了一些类似西夏文的文献,如《中有要论》(第609号,西夏特藏第434号,馆册第4442号,写本,卷子装)、《中有身要论》(第559号,西夏特藏第170号,馆册第7116号,写本,蝴蝶装)标题后有大度民寺中国觉照国师法狮子编译。他还编撰过《聚轮供养作次第》(第384号,西夏特藏第182号,馆册第821号)、《金刚王亥母随净瓶以亲诵作顺》(第541号,西夏特藏第260号、馆册第2557号)、《1.修以觉证顺愚火定要论;2、梦见以觉证顺变身定要论;3、睡眠以觉证顺光明定要论;4、无修以觉证顺识行要论;5、中有身要论;6、余垣宫于入顺要论》(第564号,西夏特藏第209号,馆册第2545号)、《道之间休止顺要论》(第574号,西夏特藏第252号,馆册第3823号)等。[②] 据聂鸿音先生考证,法狮子是吐蕃来西夏传法的僧人,大概是12世纪下半叶人。[③] 从法狮子传译经典看,不乏噶举派的一些内容,由此推断,他可能是一位噶举派僧人。

黑水城出土汉文藏品中藏传佛教文献还有西夏写本《拙火能照无明》(A18)和上述所列《梦幻身要门》等属于同一系列,是噶举派所传《那若六法》的修行仪轨。纳若六法为修习方便道,六法作为互为联系的整体,"拙火"为道之根本,"幻身"是道之核心,"光明"为道之心要,"转生"为道之中心,是六法解决生死问题的关键。

---

① Е. И. Кычанов, *Каталог тангутских буддийских памятников*, 崔红芬、文志勇译, Университет Киото, 1999г. стр. 558–559, 563.

② Е. И. Кычанов, *Каталог тангутских буддийских памятников*, 崔红芬、文志勇译, Университет Киото, 1999г. стр. 546、487、539、547–548、552.

③ 聂鸿音:《大度民寺考》,《民族研究》2003年第4期。

噶举派还十分崇尚上乐教法，教授上乐教法的那若巴的弟子中有兄弟四人，即旁塘巴，其哥哥法智、两个弟弟（一个是时轮师，另一个是塘穷巴），《青史》记载："尼泊尔旁塘巴又叫阿塔巴钦波，兄长法智（Thamamati），弟弟时轮师及塘穷巴。兄弟四人中，法智（Thamamati）依止那若巴十二年，旁塘巴前来迎请时，法智（Thamamati）说：'你在这里住下吧！我有我上师的授记，吩咐去五台山，该入何处就入那里。'旁塘巴依止那若巴九年，闻习胜乐、喜金刚等许多教法，尤其从胜乐门获得中、低成就。弟弟时轮师在那若巴座前依止五年，听受了胜乐等许多教法。幼弟塘穷巴前来迎接时轮师，也从那若巴受得灌顶和续部口诀教授"。① 塘穷巴终于成为学富五车的班智达，带着弟子来过西藏，他的一个弟子智贤是位著名学者，曾于尼泊尔同一些外道僧、瑜伽女旃陀罗勒就佛法真伪辩论，获得胜利，声名远扬。他在12世纪晚期来藏传法，玛尔巴多巴、欧译师、玛觉译师和洛嘉译师从其学习，仁布译师扎觉喜饶尽受其传。据藏文资料记载，他去过五台山，担任过西夏王的上师，创建了胜乐佛殿，最后病逝于西夏。

在黑水城出土的九幅描绘上乐金刚坛城的唐卡，其中八幅上有金刚亥母形象。在艾尔米塔什博物馆黑水城藏品中有一幅《金刚亥母》（X-2393），主尊左右两边各有五位僧人。据谢继胜先生辨认，左侧第五格肤色褐黑者可能是那若巴，而与他对应的右侧第五格中应是玛尔巴。② 这幅绘画也可作为西夏与噶举派之间存在密切关系的又一例证。谢先生通过对黑水城金刚亥母与敦煌第465窟金刚亥母的比较，认为这两处绘画特色存在直接的师承关系。

武威亥母洞、贺兰县宏佛塔和贺兰山拜寺口西塔等处也发现有上乐金刚坛城。在武威发现了西夏时期以金刚亥母命名的洞窟，并在亥母洞出土了一幅西夏时期的圆形坛城构图的上乐金刚坛城，这幅唐卡约高80厘米，宽60厘米，棉布画布，画面构图属于东印度波罗艺术、流行于卫藏和西夏的框式构图，上方列有二行，每行七格，主龛左、右各为

---

① 参见廓诺·迅鲁伯《青史》，郭和卿译，西藏人民出版社1985年版，第253页。
② 谢继胜：《西夏藏传绘画——黑水城出土西夏唐卡研究》，河北教育出版社2002年版，第123页。

第五章 藏传佛教宗派在西夏的传播及影响

竖行三大格，下方虽不分格，但仍可确认为七格，主尊两侧不规则安置三格，共绘 35 位人物。① 十三世纪初期的作品。上方共出现六位上师图像，谢先生推断此像为噶举派上师传承像，具体身份有待研究。把这幅作品与亥母洞出土其他藏传文物相对照，则表明噶举派上乐金刚修行教法在西夏末年仍然广为传播。② 另外，在贺兰县宏佛塔和贺兰山拜寺口西塔也出土有《上乐金刚坛城》。大量上乐金刚与金刚亥母像在河西等地被大量发现，不仅说明西夏时期河西地区藏密信仰的兴盛，而且说明上乐金刚和金刚亥母修行在西夏的兴盛，西夏与噶举派之间存在十分密切关系。

噶举派崇尚金刚亥母教法，有关金刚亥母修行仪轨方面的经文在黑水城西夏文藏品中也存有不少。因西夏文原件尚未公布，具体内容无法考证，如果将其全部确定为噶举派所尊修的经典，可能有些牵强，因为藏传密教很多教派都修习上乐金刚的密续，但至少说明西夏金刚亥母修行还是比较兴盛的。在黑水城藏品中保存大量金刚亥母修习仪轨的文献，说明在藏传佛教影响下，西夏金刚亥母修行仪轨是很流行的，其中西夏文的有：《金刚王亥母之燃施法事》（第 523 号，西夏特藏第 459 号，馆册第 5132 号）、《金刚王亥母随净瓶以亲诵作顺》（第 541 号，西夏特藏第 260 号，馆册第 2557 号）、《金刚王亥母随日夜愿发教求顺要论》（第 575—576 号，西夏特藏第 255 号，馆册第 7988、7103 号）、《金刚王亥母随集了定作顺要论》（第 577 号，西夏特藏第 256 号，馆册第 7841 号）、《金刚王亥母随食饮受承顺要论》（第 578 号，西夏特藏第 257 号，馆册第 7988 号）、《金刚王亥母随睡眠作顺要论》（第 579 号，西夏特藏第 258 号，馆册第 6489 号）、《金刚王亥母随略护摩作顺要论》（第 580 号，西夏特藏第 259 号，馆册第 2537 号）、《金刚王亥母于食施奉顺要论》（第 581—582 号，西夏特藏第 261 号，馆册第 2537、6853 号）、《金刚王亥母随面手等洗澡顺要论》（第 583 号，西夏特藏第 262 号，馆册第 6489B 号）、《金刚王亥母于皆悉罪忏论》（第

---

① 谢继胜：《一件极为珍贵的西夏唐卡》，《宿白先生八秩华诞纪念文集》，文物出版社 2002 年版，第 599—613 页。

② 谢继胜：《西夏藏传绘画——黑水城出土西夏唐卡研究》，河北教育出版社 2002 年版，第 132 页。

584号，西夏特藏第263号，馆册第4708号）、《金刚王默有母随智火恭造顺要论》（第585号，西夏特藏第264号，馆册第4772号）等。[①]汉文的有：《金刚亥母略施食仪》、《金刚亥母自标授要门》、《金刚修习母究竟仪》、《金刚修习母标授瓶仪》、《金刚亥母修习仪》（Ф249Ф327）、《金刚亥母集轮供养次第录》（A17）、《金刚亥母禅定》（A19）等。苏州戒幢佛学研究所的宗舜认为《大集编□□□声颂一本》（TK-74）主要属于藏密所传上乐金刚修法法本，也包括供养金刚亥母仪轨等。

　　1991年在贺兰山拜寺沟方塔中出土了九册《吉祥遍至口和本续》，学者对部分经文进行了释译，从这部分内容看，有藏密经典常见的词汇和教法，如"大乐""大密""密乘""空行母""喜金刚""菩提心"等，还有"大手印"和"道果"。据此初步推定，《本续》的翻译印制与萨迦派或是噶举派的传法和译经活动有关。[②]孙伯君在译释西夏文佛教文献时，梳理了西夏"金刚默有母修法""大手印烧施、念定修法""大手印伽陁支要门""大黑求修法""金刚亥母修习法""那若六法""大印究竟要集"等传承世系。[③]

　　噶举派自始就有两支大的传承，即香巴噶举和塔波噶举。塔波噶举就是由玛尔巴传下来的，到塔波以后，他的弟子四人分别在前后藏建立寺庙，收授徒弟，形成了四个分支。其中帕竹噶举一派又分出八个分支。噶举派有四大八小之说，西夏与噶举派某些分支派系也发生了联系。

　　1. 噶玛噶举派：噶玛噶举派就是噶举派四大分支之一。噶玛噶举是塔波拉杰的弟子都松钦巴（1110—1193）于1147年（即宋绍兴十七年，西夏人庆四年）在噶玛地方建立噶玛丹萨寺而正式开始传承的。他在晚年的1189年（相当宋淳熙十六年，西夏乾祐二十年），又在堆隆建立楚布寺，遂以楚布和噶玛两寺为上下两主寺。噶玛噶举派有黑帽和红帽两个传承，都松钦巴是黑帽传承的第一人。一些藏族史料记载，西

[①] Е. И. Кычанов，*Каталог тангутских буддийских памятников*，崔红芬、文志勇译，Университет Киото，1999г. стр. 552-555.
[②] 宁夏文物考古研究所：《拜寺沟西夏方塔》，文物出版社2005年版，第349页。
[③] 孙伯君、聂鸿音：《西夏文藏传佛教史料——"大手印"法经典研究》，中国藏学出版社2018年版，第15—47页。

第五章 藏传佛教宗派在西夏的传播及影响

夏第五代仁孝皇帝就与噶玛噶举取得了联系。仁孝曾遣使到藏地楚布寺迎请都松钦巴，都松钦巴未能亲往，遂派遣弟子格西藏波哇前往西夏，藏波哇到西夏后，译经传法，被仁宗尊奉为上师。此后，西夏王室不断向楚布寺供布施。1193 年（即宋绍熙四年，西夏乾祐二十四年），都松钦巴圆寂，为表示纪念在焚尸处建造一座吉祥聚米塔时，藏波哇自西夏献上供奉，用金铜将此塔加以包裹，由恭钦热巴西建造了闭关住室及大尸骨塔。① 可见，西夏与噶玛噶举派的关系非常密切。至于藏波哇来西夏的时间学者们有不同的意见，俄罗斯学者萨玛秀克接受莱因等学者的观点，认为"藏波哇于 1159 年到达西夏，十三年后，即于 1172 年被仁孝尊为上师"。② 谢继胜先生根据《贤者喜宴》对粗朴寺建立时间的记载，确定藏波哇来西夏的时间为 1189 年。③ 藏波哇在西夏生活时间比较长，大概至少经历两朝，仁孝去世后，可能继续在纯祐朝任上师。藏波哇作为噶玛噶举派创始人都松钦巴的弟子来到西夏，与皇室建立了密切关系，受到皇室供养。藏波哇与前面提到的噶举派僧人大乘玄密帝师慧玄和玄照国师的生活年代大概相当。那他们之间存在什么样的关系，鉴于现有的材料，还无法确定。这些噶举派僧人在西夏的传法活动也无法具体考证。

谢继胜先生通过对黑水城出土的西夏绘画的研究，认为噶玛噶举派佛教艺术对西夏佛教艺术也产生了很大影响。在俄艾尔米塔什博物馆藏黑水城《药师佛》（X-2332）的画面上左右下角有两位上师像。谢先生认为，"左侧下角的上师可能是米拉日巴的弟子达波拉杰，右下角的上师大概就是噶玛噶举派的创始人都松钦巴，或是都松钦巴的弟子"。④ 在西夏的绘画中出现吐蕃上师像，也说明西夏王室与噶举派的关系非常友好和密切，他们对藏传佛教宗派的传承十分清楚。

---

① 巴卧·祖拉陈哇著，黄颢译注《贤者喜宴》，《西藏民族学院学报》1986 年第 2 期。
② ［俄］萨玛秀克编著：《丝路上消失的王国——西夏黑水城的佛教艺术》，许洋主译，中国台湾历史博物馆 1996 年版，第 64 页。
③ 谢继胜：《西夏藏传绘画—黑水城出土西夏唐卡研究》，河北教育出版社 2002 年版，第 195 页。
④ 谢继胜：《西夏藏传绘画—黑水城出土西夏唐卡研究》，河北教育出版社 2002 年版，第 64 页。

西夏灭亡以后，第二代黑帽传人噶玛巴什曾到汉地、蒙古、西夏等地继续传法，帮助人们消除疫病，平息混乱，并修葺了很多西夏地区被毁的旧有寺院。同时他还在蒙古和西夏故地严格规范整顿僧团、弘传戒律，明确修行次第。可见，河西一带僧团在元代继续保持了与噶玛噶举教派的密切关系。① 当然也有一些党项僧人在西夏灭亡后继续在各地从事佛教活动，有些僧人还取得了不小的成就，仍与西藏的噶玛噶举派保持着密切的联系。噶玛噶举黑帽派系得银协巴（1384—1415）的弟子木雅人查巴仁钦被称为大班智达，曾在拉萨讲经传法。

2. 蔡巴噶举或拔绒噶举：蔡巴噶举是由向蔡巴（法名尊追扎）（1122—1194）于1175年建立蔡巴寺而得以传承的。他与噶玛噶举都松钦巴的关系比较密切。尊追扎巴死之后，他的弟子们分别建寺授徒。据《红史》记载，尊追扎的弟子有大成就者帝师日巴、国师多巴运苏赛瓦。王森先生在《西藏佛教发展史略》提到了一位叫热巴的帝师，他是拔绒噶举派创始人达玛旺秋的著名弟子。因他的记载不见于《元史》，怀疑是西夏或金国的帝师。上面提到那位蔡巴噶举派僧人日巴可能与拔绒噶举派的僧人热巴为同一人。日巴又称桑恰喇钦、喜饶僧格等。他大概生于1164年或1165年（即宋隆兴二年，西夏天盛十六年），在1196年（即宋庆元二年，西夏天庆三年），他32岁或33岁时来到西夏，可能在格西藏波哇之后当上了西夏皇帝的帝师。"置诸人于佛法之途，……建四大寺，传不思议［广大］信众。30年后，大概在他62岁或63岁时也就是西夏灭亡的前夕，返回西藏"。② 另据刘国威考证，"日巴在他前任帝师藏波巴圆寂之后，于1219年才晋升为西夏帝师的"。③ 由于蔡巴噶举建立比较晚，此教派与西夏的联系大概到仁孝后期。

在藏族史书中还记载了另一位西夏上师是藏巴·东库瓦旺秋扎西，他是蔡巴噶举派僧人，是贡塘香喇嘛的弟子涅麦释迦益喜的弟子。最初

---

① 巴卧·祖拉陈哇：《贤者喜宴》（译注四），黄颢译，《西藏民族学院学报》1987年第2期。
② ［美］邓如萍：《党项王朝的佛教及其元代遗存——帝师制度起源于西夏说》，聂鸿音等译，《宁夏社会科学》1992年第5期。
③ 陈庆英：《西夏大乘玄密帝师的生平》，《西藏大学学报》2000年第3期。

第五章 藏传佛教宗派在西夏的传播及影响

受西夏的邀请,为西夏王的上师,在西夏弘扬蔡巴噶举派法和传授密咒。宝义元年(1227)成吉思汗征服了西夏,他又受成吉思汗邀请来到蒙古地方,为成吉思汗讲授佛法,在蒙古地方弘扬蔡巴噶举派教法,其生卒年不详。① 在他的说教下成吉思汗开始礼遇僧人,免除僧人差税。笔者认为藏巴·东库瓦旺秋扎西应该是西夏历史上最后一位上师。萨莫秀克也有相同观点,但她把藏巴·东库瓦旺秋扎西当作止贡派僧人。她在论述中提道"1222 年止贡派的六位喇嘛谒见西夏王"。② 可据《红史》载,这些僧人应是蔡巴噶举派僧人。藏巴·东库瓦旺秋扎西作为蔡巴噶举派僧人,是在西夏亡后仍进行佛事活动的一位僧人。他是日巴帝师的弟子辈僧人中的一个。另外,蔡巴噶举的创始人还曾"指点雅隆人查巴僧格去西夏弘法,亦被尊为西夏上师,在西夏的果热衮木切及帕底弘扬佛法"。③

不仅蔡巴噶举僧人到西夏传法授徒,而且蔡巴噶举派创始人向蔡巴所依止的上师之一,即是生于多康弭药地区高僧咱米桑杰扎。咱米桑杰扎是一位西夏著名的译师,精通显密教法,还曾经到印度,曾任印度金刚座寺的堪布 20 多年。他与蔡巴噶举派创始人向蔡巴是同时代的人,贡塘香曾经向他学习教法,蔡巴噶举派的创始人向蔡巴的传记中也记载了此人。西夏僧人和蔡巴噶举派僧人交往密切,他们相互影响、相互学习。

3. 止贡噶举派:止贡派是由帕竹噶举分出的八小之一。"止贡巴仁钦贝(1143—1217)于 1179 年建立止贡替寺而开始传承的。在止贡巴仁钦贝正式传承之前,西夏人多甸木雅贡仁去拉萨东北墨竹工卡建止贡寺,弘扬大手印及那若六法等教授"。④ 可以说,止贡派的建立有西夏僧人的一份功劳,也说明西夏僧人对噶举派教法已非常熟悉。据邓如萍

---

① 蔡巴司徒·贡噶多吉:《红史》,陈庆英等译,西藏人民出版社 1988 年版,第 271 页。
② [俄]萨玛秀克编著:《丝路上消失的王国——西夏黑水城的佛教艺术》,许洋主译,中国台湾历史博物馆 1996 年版,第 64 页。
③ 班钦·索南查巴:《新红史》,黄颢译,西藏人民出版社 1987 年版,第 199 页,译注 233。
④ 五世达赖喇嘛:《西藏王臣记》,刘立千译,民族出版社 2000 年版,第 57 页,第 221 页注解 496。

考证，"止贡噶举支派的创始人奇丹衮波，在1207年蒙古人进攻西夏时，曾为13世纪的党项王朝送去文殊菩萨像。党项统治者馈赠了奇丹衮波丝绸和黄金，以换取一份讨人欢心的安慰"。①

三　萨迦派与西夏文经典

昆·贡觉杰波（1034—1102）于1073年（即宋熙宁六年，西夏天赐礼盛国庆五年），在卧象岭山腰灰白坡上建立一座寺院，称为萨迦寺，从此开始萨迦传承。萨迦即灰白土之意，其教派因寺得名萨迦派。萨迦派历史上有五位著名的祖师，称萨迦五祖，即昆·贡嘎宁波、昆·索朗孜莫、昆·扎巴坚赞、昆·贡嘎坚称（即萨迦班智达）和八思巴。萨迦派信奉喜金刚和无我母，核心教义是道果传承。《萨迦世系史》记载，"萨迦三祖扎巴坚赞（1147—1216）任教主时，他的弟子之中有一名叫国师觉本者前往米涅（即西夏），做了米涅王之应供喇嘛，由此得到银器、奇稀有之咒士衣和鹿皮华盖等大批财物，这些经典和财物全部净献于三宝及施舍于乞丐"。②《萨迦世系史》还记载了八思巴向忽必烈讲述其祖先到汉地和西夏的一些其他事情。汗王说："你为何如此倨傲，你的祖先有何功业？"八思巴对此答道："我并没有什么威势，但我先辈曾被汉地、西夏、印度、门地、吐蕃的帝王供奉为上师，故威望甚高。"……八思巴又说："我的祖父之时，西夏王曾献一可将公鹿从角尖整个罩住的锦缎伞盖。"汗王派人到萨迦去察看，回报真有此物，汗王父子俱生信仰。③ 此处提到伞盖当指八思巴伯祖父扎巴坚赞的弟子觉本当西夏国师时，得到大量财物和华盖之事。《萨迦世系史》所载，法王萨班临终前，对堆瓦坚赞说："请把王妃唆鲁禾尼（托雷之妻，蒙哥和忽必烈之母）送给我的大氅拿来，请你把它穿上，我俩前世即有许多缘分。最初，你是我之行茶侍者。此后，派遣你至西夏喀如觉本国师之身边。后被蒙古人俘获，未死，故现在对我百般侍奉。今后，你也定会

---

① ［美］邓如萍：《党项王朝的佛教及其元代遗存——帝师制度起源于西夏说》，聂鸿音等译，《宁夏社会科学》1992年第5期。
② 阿旺贡噶索南：《萨迦世系史》，陈庆英等译注，中国藏学出版社2005年版，第56页。
③ 阿旺贡噶索南：《萨迦世系史》，陈庆英等译注，中国藏学出版社2005年版，第118—119页。

投生在我身边。"① 这说明西夏在萨迦班智达之前就和萨迦派发生了联系。萨迦本人也与西夏王室有过交往，他受蒙古王子阔端之邀前来汉地的主要活动地凉州是西夏故地，在他的全集中见到了他写给西夏名为"具吉祥大乐天成"之寺院的一封信。②

有关萨迦派与西夏王室的联系在《西藏王臣记》中也有相关记载："绛巴主者，乃奉天命，继登圆满众德所成东方中原皇帝大位之木雅色乌王之裔也。色乌王传七代（按应是第六代纯祐），有木雅·甲郭者出。以后次第相承，为木雅·僧格达。僧格子多吉白。白依止萨迦吉尊·扎巴坚赞，始与具德萨迦巴缔结施供之缘。彼子名衮乔。乔有三子，三子中绷第，承侍萨班，极为诚敬。绷第六子中，一子名扎巴达，得薛禅皇帝敕封为司徒，赐宝印，建立泽昂仁大寺。本勤·扎巴达，别名云尊，颇有声望。彼子多吉贡布兼任萨迦之本勤，对于僧伽四众极为恭敬承侍。多吉贡布有六子，其中南喀丹巴朝元廷，获封为'国公'，赐虎头纽水晶宝印及封册。后又加封为大元国师，并给晶印……"③ 西夏从元昊开始称帝，传十代，如果从继迁开始算起则共传十二代。上述提到的甲郭王不是西夏最后一位皇帝，有的学者认为可能是仁孝之后的纯祐帝，而木雅·僧格达、其子多吉白可能是纯祐一系的传承，多吉白时依止萨迦吉尊·扎巴坚赞，而扎巴坚赞1147年（即宋绍兴十七年，西夏人庆四年）出生，1216年（即宋嘉定九年，西夏光定六年）圆寂，从扎巴坚赞13岁起接替他的二哥主持萨迦寺共57年，发展壮大了萨迦派的宗教事业。从时间上推算，多吉白在西夏灭亡之前就来到藏区随扎巴坚赞学法。

藏文史料《黄琉璃》也记载了西夏后裔在昂仁寺的活动情况。此书指出："拉兑北部昂仁寺一带就有西夏斯乌王之后裔，僧格达即生在这里，其后裔衮嘎洛垂曾任帝师及西藏本勤职务。而任昂仁寺住持者自俄

---

① 阿旺贡噶索南：《萨迦世系史》，陈庆英等译注，中国藏学出版社2005年版，第108页。
② 沈卫荣：《〈大乘要道密集〉与西夏、元朝所传藏传密法》，《法鼓学报》第1辑，2007年版。
③ 五世达赖喇嘛：《西藏王臣记》，刘立千译，民族出版社2000年版，第76—77页及第261页注解700、701、702。

云丹杰岑以下相传不绝。"① 这两段文字记载虽然存在某些差异，但它们均向我们透露了一个信息，僧格达作为西夏王室的后代，他们在西夏灭亡之前就来到西藏学习佛法。那是什么原因促使他们这样做呢？分析西夏的史料，笔者认为最大可能有两点。一是与西夏后期王室间的权利争斗有关。乾祐二十四年（1193）仁孝去世，其子纯祐即位，从纯祐执政到西夏灭亡仅三十四年的时间。这一时期的西夏处在内忧外患之中，皇室争权严重，政权摇摇欲坠。纯祐在位十四年，西夏应天元年（1206）在他母亲的参与下被废，安全自立为皇帝。安全为了排除异己，大概担心纯祐子孙东山再起，因此纯祐在安全的排挤下，被迫迁居藏区；或许他们不满皇室权利之争，而在西夏灭亡之前迁居藏区。

二是西夏王室子孙特别崇信佛教，其中有人慕著名佛学大师之名来到西藏学习佛法。这样他们从西夏来到藏地，并留在此地生活繁衍。从黑水城出土的佛经题记和发愿文看，仁孝和纯祐两朝的佛事活动最多。虽然黑水城出土文献可能远远不能代表西夏佛教发展及佛事活动的全面，但至少说明仁孝和纯祐都是非常崇奉佛教的。在他们身体力行的影响下，其后代当中信佛者也自然不在少数。如遵顼的太子德任因不满其父亲的政策，放弃太子位，出家为僧。一些文献记载西夏皇族出家为僧者也不少，这说明西夏皇室成员对佛教的虔诚信奉。

总之，在西夏灭亡之前就有一支西夏皇室迁居藏区，回到他们祖先曾生活的地区，与在佛法方面很有声望和地位的萨迦派建立了密切关系。昂仁寺作为萨迦派重要分寺之一，由西夏后裔住持职掌，反映了西夏后裔在藏区的声望很高，这大概与西夏统治者和萨迦派联系密切不无关系，也说明西夏党项与藏族之间的那种千丝万缕的联系从来没有中断过。西夏灭亡以后，其皇室子孙继续活跃在西藏和元代的政治和宗教的舞台上，为萨迦派的发展努力贡献。

萨迦派对西夏的影响涉及很多方面，除了上述僧人间的交往外，一些萨迦经典也传入西夏。萨迦派的核心教义是道果传承，核心神灵是喜金刚，以《喜金刚续第二品》的修持方法为基础，吸收其他教法，认为修行者只有断除一切"烦恼"，可得"一切智"，而达到"涅槃"之

---

① 黄颢译：《藏文史书中的弭药（西夏）》，《青海民族学院学报》1985 年第 4 期。

果，倡导生死涅槃无别。萨迦派的道果传承在西夏也有所发展，《大乘要道密集》（萨迦道果新编）第六篇"解释道果语录金刚句记"中有"北山大清凉寺沙门慧忠译，中国大乘玄密帝师传，西番中国法师禅巴集"。第七篇"解释道果逐难记"中又有"甘泉大觉圆寂寺沙门宝昌传译"等内容。陈庆英先生根据《大乘要道密集》相关记载，并结合西夏史料等内容进行考证，认为西番中国法师禅巴集是萨迦派萨钦（1092—1158）的弟子，而宝昌又是禅巴的弟子，他所生活的年代应当是在西夏灭亡之前。① 依据陈先生的观点可以认为，甘泉大觉圆寂寺是河西地区的一座寺院。西夏最晚在乾顺和仁孝初年就与萨迦派发生了联系。西夏不仅有僧人修习噶举派大手印教法，而且有僧人修习萨迦派的道果教法。河西地区甘泉大觉圆寂寺是以修习萨迦派的道果教法为主的寺院。西夏萨迦派僧人禅巴和宝昌传、集了一些萨迦经典。也正是因为他们的努力，一些萨迦经典在西夏境内传播和流行。

除了上述僧人间的交往外，宣扬萨迦道果的经典也被译成西夏文，如《道果语录金刚王句之解具记》（西夏特藏第 251 号，馆册第 913、914、4528 号）。《道果语录金刚王句之解具记》又称《金刚偈》或《金刚颂》，是毗哇巴所传道果教授的入门书，最早由毗哇巴授给那波巴，那波巴进行整理，以口耳相传的形式授予弟子。因俄藏西夏文佛经尚未公布，至于俄藏西夏文《道果语录金刚王句之解具记》的具体内容与藏文是否一致，还不得而知。《大乘要道密集》之五十六篇《依吉祥上乐轮方便智慧变迁运道玄义》中有"佑国宝塔弘觉国师沙门慧信录"，沈卫荣先生依据卷中提到的"修不坏护持"时亦云"在道果第四内可知"等内容确定其是萨迦派的修法，与道果法直接相关。② 那么《依吉祥上乐轮方便智慧变迁运道玄义》也应是西夏时期萨迦派的作品。

萨玛秀克还提到，黑水城出土的书籍中，包括一本从汉文译成西夏

---

① 陈庆英：《西夏及元代藏传佛教经典的汉译本》，《西藏大学学报》2000 年第 2 期。
② 沈卫荣：《〈大乘要道密集〉与西夏、元朝所传藏传密法》，《法鼓学报》第 1 辑，2007 年版，第 257 页。

文的《喜金刚曼陀罗》，它也是萨迦派最为重要的一部典籍。①

在拜寺沟方塔出土了30多种以佛教文献为主的珍贵的西夏文献，有西夏文《吉祥遍至口和本续》《吉祥遍至口和本续之要文》《吉祥遍至口和本续之广义文》《吉祥遍至口和本续之解生喜解疏》等。《吉祥遍至口和本续》是一部藏传佛教密宗经典，它在11世纪后期由天竺僧人迦耶达啰和吐蕃僧人桂·枯巴拉拶从梵文译成藏文，约在12世纪后期至13世纪初由吐蕃僧人弥啰·不动金刚传到西夏，由西夏僧人毗菩提福译成西夏文。据学者考证，《吉祥遍至口和本续》记载的是藏传佛教萨迦派"道果法"中"喜金刚"的修习仪轨文献。②另外，方塔中出土的两部汉文写本《修持仪》和《吉祥上乐轮略文等虚空本续》也与喜金刚和上乐金刚的修习有关，它们同样属于萨迦派的文献。其中《修持仪轨》则是萨迦派所修喜金刚本续本尊形噜割（Heruka）金刚修法。③

由此可见，萨迦派在西夏比较流行，可能还有一定的传承关系存在。《大乘要道密集》（《萨迦道果新编》）对此有所记载。西夏有些僧人不仅修习噶举派大手印教法，而且修习萨迦派的道果教法，甚至还有不同密法兼修的情况。

四　宁玛派与西夏之关联

宁玛派又称旧教派，是藏传佛教宗派中历史最悠久的一个，要比藏传佛教的其他教派早三百年左右，也是藏传佛教中唯一一个跨越前弘期和后弘期的教派。宁玛派认为其教法传承始于8世纪莲花生、寂护、无垢友等大师，以传承弘扬吐蕃时所译的旧密咒语为主。朗达玛灭佛主要是摧毁寺院和焚烧佛经，消灭佛教在吐蕃统治阶层的势力和在社会上的影响，而对民间以师徒或父子传承为主，没有严格的僧伽组织的宁玛派

---

① ［俄］萨玛秀克编著：《丝路上消失的王国——西夏黑水城的佛教艺术》，许洋主译，中国台湾历史博物馆1996年版，第83页。

② 孙昌盛：《西夏文〈吉祥遍至口和本续〉整理研究》，社会科学文献出版社2015年版，第19页。

③ 沈卫荣：《〈大乘要道密集〉与西夏、元朝所传藏传密法》，《法鼓学报》第1辑，第295页，2007年版。

第五章　藏传佛教宗派在西夏的传播及影响

影响并不太大，仍得以继续传承。直到 11 世纪"三素尔"①者才开始建立寺庙，有了比较有规模的活动，宁玛派于此时正式成立。宁玛派对西夏的影响情况在文献记载中几乎没有，宁玛僧人与西夏僧人间的交往未见任何记载。但谢继胜先生利用西夏和吐蕃现存的一些藏传绘画对西藏宗派在西夏发展情况进行了详细的研究和考证，认为宁玛派早在噶玛噶举派之前就对西夏产生了一定的影响。藏传佛教不同教派有各自不同的头饰即帽子，有黑帽、红帽、黄帽等。而西夏绘画和洞窟壁画中则保存了很多上师所戴的帽子的样式。谢先生又对莫高第 465 窟绘画和造像特点进行比较分析，认为第 465 窟主室上师、榆林 29 窟西壁智海国师以及肃南文殊山石窟的西夏上师所戴的帽子式样基本相同，这种样式的帽子可能就是早期宁玛派僧人的"通人冠"，而不是噶玛噶举派僧人所戴的帽子，从而证明西夏绘画中存在着宁玛派的影响。

　　因为西夏很多国师是由吐蕃僧人充任的，西藏僧人娶妻生子的习俗在西夏也普遍存在。西夏僧人娶妻生子的风俗可能与宁玛派僧人结婚生子有密切关系。如果这一推断成立的话，可以从一个侧面说明宁玛派对西夏的影响。但无论如何，自吐蕃统治以来，河西地区很多僧人是可以结婚生子的，西夏占领河西以后也继承了这一习俗，僧人娶妻生子皆属正常现象。所以西夏河西地区一些僧人有家室的现象应是受到吐蕃影响而出现的。

　　综上所述，藏传佛教的噶当、噶举、萨迦、宁玛等教派都对西夏产生了或多或少的影响。藏传佛教各个教派间虽然存在师承和修持密法的不同，但彼此间也存在兼修的情况。噶玛噶举派的创始人都松钦巴除了修习本派教法外，还学过萨迦派的道果教法及宁玛派的大圆满教法。他的师傅达波拉杰还向他传授噶当派"菩提道次第"。藏传佛教僧人间不仅兼修不同教派教法的情况，他们还显密兼修，其中禅宗对藏传佛教的

---

① 三素尔是三个同属素尔家族的人，第 1 个是释迦迥乃（1002—1062），通称素尔波且，即大素尔。他系统整理宁玛派经典，建寺院，学道果法。第 2 个是素尔穹，也称素尔穹喜饶扎巴（1014—1074），是大素尔的养子，随大素尔学习密法，如《集密意经》等，住持邬巴垄寺，后又学习大圆满法和喜金刚法。第 3 个是濯浦巴，名释迦僧格（1074—1134），是小素尔素尔穹的儿子，15 岁学习密法，通晓宁玛派的经、幻、心三部密法和大圆满法，建濯浦寺，弟子众多。

影响是很大的。所以藏传佛教不同教派间的界限在西夏时期并不是泾渭分明。而是呈现汉藏或藏传佛教各宗派的融合发展。上文谈及西夏大乘玄密帝师是噶举派僧人，他不仅修持噶举派的大手印教法，而且兼修萨迦派的道果教法。

  在武威出土的一幅西夏唐卡，上面共绘有 35 位人物。谢继胜先生对绘画人物进行分析，其中有西夏上师，头戴源自藏传佛教宁玛派的莲花帽。有噶举派某支派上师，有红帽萨迦派上师等像，且居于绘画的主尊的两侧。① 说明藏传佛教萨迦派和噶举派等在西夏都有发展，不同教派高僧出现在同一画面之中，也反映了西夏对不同教派一视同仁的态度。

  受到地域和民族等因素影响，西夏处在汉和藏两种不同文化冲击之下，西夏一方面大力发展藏传佛教，与一些藏传佛教教派进行密切交往；另一方面也积极推行汉传佛教，使西夏佛教信仰具有很强的兼容性。西夏境内流行着汉传和藏传佛教经典，藏传密教陀罗尼在西夏传播极为广泛，不仅大量的藏密经典和陀罗尼被译成西夏文，而且很多汉文经典前面增加了密咒内容，这与藏传佛教经典流传和唐宋以来大量密教经典的翻译传播有密切关系。在黑水城出土的佛经题记中记载着不同教派的僧人来西夏弘法传教、翻译和校勘经典，很多高僧拥有显密法师、国师或帝师的称号，他们是精通显教和密教的大师，出任功德司正，负责西夏佛教事务，参加各类佛事活动等工作。藏传佛教在西夏得到长足发展，藏传佛教艺术对西夏产生极大影响，藏传佛教在西夏的繁盛局面也为元代藏传佛教在全国的兴盛奠定了坚实的基础。

第二节 西夏藏传佛教经典的来源及修习仪轨

一 译自藏文的经典

（一）西夏译经概况与存在问题

  尽管黑水城、莫高窟北区、凉州、兴庆府等地有丰富的佛教文献出

---

① 谢继胜：《一件极为珍贵的西夏唐卡》，《宿白先生八秩华诞纪念文集》，文物出版社 2002 年版，第 597—613 页。

第五章 藏传佛教宗派在西夏的传播及影响

土,但这些文献绝对不是当时佛经流传的真实写照,且译自藏文的经典多数没有明确的文献记载,我们很难得知西夏译经的本来面目,也无从知道西夏寺院是否存在佛经编目等。我们只能根据出土的与藏传佛教密宗有关的经文(本续)、颂赞、陀罗尼(总持)、仪轨等分析说明西夏藏传佛教文献的大致情况。

西夏文文献中译自藏文的经典有经、赞、颂、本母、总持、根、本续、陀罗尼等不同种类,其中陀罗尼,为梵文 dhqrazi 的音译,意译为"总持、能持、闻持、能遮"等。原意是忆持不忘,具有记住不再遗忘的能力,这说明陀罗尼最早是一个关于记忆方法的名称,伴有禅观和瑜伽的意思。陀罗尼在初期大乘佛教中已广泛流行,它随着《般若经》而传播,从《般若》到《宝积》《华严》《法华》等,大部分早期经典都包含有《陀罗尼品》及相关的内容。陀罗尼的内容与咒术、鬼神思想相结合,具有种种神通的功用,它发展成为大乘佛教中一门重要的学科,即方便法门。

随着西夏和藏族政权以及彼此僧人之间的交往,一些藏传佛教经籍通过不同渠道传入西夏,为西夏藏传佛教经典的传播起了积极的作用。

可能会有学者提出疑问,既然藏传佛教对西夏的影响开始较早,且党项与吐蕃关系又比较密切,那西夏为什么不向吐蕃大规模请赐佛经,反而向宋多次请购佛经,并以此作为译经的底本呢?笔者认为,这原因是多方面的,既与中原地区印刷术用于佛经印刷促进了佛经的传播有密切关系,也与西夏仰慕汉文化及宋初大规模译经、刊印佛经有一定关系。

宋太祖赵匡胤一改前代后周佛教政策,积极支持佛教发展,停毁塔寺,广度僧尼,复建寺院佛塔,修造佛像,宣讲佛法,收集抄写佛经,造金字佛经和支持佛事活动等。良好的佛教发展环境吸引外籍僧人来宋译经弘法,同时宋太祖也派遣僧人出访留学,积极进行东西佛法交流。《佛祖统纪》载:"建隆三年(962),西域于阗国沙门善名七人来,诏馆于相国寺……十一月高昌国遣僧法渊,献辟支佛牙玉器。"[①] 乾德三

[①] (宋)志磐撰:《佛祖统纪》卷43,《大正藏》第49册,第2035号,第395页上栏19。

年（965），沧州沙门道圆，游五天竺往返十八年，及还偕于阗使者至京师，献佛舍利、贝叶梵经，上召见便殿，问西土风俗，赐紫方袍、器币……四年，诏秦凉既通，可遣僧往西竺求法。时沙门行勤一百五十七人应诏，所历焉耆、龟兹、迦弥罗等国，并赐诏书谕令遣人前导，仍各赐装钱三万。①《宋史》也有类似记载："乾德四年三月癸未，僧行勤等一百五十七人，各赐钱三万，游西域……（乾德五年）七月丁酉，禁毁铜佛像。"② 开宝四年（971）沙门建盛，自西竺还，诣阙进贝叶梵经，同梵僧曼殊室利偕来。室利者，中天竺王子也，诏馆于相国寺，持律甚精，都人施财盈屋，并无所用。③

宋太祖复兴佛教的政策取得一定成效，密切了东西僧侣间的交往。而通过河西走廊的陆路交往需要经过西夏控制的地区，梵僧来华携带显密经典，既促进了宋代译经的再度繁荣，也带动了西夏佛教经典的流传。宋太祖对佛教的态度奠定了北宋皇室崇佛的"祖宗之制"，④ 宋太祖护持佛法的态度和弘扬佛教的具体措施得到后世皇帝的继承和效仿。

太平兴国七年（982）宋太宗设立译经院，诏天竺僧人法天、天息灾、施护及懂梵文的汉僧、朝廷官员参与译经。太宗还亲自作了《新译三藏圣教序》。后来译经院里附带培养翻译人才，改名传法院，另为管理流通大藏经版而附设印经院。梵僧天息灾、施护和法天等不仅翻译佛经，而且在译经院从事译经兼教授梵文，为宋代培养大量佛教人才，再一次掀起宋代译经的高潮，弥补了宋代佛教人才缺乏的局面，使宋译经绵延百余年之久。

宋朝翻译和弘传印度后期大量密教经典，密教在中原的发展得以恢复，域外僧人和中土僧人都参与到佛经翻译的行列，他们翻译密教经典、仪轨达110多部300多卷。

---

① （宋）志磐撰：《佛祖统纪》卷43，《大正藏》第49册，第2035号，第396页上栏28。

② （元）脱脱等撰：《宋史》卷2《太祖本纪》（二），中华书局1977年标点本，第23、26页。

③ （宋）志磐撰：《佛祖统纪》卷43，《大正藏》第49册，第2035号，第396页上栏10。

④ 黄启江：《北宋佛教史论稿》，中国台湾商务印书馆1997年版，第31页。

第五章 藏传佛教宗派在西夏的传播及影响

宋真宗咸平二年（999）继太宗之后作《继圣教序》，还命赵安仁、杨亿等人编录《大中祥符法宝录》（22 卷），收录自太平兴国七年（982）至大中祥符四年（1011）近 30 年所译佛经 200 多部 400 多卷，并收入中国僧人著述 11 部 160 多卷。《大中祥符法宝录》主要按照译经之后呈上的时间列出经名、卷数和译经者，附有呈上译经的表文，比较真实地反映了译经院译经的情况，以及新献梵文佛经、校经、译经场职位变动等，由宋真宗亲自撰写序文，他认为佛教为"含灵之所依，历世之所尚，盖以辅五常之治，为众善之基"。

宋仁宗在继续译经的同时，还在天圣年间（1023—1031）诏令译经三藏惟净和其他译经僧一起编订经目，即《天圣释教总录》（3 卷），将唐智昇的《开元释教录》（20 卷）、圆照的《贞元新定释教目录》（30 卷）和后来的《续贞元释教录》（1 卷）等精简汇总成一录，并将宋以来所译经律论和东土著述一并收入，共分 602 帙，收录佛经 6197 卷。

景祐年间（1034—1037）又令吕夷简、宋绶等编订《景祐新修法宝录》（21 卷），对前朝译经进行整理总结。《景祐新修法宝录》记载，自大中祥符四年以后至景佑丙子续译未入录经总 161 卷……圣宋所译经律论集赞等总 574 卷……太宗朝所译大小乘经律论集总 139 部 243 卷已编入前录。真宗朝所译大小乘经律论集宗 83 部 170 卷已编入前录。两朝所译经律论集等 222 部 413 卷……自真宗朝未编入录经律论集 12 部 76 卷，泊今朝所译经律论集 9 部 85 卷，两朝宗 21 部 161 卷，并今录新编。

宋代编订了三部佛经目录，并在益州刊刻雕版《开宝藏》，开启汉文大藏经雕刻的序幕。宋开宝四年（971）"六月十一日，敕成都再造金字佛经一藏……前后凡造金银字佛经数藏。今年敕雕佛经印一藏，计一十三万版。"[1]《开宝藏》是我国第一部雕版大藏经，始刻于开宝四年（971），历十余年，到太平兴国八年（983）完成雕版 13 万块，同年六月，益州雕刻的 13 万块雕版运到京师开封后，太宗诏译经院，赐名传法院，于西偏建印经院，进行印刷《开宝藏》工作，同时也开展对入

---

[1] （元）觉岸、宝洲：《释氏稽古略》卷 4，《大正藏》第 49 册，第 2037 号，第 860 页上栏。

藏新译经的雕版和印刷。据说《蜀版大藏经》雕刻完毕之后，张从信编过一个目录，共480帙，收录佛经5048卷，可惜这个目录佚失，无从考证。后来学者根据《开宝藏》两个复刻本和再刻本《高丽大藏经目录》和《赵城金藏目录》推断，《开宝藏》是依据《开元录》为底本雕刻的，自"天"字至"英"字止，共480帙，是第一部雕版卷轴装大藏经。

宋代新译经和《开宝藏》的雕印对西夏产生很大影响，故此西夏先后六次向宋请购大藏经，时间为宋天圣八年（1030）、广运二年（1035）、福圣承道三年（1055）、奲都二年（1058）、奲都六年（1062）和天赐礼盛国庆四年（1073）[①] 都集中在西夏早期。

从西夏请赐藏经的时间看，西夏向宋请赐的不仅是《开宝藏》，还应有宋新译显密经典。西夏将从宋代官方请赐的佛经建塔保存，以此为底本翻译成西夏文。此外，宋新译经没有通过宋审核入藏的经典也传至西夏，被翻译成西夏文，致使一些西夏文经典的底本没有弄清楚，因为汉文本大藏经未收的经典在藏文大藏经中有收录。西夏文中一些陀罗尼经典是依据汉文本还是藏文本，需要一一核证。日本西田龙雄的目录和俄克恰诺夫的目录中也阐述了译自藏文的一些经典，但它们也存在不一致的地方，仍要进一步辨别核对。

此外，西夏译经是由党项、汉、回鹘、藏等多民族僧人和世俗官员共同完成的，西夏也存在兴庆府、黑水城、甘州、凉州等多个译经场，有些译经场翻译经典的侧重点不同，参与的僧人也有所不同，有些经典在翻译成西夏文时，在用词上受到民族语言的影响，使得一些西夏文经典中出现一些具有藏传佛教特色的词语和用法等，这同样是需要辨别西夏文译经底本的原因。一些陀罗尼经典究竟是译自汉文还是译自藏文？底本的辨别需要不同专业的学者共同完成。

根据黑水城出土的佛经题记所载，西夏时期曾存在一些梵文经典。史载西夏甘州卧佛寺的僧人曾两度去天竺学法取经。元昊曾不满西夏境内只有汉文佛经，还向经过夏境去宋的天竺僧人索取梵文贝叶经。在西夏任帝师和国师的僧人有些是天竺人，他们或从天竺直接到西夏，或经

[①] 参见崔红芬《西夏河西佛教研究》，民族出版社2010年版，第193—194页。

吐蕃再到西夏，他们所带来的佛经是梵文还是藏文，他们在西夏境内译经。如前文提及的拶也阿难答执梵本证义等，这类的西夏文译本到底属于哪一种情况，也需要进一步探讨。

（二）藏传佛教经典的来源

如果说西夏先后六次向宋请赐佛经，以此译成西夏文，即西夏境内流传着大量译自藏文的佛经和陀罗尼等却没有系统可言，且比较庞杂，根据党项部落内附之前、内附之后和建立政权的发展过程，以及西夏统辖的地域范围、周边不同政权分析，译自藏文的佛教经典来源不一。这些藏文佛经是通过僧人间的相互交往传入西夏或与河西地区居住着大量藏族人有某种关系。传入西夏的藏文佛经来源主要有以下几点。

1. 继承河西原有经典

藏传佛教发展到赤松德赞父子时，佛经翻译已具备一定的规模，并在翻译经文的基础上开始编写藏文佛经目录，先后有《旁塘目录》《钦浦目录》及《丹喀尔玛目录》（或译为《登迦目录》）。到热巴巾时佛经翻译数量更多。在吐蕃统治河西时期，受其崇佛政策的影响，不仅寺院僧人数量大增，在这些寺院也进行佛典翻译、讲经和大规模的写经活动，藏地流行的佛经也传到河西地区。在河西地区流行的佛经受朗达玛灭佛影响而遭破坏较小，随着朗达玛被杀，吐蕃内乱，张议潮率众起义，结束了吐蕃对河西统治，河西地区又先后出现归义军、甘州回鹘和凉州六谷吐蕃统治，汉传和藏传佛教都有发展，尤其张氏归义军时期藏语依然在使用，凉州吐蕃建立，藏传佛教又得到发展。及至西夏占据河西，仍有大量藏族留在河西地区生活，成为西夏的臣民，藏传佛教的经典继续流传，西夏对原来流传佛教经典加以利用和延续，统治者曾在河西设有译经场，翻译藏文的佛经、陀罗尼等。

2. 从河湟吐蕃传入

西夏与河湟吐蕃政权有着密切的联系，彼此相互通婚，都崇信佛教，统治阶层间交往自然也会促进彼此间佛教的交流。西夏笃信佛教又采取比较宽松的政策，吸引了不少藏族僧人前来弘法，僧人间的交往也使得大量藏文佛经、陀罗尼传入西夏。

3. 卫藏佛经传入

西夏时期正是卫藏地区藏传佛教兴起和各个宗派出现时期。不同宗派的僧人从河西、河湟地区来西夏弘法,将不同宗派的佛经传入西夏境内。史料记载,吐蕃王朝衰亡后,与吐蕃民间宗教关系密切的密乘教法得到发展,《巴协》记载:"当此之时,卫地戒律和口传教戒等传承断灭。所有寺庙的钥匙都掌握在穿僧衣、留发髻、穿僧裙有衣领而挂名为阿罗汉者的手里。有些寺庙的钥匙、被剃掉头发、胡作非为、颠倒穿着衣服袖子,宣称:'我就是密教僧人'的咒师执掌。"① 在宁玛派大师索洛巴·洛珠坚赞的文集中有一份天喇嘛益西沃的文告,文告记载了天喇嘛对当时在阿里一带极为盛行的密乘修习(宁玛派的大圆满法)极为不满,特别是对"双修""救度"与"供食"之修法尤为怀疑。于是他派仁钦桑布等人往迦湿弥罗迎求正法。可以确定在 10 世纪前后,密教图像包括密教双身图像以及功能在西藏地区,尤其是西部阿里地区广为传播。② 这一地区的密教经典、仪轨也随着对外交往而传到河西地区。西夏建国以后,其流行的藏传佛教实际上是党项人的佛教、吐蕃前弘期和后弘期佛教的继续。由于西夏与周边吐蕃之地关系密切,一些藏地非常流行的佛经,如《大乘圣寿无量经》和《圣胜慧到彼岸八千经》,在秉常和乾顺时期已被译成西夏文。

西夏政权偏居一隅,而后弘期的藏地也并不统一、互补统属,这可能是西夏没有大规模向吐蕃请经的主要原因,藏传佛教的经典通过不同途径零散而陆续传入西夏。西夏文文献中保存有译自藏文的经典,也有一种特殊的手写西夏文佛经,即每个西夏字都用藏文进行标音,数量不多,在科兹洛夫和斯坦因藏品中皆有发现。俄国已故学者聂历山对其中一件俄藏用藏文标音的残经进行了释文研究,而未确定残经名称。③ 斯坦因在其所著《亚洲腹地》一书中附有一张出自黑水城的西夏文文书,西夏字旁边标有藏文注音,近 170 个词。④ 在《英藏黑水城文献》第 2 册中公布的一件用藏文字母注音的佛经,编号为 or. 12380 - 1842

---

① 佟锦华、黄布凡译注:《巴协》,四川民族出版社 1990 年版,第 72 页。
② 谢继胜:《西夏藏传绘画——黑水城出土西夏唐卡研究》,河北教育出版社 2002 年版,第 322—323 页。
③ [俄] 聂历山:《西夏国书残经——附西藏文拼音》,《国立北平图书馆馆刊》第四卷第三号"西夏文专号",北平京华印书局 1932 年版,第 241—243 页。
④ 黄颢:《藏文史书中的弭药(西夏)》,《青海民族学院学报》1985 年第 4 期。

(K. K. Ⅱ. 0234. K)。① 这种有注音形式的经典是方便懂藏文的人学习诵读西夏文佛经，也有利于懂西夏文的人诵读藏文佛经。

另外，在黑水城藏品中还有几种藏文刻本或抄本佛经，其中圣彼得堡东方学研究所所藏刻本藏文佛经 23 页，13 厘米×17.5 厘米（32 开），大概有《佛顶尊胜》等，这些存世藏品对研究藏传佛教对西夏的影响很有价值。

目前，《英藏黑水城文献》《中国藏西夏文献》基本全部刊布，而《俄藏黑水城文献》尚在继续刊布之中。只有待俄藏西夏文佛经全部刊布之后，才可以把这些译自藏文的西夏文经卷对照藏文进行比较，作整体性研究，从中可以更好地了解西夏藏传佛教发展状况以及藏传佛教思想在西夏的传播状况。

二 西夏的修习仪轨

（一）西夏密教经典

尽管我们清楚藏传佛教显密兼备，但因为特定的生活环境和习惯，造就了藏传佛教中密宗色彩远比汉传佛教浓烈的情形。7 世纪西藏接受佛教时，正是《大日经》和《金刚顶经》流行的时期，《大日经》和《金刚顶经》是密宗发展的根本经典，在密教史上占有重要地位。所以藏传佛教一开始直接吸收了诸多印度佛教最后阶段出现的密教思想。在赤松德赞执政时期，印度一派的僧人和汉地禅宗进行了一场有关渐顿的辩论，汉地僧人辩论失败，离开藏地。以莲花戒为首的印度佛教在西藏获得势力。莲花生或莲花戒等是修习密法的高僧，他们在西藏所传印度佛教的密教占一定的比例，确立了西藏佛教的密教特色。

前弘期在藏地弘传密法的以莲花生、莲花戒为主要代表人物。莲花生在渐顿辩论之后，对藏王及西藏僧人授以陀罗尼的秘义，讲演《空行母火焰炽盛咒》等怛特罗或翻译各种秘密经典，全身心投入秘密佛教在西藏的传播。莲花生为了推广佛教，还将佛教和本教巧妙地融合发展，尽可能地免除了本教对佛教发展的障碍。莲花戒的著作有 13 部收录在《德格版西藏大藏经》的论部，而三分之一以上是秘密心法，如《圣多

---

① 《英藏黑水城文献》，上海古籍出版社 2005 年版，第 224 页。

罗母尊成就法》《文殊师利忿怒成就法》等十一部列于怛特罗密教部。后弘期以仁钦桑布为代表，他复兴了莲花生所传的密教，翻译密教经典，形成了西藏新派密教。"仁钦桑布复兴、提倡的新密教和莲花生的古派密教，在教义上虽有许多相异点，但从整个密教的流传来看，其后成为西藏佛教主轴的新密宗，也仍带有略微轻视显教的倾向。直到11世纪，由于阿底峡的入藏多少矫正了西藏佛教重视密教的倾向，使得西藏佛教得以发挥显密相关的特色，只是继承阿底峡的新兴诸派中，除了德行派之外，其余皆带有浓厚的密教色彩，因此仍不能拭去西藏佛教本来所具有的密教色彩。不仅如此，此密教的色彩随着时日左倾化，终于导致14世纪末宗喀巴的改革。"[1]

基于这种局势，传入西夏的藏传佛教经典也多倾向于密教典籍。西夏佛经遗存文献也突出了密教的基本思想即"菩提心为因，大悲为根本，方便为究竟"和"三密为用"及"五佛智"等，强调了息灾、增益、调伏等现实利益，体现了佛教"为我所用"的特点。从出土的译自藏文的佛经看，西夏译经既体现了佛教发展趋势，也与河西地区佛经流行有密切关系。在西夏藏品中密教陀罗尼经典占有很大比例，且涉及面非常宽泛和庞杂，特别重视实修和佛经宣扬的实用功效，主要是修行仪轨、要门、陀罗尼和颂赞等内容。藏密信仰的广泛流行，除了与西夏社会生活、文化水平等因素有关外，更与密教本身宣说的特殊功效有关。

密教修行讲究三密相应，即众生的身业、口业、意业与如来的身密、语密、意密相应。众生如果口诵真言咒语、手结契印和心作观想并依法修行"三密加持"，即身密（手结印契）、语密（口诵真言咒语）和意密（心观佛尊），才能使自己的身、语、意"三业"清净，达到身、语、意三者结合，与佛的身、语、意相应，实现即身成佛的愿望。前文论述了藏传佛教的宁玛大圆满教法、萨迦道果教法、噶举派的大手印教授法等在西夏都有不同程度的传播。除反映救度、那若六法、喜金刚和上乐金刚的思想经卷在西夏比较流行外，各类偈赞、文殊、观音、

---

[1] ［日］矢崎正见：《西藏佛教史》，陈季菁译，中国台湾文殊出版社1986年版，第45—46页。

第五章 藏传佛教宗派在西夏的传播及影响

多闻天王、金刚手、佛眼母、四字空行母、黑色天母和各类护法神等仪轨也非常多见。在西夏绘画中也保存有大量双身像绘画等。

藏传佛教也强调修身的重要性，这与大乘显教主张"由心成佛"有所不同。显教认为"即心是佛，即心作佛。心想佛时，是心即是三十二相，八十种好"，强调修心的重要性。佛教不仅要修心还要修身，修身是藏传佛教密教中无上瑜伽的圆满次第。密教的"即身成佛"之说，就是要心解脱，身也要解脱，要修身成佛，要净此身，需要上师最高密法要门才能办到。修身法门就是"那若六法"，六法分别指脐火（拙火）、幻身、光明、往生、夺舍和中有。那若六法为修习方便道，六法作为互为联系的整体，"拙火"为道之根本，"幻身"是道之核心，"光明"为道之心要，"往生"为道之中心，是六法解决生死问题的关键。在黑水城文献中有几种汉译藏传佛教密教无上瑜伽修习仪轨文书，如《梦幻身要门》（A15）、《甘露中流中有身要门》（A16）、《中有身要门》（TK-327）、《舍寿要门》（A17）、《拙火能照无明》（写本，A18）、《囗寿定仪》（инф. №274）和西夏文《六法自体要论》（第602—605号，西夏特藏第371号，馆册第4858、4698、7983、2542号）的西夏文译本，在其标题后都提到那若巴（1012—1100）撰写，沙门慧照译西夏文等。藏传佛教"即身成佛"要经过五相次第即通达心、菩提心、金刚心、金刚身、证无上菩提而得知心清净，见身成佛，众相圆满、得成菩提。

另外，在俄藏黑水城西夏文佛经中存在多部译自藏文的经典，因为俄藏黑水城文献至今尚为全部公布，我们利用克恰诺夫整理的西夏文佛经叙录，将它确定为译自藏文的佛经列于下面，即《藏文大藏经正经全目录》收录的经文，第354—355号《呼金刚王本续之记》、第356—361号《出有坏母胜慧到彼岸心经》、第362—367号《大密咒受持经》、第368号《不动总持》、第369号《圣观自主大悲心总持功德经韵集》、第370号《胜慧到彼岸八千颂中受持功德说》、第371—379号《圣胜慧到彼岸功德宝颂曰》、第380号《圣金刚王能断大乘胜慧到彼岸经》、第381号《圣出有坏母胜慧到彼岸之中心曰大乘之经》、第382—383号《佛说圣大乘三归依经》、第384号《聚轮作供养次第》、第385号《十五天母加赞》、第386—387号《道果语录金刚王句之解具记》、第 388 号《菩提心之念定》、第 389 号《如来应供真实毕竟正觉恶趣令一切真净威德王释》、第 390 号《圣柔吉祥之加赞》、第 391 号《胜住令顺法事》、第 392 号《顶尊胜相佛母供养根》、第 393—399 号《胜慧到彼岸要论教学现量解庄严论显颂》、第 400—402 号《于入菩提勇识之业顺》、第 403—404 号《于入菩提勇识之业顺记》、第 405—408 号《于入二谛顺》、第 409—410 号《等持集品》、第 411 号《菩提心发法事之诸根》、第 412—420 号《菩提心久常作可法事》、第 421 号《七种功德谈》、第 422 号《心习顺续》、第 423—424 号《正理滴特殊论》、第 425 号《正理滴特殊论他利比量品》、第 426—429 号《正理滴之句义显具》、第 430 号《见顺伏文》以及译自藏文且未被克恰诺夫收录《藏文大藏经正经全目录》的有第 433 号《金刚王灯炬心中所可持》、第 445 号《金刚王体中绕之加赞十四颂》、第 446 号《金刚王勇识大虚显颂》、第 448 号《察入顺记验庄严颂》、第 449 号《最乐净国求生颂》、第 459 号《菩提勇识学所道及果与一顺显释宝炬》、第 489 号《正理除意暗之文略释》、第 492 号《大宝顶注》、第 495 号《大虚空智显注》、第 497 号《大凤凰空明注》、第 499 号《圣空行母金刚王舍续之相说疏》、第 503 号《大手印之三种义比喻》、第 508 号《发菩提心顺亦常所作法事》、第 519 号《深广双入七枝法事》、第 520 号《常所作法事》、第 521 号《大盖白母之护摩（烧施）法事》、第 523 号《金刚亥母之燃施法事》、第 526 号《菩提勇识大勇识不价菩萨众之归依礼拜》、第 527 号《出有坏吉祥普贤之礼拜》、第 528 号《出有坏金刚王亥母之礼拜》、第 529 号《依圣幼母供养作顺》、第 530 号《圣多闻天王之宝藏本续随一相十八部供顺》、第 534 号《主承因教求顺》、第 537 号《吉祥上乐轮随中有身定入顺要论之要方解释顺》、第 538 号《吉有世尊之总持紧魔断施调伏顺》、第 540 号《德王不文之广供顺》、第 541 号《金刚亥母随净瓶以亲诵作顺》、第 542 号《金刚王默有母之思定作顺》、第 543 号《不动佛随中围作顺》、第 544 号《番言圣观自在千眼千手之供顺》、第 545 号《三乘烦决顺》、第 547 号《以等持四主承顺》、第 548 号《金翅龙王供顺》、第 552 号《佛说圣佛母般若心经诵持顺要论》、第 554 号《解脱道随主承令顺要论》、第 555 号

第五章 藏传佛教宗派在西夏的传播及影响

《吉祥上乐轮随狮子卧以定（识）正修顺要论》、第 556 号《吉祥上乐轮随耶稀鸠稀字咒以前尊习为识过定入顺要论》、第 558 号《佛说圣佛母般若诵持顺要论》、第 559 号《中有身要论》、第 560 号《盖白母随食施法事要论》、第 561 号《本佛会等之名诵礼拜忏罪顺要论》、第 563 号《自入顺略要论》、第 564 号（《修以觉证顺定愚火要论》《梦见以觉证顺定变身要论》《睡眠以觉证顺定光明要论》《无修以觉证顺识行要论》《中有身要论》《余垣宫于入顺要论》）、第 565 号《四十种空幢要论》、第 566 号《默有自心自恋要论》、第 567 号《默有者随胜令住顺要论》、第 572 号《正义空幢要论锁开》、第 573 号《正立食施放顺要论》、第 575 号《金刚亥母随日夜发愿求教顺要论》、第 577 号《金刚亥母随集了为定顺要论》、第 578 号《金刚亥母随食饮受承顺要论》、第 579 号《金刚亥母随睡眠为定顺要论》、第 580 号《金刚亥母随略护摩（烧施）作顺要论》、第 581 号《金刚亥母于食施奉顺要论》、第 583 号《金刚亥母随面手等洗澡顺要论》、第 584 号《于金刚亥母悉皆忏罪论》、第 585 号《金刚王默有母随智火恭（烧施）造顺要论》、第 586 号《金刚王空行愈母之供顺要论》、第 589 号《以盛火大安与□混令顺要论》、第 591 号《增寿定主次承次要论》、第 593 号《欲乐圆混令顺要论》、第 595 号《大盖白母之随国舍护顺要论》、第 596 号《大盖白母之总持诵顺要论》、第 599 号《大乘默有者道中入顺大宝聚集要论》、第 600 号 a《大手印直入要论》、第 619 号《于二谛入顺本母之义解记》、第 629 号《新译常所作略记》、第 631 号《三身亥母之略记》、第 632 号《大盖白母之三面八手供养顺记》、第 633 号《兀路赞讹（哇）师说仪混谛义记》、第 643 号《菩提心及常作当法事门一院记文合》、第 648 号《常所作法事略解记》、第 649 号《大手印定引导略文》、第 661 号《大印究境要集》、第 671 号《三昧之修次》、第 672 号《吉祥上乐轮随中有身定入顺次》、第 678 号《正法义次》、第 679 号《五佛亥母随略供养作次》、第 680 号《金刚王默有母随集轮求记作顺次》、第 681 号《不动佛随供养次》、第 682 号《呼王九佛中绕随主承顺次》、第 683 号《大自在之供顺手取次》和《六法混元道次》、第 688 号《于依身中国以四主受顺广典》、第 691 号《四天王护摩（烧施）坛典》、第

692号《五佛亥母随略供养典》、第694号《不动佛随广大供养典》、第695号《次六法供养善典》、第698号《六幼母供养根》、第708号《吉有恶趣令净本续纲》、第710号《亥母供养根一部》、第711号《药光海生金刚王文二部》、第714号《护摩法事曰》、第746号《正理意之障去》等。①

如此之多的经典从藏文翻译成西夏文，足以说明西夏境内藏传佛教经典之盛行，也为藏传佛教经典的研究提供了丰富的材料。日本学者西田龙雄在为克恰诺夫的叙录作序时讲道："译自藏传佛教密教的数量颇丰的西夏文佛教文献是既好又新的材料，其中不少经文是印度密教支派在西藏传播的反映，并由师徒相承而保存下来的。甚至有些佛经与那罗巴的'那若六法'和噶举派的典籍有密切关系。"②

藏传佛教还强调般若思想，般若为三世佛母，万行皆从般若出，有般若为佛母之说。所以尊崇发展佛教，必须先兴般若之观照。从西夏经卷里"般若经"占很大篇幅，既有丰富的《大般若波罗蜜经》，也有《摩诃般若波罗蜜多心经》《金刚般若波罗蜜经》《仁王护国般若波罗蜜多经》等。《般若经》虽然属于显教内容，但藏传佛教把《般若波罗蜜经》作为修习密法的必须经过的准备阶段，与藏传佛教主张先显后密的修持方法是一致的，其主要是为理解密法深奥教义打下良好的理论基础，从而树立了显教重要经典在密教中的显赫地位。所以说般若类经典在河西地区流行，还与吐蕃对《般若经》的推崇及陀罗尼的流行有极为密切的关系。

吐蕃统治敦煌时期，曾大规模在河西地区组织抄写佛经的活动，赤祖德赞的王妃贝吉昂楚和大臣贝吉云丹等亲到敦煌主持抄写《大般若经》。吐蕃非常重视《般若经》，藏文《大般若经》是在赤松德赞在位期间被翻译并广泛流传的，在中唐吐蕃经卷中，《大般若经》占据很大比例。这可以追溯到唐初玄奘时期，玄奘重视《般若经》，亲自翻译《大般若经》六百卷，从此《般若》便在各地流行。在西夏藏品中《般

---

① Е. И. Кычанов, *Каталог тангутских буддийских памятников*, 崔红芬、文志勇译, Университет Киото, 1999г.

② Е. И. Кычанов, *Каталог тангутских буддийских памятников*, 崔红芬、文志勇译, Университет Киото, 1999г.

若经》有的译自汉文，有的译自藏文，数量非常之多。《般若经》的流行与密教以显教之《般若经》为"因乘"，密教之金刚乘为"果乘"也不无关系。

西夏赞佛、颂佛等偈语也十分多见。《大集编□□□声颂一本》（TK-74）中有各种偈颂，《铃偈》《请师偈》《赞礼偈》《供养偈》《赞叹偈》《遣魔偈》《忏悔偈》《吉祥偈》《回向偈》《礼赞偈》《五欲乐》《回向善根偈》《方隅八天母供养偈》《四方空行母供养偈》《二十种舞供养偈》《转法轮偈》《回向祝赞文》《哀纳偈》等。《大黑根本命咒》和《大黑赞》（TK-262）另有《赞叹偈》、七言偈《誓愿偈》和无题偈等。《往生净土偈》（TK-323）。《广大发愿颂》（TK-324）、《护国三宝偈》（A4）。《解释歌义》（A6）背面抄写《供养偈》。《赞佛称赞慈尊》（A8）《密教念诵集》（A11）有"希有偈""酬恩偈""七宝供养""六勇识偈""付五戒偈""六度偈""弃入戒""赞六波罗蜜""哀纳偈""五轮灌顶偈"等。《释迦赞》和《小西方赞》（A12）后有七言偈语。《亲集耳传观音供养赞叹》（Φ311）有"标授三业并增长拥护偈""增长定偈""究竟定偈""诵咒偈""增长中围偈""召请智佛偈""迎请圣众偈""三种供养偈""礼赞三宝偈""心赞三宝偈""不空牟尼供养偈""勾召亡魂偈""施财安位偈""奉曼孥罗偈""奉十种供养偈""十种供养偈""通念五夫偈""振铃偈""礼赞上师偈""澄神赞相传上师偈""奉曼捺梓偈""礼赞观音菩萨偈""观音根本赞偈""赞咒功德偈""诵咒成验偈""礼咱马项圣者等偈""坐定赞圣众偈""忏悔偈""随喜偈""请佛住世偈""回向偈""普济三涂偈""沐浴亡过偈""吉祥偈声赞六波罗蜜偈""哀请标授偈""奉过迦偈""哀纳偈""请忍偈""奉送偈"等。

西夏把施写刊印经文与种种现实利益等联系在一起，如《赞礼颂》曰"所有十方一切世界中，三世一切如来人师子。我今勿遣彼等一切前，于净身语意业而敬礼。如来应供正遍知最上，三宝处我今归命礼。"①《忏悔偈》："我昔贪欲嗔恚愚痴故，从于身语意业之所生。所作罪障而令不覆藏，如是一切我今皆忏悔。十方一切胜逝并势子，及

---

① 《俄藏黑水城文献》第2册，上海古籍出版社1996年版，第109页。

于一切独觉学不学。复令一切有情诸惠行，我是一切我今皆随喜。如是我今一切世尊前，劝请转于无上妙法轮。所有十云一切世间灯，次第成就菩提正觉者。云何正觉善久入温者，为于一切有情利益故。唯愿夕往刹垫之数劫，我今虔诚合掌而令往。礼拜供养及于忏悔等，我今一切回向善根果。"① 这正所谓"受持一偈，福利弘深；书写一言，功超数劫。"②

（二）修习仪轨

藏传佛教以传承各异、仪轨复杂、像设繁多的显著特点而有别于汉地佛教。人们通常以坛城中围（Mandala）、手印（Mudra）、密咒（Mantra）为密教之核心。西夏人偏爱藏传佛教，更乐于接受和修习某些仪轨，而不是研究佛学义理。法国著名藏学家石泰安（R. A. Stein）这样评价藏传佛教："不计其数的诸神，不胜枚举的仪轨；民间修持；宇宙形态的思辨和占卜术"。③ 修持密教以求达到息灾（消除自身及他人之种种病难、灾难）、增益（增加自身及他人的寿命、福德、智慧、繁荣和成功）、敬爱（得到佛及众生爱护）、降伏（调伏怨敌）的目的。诸如灌顶，烧施（护摩），延寿，打截截（忏悔罪过），供养以及观想如来、菩萨、上师等仪式在西夏出土佛经文献中都得到体现，像烧施结坛和打截截等仪轨在西夏已非常流行，成为诸佛事活动的重要组成部分。

1. 灌顶与皈依

"灌顶"一词在梵文中为 abhisheka，藏文中叫 Wang，对水洒头顶的仪式赋予了力量的意义。灌顶是每位密教修炼者必须接受的一项仪式，是一种方便和途径，成就的根本，通过灌顶能成熟各续部和三种智慧之器，获得清除疑难、传授法力、允许进入教义和修持之身、允许信徒以特殊的方式祈求坛城中的某些神灵等福乐，修持身语意三密，是身语意三业清净。密教中把灌顶看作最为庄严、最神圣的仪式，没有接受灌顶的人不能修行密法和诵读密教经典，否则不仅得不到成就，死后还要落入地狱，受尽各种苦难。密教素有"密无师承，不可滥学；未经灌

---

① 《俄藏黑水城文献》第 2 册，上海古籍出版社 1996 年版，第 110 页。
② （唐）释道世撰：《法苑珠林》卷 17《敬法篇·述意部》，《大正藏》卷 53，第 2122 号，第 412 页上栏。
③ ［法］石泰安：《西藏的文明》，耿昇译，中国藏学出版社 2005 年版，第 169 页。

顶，窃法无益"之说。《大印空点》曰："若时诸师资，先灌一次顶，尔时即成为，宣说大密器。无灌顶不成，如压沙无油。若无灌顶者，慢心说密教，师弟纵成就，死亦堕地狱。故应勤精进，从师请灌顶。"

灌顶仪式必须由金刚上师执行，灌顶不是一次完成的，按照次第进行多次灌顶。师在密教中地位相当高，藏传佛教密教修行者讲究四皈依，除了皈依佛、法、僧三宝外，还须皈依金刚上师，有"无喇嘛上人，何以近佛"之说。藏传佛教信徒确信上师及善知识乃是理解金刚持的必备条件，不依上师引导，不知有佛；不从上师教诲，则无法入佛、成佛。上师是救度众生的精神导师，更在"三宝"之上。金刚乘信徒一旦接受上师，必须绝对服从。上师被认为是作为觉法的活化身而受到崇拜，上师不仅传授知识，而且传授他从自己所继承的那位上师手中获得的心之神通力。西夏对师也很尊崇，师的地位相当高，有帝师（上师）、国师、法师、禅师等师号，有关师的具体情况可参见上文"西夏境内的高僧及其活动"一节。

2. 护摩与打截截

护摩（homa）也叫"火祭"或"烧施"，以消灾灭罪为主要目的，即把浆树枝、香枝、花果、乳汁、奶渣和各种祭品等一起焚烧以供圣众。"护摩有两种：一内，二外。内护摩即以'噁'字门尽除诸业及以诸障而获得解脱。一切烦恼、业、苦既焚尽已，菩提心芽便得生起。以'缚'字门从身流出甘露，遍洒一切众生，咸令菩提心芽渐次滋长，即是内护摩。外护摩要由本尊、真言、手印三者相应。本尊、炉、自身三位相当，而修护摩。由作外护摩故，能令引入内护摩中。然内外之理本无差别。为求世间成就者作此分别，令作外护摩耳。外护摩有四种不同：一勾召，二降伏，三息灾，四增益。勾召用半月坛，杂色；降伏用三角坛，黑色；息灾用圆坛，白色；增益用方坛，黄色。炉形与坛形要相同"。①

《大毗卢遮那成佛经疏》云："凡护摩坛，方圆三角随事业而转，但此中作法当用方坛耳。瞿摩夷瞿摸怛啰，涂洒以香水，中表金刚印者，谓于炉内当画作拔折罗，所以然者，护摩是如来慧火，能烧业因缘

---

① 周叔迦：《周叔迦佛学论著集》，中华书局2004年标点本，第426页。

所生一切灾横。"①《苏悉地羯罗经》"护摩法则品第二十五"曰:"复次,广说护摩法则,令持诵者速得悉地。于尊像前,作护摩炉,顿方一肘,四面安橛。深半肘量,圆作亦然,念诵之处。若在房室应出于外,望见尊形,而穿作炉,随其事业,依法作之,乳木等物及以香花,置于右边,护摩器皿置于左边。用诸事真言,洒诸物等,坐于茅座,摄心静虑……并作其印,为卫护故,诵军茶利真言,水洒作净。然后用乳木烧火,既烧火已,先请火天,我今奉请火天之首,天中之仙梵行宗敬,降临此处受纳护摩。次诵真言……"②

西夏文献中有《四天王护摩坛典》(第691号,西夏特藏214号,馆册820号)、《护摩法事曰》(第714号,西夏特藏110号,馆册4523号)、《大盖白母之护摩法事》(第521号,西夏特藏332号,馆册5060号)等从藏文译成西夏文,至于具体内容还得等待俄藏黑水城西夏文佛经文献公布之后再作考证和研究。

烧施已成为西夏日常法事活动必进行的仪式。俄藏黑水城汉文《观弥勒菩萨上生兜率天经》(TK-58)题记载:"乾祐二十年(1189)仁孝皇帝在大度民寺恭请宗律国师、净戒国师、大乘玄密国师、禅法师、僧众等,就大度民寺,作求生兜率内宫弥勒广大法会,烧结坛,作广大供养,奉广大施食。并念佛诵咒,读西番番汉藏经及大乘经典,说法作大乘忏悔,散施番汉《观弥勒菩萨上生兜率天经》一十万卷,汉《金刚经》《普贤行愿品》《观音经》等各五万卷。暨饭僧,救生,济贫,设囚诸般法事,凡七昼夜。祈愿崇考、皇妣,登兜率之莲台。历数无疆,宫闱有庆,不穀享黄发之寿,四海视升平之年。福同三轮之体空……"③

天庆三年(1196),在仁孝皇帝去世三周年之际,罗氏又大作法事斋会,为已故仁孝皇帝、国家、文臣武将和百姓等祈福,施舍《大方广佛华严经入不思议解脱境界普贤行愿品》(TK-98),并列举了自仁孝

---

① (唐)一行记:《大毗卢遮那城佛经疏》卷8,《大正藏》,第39版册,第1796号,第662页上栏。
② (唐)输波迦罗译:《苏悉地羯罗经》(卷中),《大正藏》,第18册,第893a号,第621页中栏。
③ 《俄藏黑水城文献》第2册,上海古籍出版社1996年版,第48页。

第五章　藏传佛教宗派在西夏的传播及影响

去世到三周年忌日三年间所作种种功德：

> 大法会烧结坛等三千三百五十五次；大会斋一十八次；开读经文：藏经三百二十八藏，大部帙经并零经五百五十四万八千一百七十八部；度僧西番番汉三千员；散斋僧三万五百九十员；放神幡一百七十一口；散施：八塔成道像等七万七千二百七十六帧，番汉《转女身经》《仁王经》《行愿经》共九万三千部，数珠一万六千八十八串；消演番汉大乘经六十一部，大乘忏悔一千一百四十九遍；皇太后宫下应有私人尽皆舍放并作官人；散囚五十二次；设贫六十五次；放生羊七万七百十九口；大赦一次。①

俄藏汉文《佛说父母恩重经》（TK-120）题记记载，一位亡故中书相的儿子在其父累七至终之时，施印此经，施经题记云（添加标点符号）：

> 伏以《佛说父母恩重经》者，难陀大圣问一身长养之恩，妙觉世尊开十种劬劳之德。行之，则人天敬仰；证之，则果位独尊。诚谓法藏真诠，教门秘典。仗此难思之力，冀酬罔极之慈。男儿呱呱等，遂以亡考中书相公累七至终，敬请禅师、提点、副判、承旨、座主、山林戒德、出在家僧众等七十余员，烧结灭恶趣坛各十座，开阐番汉大藏经各一遍，西番大藏经五遍，作《法华》《仁王》《孔雀》《观音》《金刚》《行愿经》《乾陀》《般若》等会各一遍，修设水陆道场三昼夜，及作无遮大会一遍，圣容佛上金三遍，放神幡、伸静供、演忏法，救放生羊一千口，仍命工……②

天盛十九年（1167）仁孝于神妣皇太后周忌之辰，开板印造番汉《佛说圣佛母般若波罗蜜多心经》和《持诵圣佛母般若多心经要门》（TK-128），在经文后有御制发愿文为（添加标点符号）：

---

① 《俄藏黑水城文献》第 2 册，上海古籍出版社 1996 年版，第 372—373 页。
② 《俄藏黑水城文献》第 3 册，上海古籍出版社 1996 年版，第 48—49 页。

……朕睹胜因，遂陈诚愿。寻命兰山觉行国师沙门德慧，重将梵本，再译微言。仍集真空观门、施食仪轨，附于卷末，连为一轴。于神妣 皇太后周忌之辰，开板印造番汉共二万卷，散施臣民。请觉行国师等烧施灭恶趣中围坛仪，并拽六道，及讲演《金刚般若经》《般若心经》，作法华会、大乘忏悔，放神幡，救生命，施贫济苦等事，恳伸追荐之仪，用答劬劳之德。仰凭觉荫，冀锡冥资，直往净方，得生佛土，永住不退，速证法身。又愿六朝祖宗，恒游极乐，万年祉稷，永享升平。一德大臣，百祥咸萃，更均余祉，下逮含灵。天盛十九年岁次丁亥五月初九日（1167 年 5 月 29 日），奉天显道耀武宣文神谋睿智制义去邪惇睦懿恭皇帝 谨施。①

打截截也是藏传佛教密教修行仪轨，在西夏佛经题记中和发愿文中经常提到，打截截与作忏悔紧密结合在一起，但具体做法还不得而知。乾祐十五年（1184）仁孝在其本命年之际，特发利生之愿，施舍《佛说圣大乘三归依经》（TK－121），"恳命国师、法师、禅师，暨副判、提点、承旨、僧录、座主、僧众等，遂乃烧施结坛，摄瓶诵咒，作广大供养，放千种施食，读诵大藏等尊经，讲演上乘等妙法。亦致打截截，作忏悔，放生命，喂囚徒，饭僧设贫，诸多法事"。② 护摩、打截截，作忏悔、放生、饭僧等都是法事活动的程序，西夏佛事活动既有汉藏佛教皆有的程序，也有藏传佛教独有的特色。

3. 施食镇魔法

施食法在唐朝及以前已经出现，起初传统的施食法是祭食野鬼神及鬼子母，智圆《出生图纪》有载。唐朝以来密宗兴起，密教的焰口施食大法也随之流行开来。焰口法会因仪式上的庄严，咒语施食的灵验，而受到佛教徒的广泛欢迎。"焰口"是根据《救拔焰口饿鬼陀罗尼经》（简称《焰口经》）而举行的施食饿鬼的法事。"焰口"又译作"面然"，是佛教经典中所说的鬼王的名称。相传释迦牟尼佛的弟子阿难在禅思静坐时，看到一名饿鬼形容枯槁，面貌丑陋，头发散乱，爪甲长

---

① 《俄藏黑水城文献》第 3 册，上海古籍出版社 1996 年版，第 76—77 页。
② 《俄藏黑水城文献》第 3 册，上海古籍出版社 1996 年版，第 52—53 页。

利,腹大如山,喉细如针,面上喷火,阿难惊骇地问他,是什么因缘而得到这种果报。饿鬼告诉阿难,因为生前居心悭吝,贪婪而不知足,所以死后堕入饿鬼道中,变成这种身形,并且遭受种种痛苦。饿鬼又告诉阿难,三日以后命当尽,生在饿鬼道中。阿难大惊,速至佛前哀求救度,于是佛陀为阿难说《焰口经》,嘱咐阿难按此经所说施食之法去做,便能施饮食予恒河沙数饿鬼及诸仙等,不但不会堕落入饿鬼道,而且能延年益寿,诸鬼神等常来拥护,遇事吉祥。

焰口施食法在诸经有载,但详略不同。最早传入我国有关"焰口"等经典为唐代实叉难陀所译的《救面然饿鬼陀罗尼神咒经》及《甘露陀罗经咒》。在这两部经中,各载有真言,名为变食真言、甘露真言,其方法就是取一掬水,诵咒加持十遍,散在空中即成甘露。不空译出《救拔焰口饿鬼陀罗尼经》(与实叉难陀所译的《救面然饿鬼陀罗尼神咒经》为同本异译)、《瑜伽集要救阿难陀罗尼焰口仪轨经》、《瑜伽集要焰口施食起教阿难陀缘由》(即不空所译《仪轨经》的起源部分别出单行本)、《施诸饿鬼饮食及水法》等。

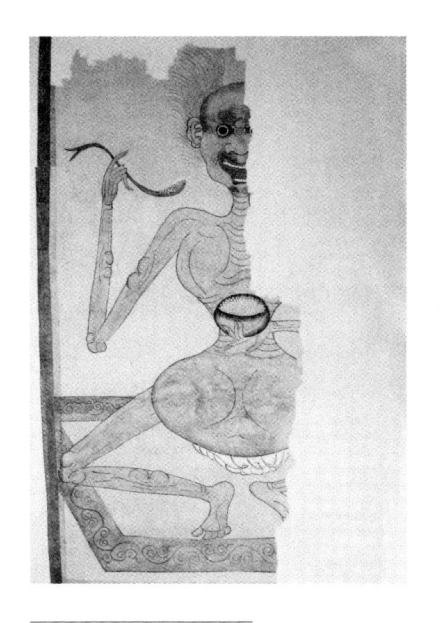

在西夏藏品中不仅发现饿鬼图,(X-2398,卷轴断片,112.5厘米×53厘米,纸制),[1] 而且发现一些施食经咒,如西夏文《水食施放顺要论》[见《大正藏》第1315号《施诸饿鬼饮食及水法》(第268号,西夏特藏第288号,馆册第6503号)]、《佛说甘露经》[见《大正藏》第1316、1317号《佛说甘露经陀罗尼咒》或《甘露陀罗尼咒》(第269号,西夏特藏第156号,馆册第6818号)]、《盖白母随食施法事要论》(第560号,西夏特藏第173号,馆册第5924号)、《正立食施放顺要论》(第573号,西夏特藏

---

[1] [俄] 萨玛秀克编著:《丝路上消失的王国——西夏黑水城的佛教艺术》,许洋主译,中国台湾历史博物馆1996年版,第179页。

第238号，馆册第6781号，译自藏文）等。

到元代时，西夏故地焰口施食经典和仪轨等继续流行。元代由管主八负责刊印河西字大藏经，其中就有"焰口施食仪轨千余部"施于宁夏永昌等路寺院永远流通。

总之，密教是毗卢遮那佛直接传授的秘密大法，重在真言、密咒的承传，重修持。通过对西夏故地出土西夏时期的佛经和陀罗尼的考据，发现很多是译自藏文的经典、陀罗尼、偈赞、经略、论、释和仪轨等，说明藏传佛教在西夏的兴盛以及藏传经典的流行。藏传佛教非常重视修习实践，以仪轨方式简单易行，能迅速成就果位的宣说在西夏得到广泛传播，上至皇室，下至平民百姓都乐意为之。不仅大量佛经、陀罗尼和修行仪轨被译成西夏文而流行，而且法事活动频繁。

第三节　藏族僧人对西夏佛教的影响与贡献

一　藏僧习俗对西夏佛教的影响

戒律是佛学内容重要的组成部分，从典籍上讲，佛教的戒律属于经、律、论三藏之一。从佛教教义上看，戒律又居于戒、定、慧三学之首。戒律对僧尼行为进行约束，使他们向善去恶。佛教传入中国后就开始了长期中国化的过程，外来佛教戒律与中国传统礼仪和生活习俗等发生了冲突。为了适应新环境，戒律也相应地发生一定变化，晚唐五代敦煌地区佛教僧团应当说已经完成了这个过程。[1] 受不同民族生活习俗和地域等因素影响，河西地区僧人的生活习俗与中原地区有很大不同。敦煌地区的僧人不仅酒肉不戒，寺院还兼营酿酒业。西夏时期僧尼的很多生活习俗应与吐蕃、归义军时期大致相似，一脉相承。

拜寺沟方塔出土的西夏汉文诗集《僧》这样描写僧人："超脱轮回出尘世，镇常居寺佳遍纯。手持锡杖行幽院，身着袈裟化众民。早晚穷经寻律法，春秋频令养心真。直饶名利喧俗耳，是事俱无染我身。"[2] 可实际上西夏僧人的生活并非如此。西夏本身是一个以党项民族为主建

---

[1] 郑炳林等：《晚唐五代敦煌佛教僧团的戒律和清规》，《敦煌学辑刊》2004年第2期。
[2] 宁夏文物考古所：《拜寺沟西夏方塔》，文物出版社2005年版，第267页。

立的国家，境内民族成分复杂，尤其是与党项有着密切关系的藏族大量生活在西夏境内或与西夏为邻，藏族僧人生活习俗对西夏影响最大。宋元丰七年（1084）八月十四日立于岷州"广仁禅院岷州碑"对藏族僧人的生活习俗有一定记载："其（藏僧）诵贝叶傍行之书，虽侏离缺舌之不可辩，其音琅然，如千丈之水赴壑而不知止。又有秋冬之间，聚粮不出，安坐于庐室之中，曰'坐禅'。是其心岂无精粹识理者，但世莫知之耳。虽然其人多知佛，而不知戒，故妻子具而淫杀不止，口腹纵而荤酗不厌。"① 吐蕃僧人娶妻生子、吃肉喝酒是司空见惯的行为。晚唐五代时河西僧尼不仅饮酒，寺院还有酿酒作坊并会把酒作为礼品送给归义军节度使。② 可见，河西地区藏族僧人的生活习惯对周边或后世产生很大影响。

吐蕃僧人结婚生子、吃肉、喝酒的习俗对西夏僧人的习俗影响很大。酒成了僧俗间加强联系的纽带，是佛教僧团举办各种餐会必不可少的消费品。藏经洞出土的很多文书都记载了敦煌地区僧尼和寺院用酒的情况，吐蕃、归义军时河西僧人饮酒已成一种风气，尽管遗存文献对西夏僧人吃肉喝酒的习俗记载不多。而聂历山在《十二世纪西夏国的星曜崇拜》中讲道，献给坛城中诸星曜神的祭品则包括肉，如"为罗睺献上一碗带血的肉和一份颜色的米粥，放在罗睺坛城当中"。《马可波罗行纪》也载："唐古忒州居民多是偶像教徒，然亦稍有聂思脱里派之基督徒若干，并有回教徒。其偶像教徒自有其语言。城在东方及东北方间。居民恃土产之麦为食。境内有庙寺不少，其中满布种种偶像，居民虔诚大礼供奉。例如凡有子女者，为偶像蓄养一羊。年终或偶像节庆之日，蓄养者挈其子女携羊至偶像前礼拜。拜后，烤煮羊肉使熟，复礼奉之于偶像前陈之。礼拜祈祷，求神降福于其子女。据云，偶像食肉。供奉既毕，取肉还家，延亲属共食。食后谨藏余骨于匣中。"③

党项僧人吃肉、喝酒与他们生活的地域有一定关系，党项人内迁之前生活在高寒地区，处在"无法令赋役。……畜牦牛、马、驴、羊以供

---

① ［日］岩崎力：《北宋时期河西的藏族部落与佛教》，李德龙译，《国外藏学研究译文集》（第13辑），西藏人民出版社1997年版。
② 郑炳林：《唐五代敦煌酿酒业初探》，《西北史地》1994年第1期。
③ 冯承钧译：《马可波罗行纪》，上海世纪出版集团2002年版，第117页。

其食。不知稼穑，土无五谷。气候多风寒，五月草始生，八月霜雪降。求大麦于他界，酝以为酒。"① 受地域环境影响，党项人以牧业为主，以肉食为主，靠吃肉、喝酒抵御风寒。西夏建国后，党项酋长、部落长期存在，仍保留着某些部落生活习俗。元昊为了突出民族特色更是遵行羌人"衣皮毛，事畜牧，悉性所便"。酒作为党项人所必需的生活品是毫无疑问的。立国后西夏王朝采取鼓励饮酒的政策，酒的用途更加广泛，需求量也非常大，用来联络部族、军功赏赐、国主宴请、婚丧嫁娶等方面。为了获取巨大的经济利益，西夏设立专门职掌酿酒和销售的机构——酒务，对酒曲实行专卖，严禁私人酿酒，若违律，私酿曲价值自一缗至二十缗，主犯分别判以十三杖至十二年徒刑，从犯判以十杖至十年徒刑；二十缗以上，主犯无期徒刑，从犯徒十二年。西夏对私自酿酒的处罚非常严厉，防止私酿酒谋利，也说明酒的需求量很大，售卖酒的利润丰厚，酒在西夏人们日常生活中占重要地位。《文海宝韵》序言载："令……等成为博士，其人又荣升为夫子，出内宫门坐四马车上，威仪围绕，与臣僚导引，乐人戏导，送国师院宴请。学子三年之内已正。寅年十月十一日风角城皇帝已官鬘礼……绕，威仪有加……始文盛武兴法建礼主孝皇帝已做，文……佛法、僧众、儒（诗）、阴阳、算法、乐人、艺能……"② 这段话讲的是元昊为西夏文字的创制者野利仁荣庆功的情景，皇帝宴请重臣，自然离不开酒肉，而宴请地点又在国师院，国师是僧人的封号，说明西夏僧人饮酒吃肉的习俗普遍存在。

西夏僧人饮酒吃肉的习俗大概还与当时河西地区在家僧人众多有密切关系，西夏僧人分在家僧和出家僧，在家僧吃住在家，估计与世俗人饮食差别不大。难怪在榆林窟第3窟西夏观音变中绘有酿酒场面，寺院酿酒或僧人饮酒已为本地居民所认同。

僧人吃肉喝酒娶妻生子，一方面与戒律松弛和佛教世俗化有关；另一方面也受到藏传佛教无上瑜伽修行的影响。河湟唃厮啰政权的大相大喇嘛李立遵"娶蕃部十八人为妻"。受河西地区传统和藏族僧人生活习

---

① （后晋）刘昫等撰：《旧唐书》卷198《党项传》，中华书局1975年标点本，第5291页。
② 史金波：《〈文海宝韵〉序言、题款译考》，《宁夏社会科学》2001年第4期。

俗影响，西夏僧人娶妻生子的情况也比较多见。《黑鞑事略》（徐霆校证）说："西夏国俗，自其主以下，皆敬事国师。凡有女子，必先以荐国师，而后敢适（出嫁）人。成吉思汗既灭其国，先羶国师；国师者比丘僧也。"元人马祖常的一首《河西歌效长吉体》称："贺兰山下河西地，女郎十八梳高髻；茜根染衣光如霞，却召瞿昙（指佛僧）作夫婿。"① 这些都是河西僧人有家室的例证。

《天盛律令》卷十一"为僧道修寺庙门"规定："诸僧人、道士本人已亡，有出家牒，彼之父、伯叔、子、兄弟、孙诸亲戚同姓名等涂改字迹，变为他人出家牒而为僧人、道士者，依为伪僧人、道士法判断。"还规定："国境内僧人、道士中虽有官，儿子、兄弟曰求袭出家牒等时，不许取状使袭之。若违律时，报取状者等一律有官罚马一，庶人十杖。"② 这里讲到"儿子"等何如解释？笔者认为有两种可能，一是指僧人出家前所生儿子，另一是指为出家僧或在家僧娶妻所生儿子。鉴于河西地区僧人有结婚生子的习俗，僧人与家人关系比较密切和很多僧人出家又不废俗姓等情况，后一种可能性更大。《西藏王臣记》载，"西夏僧查巴达，居藏地，建北部昂仁寺，子多吉衮坡，孙南喀甸巴"。西夏亡国之后，有很多西夏遗僧也有家室，如杨琏真伽和杨暗普父子是元代佛教界显赫一时的人物，为元朝所用。杨氏是河西唐兀人，世祖时杨琏真伽为江南释教总摄，在南方弘传藏传佛教。其子杨暗普任宣政院使兼会福院使，管理佛教事务。西夏僧人娶妻生子也是司空见惯的现象。这种习俗对元代僧人也有影响，元代宗教人士娶妻生子，但与百姓一样纳税，至元十九年（1282）忽必烈"敕河西僧、道、也里可温有妻室者，同民纳税"。③

西夏把对僧团和僧人管理纳入国家的法律程序之中，用国家法律保障僧团和僧人权益的同时，对违律僧尼也加大处罚力度，视情节轻重可分为绞杀、无期徒刑、有期徒刑、服劳役及一定的物质惩罚等。把对僧团和僧人的管理纳入国家法律体系之中本身也促成了西夏僧尼

---

① （元）马祖常撰，李叔毅点校：《石田先生文集》卷5《河西歌效长吉体》，中州古籍出版社1991年版，第112页。
② 史金波等译注：《天盛改旧新定律令》，法律出版社2000年版，第410页。
③ （明）宋濂等撰：《元史》卷12《世祖纪》，中华书局1976年标点本，第247页。

对戒律的忽视,在出土西夏文献中有关戒律内容非常少见,黑水城藏品中有一件《四分律行事集要显用记卷第四》(TK-150),在《英藏黑水城文献》中仅有西夏文编号为 Or.12380-2100(K.K.V.b.012.d)残经《根本萨婆多部律摄》。尽管世俗法律加强了对宗教僧团的管理,但僧人戒律依然松弛,这也是西夏僧团世俗化的具体表现。

二 藏僧对西夏佛教的贡献

西夏僧人有帝师、国师、法师和禅师等封号,有紫、绯、黑、黄四等赐衣。很多有师号和赐衣的高僧是吐蕃人,有帝师、国师师号的僧人出任功德司正、副之职以及各大重要寺院的主持。他们拥有极高的威望,享有很多特权,与世俗朝廷关系密切。藏族僧人的活动已深入西夏社会生活的方方面面,在西夏历史上产生了很大的影响。

(一)佛教方面

僧人的贡献首先是弘传佛法,促进不同文化的交流。他们抄写、传译、校勘、刊印大量佛经。史载西夏的译经活动从元昊时就已经开始,他创制西夏文,开设译场,组织境内党项、吐蕃、汉和回鹘等僧人,给予大量的财力支持译经活动。从目前出土佛教文献看,以秉常和乾顺两朝译经最多。从元昊到乾顺天祐民安初年(1090),西夏仅用了半个多世纪的时间,就翻译出西夏文佛经3579卷,共820部,成362帙,可称作西夏文《大藏经》。可以说西夏文《大藏经》的翻译是境内党项、汉、吐蕃和回鹘等各族僧人共同努力,协作完成的。藏文经文、陀罗尼、修行仪轨等被陆续译成西夏文和汉文,满足境内不同民族的僧尼和信众的需要。这些译自藏文的经文、陀罗尼、仪轨在河西各地及兴、灵等地皆有发现,其内容涉及面非常广、种类繁多。

藏族僧人不仅在西夏境内从事译经工作,还把佛经的装帧方法也带到西夏,梵夹装是由西藏传入西夏的,梵夹装有写本也有刻本,西夏文《种咒王荫大孔雀经》《大密咒受持经》《圣大乘大千国守护经》《圣大悟荫王求随皆得经》《圣摩利天母总持》《大寒林经》《慈悲道场罪忏法》《金光明最胜王经》《大般涅槃经》《大宝积经》《大方广佛华严经》《大般若波罗蜜多经》《佛说圣佛母三法藏出生般若波罗蜜多经》

《佛说普照般若波罗蜜多经》等皆为梵夹装。

（二）世俗方面

由于西夏历朝都奉行崇佛政策，僧人在西夏社会、政治生活中所起的作用越来越大，他们的活动跨越了佛教领域，参与国家的军政事务，在政治、军事等领域发挥了一定的影响力。西夏僧人把佛教所宣扬的"出世"和世俗社会的"入世"密切地结合到了一起。

元昊称帝建国后，一改其父对宋称臣的政策转而自立，他认为"衣皮毛、事畜牧、蕃性所便，英雄之生，当王霸耳，何锦绮为？"[①] 元昊曾对宋多次用兵。为了做好对宋作战的准备，他效仿德明，在其母罔氏薨后请诣去五台山供奉佛宝的做法，于宋宝元元年，表遣使诣五台山供佛宝，欲窥河东道路。[②] 元昊此举，一是想证明他尊佛、礼佛的诚心；二是他想利用此次礼佛的机会，派人过黄河，刺探宋朝道路和军事情报，为进攻麟延、绥德靖、塞门寨、赤城等做准备。西夏将礼佛供宝的活动和政治军事领域的间谍活动交织在了一起。

西夏对宋朝多年用兵，虽然也取得了不少胜利，但由于国小民穷，经不起长期战争的消耗。长期战争给宋、夏人民带来了无穷的灾难。于是天授礼法延祚七年（1044）宋夏议和。此后，双方加强了各个方面的交往，当然也包括一些佛事交往。这里有一个有趣的例证，天授礼法延祚八年（1045）元昊以十年前宋赐西夏佛经一事为借口，派僧人吉外吉、法正出使宋朝进行答谢，其真正的目的无非想为两国在政治上的和解作出回应。

西夏进攻金朝控制的麟州（陕西省神木县北）时，僧人谛剌充当密使，暗中联络，为西夏的胜利提供了信息和情报保障。据《大金国志·世宗纪》载："金大定十八年（1178）九月，西夏遣将蒲鲁合野来攻麟州，至宕遵源，有邛都部之酋名禄东贺者，密与之通。番僧谛剌者约日为应。（国）兵与战，禄东贺从中而叛，与西夏兵首尾夹击之，师熸。

[①] （元）脱脱等撰：《宋史》第485卷《夏国传》（上），中华书局1977年标点本，第13993页。

[②] （元）脱脱等撰：《宋史》第485卷《夏国传》（上），中华书局1977年标点本，第13995页。

戊子，麟州城陷，夏人掳金帛子女数万，毁城而去。"① 西夏晚期，统治者采取了附蒙侵金的政策，西夏和金国之间进行了长达十几年的战争，佛教徒也卷入其中，又一次充当密使刺探情报。"（夏）光定之四年（1214），其左枢密使、吐蕃路都招讨使万庆义勇者，令蕃僧减波把波斋腊书二丸，至西和州之宕昌寨，欲与本朝合纵掎角，恢复故疆"。②西夏对金的战争中，僧人在获取情报方面起了一定的作用。但双方在西夏晚期的战争，相互消耗人力、财力，而逐渐衰落下去，为蒙古灭西夏、金提供了间接的支持。

西夏僧人众多，不同民族的僧人在同一寺院修行，他们团结合作，共同参加佛经的翻译和寺院的佛事活动，为西夏佛教的弘扬做出很大贡献。同时，僧人又利用其身份的便利，参与到政治、军事和对外交往等活动，在西夏局部作战取胜和对外友好交往中也起了一定的积极作用。

---

① （宋）宇文懋昭撰，崔文印校证：《大金国志校证》卷17，中华书局1986年标点本，第240页。
② （宋）李心传撰，徐规点校：《建炎以来朝野杂记》乙集卷19，中华书局2000年标点本，第847页。

第六章　西夏藏传佛教艺术与特征

艺术创造源于生活，佛教艺术创造也不例外。藏传佛教艺术和佛教本身发展与社会生活息息相关，随着藏传佛教的传播发扬，佛教艺术也繁荣起来。藏式绘画、塑像、雕刻以及建筑等都对西夏产生了很大影响。由于年代久远、受到人为和自然等诸多因素的影响，西夏时期的古建筑遗存不多，本章仅借助文献记载和遗存的绘画等作相应论述。

第一节　西夏遗存藏式佛塔

一　藏式佛塔类型与分布

佛教所特有的建筑是佛塔和寺庙，佛塔又是寺院的中心和灵魂。按中国传统，一般修寺就要建塔，塔寺成为一个完整的组合体，而塔寺又最能体现佛教建筑的特点。

##佛塔原是印度一种佛教建筑，它经历长期的演变过程。"塔"，梵文为"Stupa"，汉语音译是"窣堵婆"，意义为"方坟""圆冢""灵庙"等。随着佛教的产生，逐渐有了佛塔。

藏式佛塔是随着佛教传入吐蕃后与藏文化不断结合，逐渐形成具有典型藏式风格的佛塔。藏式佛塔既保持了印度佛塔的基本特征，又有一定的演变和发展。意大利藏学家图齐在《西藏考古》中指出：

> 塔的建筑方式是千变万化的。在西藏我没有见过任何一座塔与古代的，像巴鲁特、桑奇，甚至与尼泊尔的普提那他那样的塔相仿。这些塔有基座，塔顶是圆形的，在建筑结构轴线的不等距离上有三个或五个伞状物。在几个世纪的进程中，佛教逐渐改变了其教

条主义的教法，从小乘佛教发展到大乘佛教，进一步又发展到在西藏居统治地位的密乘，因而塔的形式也随之逐渐演变。然而塔的演变仅仅局限在某些已被接受的格式之内。这些格式保持着相对的稳定，工艺水平则视修造者的技巧而异……①

西夏佛教兴盛，佛塔林立而多样，在佛塔修建方面，西夏吸收了很多藏式佛塔的特点，可真正保存下来的却寥寥无几。幸好在洞窟壁画、绢画和版画中相对完整地保留了一些西夏时期佛教建筑，为学者研究古代建筑提供了极好的参考资料，弥补了实物不足的缺憾。

  从西夏文献记载和考古发现等方面看，西夏佛塔种类很多，受汉、藏等文化共同影响。其形制大致可分为四种类型：仿宋楼阁式、仿唐密檐式（有空心和实心之分）、藏传风格的覆钵式和复合式（由楼阁式和覆钵式组合而成），后两种形制的佛塔在西夏时期比较流行。宿白先生对西夏古塔进行详细考证研究，他对西夏古塔的分类更加细致，共分七大类：多层楼阁状塔，密檐式塔，单层亭榭式塔，单层叠涩尖锥顶塔（金刚宝座塔），塔的相轮部分作出莲花藏世界型塔，上部覆钟式覆钵、下部楼阁式的复合形制塔，覆钵式塔（喇嘛塔）。② 从宿白先生的分类看，后六种类型的佛塔中皆包括藏传佛教成分，尤其第七种是典型的藏式风格的佛塔，有覆钵塔身作覆钟式、覆钵塔身作高桶状、覆钵塔身略作球状、覆钵作扁圆状等类型。根据宿白先生的分析，从西夏古塔兴建时间看，具有藏传佛教特色的佛塔在仁孝以前已经存在，这也再次印证了我们前面的观点，即藏传佛教传入西夏的时间很早。当然，西夏同一时期不同形制的佛塔都有出现，说明不同文化因素都融合到西夏佛教建筑之中。

  从文献记载和遗存图片看，西夏藏式佛塔以瓶形覆钵式塔和噶当觉顿式佛塔最为著名。

（一）覆钵式塔和噶当觉顿式佛塔

1. 覆钵式塔

西夏覆钵式塔成为高僧大德圆寂后灵塔的主要形制，上面一般雕刻

---

① ［意］杜齐：《西藏考古》，向红笳译，西藏人民出版社2004年版，第39页。
② 参见宿白《藏传佛教寺院考古》，文物出版社1996年版，第305—320页。

第六章　西夏藏传佛教艺术与特征

梵文六字真言或佛像。武威亥母洞是西夏时期石窟寺院，原有四个洞，均已坍塌。1989年在其中一个洞中发现一批西夏文物，洞内还有佛像和佛塔等，佛塔形制是典型的藏式覆钵式喇嘛塔（见图1）。

出土了丰富西夏文献与文物的黑水城"大佛塔"是一座用土坯砌垒而成，约高10米的藏式覆钵式喇嘛塔，塔刹阶式上收，塔顶半陷，塔呈方形基座。20世纪80年代我国对黑水城再次进行考古发掘，对黑水城形制作了考察，发现城内外总计有佛塔遗址二十余座。佛塔还成为城墙和塔楼的一种装饰物，塔建于城墙上，这是极为少见的现象，[①] 城墙上建塔是受到藏族习俗的影响。

图1　武威亥母洞内佛塔

张掖卧佛寺是乾顺时修建的一座寺院，寺内大殿后建有一座覆钵式金刚座塔，原名弥陀千佛塔。1927年地震时塔宝顶塌毁，后又修复。此塔是西夏建寺时修造，还是后代重修时砌体没有任何记载。在至元八年（1271）马可·波罗途经甘州时，曾见到卧佛寺后有一土塔，这可能是西夏始建之塔。

同心县韦州乡古城内西北隅有一座八角形须弥座覆钵式砖塔，高约15米，有八角形座、圆形鼓腰塔肚和八角形十三级相轮宝顶构成，为藏传佛教佛塔的遗迹（见图2）。

在固原须弥山石窟松树洼区第112、114窟的石龛内有两座覆钵式塔（见图3）。[②] 在青铜峡108塔的塔群前面的河滩上，原来还有寺庙遗址和两座覆钵式小砖塔，因修建电站水坝而被淹没。从小塔内清理出西

[①] 陈炳应：《西夏文物研究》，宁夏人民出版社1985年版，第86—87页。
[②] 雷润泽等编：《西夏佛塔》，文物出版社1995年版，第21页。

夏时期的绢制彩画、木版残经、陶制塔模、陶制造像等文物看，这也是西夏时期一处规模较大的藏传佛教活动场所。①

图 2　宁夏同心韦州故城内的覆钵式砖塔

图 3　宁夏固原须弥山石窟覆钵式刻塔

另外，在石嘴山市涝坝沟口北侧山崖上有 5 座石刻覆钵式塔，在大枣沟口西南山崖上也有 5 座石刻覆钵式塔。考古人员从塔的风格及周围的崖刻遗迹判断，这些高 1.5 米的石刻塔应是西夏时期的凿刻物。在韭菜沟西侧山崖上还有 7 座小型石刻覆钵式塔也应是西夏遗物。黑水城藏品《八臂观音曼陀罗木板画》和《圣三世明王唐卡》中也绘有覆钵式塔。黑水城绘画藏品《药师佛》（X-2335）、《金刚亥母》（X-2393）和《上乐金刚坛城》（X-2369）中也都出现藏式佛塔。

在莫高窟、榆林窟和黑水城附近一些地方还发现残存许多座单层土坯佛塔，有方形、圆形十字折角式和覆钵式塔。此种类型的佛塔在榆林窟第 3 窟南壁"观无量寿经变画"、张掖文殊山万佛洞东壁"弥勒经变画"和贺兰县宏佛塔天宫内出"千佛塔"唐卡中皆可见。

在西夏遗址中也出土一些小木塔，其形制反映了当时建筑的流行特点，在此一并列出。黑水城出土彩绘木塔，高 44 厘米，塔座为圆形束腰须弥座，塔身为覆钵式，塔刹有圆形刹座，上承十一层相轮及刹顶、

---

① 雷润泽等编：《西夏佛塔》，文物出版社 1995 年版，第 110 页。

宝珠，属藏式佛塔。木塔通体彩绘，基座上绘有卷草纹，塔身上好似绘有穿铠甲的天王像（见图4）。①

图4 黑水城出土木塔（X-2035）　　图5 贺兰县宏佛塔

在贺兰县，宏佛塔是一座集汉地风格和藏地风格为一体的佛塔，宏佛塔中出土一件高17.5厘米、底径为5.5厘米的覆钵式小木塔，由基座、塔身、塔刹三部分组成。宏佛塔中出土一件覆钵式塔，高17.5厘米，底直径5.5厘米，由塔基、塔身、塔刹三部分组成，刹顶系一条丝绸带，表面朽蚀（见图5）。

2. 噶当觉顿式佛塔

西夏还有一种"噶当觉顿"式佛塔，如东千佛洞第5窟东壁绘一座覆

图6 安西东千佛洞第5窟东壁的噶当觉顿式佛塔

---

① ［俄］萨玛秀克编著：《丝路上消失的王国——西夏黑水城的佛教艺术》，许洋主译，中国台湾历史博物馆1996年版，第137页。

钵式塔，具有早期藏传密教的特点，特别是中部南侧的佛塔，盖伞宽大，相轮粗短，与乌思藏萨迦时流行的所谓"噶当觉顿"颇多相似之处（见图6）。①

位于宁夏贺兰县金山乡拜寺口北坡的双塔，东南距银川市50余公里，双塔东西对峙，皆为十三级八角密檐式，由塔身、塔刹两大部分组成，塔刹具有藏传覆钵式塔的特点，尤其是相轮粗短壮实，与13世纪西藏乌思藏萨迦时期盛行的"噶当觉顿"十分相像，其时代也应大致相当。

莫高窟北区第465窟前室也绘有四座覆钵式塔，它们也具有"噶当觉顿"风格。如莫高窟第465窟中室南壁佛塔和中室西壁佛塔（见图8）。

图7　莫高窟第465窟中室南壁佛塔

图8　莫高窟第465窟中室西壁佛塔

---

① 宿白：《敦煌莫高窟密教遗迹札记》（下），《文物》1989年第10期。

俄罗斯学者萨玛秀克在《12—14世纪黑水城汉藏佛教艺术》一书中又公布几幅佛塔照片，塔的形制也属于噶当觉顿式佛塔。如《佛塔》（X－2329，12—13世纪，单幅局部图，10.4×5.7）（见图9）和《佛塔》（X－2330，12—13世纪，单幅局部图，15.5×8.5）。

（二）塔群

塔群是藏式佛塔中规模最大且最具特色的佛塔，一般由108座相对独立、大小一致而形制不同的佛塔排列而成。青铜峡108塔是藏传佛教中规模较大的塔群，由108座相对独立、样式各异的佛塔组成。108塔位于青铜峡市峡口山黄河西岸的坡地上，塔群依山从上到下按一、三、五、七等奇数排列，共十二行，构成巨大的三角形。塔皆由塔基、塔身和塔刹三部分组成。形制不同，基座有十字折角形和八角形两种，塔身有覆钵式、葫芦形、钟形、折腹式四种。

图9 俄藏黑水城藏品 X－2329 佛塔

"108"是藏族人非常喜欢的吉祥数字，在藏族日常生活中很多地方都与108有着密切关系。藏族人偏爱108这个数字，主要是因为：一是"108"是佛教普遍使用的吉祥数；二是与佛教密教《金刚顶经》中毗卢遮那108尊法身有关。[1]《汉藏史集》载，松赞干布时建立108座佛塔，实际只有十八座。《贤者喜宴》载，赤松德赞时修建桑耶寺，桑耶寺四周建四塔，塔周围编架金刚杵，形成108座小塔。每杵下放置一舍利，象征佛法坚不可摧。[2] 108塔在藏地比较流行，这种习俗可能要追溯到前弘期。杜齐在《西藏考古》中指出："我们很容易在人们视为

---

[1] 索南才让：《吉祥的"108"》，《西藏艺术研究》2000年第4期。
[2] 何周德、索朗旺堆：《桑耶寺简志》，西藏人民出版社1987年版，第10页。

神圣的地方附近见到用土坯或砖坯建成的成排的塔。在这种情况下，一共得有108座，这是按照经文的要求而修造的。108座塔排成一排的习俗在西藏西部是十分常见的，但在其它地区则很少见。无疑，这种习俗可以追溯到佛教前弘期。"① 藏族的这种传统也影响到西夏，青铜峡保留下来的108塔就是最好例证。

在青铜峡108塔的塔群前面的河滩上，原来还有寺庙遗址和两座覆钵式小砖塔，因修建电站水坝而被淹没。从小塔内清理出西夏时期的绢制彩画、木版残经、陶制塔模、陶制造像等文物看，这也是西夏时期一处规模较大的佛教活动场所，因其后面即108塔，皆为覆钵式佛塔（见图10）。108塔依山势奇数排列，共12行（排），呈等腰三角形，是典型的藏传佛教寺院遗址。宿白先生认为："青铜峡一百〇八覆钵塔亦源于西藏，西藏西部芒囊译师寺附近排成一列的一百〇八塔即是一例。塔群作等腰三角形的排列方式亦见于西藏西部，如意大利人杜齐《西藏考古》图版95所录出于西藏西部或后藏的一枚陶制圆形擦擦，其面上即印出了一组塔群的中间部分。"②

图10　青铜峡108塔

---

① ［意］杜齐：《西藏考古》，向红笳译，西藏人民出版社2004年版，第45页。
② 宿白：《藏传佛教寺院考古》，文物出版社1996年版，第312页。

二 多种功用的藏式佛塔

1. 八相塔

修建佛塔是信徒用来修德积福的途径，佛塔也成为信徒膜拜的对象。佛塔从教义内涵来看可分为意、身、语三种，意之塔，代表最基本的精神实质以及佛陀所有的空寂明净；身之塔，代表佛陀、菩提萨埵或大喇嘛的化身；语之塔，则代表着一切有文字的东西，即佛陀的训教或经文。藏传佛塔有八相塔，从形式上可分为八种：叠莲塔、菩提塔、和平塔、殊胜塔、涅槃塔、神变塔、神降塔、吉祥多门塔，也就是说八相塔代表了佛陀一生的八大成就。

相传在阿育王时期，罗刹兴建了八大宝塔和金刚座。到9—11世纪在东印度、卫藏和阿里等地八大佛塔的内容占有很大比例。这些建筑作为佛教图像的传播媒介随着金刚乘佛教传入中土而逐渐盛行开来。灵塔主要采用八塔中的殊胜塔、神降塔和菩提塔三种类型。宋法贤译有《八大灵塔梵赞》和《佛说八大灵塔名号经》，其中《佛说八大灵塔名号经》曰："我今称扬八大灵塔名号，……何等为八？所谓第一迦毗罗城龙弥尔园是佛生处；第二摩伽陀国泥连河边菩提树下佛证道果处；第三迦尸国波罗奈城转大法轮处；第四舍卫国祇陀园现大神通处；第五曲女城从忉利天下降处；第六王舍城声闻分别佛为化度处；第七广严城灵塔思念寿量处；第八拘尸那城娑罗林内大双树间入涅槃处。"[①]

八塔即八尊如来塔，依佛教经典记载，佛祖释迦牟尼涅槃后，他的遗体火化，弟子们将其舍利分成八份，分别建塔供养，出现了八种类型的佛塔：其一，在释迦牟尼诞生地迦毗罗城蓝毗尼林，由净饭王等人修造的佛塔号称为如来塔、积莲塔或生瑞塔，此塔为圆形，具有莲花花瓣装饰，共有四层或七层台阶。其二，在佛祖成就菩提正果的王舍城，为纪念佛祖释迦牟尼获得大彻大悟，得道成佛，由频婆娑罗王等人修造的菩提塔，为四方形，具有四层台阶。其三，在佛祖初转法轮的婆罗捺斯

[①] （宋）法贤译：《佛说八大灵塔名号经》，《大正藏》第32册，第1685号，第773页上栏07。

国，为纪念佛祖释迦牟尼初转法轮（第一次讲经），宣讲"四谛"要义，由五比丘修造的佛塔被称为智慧塔、法轮塔或吉祥多门塔，此塔为四方形，具有中央三分之二凸出的四层台阶，每层台阶都有门饰。四扇门象征四谛；八扇门象征八解脱；十二扇门象征十二缘起；十六扇门象征十六空。其四，在佛祖显示神通的舍卫城吱达林，为纪念佛祖释迦牟尼降伏外道魔怪的种种奇迹，由离遮毗族人等修造的佛塔称破败外道塔或大神变塔，具有中央凸形的四层台阶。其五，佛祖入住三十三天行夏安居，传真谛于母亲，上午在天界解制，下午降临于瞻部洲世界，为此由迦尸城人众在迦尸城修造的佛塔被称为神降塔或三十三天神塔，它有中部凸形的四层或八层台阶，四面中央有阶梯。其六，在王舍城，提婆达多分离僧团以后，由舍利弗和目犍连二圣让僧团和合团结，为此由祇陀等金刚座人众修造的佛塔称分合塔、光明塔或真慈塔，此塔为方形四角切直，有四层台阶。其七，为纪念佛祖释迦牟尼在广严城测算自己寿数，他的弟子和信徒们祝愿释迦牟尼佛长寿，广严城人众修造的佛塔被称为殊胜塔或尊胜塔，此塔为圆形，具有三层台阶。其八，为纪念佛祖释迦牟尼向众生显示万物无常而入于涅槃状，在拘尸那城修造的佛塔为涅槃塔。

　　这八种类型的佛塔代表了佛祖释迦牟尼一生从诞生到涅槃的八大成就，藏传佛教信仰者常以建造八灵塔来纪念佛陀一生为拯救万物有灵而建树的无量功德，充分体现了"塔即是佛，佛即是塔，修塔如修佛，礼塔如礼佛，佛塔一体"的佛教信仰观。

　　在西夏众多的藏式佛塔中包括生身舍利塔和法身舍利塔。生身和法身是以塔内珍藏的佛教信物而加以区别的。一般安奉佛陀及高僧大德肉身、舍利或骨灰的是生身舍利塔，而法身舍利塔多数在塔腔内藏有佛经、佛像、佛画及其他法物、绸带、柏枝、贵重金属品等，是一种内涵丰富的佛塔。藏传佛教认为，佛塔内腔不能空着，要珍藏活佛舍利、高僧活佛法体、佛经、佛像及一些具有永久性纪念意义的供物，还要填充一种特殊的泥制"圣物"，即"擦擦"。灵塔是藏式佛塔的组成部分，有双重功能，既是佛塔，又是寝陵。

　　西夏出土文物和绘画中也多见"八相塔"图。有学者提到，在西夏及元代，敦煌石窟中出现了四铺释迦八相成道图，分别见于榆林第3

第六章　西夏藏传佛教艺术与特征

窟、第 10 窟，东千佛洞第 5 窟，肃北五个庙第 1 窟。①

黑水城藏品中也有唐卡《八相塔》（X‑2326）（见图 11）和（X‑2327、X‑2328、X‑2587）②（见图 12），其中 X‑2326 唐卡中间为结跏趺坐于莲花座上的释迦牟尼佛，左手结禅定印，右手结触地印。在佛前有一金刚杵，两边侍立两菩萨，右为白观音，左手持白莲花，其左侧为黄弥勒，手持一内有莲花的金瓶。佛陀描绘于支提中，奥登堡认为，此支提即著名的大觉寺。在支提后方，有一棵三叶菩提树——智慧之树，佛陀坐于树下证悟，即"菩提树下成道塔"。唐卡下方，五支提排列在同一基座上，类似于佛陀伽耶大觉寺的结构，中间一座大支提为四座较小支提所围绕，即为"降伏外道祥名塔"。唐卡两侧各分成三块，每块皆为蓝底，绘有一个较小的支提，其上方有榜题，从上至下，佛陀右边的榜题为："耆阇崛山大乘塔""庵罗林会维摩塔""佛从天下宝阶塔"。佛陀左边榜题为："鹿园法轮初转塔""释迦如来生处塔""拘尸那城涅槃塔"。佛像周围画

图 12　八塔变（X‑2587）　　　图 13　八塔变（X‑2326）

① 梅林：《西夏、元时期敦煌石窟群中的 4 幅"八相成道图"》，见《汉藏佛教美术学术研讨会论文提要集》，第 137 页。

② К. Ф. Самосюкю, *Буддийская жтвопись из Хара-Хото* Ⅶ‑ⅤⅠⅤ *веков между Китаем и Тибетом*，Сапкт-Петербург Издательство госуварствеппого эрмитаж. 2006г. стр. 228.

八座宝塔，与释迦牟尼佛佛传故事有关。①

在黑水城藏品的西夏绘画中也出现一些佛塔形制，大多是具有藏传风格的覆钵式塔。如《释迦牟尼说法图》（X-2342）中有两座塔，一座表示开悟成道，另一座与初转法轮有关，后者象征佛法弘扬及降服外道。②

在贺兰县宏佛塔中出土一幅"八相塔图"（唐卡），此图残长47厘米，残高30厘米，画面上残存佛塔六座，有三座榜题尚存，均用汉文和西夏文书写。可辨认的汉文榜题有"鹿苑转法轮塔""□□□涅槃塔""释□□□处塔"（见图13）。

天庆三年（1196）在仁孝皇帝去世三周年之际，罗氏又大作法事斋会，为已故仁孝皇帝、国家社稷、文臣武将和百姓等祈福，施舍《大方广佛华严经入不思议解脱境界普贤行愿品》（TK-98），并列举了自仁孝去世到三周年忌日三年间所作种种功德：……

图13 宏佛塔出土八塔变

散施：八塔成道像等七万七千二百七十六帧……三年内施舍如此之多的"八塔成道像"，可见，八相塔信仰在西夏的盛行。

2. 舍利塔

1999年宁夏考古研究所和贺兰县文化局对贺兰县拜寺口北寺进行清理，发现60余座残塔基及其附属建筑。从60余座塔基看，塔基的形制可分为十字折角形、八角形和方形。十字塔基多出现在藏传佛教中，塔身为覆钵式。据考古专家断定，这是一处与拜寺口双塔有密切关系的僧侣墓地，在不少塔基内发现大量擦擦、骨灰及未烧尽的人骨。与僧众

---

① ［俄］萨玛秀克编著：《丝路上消失的王国——西夏黑水城的佛教艺术》，许洋主译，中国台湾历史博物馆1996年版，第118页。
② ［俄］萨玛秀克编著：《丝路上消失的王国——西夏黑水城的佛教艺术》，许洋主译，中国台湾历史博物馆1996年版，第116页。

生前的族属或信仰有关。

在西夏，佛教信仰深入人心，不仅僧侣采取塔葬形式，就连一般的世俗信众也效仿类似塔葬的形式。1977年在武威西郊发掘的刘氏墓中出土四座木缘塔，皆为覆钵形状。其中一座通高76厘米，由塔座、塔身、塔顶和塔刹四部分组成，塔座四级，呈八角形，饰红色，塔身则用长34厘米、宽12.5厘米、厚2厘米的八块木板拼成，涂蓝色，用黄色书写梵文和密教经咒，有《一切如来咒》《一切百字如来咒》《药师琉璃光王佛咒》《归依三宝咒》《圣□光天母心咒》等。塔上画有斗拱图案，卷草纹饰，还有两道相轮，这说明墓主生前系虔诚的佛教徒，还与藏传佛教的信仰有密切关系。

河西地区密教盛行，墓主在火葬后，其骨灰装入塔内，再土葬。1981年4月武威市乡镇企业局院内唐奴见墓一座，年代为天庆八年（1201），塔形砖室，藻井形顶，墓室周围竖立有松木制成的木牌五个，最长62厘米，最短54厘米，宽7—8厘米，厚1厘米，分别用汉文正楷写有"唵嘛呢叭咪吽""药师琉璃光佛""本师释迦牟尼王佛"等。普通百姓虽不能真正建塔安葬，但却把墓室修成塔的形制或把骨灰装入木缘塔中，以效仿塔葬形制。塔形是具有藏传佛教特色的覆钵形状，并书写经文和陀罗尼等，这也表明藏传佛教的流行。

西夏人认为，佛塔更具有实际的功用性，是能够赐予人们福德象征的宝物，供信众顶礼膜拜或者是镇魔、避邪之法物，能摧毁一切邪恶，避免天灾人祸的发生。正如《佛说造塔功德经》曰："若此现在诸天众等，及未来世一切众生，随所在方未有塔处，能于其中建立之者——其状高妙出过三界，乃至至小如庵罗果。所有表刹上至梵天，乃至至小犹如针等。所有轮盖覆彼大千，乃至至小犹如枣叶——于彼塔内藏掩如来，所有舍利、发牙、髭爪，下至一分，或置如来所有法藏十二部经，下至于一四句偈。其人功德如彼梵天，命终之后生于梵世，于彼寿尽，生五净居，与彼诸天等无有异。善男子，如我所说如是之事，是彼塔量功德因缘。"[①] 造塔不仅可以获得无量功德，而且能消除各种灾难和延长寿命。《佛说造塔延命功德经》曰："若善男子、善女人，以清净心，

---

① （唐）地婆诃罗译：《佛说造塔功德经》，《大正藏》第16册，第699号，第801页上栏。

依此轨仪造作佛塔，若自作、若教人作，若复赞叹、若当信受，所得功德与造佛塔等无差别。当知是人于此一生，不为一切毒药所中，寿命长远无有横死，究竟当得不坏之身，一切鬼神不敢逼近，五星七曜随顺驱使，一切怨家悉皆退散，随所生处身常无病，一切众生见皆欢喜，无净戒者净戒满足，不调伏者能令调伏，不清净者能令清净，破斋戒者斋戒复生，若犯四重及五无间极重罪业，悉得消灭，无始劫来障累皆尽。若有女人欲求男者，即生勇健福德之男，四大天王常随拥护，造塔功德其福如是。"[1] 修建佛塔获得如此功德，这也促使信众尽个人之力造塔积福，以求除灾驱难。

第二节 西夏遗存藏式绘画及特色

随着藏族僧人在西夏的弘法和藏传经典的流行，藏传佛教艺术也传入西夏并得到发展，佛教艺术的发展又促进了佛教思想的传播，可更好地为宣传佛教教义服务。佛教绘画的目的大约可分为三种：一是为佛教徒供养敬奉之用；二是为寺院殿堂庄严之用；三是供人欣赏的画家写意之作。由于佛画的目的不同，佛画的内容也有所不同。在西夏遗存中保留不少具有藏传特色的绘画，涉及面非常广。这些绘画为修行者提供视觉上的观想对象，阐释佛教基本教义，图解佛理，营造一种让人敬畏的宗教气氛，使信众更加虔诚地笃信佛教，驱走异教的骚扰和诱惑。在藏传佛教绘画中，根据宗教职能所绘人物划分为上师、本尊、佛母、佛、菩萨、度母佛母、金刚、空行护法、双修像等神灵。现存的西夏唐卡和绘画为学者研究西夏藏传佛教艺术提供了极为珍贵的资料。

一 藏式佛画

在黑水城出土了很多具有藏传风格的唐卡和绘画，萨玛秀克认为，艾尔米塔什博物馆有 70 幅藏传唐卡，题材涉及佛、菩萨、护法和本尊等，

---

[1] （唐）般若译：《佛说造塔延命功德经》，《大正藏》第 19 册，第 1026 号，第 727 页下栏。

第六章　西夏藏传佛教艺术与特征

最为多见的是释迦牟尼佛、药师佛、观音等，萨玛秀克在《丝路上消失的王国——西夏黑水城佛教艺术》和《12—14世纪黑水城汉藏佛教艺术》两书中公布了部分俄罗斯藏藏传风格艺术作品，它们是《金刚座触地印释迦牟尼佛》（X－2323）、《佛陀》（X－2343）、《释迦牟尼说法图》（X－2337、X－2342、X－2359）、《释迦牟尼与八塔图》（X－2326）、《药师佛》（X－2332、X－2335）、《阿弥陀佛》（X－2350）、《十一面八臂观音》（X－2355）、《观世音》（X－2352）、《观世音菩萨》（X－2354）、《莲花手》（X－2353）、《文殊菩萨》（X－2359）、《绿度母》①（X－2362）②、《金刚座触地印释迦牟尼佛》（X－2322③、X－2324、X－2325、X－2331）、《释迦牟尼与八塔图》（X－2327、X－2328、X－2587）、《药师佛》（X－2333、X－2334、X－2336）、《三十五佛》（X－2338）、《千佛图》（X－3551）、《释迦牟尼佛》（X－2577、X－2339）、《十一面八臂观音》（X－3554、X－2356、X－2357）、《文殊菩萨》④（X－2360）等。⑤

黑水城藏品中还有藏传佛教风格的金刚、佛母、护法等，如《大成就者》（X－2399）、《佛顶尊胜》（X－2469）、《佛顶尊胜曼陀罗》（X－2406、X－2407、X－2469⑥、X－2536⑦）、《金刚亥母》（X－2393、X－2388和X－2394、X－2387、X－2389、X－2390、X－2391、

---

① 内蒙古阿尔寨石窟第31窟也有《二十一度母救苦救难图》，中间是十一面观音图，观音四周绘有二十一格，每格绘度母救难的故事。
② ［俄］萨玛秀克编著：《丝路上消失的王国——西夏黑水城的佛教艺术》，许洋主译，中国台湾历史博物馆1996年版，第106、110—118、104、120—124、128—133、138—141页。
③ 此幅画与史金波、白滨、吴峰云合作的《西夏文物》中公布的照片第99为同一幅。
④ 在武威亥母洞寺出土一幅藏传佛教唐卡，谢继胜先生进行研究，写有《一件极为珍贵的西夏唐卡》（《宿白先生八秩华诞纪念文集》2002年，第597—613页）一文，认为主尊为文殊菩萨。
⑤ К. Ф. Самосюкю, *Буддийская жтвопись из Хара-Хото* XII－XIV（12—14）*веков между Китаем и Тибетом*, Санкт-Петербург. Издательство государственпого эрмитажа, 2006г. стр. 218－219、222－225、229、228、233－235、238、242、245－248.
⑥ К. Ф. Самосюкю, *Буддийская жтвопись из Хара-Хото* XII－XIV（12—14）*веков между Китаем и Тибетом*, Санкт-Петербург. Издательство государственпого эрмитажа. 2006г. стр. 292.
⑦ К. Ф. Самосюкю, *Буддийская жтвопись из Хара-Хото* XII－XIV（12—14）*веков между Китаем и Тибетом*, Санкт-Петербург. Издательство государственпого эрмитажа. 2006г. стр. 292.

X－2392、X－2579①）、《摩利支》（X－2363）、《白伞盖》（X－2364、X－3555②）、《作明佛母》（X－2386）、《上乐金刚坛城》（X－2369、X－2409、X－2408、X－2479③）、《上乐金刚》（X－2371、X－2370④、X－2372⑤）、《大黑天——除障者》（X－2537）、《不动明王》（X－2375、X－2374）、《不动明王或除障者》（X－2376、X－2377、X－2378、X－2379）⑥、《空行母》（X－2395、X－2397、X－2396）、《多闻天王》（X－2382、X－2403、X－2461）、《金刚》（X－3556、X－2365、X－2366、X－2367、X－2368）⑦、《大黑天神坛城》（X－2402）⑧ 等。

　　在贺兰山宏佛塔中出土千佛图唐卡、坐佛图唐卡、炽盛光佛图二幅、大日如来佛唐卡、千手观音和八塔相唐卡图、欢喜金刚双身图唐卡、护法力士唐卡、护法神图等。在拜寺口双塔中出土上乐金刚双身像等。在武威亥母洞珍贵藏传佛教特色唐卡。据谢继胜先生考证，亥母洞唐卡共绘有35位人物，很多是藏传佛教中的人物和上师，如毗缕波、

---

①　К. Ф. Самосюкю，*Буддийская жтвопись из Хара-Хото* XII－XIV（12—14）*веков между Китаем и Тибетом*，Санкт-Петербург. Издательство государствеппого эрмитажа. 2006г. стр. 316、317－327.

②　К. Ф. Самосюкю，*Буддийская жтвопись из Хара-Хото* XII－XIV（12—14）*веков между Китаем и Тибетом*，Санкт-Петербург. Издательство государствеппого эрмитажа. 2006г. стр. 293.

③　К. Ф. Самосюкю，*Буддийская жтвопись из Хара-Хото* XII－XIV（12—14）*веков между Китаем и Тибетом*，Санкт-Петербург. Издательство государствеппого эрмитажа. 2006г. стр. 312.

④　К. Ф. Самосюкю，*Буддийская жтвопись из Хара-Хото* XII－XIV（12—14）*веков между Китаем и Тибетом*，Санкт-Петербург. Издательство государствеппого эрмитажа. 2006г. стр. 299.

⑤　К. Ф. Самосюкю，*Буддийская жтвопись из Хара-Хото* XII－XIV（12—14）*веков между Китаем и Тибетом*，Санкт-Петербург. Издательство государствеппого эрмитажа. 2006г. стр. 302.

⑥　К. Ф. Самосюкю，*Буддийская жтвопись из Хара-Хото* VII－VIV *веков между Китаем и Тибетом*，Санкт-Петербург. Издательство государствеппого эрмитажа. 2006г. стр. 332－333.

⑦　К. Ф. Самосюкю，*Буддийская жтвопись из Хара-Хото* VII－VIV *веков между Китаем и Тибетом*，Санкт-Петербург. Издательство государствеппого эрмитажа. 2006г. стр. 300、304－306.

⑧　К. Ф. Самосюкю，*Буддийская жтвопись из Хара-Хото* VII－VIV *веков между Китаем и Тибетом*，Санкт-Петербург. Издательство государствеппого эрмитажа. 2006г. стр. 337.

五佛、度母、四臂观音、大黑天、顶髻尊胜佛母、噶举派上师或吐蕃上师等。在宁夏山嘴沟①西夏石窟还残存二臂上乐金刚像。内蒙古鄂尔多斯市西南的鄂托克旗境内的"阿尔寨乌里雅四石窟"，②汉人称之为"百眼窟"，蒙古人称之为"苏默特阿尔寨"。据当地文物部分调查，计有65窟，较为完整的有43窟。在第28号石窟东、西两壁上存13幅完整的藏传佛教双身像，有学者推断为西夏晚期所绘。③莫高窟第465窟是具有典型藏传佛教的洞窟，存5幅上乐金刚双身像。

众多女性神灵出现在藏传佛教绘画中是藏传佛教艺术的一大特色。这些女性神灵主要是绿度母、白度母、尊胜佛母、大白伞盖佛母、随求佛母、般若佛母、作明佛母、大孔雀佛母和妙音佛母等。佛母是藏传佛教中特有的重要护法女神，佛母造像大大丰富了藏传佛教造像的表现形式。藏传佛教认为佛母是诸佛之源，比喻佛菩萨的智慧，要敬拜佛母。

二 曼陀罗画

坛城，梵文"曼陀罗"（mandala）的音译，有两种含义：一为坛、道场；二为发生、聚集，即筑方圆之坛，图画神佛，聚集神佛。最初，古印度密教修行者修法时，为了防止魔众侵扰，在修法场建筑一圆形或方形的法坛，后来人们以形象的艺术手法表现法坛，在坛上绘出诸神形象，由此逐渐演变和发展成各种形式的曼陀罗。《密宗要旨》载："坛者积土于上，平治其面，而以牛粪涂其表，使之巩固，于此坛上管宗教之神圣行事，尤其为阿阇黎（导师之意）授戒弟子时，或国王即位时，于此上行之。"④《探玄记》记载："曼荼罗，云道场也，圆坛也。"《大日经义释》也提道："曼荼罗者，名为聚集。今以如来真实功德集在一

---

① 山嘴沟石窟位于贺兰山东麓西夏陵区北端的山嘴沟，1983年被宁夏考古工作者发现，存南、中、北3窟，窟内只存壁画，塑像被毁，其中9张照片在汤晓芳等合编的《西夏艺术》中刊出。在南窟有大日如来说法图、尊胜佛母、上乐金刚。中窟有五方佛、多臂明王像、护法金刚等。北窟有四臂观音等。

② 在内蒙古鄂尔多斯市西南的鄂托克旗阿尔巴斯苏木乡境内有一座孤立的小山岗，在山冈红色砂岩的崖壁上，凿有大小不等的楼阁式或覆钵式的浮雕石塔和石窟，该处遗址正式命名为"阿尔寨乌里雅四石窟"。

③ 汤晓芳等编：《西夏艺术》，宁夏人民出版社2003年版，第27页。

④ ［日］神林隆净：《宗旨要旨》，欧阳瀚存译，中华书局1939年版，第47页。

处,乃至十方世界微尘数差别智印轮圆福,翼辅大日心王,使一切众生普门进趣,是故说为曼荼罗也。"① 其实,现实中的坛城两种意义兼而有之。

作为密教教法道场的坛城,后来被形象化和神圣化为佛教宇宙观想场所,被确定为密教仪轨的必备场地,一切仪轨必须在特指的坛场中进行。坛城形状各异,或圆形,或方形;或平面,或立体。坛场基本图形是外圆内方的封闭结构。外圆被绘成莲花状,代表着宇宙的四周表面。坛城中心是须弥山,表示世界中心,是众神居住的天界。外围的方形和圆形分别代表地界和人界。坛城的目的是揭示在一切众生与整个世间中发生作用的秘密力的全图,表达了存在之派生物的性质。藏传佛教密宗修习的"三密为用""四曼为相""五佛五智""六大为体""因、根、究竟"等基本教理皆能在坛城中得到体现。

在藏传佛教艺术中,坛城被视为最神圣、最奥秘、最有特色的宗教艺术。法事活动结束后,坛城一般要被毁坏,所以坛城实物保存极少,只有绘画中得以保存。然而 2004 年 8 月在甘肃安西县发现一座疑似西夏时期的坛城遗址,学者从坛城遗址的形制看,与榆林窟、东千佛洞及旱峡石窟的藏传佛教绘画中的坛城布局极为相像,推测为西夏时期的坛城。此遗址在安西县城东北 5 公里处,疏勒河北岸,在 312 国道之南的安西机械厂林场东面的戈壁滩上发现一座古坛城。坛场遗址为正方形,在地理位置上系正南北、东西方向。根据安西博物馆实测数据,每边长 142 米,中心部位是一圆坛和一长方形低坛遗址,作南北方向排列。两者之间设一通道。北侧圆坛遗址直径 415 米。南侧长方形低坛东西宽 9 米,南北长 712 米,均很低矮,其高度均在 20 厘米左右,略高于地面。均用戈壁滩上的砂石筑成,与戈壁滩上的砂石成色没有变化。中心部位与外方城之间的中间部位,用小砂石构成一圆,为正圆,直径 4913 米,外绕在中心部位的外侧,方城之内侧,已很不明显,保存较好的地段仍很清晰。外层是方城遗址,墙体平面宽厚,但墙体很低矮,以外侧计,其高度在 40—80 厘米,内侧要低一些。其筑造方法,显然是挖掘其外

---

① (唐)一行述:《毗卢遮那成佛神变加持经义释》卷 4,《卍新续藏经》(第 23 册),第 438 号,第 317 页上栏 06。

侧的砂石填筑而成，其四周形成了小小的颇似护城河的沟渠，方城的四面都有突出于墙体的方形瓮城。北瓮城西向开门，南瓮城残，东西瓮城南向开门。瓮城在城池建造上有防御功能，这里显然仅仅采用了其形式。方城墙体内侧各有小坛三十余个，每坛直径 112 米左右。该遗址从总体上和构筑形式用料上看，是外具方城辟四门的金刚墙，中具圆形的金刚环，内有圆形和长方形遗迹的密教做法事时构筑的坛场遗址。这座位于安西戈壁滩上的坛城遗址，可能是西夏时期坛场十分重要的遗存。[①]

除安西遗存的坛城实物以外，在西夏遗存中保存最多的还是坛城图，不仅在莫高窟、安西榆林窟、东千佛洞、旱峡石窟的壁画中绘有坛城图，在黑水城藏品中也保存坛城绘画和坛城木板画等。藏密坛城内容丰富，本尊形象形形色色，最常见的是"五本尊"，即大威德金刚、上乐金刚、喜金刚、时轮金刚和密集金刚。在西夏绘画中出现较多的为"星曜坛城""上乐金刚坛城"和"佛顶尊胜坛城"等。

（一）星曜曼陀罗

藏于俄罗斯国立艾尔米塔什博物馆的西夏《星曜坛城》是典型例子。俄罗斯已故学者聂历山结合写本《圣星母中道法事供养典》对坛城的描述，并对星曜坛城进行解释，反映了西夏时期坛城布置及活动的大致情况。现将这段内容从俄文译成汉文如下：

> 日星、月星、金、木、水、火、土五曜及罗睺、计都、力每（月孛）和其他星曜向不好的方面运行时，会给国家带来灾难和不幸，如果某一星曜向不好的方面运动，人们就会见到灾星，会引起苦难，危害到人和社会的安宁。每当出现这样不吉利的事情的时候，为了禳除这些苦难和不幸，获得平安和吉祥，就应当供奉圣星母坛城，进行法术祈祷活动。祈祷活动应当这样进行：首先要用土和其他材料建一座祈祷活动所使用的坛城，夯实这块筑坛的地方，使其与其他地方相区分，然后开始画坛城，在此坛城法术圈中画一座两层的天神居住的最殊胜妙天宫。在最殊胜妙天宫周围绘五色城墙，坛城中间为十二……共开设九个窗口。在这些窗口中：中央窗

[①] 张宝玺：《安西发现密教坛场遗址》，《敦煌研究》2005 年第 5 期。

口画上圆形的日星坛城，为红色。东面窗口绘方形的金星坛城，为白色。南面窗口绘方形的火星坛城，为红色。西面窗口绘水瓶形的土星坛城，为黑色。北面窗口绘三角形的木星坛城，为黄色。东南面窗口绘圆形的月星坛城，为白色。西南面窗口绘大麦粒形的罗睺星坛城，为黑色，两个边角处各绘饰一面蓝色的旗帜。西北面窗口绘大麦粒形的计都星坛城，为烟色，两个边角处也各绘饰一面兰色的旗帜。东北面窗口绘三角形的水星坛城，为黄色。

除此以外，在最殊胜妙天宫城墙内侧的东门处绘炽盛光佛，为黄色，他右手结说法印，左手置于膝上，手持八齿形的黄色火焰法轮，结跏趺坐在铺有月轮垫的莲台之上。

南门绘不动金刚，作忿怒相，一面，两目，两臂，为深蓝色，右手持竖立的智慧剑，左手持罗索，使人心生畏惧。他右脚着地，坐在铺有日轮垫的莲花座上，四周有火焰环绕。在描绘天神时，忿怒相的天神一般都坐在日轮垫上。

西门绘观音菩萨，为白色，一面，两臂，右手结施愿印，左手持粉色莲花，结跏趺坐于铺有月轮垫的莲台之上。

北门绘文殊菩萨，为橙黄色，一面，两臂，右手持竖立的智慧剑，左手持一卷《般若经》，结跏趺坐于铺有月轮垫的莲台之上。

坛城内东北角处绘有日星等十一星曜，日星显现为男性神，红色，一面，两臂，手捧日轮。月星为女性神，白色，一面，两臂，手捧月轮。火星为红色，一面，两臂，手持金刚刀，作忿怒相。水星为女性神，白色，一面，两臂，手持弓箭。木星为男性神，黄色，一面，两臂，手捧盛放神灵所食的奇妙食物的容器。青娄（紫炁）为男性神，紫色，一面，两臂，手持念珠。金星为女性神，白色，一面，两臂，也是手持念珠。土星为深蓝色，一面，两臂，手持金刚杖，作忿怒相。罗睺为烟色，一面，两臂，手执日轮和月轮，作忿怒相。力每（月孛）为女性神，作忿怒相，红色，一面，两臂，手持长剑。最后是计都，为蓝绿色，一面，两臂，手持铁钩。这十一星曜的装饰物、服饰和项链都一如男性神的装饰。他们都各依顺序排列站立。

在坛场内的东南角处描绘的应该是二十八星宿。参宿为白色，一面，两臂，手持放光的莲花。井宿为黄色，一面，两臂，手持念珠。鬼宿为蓝绿色，一面，两臂，手持莲花。柳宿为白色，一面，两臂，手持三叉戟。星宿为黄色，一面，两臂，手持净瓶。张宿为蓝绿色，一面，两臂，手持宝剑。翼宿为黄色，一面，两臂，手持罗索，轸宿为黄色，一面，两臂，手持菩提树的种籽。角宿为绿色，一面，两臂，手擎火炬。亢宿为黄色，一面，两臂，手持罗索。氐宿为蓝色，一面，两臂，手持金刚杖。房宿为黄色，一面，两臂，手持放光的蓝色优钵罗花。心宿为红色，一面，两臂，手持法螺。尾宿为蓝绿色，一面，两臂，手持天花。箕宿为红色，一面，两臂，手持莲花。斗宿为白色，一面，两臂，手持摩尼宝珠。牛宿为蓝色，一面，两臂，手持莲花。女宿为红色，一面，两臂，手持放光的树种。虚宿为黑色，一面，两臂，手持金刚杵。危宿为黄色，一面，两臂，手持弓箭。室宿为绿色，一面，两臂，手持宝耳环。壁宿为黄色，一面，两臂，手持摩尼宝珠。奎宿为浅黄色，一面，两臂，手持红莲花。娄宿为蓝色，一面，两臂，手持金刚杵。胃宿为黑色，一面，两臂，手持铁钩。昴宿为蓝色，一面，两臂，手持优钵罗花。毕宿为红色，一面，两臂，手持莲花。最后面是觜宿，为蓝色，一面，两臂，手持优钵罗花。这二十八星宿均为女性神灵的形象，戴有项链，身着天衣，各依顺序站立。

坛城内的西南角上绘有恶魔，他们都被描绘成可怕的恶鬼形状，根据需要，可描绘一个恶鬼或是一群恶鬼的形象来表示。

坛城内的西北角上绘有孔雀天母，为蓝色，一面，两臂，右手持孔雀毛，左手持如意宝珠，结跏趺坐在铺有月轮垫的莲台之上。

最殊胜妙天宫的外面，东门处绘有持国天王，白色，一面，两臂，手弹琵琶。南门处绘有增长天王，黑色，一面，两臂，手持宝剑。西门绘有广目天王，红色，一面，两臂，右手持蛇形罗索，左手托宝塔，塔中端坐一尊佛像。北门绘有多闻天王，蓝色，一面，两臂，右手持三叉戟，左手持吐宝兽。这四大天王高踞于弥山座上，呈愉悦微笑相。最殊胜妙天宫的外面环绕有金刚城墙和火焰纹。坛城法术圈的描绘至此完毕。①

坛城上四边角处交叉绘有两对金刚杵，呈"X"状的十字形排列，称作"金刚十字"（visvajra），它的末端还绘有象征火焰的圆形图案。一般说来，金刚杵是印度古代的一种武器，天神因陀罗就使用这种坚固而锋利的特殊武器打败了自己的对手阿修罗。佛教徒继承了这个古老的传说，把金刚杵当作锐利智慧的象征，认为它可以破除众生心灵中坏的和低俗的恶趣。后来，随着佛教的进一步发展，金刚杵变成了金刚界的象征物，所谓金刚界即是毗卢遮那佛展示其智慧的境界。金刚界所有的神灵都被描绘成手持金刚杵的形象。最后，金刚杵演变成了一神教的初世佛即本初本佛的象征物。②

坛城建好以后，还要摆放各类祭品，包括各类做法事所需器皿、牲畜、食物、莲花、珠宝、黄金、僧衣、法螺、宝剑、香花、香烛及其他准备好的一切物品。

然后通过秘密观想和颂念密教的咒语"唵 嘛尼 嘛尼 嘛哈曼呀 湿瓦哈"，忏悔自己的罪孽，恳求诸神佛使其开悟，禳灾祈福。③

在西夏藏品和洞窟中还保存大量西夏时期的星曜绘画④，西夏的星曜信仰受到原始宗教和藏、汉以及印度等文化的共同影响。党项人与藏

---

① ［俄］聂历山：《12世纪西夏国星曜崇拜》，崔红芬等译，《固原师专学报》2005年第2期。
② ［日］逸见梅荣：《印度に於はる礼拝像の形式研究》，《东京东洋文库》1935年，第248页。
③ ［俄］聂历山：《12世纪西夏国星曜崇拜》，崔红芬等译，《固原师专学报》2005年第2期。
④ 在俄罗斯艾尔米塔什博物馆藏品中有二十四幅西夏时期星曜卷轴画。萨玛秀克把这二十四幅星曜绘画分六组，第一组是七幅卷轴画，描绘十一曜、黄道十二宫和二十八星宿围绕炽盛光佛（X-2424、X-2428、X-2426、X-2430、X-2431a和b）；第二组是六幅描绘单个星宿和炽盛光佛的画像（X-2450月字、X-2451土星、X-2452木星、X-2453月神、X-2455计都、X-2423炽盛光佛）；第三组是一幅月字像（X-2454）；第四组是三幅小的占星图像，描绘一位星神、黄道十二宫之一宫和二十八宿中的两个星座（X-2481金星、X-2482火星、X-2483［无辨识］）；第五组是一幅星曜坛城（X-2480）；第六组是东方研究所藏佛经雕印版画（馆册第951、1052、5402号），其中馆册第5402号版画面上每位神灵周围皆有密咒环绕，并用西夏文注明传承。在贺兰县宏佛塔出土两幅绢质彩绘《炽盛光佛》，莫高窟61窟甬道南北壁各绘一幅《炽盛光佛》，东千佛洞第1窟东壁也绘有《炽盛光佛图》等。

地相邻，生活习俗、文化等与藏族有很大相似性。佛教传入藏地之前，藏地的本教非常兴盛，本教信仰是以天地、日月、星辰、雷电、山川、动物等为崇拜偶像，通过咒语、作法、血祭、牲殉等仪式来告慰神灵，从而达到祈福禳灾、驱邪除患的目的。

吐蕃"（赞普）与其臣下一年一小盟，刑羊狗猕猴，先折其足而杀之，继裂其肠而屠之，令巫者告于天地山川日月星辰之神云：'若心迁变，怀奸反覆，神明鉴之，同于羊狗'。三年一大盟，夜于坛墠之上与众陈设肴馔，杀犬马牛驴以为牲，咒曰：'尔等咸须同心戮力，共保我家，惟天神地祇，共知尔志。有负此盟，使尔身体屠裂，同于此牲'"。[①] 党项"三年一相聚，杀牛羊以祭天"的习俗与藏族是一致的。吐蕃王朝建立以前出现"天赤七王"时期，藏文史料有"七赤陵墓在天空，神身无尸如虹散"的记载，说天赤七王攀援天绳，逝归天界，如虹消散矣。[②] 党项人早期天体神灵信仰与本教关系密切，由于党项和藏族两个民族间的渊源关系，党项人中也有不少本教信徒，原始本教信仰在党项人中也有广泛的群众基础。本教中有关天体神灵信仰对党项人的影响是很大的。

党项人原始天体观又融合汉族的"天人感应"等思想，汉人的历算和星相学使党项人天体信仰内涵更加丰富。武威下西沟岘出土两张西夏文卜辞，皆为草书，一张汉文意思是：寅后日变甲时安，巳后日变丁时安，申后日变丑时安，亥后日变（癸）时安。另一张内容大意为：卯日遇亲人，辰日买卖吉，巳日□□□，午日求财顺，未日出行恶，申日万事吉，酉日与贼遇，戌日有倍利，亥日心欢喜。[③] 在黑水城藏品中也有两三件关于星相占卜的写本，其中一件名为《五星秘籍》，据其序跋判断，它是党项人骨勒仁慧于乾祐十四年（1183）编写的。

在佛教产生以前的远古时代，印度已存在着对福星和灾星的认识，佛教在其发展过程中也逐渐吸收和掌握了观星术方面的知识，很多佛经中存在关于星相术方面的内容。黄道十二宫是古代标识太阳在天球上视

[①] （后晋）刘昫等撰：《旧唐书》卷196《吐蕃传》，中华书局1975年版标点本，第5220页。
[②] 索南坚赞：《西藏王统记》，刘立千译注，民族出版社2002年版，第34页。
[③] 史金波：《西夏佛教史略》，宁夏人民出版社1988年版，第23页。

位置的一种方法。古希腊人将周天360°等分为十二份，每份为一宫，用以标志一年内太阳在天球上视运动的位置，称为"黄道十二宫"。黄道十二宫由希腊传入印度，印度佛教逐渐接受黄道十二宫的观念，此观念随着佛教东传而进入中国。"黄道十二宫"至迟在隋代已传入中国，到开宝年间"黄道十二宫"的名称趋于规范化。"黄道十二宫"为：室女宫（双女宫）、天平宫、宝瓶宫、摩羯宫、巨蟹宫、狮子宫（师子宫）、人马宫、白羊宫、天牛宫（金牛宫）、天蝎宫、双子宫（阴阳宫）、双鱼宫。

印度人也接受七曜思想，又添加了两个想象出来的虚构的星体——罗睺（Rahu）和计都（Ketu），而成为九曜。罗睺和计都是典型印度文化的产物。在印度星相学中，罗睺和计都属于恶曜。罗睺和计都在隐位而不见，罗睺可以遮蔽日、月，形成日食和月食，又被称为蚀神。相传罗睺冒充天人偷饮长生不死的甘露，被日星和月星揭发，为此震怒的毗湿奴天神砍下罗睺的头颅，因为罗睺喝了长生不老甘露，他那被砍下的头不死，于是他开始报复揭发他的日星和月星，经常吞噬日、月，形成日食和月食，罗睺被认为是引起日食和月食的星体。

藏人在接受佛教的同时，也吸收了印度九曜观念和一些观星术的成分，结合本民族星神信仰形成了自己的观星术知识。西夏又通过翻译汉文佛经和藏文、梵文佛经而逐步了解认识了佛教观星术的一些知识，并吸收佛教中有关天体星曜的思想观点。西夏人继承了罗睺是引起日、月食的根源的这一观点，西夏文写本《九曜供养典》这样称颂罗睺："伟大的罗睺星呵，你能凭借自己的神力夺去日星和月星的光芒，在四大庄严之下，你给我们带来了无比的幸福、尊贵、荣耀和财富，我们尊奉你，我们称颂你！"[①]

"计都"的梵文意思是"光明、旗帜"，或是表示某种特殊的光照现象，可译作"流星、彗星"。计都为蚀神之尾，又称豹尾。《九曜供养典》称计都既可带来幸福，也可播撒不幸。于是这样描绘计都："伟大的计都星呵，你用火焰的光辉照遍世界，你用自己的神力摆脱巨大的

---

① Н. А. Невский: *Тангутская филология*（в двух книгах），文志勇、崔红芬译，Издательство Восточной литературы. М. 1960г. стр. 52–73。

恶魔，你既可给我们带来幸福，又可在人间播撒不幸，我们尊奉你，我们称颂你！"①

中国人在九曜基础上又增加了两个想象出来的虚构星曜，即紫炁和月孛，于是成为十一星曜。西夏人在接受印度、吐蕃九曜观念的基础上，也吸收了汉人十一曜的观点，把紫炁译为西夏文为"青娄"，紫炁是由木星多余气体形成的，是颗福星。《九曜供养典》称颂道："木星之余气有大福，你走遍世界，常常为我们带来幸福，你旁边的那颗灾星呵，你能使他安静下来，心平气和，青娄星呵，我们尊奉你，我们称颂你！"② 与紫炁相对的第二颗想象出来的虚构星曜为"月孛"，西夏文译作"力每"，把它看作由土星多余气体形成的，是颗灾星。《九曜供养典》称："土星的余气粗鲁又凶狠，你照遍世界的每一个角落，你预示着一年的盛衰和走向，变化及不幸，力每星呵，我们尊奉你，我们称颂你！"③

西夏藏传佛教发展繁盛，同时原始宗教信仰也继续存在，天体神灵崇拜既有原始宗教信仰成分，也包含更多佛教的内容。西夏人的星曜观受到汉藏文化的共同影响。

（二）上乐金刚曼陀罗

藏传佛教的无上瑜伽密法包括方便父续法和智慧母续法，上乐金刚和喜金刚都属于智慧母续法。上乐金刚，亦称胜乐金刚，是密教五大本尊之一。在所见的上乐金刚绘画中，其背景是火，象征任何欲望的东西都能获得。上乐金刚的身体是蓝色，两条腿，四头呈现白、黄、绿、红色，白脸属息灾；黄脸属增益；红脸属爱敬；蓝脸属降伏。每头三只眼，表示照顾一切有情。十二只手，代表十二真理，用以克服十二种缘起的结束。上开金刚的单身像两手在胸前呈法印状，双身像第一双手臂拥抱他的明妃，其余十只手分列两侧，持斧、月刀、三股戟、骷髅、金刚杵、金刚钩、人头等。每面脸上方有五头骨作冠，腰系虎皮裙，象征武勇。

---

① Н. А. Невский：*Тангутская филология*（в двух книгах），文志勇、崔红芬译，Издательство Восточной литературы. М. 1960г. стр. 52 – 73。

② Н. А. Невский：*Тангутская филология*（в двух книгах），文志勇、崔红芬译，Издательство Восточной литературы. М. 1960г. стр. 52 – 73。

③ Н. А. Невский：*Тангутская филология*（в двух книгах），文志勇、崔红芬译，Издательство Восточной литературы. М. 1960г. стр. 52 – 73。

他的明妃是金刚亥母（Rdo-rje-phag-mo 或 Vārāhi）红脸，有三只眼。她的右手拿月形刀，以便杀死一切恶者，并钩住一切善者；左手拿人头骨碗，盛满了血。她以五十个骷髅头作饰物，象征经典要义，因为梵文五十个字母都在其中了。她以人骨念珠作装饰，象征布施、持戒、忍辱、精进、禅定和智慧六种方法。

上乐金刚是藏传佛教密中最重要的本尊，藏传佛教各派都有上乐金刚的密续。现存西夏藏传绘画中见到的本尊双身像都是智慧母续法上乐金刚部的上乐金刚与其明妃金刚亥母双身像。① 在黑水城藏品中有九幅上乐金刚图，其中已经公布的上乐坛城画有 X-2369（见图14）、X-2408（见图16）、X-2409（见图15）、X-2479 等。在宁夏贺兰山宏佛塔和拜寺口西塔各出土一幅上乐金刚坛城。

图14　上乐金刚坛城（X-2369）

图15　上乐金刚坛城（X-2409）

有关莫高窟第465窟的断代问题大致存在两种主要观点：一是蒙元窟或元窟，二是吐蕃窟。谢继胜先生对莫高窟第465窟壁画风格进

---

① 谢继胜：《西夏藏传绘画——黑水城出土西夏唐卡研究》，河北教育出版社2002年版，第110页。

第六章　西夏藏传佛教艺术与特征

行分析考证，确认第 465 窟是西夏时期的洞窟。这一观点得到部分学者的认同。谢先生还把第 465 窟壁画与榆林窟藏密绘画进行比较，认为这些作品是典型的西夏藏传图像而非纯粹的藏传图像。第 29 窟图像本身与黑水城绘画非常相似，表明他们是同一时期创作的作品。榆林窟和黑水城绘画都遵奉了莫高窟第 465 窟代表的藏传风格，第 465 窟壁画带有典型的波罗卫藏风格，所以第 465 窟壁画绘制年代不会晚于黑水城等西夏故地所出藏传风格唐卡的创作年代，应在榆林窟之前的西夏初年。①

图 16　上乐金刚坛城（X - 2408）

　　除损毁的壁画以外，在莫高窟第 465 窟有双身主尊像共五幅，分别是西壁一铺，南壁三铺（见图 17），北壁画中一铺。其中西壁为上乐金刚和金刚亥母双身像。

　　呼金刚又叫喜金刚或饮血喜金刚，也是五大本尊之一。常见喜金刚

---

① 谢继胜：《西夏藏传绘画——黑水城出土西夏唐卡研究》，河北教育出版社 2002 年版，第 399—400 页。

图 17 莫高窟第 465 窟后室南壁

本尊像五面四足、十六臂，每只手托着白色骷髅碗，内盛神物，白象、青鹿、青驴、红牛、灰驼、红人、青狮、赤猫、黄天地、白水神、红火神、青风神、白日天、青狱帝、黄施财立在上面，主臂拥抱明妃，脚踩被降伏的恶魔，骷髅头冠顶饰一尊怒明王像。喜金刚的明妃是金刚无我母，身蓝色，一头，三眼，黄发向上束，饰以五个骷髅头。右手拿月形刀，左手拿盛满血的骷髅头碗，项挂五十个骷髅头项链（见图 18）。在莫高窟第 465 窟北壁中铺还有一铺喜金刚双身像，喜金刚双身像在西夏绘画中并不多见。但上乐金刚和喜金刚曼陀罗在西夏绘画中存在，说明藏传佛教的噶举派和萨迦派在此都有流行。

藏传佛教中，本尊、护法、金刚一般都面目狰狞可怕，龇牙咧嘴，头发蓬乱，多头多臂，腰束虎皮裙，头戴冠冕，身上缠绕着毒蛇和佩戴骷髅饰物（见图 19）。背景多为火焰或坟墓，有野兽撕咬着尸体，这些护法神一般都脚踩恶鬼。这些神灵以凶恶的面貌出现，突出和达到以恶制恶的效果。在藏传佛教密教中，护法神若与其"明妃"一同出现，则会法力大增，藏传佛教绘画中双身像很多。现存的西夏藏传风格绘画中所能见到的本尊双身像基本上是智能母续法上乐金刚部的上乐金刚与金刚亥母双身像。藏传佛教中双身像表示断除一切烦恼后，是密教修行的最高境界，代表方法与智慧双成，悲智和合，理智不二的最高佛理。

图 18　金刚亥母（X-2371）　　　　图 19　大黑天（X-2537）

本尊是密教修行所选择和尊奉的重要神灵，修行者强调修本尊，并通过身、语、意三密与本尊的相应修习而达到"即身成佛"的目的。

（三）金刚界曼陀罗和胎藏界曼陀罗

在汉地密教弘传并形成密宗宗派是在善无畏、金刚智和不空时期。唐玄宗开元四年（716）善无畏来到长安，在弟子一行协助下翻《大日经》，善无畏和一行主要传授的胎藏界密法。开元八年（720）金刚智携弟子不空也来到长安，翻译了《金刚顶经》，形成以金刚智和不空主要弘传金刚界密法的局面。密教认为宇宙万物都是大日如来的显现，胎藏界表现其理性方面，具足一切功德而又隐藏在烦恼之中。金刚界表现其智德方面，能摧毁一切烦恼，出现了依《大日经》绘胎藏界曼陀罗，依《金刚顶经》绘金刚界曼陀罗。随着密教流行，具有理、因、本觉、化他等义的胎藏界和表现五佛五智的金刚界内容的绘画不断出现。胎藏界曼陀罗和金刚界曼陀罗在西夏绘画中都有表现。可是，《大日经》《金刚经》在西夏文文献中尚示发现。

榆林第3窟有穹隆顶上画金刚界曼陀罗一铺，北壁西侧画金刚界曼陀罗一铺，东侧画胎藏界曼陀罗一铺；南壁东侧观音曼陀罗，西侧为胎藏界曼陀罗；东壁（正壁）北侧画十一面千手观音变，南侧画五十一面千手观音变。其中窟顶坛场中心为大日如来，东面为阿閦如来，西面为无量寿如来，北面为不空成就如来，南面为宝生如来。四佛之间的四隅各画誓身宝瓶，合成中心圆轮。圆轮外为方形坛场，四隅画四菩萨身。坛场四门内各画一明王，作忿怒状，西门内明王为大威德金刚，是文殊菩萨的化身，具有浓厚的藏传佛教密宗特色。整个曼陀罗图案方、圆套叠，并以三角、半圆相合成形，象征无所不包的佛法。在曼陀罗外的四角各画一伐折罗，象征佛智的无坚不摧。[1]

安西东千佛洞第2窟窟顶坛城图，内具方形金刚墙，外具圆形金刚环。金刚墙内作斜十字交角，划分成上下左右四个三角形色块。安排尊像五方佛：中心毗卢遮那佛、东方阿门閦佛、西方阿弥陀佛、南方宝生佛、北方不空成就佛及嬉鬘歌舞四供菩萨，共九尊。金刚墙四面各有城楼，其上张幡。金刚环由莲瓣、金刚杵、火焰纹三重组成。金刚环外四角有四身金刚。

安西东千佛洞第5窟中心柱左面向的坛城图，也是内具方形金刚墙，外具圆形金刚环。金刚墙内亦是斜十字交角线，将墙内等分为四个色块，而中心部分置内金刚环。其尊像为五方佛，每佛身侧有四供养菩萨，四面城楼下各一金刚把守，共计二十九尊。外围的金刚环由莲瓣、金刚杵、火焰纹组成带状纹饰。四角为瑜伽花瓶。

在榆林窟和东千佛洞中，西夏窟既突出了窟室中央设多层佛坛的布局，又大量绘制了曼陀罗图像。壁画上既出现了面部上宽下窄，肉髻高尖的藏式佛像和藏传佛教的双身像，又有伞盖宽大、相轮粗短，皆与乌思藏萨迦时期流行的所谓的"噶当觉顿"式佛塔。[2]

旱峡石窟的南壁壁画中有一铺2.2米×2.2米巨型坛城图，与上两幅不同，内置圆形金刚环，外置方形金刚墙。金刚环由金刚杵及火焰纹组成。金刚环内又以同心圆置内金刚环等三重。内金刚环置尊像五方佛

---

[1] 敦煌研究院编：《安西榆林窟》，文物出版社1997年版，第246页。
[2] 宿白：《敦煌莫高窟密教遗迹札记》（下），《文物》1989年第10期。

及四波罗蜜，其外二重为八大供养菩萨，十六大菩萨。加上城楼下的四尊金刚，总计三十七尊。金刚墙宽厚，由金刚杵、几何形图案等三层组成，四角各画扭动身姿的伎乐天数身，每面皆有高大的城楼。

（四）佛顶尊胜曼陀罗

在西夏还流行《佛顶尊胜陀罗尼经》，佛顶尊胜曼陀罗在黑水城出土绘画中也有保留，它们的编号是 X–2406（见图 20）和 X–2407（见图 21）。这两幅顶髻尊胜佛母曼陀罗木版画在布局、内容上基本一致，其创作时间应是西夏时期。此曼陀罗由金刚环、金刚墙和内坛城三部分组成。金刚环由红色火轮、蓝色金刚杵和不同颜色莲花瓣构成。环内为方形金刚墙，墙四面正中设门，四门各绘一明王，身蓝色，一面三目两臂，身穿虎皮裙，各饰两龙，左手均持羂索，并作期克印，右手分别持杖、钩、剑和金刚杵。金刚墙内是内坛城，中心是主尊顶髻尊胜佛母像，结跏趺坐安坐于藏式佛塔内的莲花座上，身白色，三面八臂。正面为白面，善相。左面蓝色，右面黄色，宝饰严身。左侧四臂分别持羂索并作期克印、持瓶作禅定印、持弓和施无畏印。右侧四臂分别持交杵金刚、莲花、箭和作与愿印。两胁侍菩萨，右为观音，身白色；左为大势至，身蓝色。

图 20　佛顶尊胜曼陀罗（X–2406）

图 21　佛顶尊胜曼陀罗（X-2407）

尊胜佛母是藏传佛教中的主要神灵之一，她有"能净一切恶道，能净除一切生死苦恼……破一切地狱，能回向善道"①等德能。尊胜佛母在西夏非常流行，西夏不仅把相关经典译成西夏文，如《顶尊相胜佛母供养典》《顶尊总持》《顶尊相胜佛母等之供养罪忏为顺》《顶尊相胜佛母之千数自记为顺》《顶尊相胜总持功德韵集》等，而且把《佛顶尊胜总持》作为番羌汉行童试经剃度出家必须诵读的经文之一。这说明西夏朝廷和僧团非常重视《佛顶尊胜总持》，在西夏可能存在汉、藏、西夏文等不同版本。

藏传佛教经典《圣顶髻尊胜佛母成就法》和《尊胜佛母陀罗尼》都有描绘尊胜佛母的内容，《圣顶髻尊胜佛母成就法》载："尊胜佛母居佛塔内，身白色，三目，每面三眼，八臂，宝饰严身，结金刚跏趺坐于杂色莲花和日垫上。主面白色，右面黄色，左面蓝色……右侧四手分持交杵金刚、红色莲花上托之无量佛和箭，作胜施印；左面四手分持

---

① （唐）佛陀波利译：《佛顶尊胜陀罗尼经释》，《卍新续藏》第 23 册，第 445 号，第 350 页中栏 01。

弓、羂索，并作期克印，施无怖印，持宝瓶。顶严饰大日如来佛，上衣天缯服端严，种种饰物严身，放白色光。其右为世自在，左手持莲花，右手持拂尘。其左为金刚手，身青莲花色，左手持青莲花，其上托剑，左手持拂尘。其东南西北四方分别为不动命王、欲帝明王、蓝杖明王和大力明王，均身蓝色，一面二臂，额开第三目，展右姿，下身着虎皮裙，头发倒立，饰八龙，安居于杂色莲花和日垫之上。左手持羂索，并作期克印，右手分别持剑、钩、杖和金刚杵。顶部为二净居天，持盛满甘露的宝瓶，正倾倒甘露。此为佛母及其眷属之布局。"但结合绘画内容看，西夏尊胜佛母为善相，与《圣顶髻尊胜佛母成就法》的内容更为接近。

（五）护轮

黑水城藏品中发现两幅图形，俄罗斯学者定名为"护轮"，第一幅护轮，XT－23，为24.5厘米×19.5厘米，木板印刷，13世纪初，藏于俄罗斯科学院圣彼得堡东方学研究所，插图画有一张开的公猪皮，皮中央有一大圆圈，内有藏文，大圆圈内有正方形，四角有藏文，内又有小圆圈，有6行藏文。第二幅护轮，XT－21，为24厘米×24.5厘米，木板印刷，13世纪初，画一背部张开的陆龟，内有7个同心圆，各个圆圈内都有藏文和梵文。第三圆圈是各种动物名称，如马、羊、猴、鸡、狗、猪、鼠、牛、虎、兔、龙、蛇，此与中亚的十二年周期一致。循环排列不只反映十二年周期，不断重复的性质，也强调其所给予的庇护和幸运将持续到永久。[①] 护轮内的铭文是为了消灾除病，保佑平安。笔者认为，从形状上看，这种护轮类似于曼陀罗的形式，应是西夏曼陀罗的另一种形式，至于具体情况还有待于进一步考证研究。

总之，各类曼陀罗画是非常复杂而精美的宗教艺术，它除了做装饰品可供人们欣赏外，还包含藏传佛教密教深奥的教义和修行仪轨的实践行为，以此实现人们的各种愿望。

---

① ［俄］萨玛秀克编著：《丝路上消失的王国——西夏黑水城的佛教艺术》，许洋主译，中国台湾历史博物馆1996年版，第274277页。

三　法器和供品

显教注重理论，对佛理可用理论加以系统的阐释，而密教更注重事相，倾向于把佛理用图像、图解、手印等表示出来。法器和供品是密教活动中不可缺少的，也常常出现在藏传佛教绘画中，具有一定的宗教意义。法器不仅起到加持力的作用和佛旨的象征，而且有一定的装饰效果。密教中的七宝、八吉祥、八瑞相以及各种珍宝、兵器、飞禽、走兽、旗帜、经典等都是具有吉祥意义的供品，常常出现在绘画中。

数珠是宗教活动中不可缺少的法器，它是佛教中最常见的用品之一，主要用它来记日和诵经咒的数目，其次也用来占卜，主要流行于僧人之中。念珠卜法具有浓郁的藏传佛教特色，在《上师顶曼五部之占卜明见显现》《至尊度母之念珠占卜法·普现明镜》和《念珠占卜法·隐秘显现之镜》等经典中都有相应的记载。在密教修行中特别注重数珠的功效，不空译《金刚顶瑜伽念珠经》曰："尔时，毗卢遮那世尊，告金刚手言，善哉、善哉，为诸修真言行菩萨者，说诸仪轨，则哀愍未来诸有情等，说念珠功德胜利，由闻如是妙意趣，故速证悉地。时金刚萨埵菩萨白佛言，唯然世尊，我今为说之。尔时，金刚萨埵菩萨而说偈言：

　　珠表菩萨之胜果，于中间绝为断漏。
　　绳线贯串表观音，母珠以表无量寿。
　　慎莫蓦过越法罪，皆由念珠积功德。
　　砗磲念珠一倍福，母患念珠两倍福……
　　念珠分别有四种，上品最胜及中下。
　　一千八十以为上，一百八珠为最胜……
　　二手持珠当心上，静虑离念心专注。"①

《陀罗尼集经》之"佛说作数珠法相品"曰："当发心诵阿弥陀

---

① （唐）不空译：《金刚顶瑜伽念珠经》，《大正藏》第 1 册，第 789 号，第 727 页下栏。

经,念阿弥陀佛,及诵持我三昧陀罗尼秘密法藏神印咒者,欲得成就往生彼国,及共护念一切众生,复能苦行至心受持,日日供养,一心专在莫缘余境。若诵经念佛持咒行者,一一各须手执数珠,依阿弥陀佛三昧教说……其数皆须具诸相貌,其相貌者有其四种,何者为四?一者金,二者银,三者赤铜,四者水精。其数皆满一百八珠,或五十四或四十二或二十一亦得中用。若以此等宝物数珠,掐之诵咒、诵经、念佛诸行者等,当得十种波罗蜜功德满足……把其珠掐,亦能除灭念诵行者四重、五逆众罪业障,所有报障、一切恶业不能染者。"①

正因为数珠有如此神奇的法力,才受到信众的偏爱,在法事活动中与佛经、经咒一起被大规模散施与民众。西夏藏品中有《文殊师利咒藏中数珠功德现量经》(第 191 号,西夏特藏第 313 号,馆册第 6064 号)。在西夏法事活动中数珠应用非常广泛,西夏人把佛画和数珠与佛经等同对待,散施信众。仁孝皇帝三年祭日时,罗皇太后又大做法事斋会,为已故仁孝皇帝、国家、文臣武将和百姓等祈福,施舍《大方广佛华严经入不思议解脱境界普贤行愿品》(TK-98),并列举了自仁孝去世到三周年忌日三年间所作种种功德:大法会烧结坛等三千三百五十五次;大会斋一十八次;开读经文:藏经三百二十八藏,大部帙经并零经五百五十四万八千一百七十八部;度僧西番、番、汉三千员;散斋僧三万五百九十员;放神幡一百七十一口;散施:八塔成道像等七万七千二百七十六帧,番汉《转女身经》《仁王经》《行愿经》共九万三千部,数珠一万六千八十八串;消演番、汉大乘经六十一部,大乘忏悔一千一百四十九遍;皇太后宫下应有私人尽皆舍放并作官人;散囚五十二次;设贫六十五次;放生羊七万七百十九口;大赦一次。(下佚)。②

乾祐十五年(1184)仁孝在其本命年时,大做法事以示庆贺,刻印散施番汉《佛说圣大乘三归依经》(TK-121),发愿文载……遂乃烧施结坛,摄瓶诵咒,作广大供养,放千种施食,读诵大藏等尊经,讲演上乘等妙法。亦致打截截,作忏悔,……印造斯经,番汉五万一千余

---

① (唐)阿地瞿多译:《陀罗尼集经》,《大正藏》第 18 册,第 901 号,第 802 页下栏。
② 《俄藏黑水城文献》第 2 册,上海古籍出版社 1996 年版,第 372—373 页。

卷，彩画功德大小五万一千余帧，数珠不等五万一千余串，普施臣吏僧民，每日诵持供养……

骨勒茂才的《番汉合时掌中珠》有体现佛教信仰内容，如"……亲戚大小，性气不同，或做佛法，修盖寺舍，诸佛菩萨，天神地祇，璎珞数珠，幢幡花曼。轩冕，磬钟，铙钹，铜鼓，净瓶，法鼓，海螺，金刚杵铃，供养烧香……"①

西夏僧人自己编写的《密咒圆因往生集》中有"数珠功德法"："数珠者，记心之奇术，积功之初基，持之者成德，戴之者灭垢，世出世果，莫不田斯。故今依经，略示其相。"② 接下来引用《金刚顶瑜伽念珠经》偈语的内容，赞颂数珠功德，"珠表菩提之胜果，于中间绝为断漏；绳线贯串表观音，母珠以表无量寿。慎莫蓦过越法罪，皆由念珠积功德。"

可见，数珠在西夏信众心中的地位非常之高，手持数珠再诵念经咒可以使功德大增。而对于不识字的信众来说，供奉数珠可以获得与诵念佛经一样的功德。数珠作为三宝的象征，表示一种修习教义，具有普度众生出苦海的功效，预示着如愿成就、功德圆满。

佛教中净水被视为长生甘露。罐即水罐，是密教习法灌顶时的法器之一。鲜花是成就与深沉的三昧禅定。佛教供佛以莲花为多，莲花，佛经载有五种，颜色各不相同，是高尚纯洁的象征，有"出五浊事，无所污染"之说。佛陀的法座是莲花宝，有无比神力，莲花作为无上智慧的象征，代表阴柔的精神本体，与金刚杵合为"悲智结合"的表征。莲花常被绘成花蔓形状，表示心意的再生与成就，是般若智慧。莲花宝作为法器是阿弥陀佛及莲花手菩萨的标志。

神香是觉或菩提心的象征。灯是无上智慧的象征。轮即法轮，是佛教各部派都供养的象征物，具有至高无上的地位和影响。古印度时，轮是一种兵器，后来法轮成为佛法象征，使佛旨永久不灭，表示可以战胜诸魔和断灭诸苦。密教把法轮看作神圣之物。螺是法会时吹奏的一种乐

---

① （西夏）骨勒茂才：《番汉合时掌中珠》，黄振华等整理，宁夏人民出版社1989年版，第42—43页。
② （西夏）智广编：《密咒圆因往生集》，《大正藏》第46册，第1956号，第1013页上栏17。

器，用它来代表法音。《大日经》曰："汝自于今日，转于救世轮，其音普周遍，吹无上法螺。"① 盖即是幢，也叫尊胜幢，幢原本是古代印度的军旗，佛教用来表示解脱烦恼，得到觉悟的象征。在保定出土了西夏遗民遗留下的尊胜幢。

连幢者为明代西夏遗民及助缘随善者，金刚橛（金刚杵）与金刚铃，金刚代表坚硬和不可战胜。实际上，这就是空的非实体或佛陀金刚身的"实体"。金刚杵的原型是一把三棱短剑。它威力无比，是为对抗恶魔和世间一切邪恶，可以刺穿和镇伏外道魔力和内邪五毒，代表佛性的阳刚外表，具有制服淫邪污秽的能力。金刚杵经常和金刚铃联合使用，它们共同象征着巧妙的手段和智慧，可以使人获得觉。它还相当于坛城的中心以及神奇的真言。骷髅头或骷髅杖表示空，是万物之本源的基础。宝幢和宝伞具有降伏魔道作用。铜铃（法铃）是听闻的象征物，也有震慑之力。铜镜为视的象征物，可罩住魔道。

这些供品和法器是佛教法事活动中的一些必备物品，如西夏文写本《圣星母中道法事供养典》中讲道："准备祭祀用的盛水的器皿（argha），器皿应该是纯金纯银制作的杯子，如果没有这样的条件，黄铜、青铜、瓷、陶或其他材料制作的杯子也行。拿九个这样的杯子，每个杯子中盛满掺有牛奶和蜂蜜的清水，里面放上金、银、珍珠、珊瑚和绿松石这五种宝物，在九曜坛城中各放一杯。这样就准备好了祭祀用的清水。接下来应该为九曜奉献祭品。为日星献上棕红色的母牛，为金星献上白马，为火星献上红色的公牛，为土星献上黑色的母牛，为水星献上一块黄金，为木星献上一套干净的黄色僧衣，为月星献上白色的法螺，为罗睺献上宝剑，为计都献上黑色的羔羊。其中黄金、僧衣、法螺和宝剑各放置在相应的曼陀罗坛城当中，而动物则牵到一旁合适的位置上。给星曜所供奉的祭品也可以用金、银制品替代，如果没有条件置办这些祭品，也可以用木料或者干脆在纸上面画出祭品的样子，放在相应的坛城当中。接下来还要为九曜奉献莲花，

---

① （唐）善无畏、一行译：《大毗卢遮那成佛神变加持经》卷2，《大正藏》第18册，第848号，第11页下栏。

为每一位星曜献上一朵莲花，各放在相应的星曜坛城当中。"① 这些供品和法器既可以作为实物摆放在佛事活动的场所，也可以绘制到佛画中，代表不同的佛教意义，信众希望借助它们的法力实现祈福除灾的目的。

第三节 藏式塑像与擦擦

一 塑像

塑像是石窟、寺庙的主体部分，佛教塑像的制作一般与石窟的开凿、寺庙的兴建有很大关系。由于西夏新建洞窟较少，塑像也相对较少，仅就保存下来的塑像来说，主要分为两种：一种是西夏重修前代洞窟时，对原有残损塑像进行重新补塑；另一种是西夏新塑的。西夏塑像具有汉、藏结合的风格。因年代久远，塑像破坏最为严重，为后人研究西夏塑像艺术带来很大难度。

1971年在武威张义乡下西沟岘山洞（修行洞）中发现大批西夏文物，其中有两尊苦修像，一尊泥塑，一尊铜像。泥塑像为锥形，高7厘米，底宽5厘米，厚1厘米，火焰背光，苦修僧形像，骨瘦如柴，头戴山字形头冠，两腿盘膝而坐，右手弯曲于胸前，左手下垂。铜像高7.5厘米，最宽处4.8厘米，整体像一般佛像的背光，中为苦修像，瘦骨嶙峋，胸部的肋骨暴露得非常明显，两腿盘坐，双手高交叉与腿上，作静养状。② 佛教宣说，释迦牟尼为寻找解脱人生痛苦的真谛，离家隐居于尼连禅河边丛林苦行修禅，日食一麻一米，经过六年，形貌已是"身肉为消尽，唯其皮骨存"。修行洞出土的苦修像正是对这一题材的表现。

黑水城也出土了一批泥塑像、小型青铜像和木制塑像。1908年科兹洛夫探险队首次到达黑水城，在城西南部挖掘出了一尊佛像A。在黑水

---

① ［俄］聂历山：《12世纪西夏国星曜崇拜》，崔红芬等译，《固原师专学报》2005年第2期。

② 陈炳应：《西夏文物研究》，宁夏人民出版社1985年版，第60—61页。

城主干街道，顺着中轴线往南，又发掘出另一尊佛像 B。① 1909 年科兹洛夫再次回到黑水城，在城墙北部，从西往东数第三座塔的下面发掘出了一座庙宇，里面发现了三个雕像上的莲花底座，塑像无存。据科兹洛夫记载，在发掘的黑水城"大佛塔"内胡乱堆放着的书籍、佛经或绘画、铜制和木制的雕像小佛塔……中间为木柱，四周有 20 个大大小小如真人一般高的泥塑雕像，形状如一个个喇嘛在写有很大的西夏文字前举行拜佛、祭祀等活动。据说，当时科兹洛夫没有能够将这批塑像运到俄国，而是将它们埋在城墙北面的某个地点，并做了记号，希望下次能将它们运走。可他在 1923—1926 年间再次来到黑水城时却没有找到他留下来的塑像。但从当年科兹洛夫留下的照片看，这些塑像确实存在。可惜科兹洛夫对这批塑像没有做任何描述和比较详细的记载。关于这批塑像的下落至今仍然是个谜，美国的杂志曾对此作过相关刊载，据说这批塑像中的部分残件——一只手——后来被斯坦因得到，并与其他文物一起在牛津博物馆里展出过。有关这批塑像的文章在美国哈佛大学 Rob Linrote Harvard University Art Museum，Massachusets 杂志上登载过。②

在"大佛塔"中还发现一尊泥塑"戴宝冠的佛"。根据科兹洛夫记载，他当时在佛塔内共找到 300 余尊佛像，有铜制的，有木制的，有泥塑的，有工艺精美的，也有做工粗糙的。由于黑水城出土的艺术品有很多没有公布，具体情况还不得而知。

黑水城发现的泥塑像基本上是用木料做骨架，上面缠以麦草绳，然后在上面涂抹几层泥，为了结实，泥里还掺有棉花或麦草。塑像身体的某些部位如手、耳、饰品等，先用模具翻制出来，然后再与塑像拼合起来。黑水城发现的很多塑像应是严格遵照造像度量来完成的，但在藏品中有一尊塑像很特殊，这就是黑水城出土的双头佛像。传说唐玄奘西行印度取经，途中听到一个美妙的传说：曾有两位虔诚的佛教徒，他们想各自拥有一尊佛塑像，却付不起制作两尊佛像的费用，因此，只得订制

---

① ［俄］萨玛秀克：《俄罗斯国立爱尔米塔什博物馆东方部馆藏黑水城文物记述》，崔红芬译，《宁夏社会科学》2002 年第 6 期。

② ［俄］萨玛秀克：《俄罗斯国立爱尔米塔什博物馆东方部馆藏黑水城文物记述》，崔红芬译，《宁夏社会科学》2002 年第 6 期。

一尊，佛陀慈悲，将塑像的头一分为二，满足了那两位信徒的心愿。①看来这个神迹灵验的故事在西夏也曾广为流传，西夏的塑师根据这一传说塑造了这尊双头像。这是一尊双头四臂镀金的佛塑像，蓝色的头发，红色的服饰，像高62厘米，敷金涂彩，双头向左右微侧，两主臂合十，另两臂下垂，眼睛俯视，略带微笑，显得生动优雅，不愧为西夏藏品中的雕塑杰作。

在黑水城出土的艺术品中还有不少是菩萨、度母、护法神、法师、供养人和僧人等的塑像。塑师在塑造佛教高僧和信徒时可以不受僵硬的造像度量的约束和限制，能够比较灵活，充分表现塑师的想象力和艺术才能。藏品中有一尊跪姿僧人小雕像十分引人注目，头部已残。在这件作品中，西夏塑师巧妙地表现了人体的协调和匀称，恰到好处地捕捉到这位佛门弟子跪拜时的神情。② 这说明塑像水平高低不是反映在细节的刻画上，而是体现在表现高度精神的面部表情上。

宁夏贺兰县宏佛塔出土的彩绘泥塑罗汉像、彩绘泥塑佛头像、彩绘泥塑佛面像、力士面像、彩绘绢质佛画、彩绘擦擦等，堪称西夏佛教的典型器物，现藏宁夏博物馆。其中两尊造型完好的佛头像，极为相似，高36厘米，正面宽24.5厘米，侧面宽25厘米。佛像头顶为螺髻，中间有一白色肉瘤。面部方颐，柳眉细眼，眉间有白毫。眼珠乌亮，为黑色釉料特制。下眼睑上有黑色泪痕，系眼珠釉料滴流所致。鼻梁高直，双唇闭合。唇上墨线绘八字胡，下颌用墨线绘出日、月、云状纹饰。面

---

① 这是俄罗斯学者对双头像来源的描述，与汉文史料的记载有一定出入，其实这记载出自《大唐西域记》，另在《三宝感应要略录》和《释迦方志》中有较为简单的记述。《大唐西域记》"北印度的健驮逻国"云："大窣堵波，石陛南面有画佛像，高一丈六尺。自胸以上，分现两身；从胸以下，合为一体。闻诸先志曰：初有贫士，佣力自济，得一金钱，愿造佛像。至窣堵波所，谓画工曰：'我令欲图如来妙相，有一金钱，酬功尚少，宿心负忧，迫于贫乏。'时彼画工鉴其至诚，无云价值，许为成功。复有一人事同前迹，持一金钱求画佛像。画工是时受二人钱，求妙丹青，共画一像。二人同日俱来礼敬，画工乃同指一像示彼二人，而谓之曰：'此是汝所做之佛像也，'二人相视，若有所怀。环工心知其疑也，谓二人曰：'何思虑之久乎？凡所受物，毫厘不亏。斯言不谬，像必神变。'言声未静，像现灵异，分身交影，关相照著。二人悦服，心信欢喜。"［（唐）玄奘辩机：《大唐西域记》，季羡林等校注，中华书局1985年版，第242页］

② Е. И. Лубо-лесниченко и Т. К. Шафрановская, *Мертвый город Хара-Хото*, Издательство наука, Москва. 1968 г. стр. 33. 汉文见崔红芬、文志勇译文，《西北第二民族学院学报》2005年第1—2期。

部曾经两次用白粉涂饰。头像中空。其面部表情恬静而庄重，具有犍陀罗造像艺术的古朴风格。丰腮、下巴圆润、眉如弯月、嘴唇短厚、圆而近方的脸型特征，是以当时人们公认的典型面相标准而塑造的，富有唐代造像遗风。彩绘泥塑力士面像，高13厘米，面宽12.5厘米。力士头发卷曲，双眉紧锁，双目圆凸，直鼻大嘴，面部肌肉隆凸有力，作威怒相。线条粗犷，技法纯熟。面像运用写实与艺术夸张相结合的手法，塑造出力士的威严形象，既保留有浓厚的唐宋遗风，又体现了西夏粗犷奔放的民族精神。

在宏佛塔中还出土一尊女伎木雕像，残高28.5厘米，宽13厘米，女伎头带冠，面向右侧，右手手心向上，左手搭于头顶上，手中持物，左腿略屈，单腿立于莲座上，右腿上盘，右脚尖搭在左膝盖处，回首转身，舞姿优美，女乐伎上身裸露，披巾绕身，下着短裙，通体彩绘贴金，雕工精细流畅，具有典型的密宗艺术风格。

拜寺口双塔还出土一尊木雕上乐金刚双身像，通高15厘米，宽10.5厘米，上乐金刚身体为蓝色，四面十二臂，四面分别是蓝、红、白、黄四色。头长三目，戴五骷髅冠，正面为蓝色，头略微下垂，面带微笑，目视明妃，主臂拥抱明妃，其余手臂张于两侧，有的执法器，有的已残。右腿伸出，左腿屈膝，双腿分别踏着一仰一俯两恶鬼。明妃一头两臂，面部和身体呈红色，仰首垂髻面对主尊，其左腿与主尊右腿并立，右腿绕至主尊腰际，右手上举，左臂搂主尊颈部，左手持颅钵。这是一尊典型的藏密木雕像，色彩艳丽，艺术水平很高。在藏密绘画风格影响下，西夏的藏传佛教绘画水平已相当高。

党项人的石刻艺术有着悠久的历史，早在松赞干布时，赞普的一个弭药妃子茹雍妃在查拉路甫雕刻大梵天等佛像。[①] 到西夏时期石雕艺术更是得到一定发展，河西地区的石雕像仅见于记载，而未见实物。但在银川附近的西夏王陵中却出土很多石人、石狗、石马等像。在宁夏固原的须弥山、宁夏石嘴山涝霸沟口等处发现西夏时期的石刻佛塔，在青铜峡108塔的第1号和17号塔内还发现西夏时期砖雕佛像。这些人物栩栩如生，动物活泼可爱，很多是西夏石雕技术的精品，具有典

---

① 巴卧·祖拉陈哇：《贤者喜宴》，黄颢译注，《西藏民族学院学报》1981年第2期。

型的民族特色。

二 擦擦

"擦擦"起源于印度，7世纪在印度普遍流行。唐义净在《南海寄归内法传》卷四中提道："造泥制底及拓摸泥像，或印绢纸随处供养，或积为聚以砖裹之即成佛塔，或置空野任其销散。西方法俗莫不以此为业。又复凡造形像及以制底，金银铜铁泥漆砖石，或聚沙雪，当做之时中安二种舍利。一谓大师身骨。二谓缘起法颂。""擦擦"是梵文译音，即小型佛像或佛塔。有关"擦擦"的记载最早见于《元史·释老传》载："擦擦者，以泥作小浮屠也。"[①] 擦擦指泥制的各种小泥佛、小泥塔等，有彩色和本色，有空心和实心之分。擦擦大者盈尺，小者不足方寸，题材各种各样，其形象刻画入微，毫发必爽，大多为佛、菩萨、度母、金刚、高僧像及佛塔等。

谈到擦擦就离不开藏式佛塔。意大利藏学家杜齐在《西藏考古》中讲道："'擦擦'起源于印度古代及中世纪中部和北部方言中的一个词汇，与塔有密切关系的'擦擦'种类繁多。最常见的'擦擦'上面刻有上文提到的各种神圣持咒，还有一些呈塔形，四周刻有从《般若波罗蜜多经》摘录下来的持咒。它们可能代表着一种没有铭文的塔，它的上半部呈圆锥形，下面是巨大的圆形底座，其上刻有一个或更多的塔及各种神灵，特别是观音菩萨、文殊师利和度母的'擦擦'极为常见。"[②] 藏传佛教认为佛塔内腔不能空着，要珍藏佛舍利、高僧活佛法体、佛经、佛像及一些具有永久性纪念意义的供物，还要填充一种佛教泥制品，即名叫擦擦的小型佛像或佛塔。当这些佛教供物奉行开光仪式后，赋予它宗教意义上的灵气和佛性，成为佛教僧俗顶礼膜拜，虔诚敬佛的一种宗教物化标志和崇拜对象。佛塔内装藏擦擦作为供奉，充分显示了擦擦在藏传佛教信仰者心目中的崇高地位，也反映出擦擦与佛塔之间密切的关系。擦擦表达的是佛塔的内在含义，二者所反映的宗教主题完全一样，即佛教信仰者对佛教的虔诚和对佛陀功德的永恒纪念。佛塔内装

[①] （明）宋濂等撰：《元史》卷220《释老传》，中华书局1976年标点本，第4523页。
[②] ［意］杜齐：《西藏考古》，向红笳译，西藏人民出版社2004年版，第42页。

藏和存放"擦擦"的习俗起源于古印度佛塔肚存放佛教圣物的风俗，这样可以起到保护和隐匿佛教圣物的作用。

藏式佛塔内装藏和供奉擦擦是因为在擦擦上面普遍刻有代表佛陀教言的《般若波罗蜜多经》以及六字真言等。早期的擦擦上刻有梵文，藏传佛教中"擦擦"上刻梵文或藏文，具有浓厚的藏传风格，擦擦属于法身舍利的一种，是佛教圣物，多数被用作佛塔或佛像腹腔的填充物，人们认为填充了擦擦的佛塔和佛像才更灵验，更受人崇敬。《大唐西域记》载："印度之法，香末为泥，作小窣堵婆，高五、六寸，书写经文，以置其中，谓之法舍利也。数渐盈积，建大窣堵婆，总聚于内，常修供养。"[①] 这种填充物不是随意制作，必须依据某种宗教活动的需要和佛塔建造者的意愿，以及施主的财力状况来确定其规模和数量，并要接受高僧活佛的开光。佛塔内放何种题材的擦擦要取决于建塔者和施舍者的意愿和对不同教派的信仰。由于藏传佛教各宗派所供奉的神像有区别，佛塔内供养擦擦的类型也有所不同。

擦擦多出土于藏传佛教流行地区，在佛塔内供奉与密宗相关的金刚类"擦擦"较多。在黑水城、莫高窟北区、武威、拜寺沟方塔、贺兰县拜寺口北寺塔群遗址、青铜峡108塔等处都发现有西夏时期的擦擦。西夏出土的擦擦有的内置佛经，有的放置五谷粮食，以示人们对佛教信仰的虔诚和希望佛教神灵保佑生活富裕安康和五谷丰登。

在拜寺沟方塔中发现有小泥塔模和小泥佛，其中小泥塔模，模制，欠规则，分大小两号，约有五千个，其中大的约占百分之一，大号者高5.5—6厘米，底径6厘米；小号者高3—4厘米，底径3—3.5厘米。泥塔模有平底、环底两种，分别由白土泥、黄土泥制成。小泥佛，模制，造型粗放，分大中小三号，约有一千一百个，其中大号、中号约占四分之一，大号高5厘米，底宽4厘米，厚1厘米；中号高4厘米，底宽4厘米，厚1厘米；小号高3厘米，底宽2.5厘米，厚0.5厘米。小泥佛背部多数扁平，部分三角形突起。正立面有的呈三角形，有的呈半圆形。佛结跏趺坐，头有高肉髻，作禅定印。[②]

---

① （唐）玄奘、辩机：《大唐西域记》，季羡林等校注，中华书局1985年版，第712页。
② 雷润泽等编：《西夏佛塔》，文物出版社1995年版，第51页。

拜寺口北寺塔群遗址出土主要遗物为封埋在塔内的擦擦，均发现于塔心室和一处木函坑中，一般每座塔基埋藏擦擦的数量是5件、7件、9件，个别的有十几件，共发现89件，分三类。一类为模印群塔，共79件。脱膜部分呈覆钟形状，表面模印4层或3层小塔，多施彩绘。其中一件擦擦形体瘦高，上部有脱模印塔4层，从下至上每层分别为31、28、26、22个，再加上擦擦本身共108个。第二类为模印单塔，共3件，脱模部分略呈一座十字折角形塔，未施彩。另一类7件，脱模部分呈圆锥状，未施彩，制造较粗糙。[①] 藏传佛教存在将高僧活佛遗骸火化后的骨灰与清净泥土混合搅拌制成擦擦，放置塔内供养，象征高僧循环转世，灵魂不灭。信徒们绕塔叩拜，以得福分，结佛缘，消灾避难，同时高僧活佛的灵骨能够得到保护和隐匿。

在宏佛塔夯筑地基中部的椭圆形坑内发现有泥塔模和泥塔婆十多件，有四件保存较完整，分两类形制，其一呈窝窝头状，底为圆形，直径2.5—3.5厘米，高3.5厘米，制作粗糙，大概是随手捏制而成。其二为佛像泥塔婆，圭形，高4厘米，厚1—1.5厘米。正面有一尊坐佛，佛顶为尖螺髻，施禅定印，结跏趺坐于莲座上。其中彩绘擦擦，共5件，尺寸高7—13.4厘米，腹径4—7.4厘米。分上下两部分，下部圆形高基座，表面彩绘上下两层莲叶形图案，图案以白、浅蓝两色线勾边，以深蓝填实，色彩艳丽；上部呈圆锥形，模印四层共107座小佛塔，与大塔擦共组成108座佛塔，其下一周梵文，一周莲纹，上部残存涂金。在众多的素面擦擦中间，目前国内仅有的这几件彩绘"擦擦"，显得尤为珍贵。

青铜峡108塔第1号塔内出土泥塔模，较为完整的有103件，最大的高12.5厘米，底径4.5厘米，最小的高5厘米，这批塔模分为三种形制，有的略呈窝头状，下半部较粗矮，上半部表面模印整齐的锥刺纹，形制较规整，有的施彩色。有的是随手捏制，有些残毁的塔模内放有谷物杂粮。在108塔群沟北的残塔内还发现泥塔模十余件，有六件塔模的表面涂有彩绘，一种全部用红色，另一种以红色为主，配以黑色。

[①] 宁夏文物考古研究所等：《宁夏贺兰县拜寺口北寺塔群遗址的清理》，《考古》2002年第8期。

莫高窟北区 B160 出土的泥质小塔婆（擦擦）内夹有字条，上写西夏文字"唵、嘛、呢"。第 462 窟出土泥质小塔婆中所夹字条，墨书写有西夏文，译为"唵没隆讹婆哈唵阿迷答阿由□粟怛宁婆哈"等。北区第 199、200、220 窟等十多个窟中出土西夏到元代的小泥塔、小泥佛七万余件，其数量巨大，内容丰富是前所未有的。

武威下西沟岘山洞出土泥塔婆、模印，均作圆锥体，一种在塔婆的顶部和最下层有梵文和藏文，高 7 厘米。另一种没有文字，高 5 厘米。

1908—1909 年科兹洛夫首次在黑水城 A 塔中发现了一些陶质小佛像（擦擦）。1914 年斯坦因在黑水城考古也发现了一些泥质的小佛像。1983—1984 年中国考察队再次对黑水城进行考古发掘，也发现有"擦擦"，有的腹内装有纸条，用墨书写六字真言或某段佛经内容，有汉文、西夏文和蒙古文三种。

这些大小各异的擦擦的颜色大多为泥土本色，有些擦擦是彩色的，用黑、红、蓝着色。随着历史的发展和演变，其内涵发生了质的变化。擦擦的题材模型也不仅仅局限于佛塔，装藏在佛塔内，而是扩展到包括佛像在内的各种佛教崇拜物，在擦康（即供奉擦擦的小房屋）和佛像内大量装藏擦擦。这些泥塑像形态逼真，栩栩如生，是藏传佛教圣物之一种，也是藏传佛教的艺术品。一般是用模具泥制印造的小泥塔或泥像。藏传佛教信仰者十分崇尚擦擦，也非常喜欢制作擦擦，有些寺院的僧侣是制作擦擦的能手。在西夏故地出土大量的擦擦充分说明当时藏传佛教的流行和兴盛。

第四节　西夏藏传佛教艺术特色

西夏藏传佛教艺术是对前代佛教艺术的继承与继续，并在一定方面有所创新和发展。它在形成过程中既受到汉、藏、印度、中亚等不同艺术风格的影响，又突出了民族特色，最终形成了自己的特点，主要表现在以下四点。

一　多文化的完美融合

由于民族和地域等因素，为西夏较好地接触和吸收外来先进文化提供了便利条件。西夏人对外来文化经历了从模仿到融摄的过程,最后形成具有本民族特色的文化,西夏佛教艺术也是一样。西夏佛教艺术是蕃、汉交流,加上积极吸取外来新因素,出现精彩图像交融,扩大了我们认识汉传佛教和藏传佛教发展的思维空间。

　　首先汉、藏文化的完美融合是西夏艺术一大突出特色,它不仅表现在河西石窟壁画艺术中,而且体现在黑水城及宁夏、内蒙古等出土各类绘画和壁画之中。西夏人接受汉地佛教和佛教艺术,主要表现在观音、文殊、普贤、阿弥陀佛绘画和受汉风格影响的山水画等。从盛唐起山水画已不再是人物的配景,而逐渐单独成为绘画的一种题材。宋时山水画有了长足发展,郭若虚《图画见闻志》之"论古今优劣"条说:"近代方古多不及而过亦有之,若论佛、道、人物、仕女、牛、马,则今不及古;若论山水林石、花竹禽鱼,则古不及近。"[①] 西夏画师秉承中原山水画的传统,充分运用勾描、皴擦和点染等技法,极少敷彩,即使是染色处也相应清淡稀薄,具有吴道子所谓"焦墨薄彩"的白描山水图的特点。[②]

　　西夏绘画既大量吸收藏传、汉传佛教文化,西夏人也把汉传和藏传佛教艺术有机结合在一起。朗达玛灭佛虽然对卫藏地区佛教产生很大影响,但对多康、河西等边境地区影响不大,佛教及其艺术继续在这些地区传播和发展。这一时期的佛教艺术主要受到东印度波罗风格的影响,东印度波罗风格的绘画特色大量出现在西藏绘画之中,在藏族人与西夏人关系密切的时代,这种来自卫藏的绘画艺术也传到西夏。

　　这种汉藏结合的艺术特色在西夏洞窟绘画中得到充分体现,榆林第2、3窟是西夏代表洞窟,尤其第3窟,不仅有优美的山水画和场面宏大的净土变,而且存在很多密教的内容。榆林第3窟为浅穹隆顶,设八角形中心佛坛,弧度平缓的穹隆顶上画金刚界曼陀罗一铺,周围画边饰、幔帏、千佛。坛场中心是大日如来,东面为阿閦如来,西面是无量寿如来,北面是不空成就如来,南面是宝生如来。坛场四面门内各画一

---

① 阎文儒:《中国石窟艺术》,广西师范大学出版社2003年版,第319页。
② 刘玉权:《略论西夏壁画艺术》,史金波等编著《西夏文物》,文物出版社1988年版,第16页。

明王。东壁中间画涅槃经变一铺，北侧为十一面千手观音变，南侧为五十一面千手观音变，左右下角各有一金刚神将，左为八臂蓝身，右为六臂绿身，俱作忿怒相，应是千手观音二十八部众中的密迹金刚和火头金刚。北壁中间天请问经变，西侧为金刚界曼陀罗，东侧为五方佛曼陀罗。南壁中间为观无量寿经变，东侧为观音曼陀罗，西侧为胎藏界曼陀罗。西壁中间为维摩变，南侧为普贤变，北侧为文殊变。同一洞窟把显密有机结合在一起，密教中又汉密和藏密兼而有之。

莫高窟第465窟是一个典型的藏传密教窟，为覆斗形窟，设中心圆坛，主室窟顶藻井画大日如来一铺，东披画阿閦佛，南披画宝生佛，西披画无量寿佛，北披画不空成就佛。西壁画曼陀罗三铺，从南向北依次为上乐金刚单身像、上乐金刚与金刚亥母双身像、金刚亥母。南壁为金刚大力神、密集金刚双身像和大幻金刚双身像。北壁为上乐金刚伴属和喜金刚双身像。东壁为四臂大黑天神、阎摩敌等大黑天神和吉祥天女等。但是谢继胜先生通过对大日如来像作智拳手印的分析，认为第465窟所表现的密教思想还受到唐不空思想影响。

黑水城出土绘画也具有显密结合的特点，不仅存在表现汉传佛教思想的内容和大量受藏族文化及西域文化影响的绘画，而且有很多绘画把不同文化思想体现在同一作品中。现藏于艾尔米塔什博物馆的《阿弥陀佛净土》（唐卡、X-2349）和《阿弥陀佛净土变》（卷轴画、X-2419）是极具中原风格的净土变绘画，但画中也绘有藏传风格的神灵和西藏僧人，把汉藏风格完好地结合在一起。正如俄罗斯学者孟列夫认为："西夏盛行的佛教，融合净土佛教即阿弥陀佛信仰和密教的特征。这样融合而成的佛教，其所显现的吐蕃佛教特色多于汉传佛教。因此，我们有理由说西夏人接近吐蕃传统。即使居住在他们之中的汉人也是一样。"[①]

西夏一些洞窟形制不仅继承唐宋，而且受到西域流行龟兹式样的影响。东千佛洞也是西夏显密结合的洞窟，密教内容有汉密和藏密结合，洞窟窟形出现了西魏、北齐和高昌时期流行的甬道式中心柱的式样，中

---

① [俄] 萨玛秀克编著：《丝路上消失的王国——西夏黑水城的佛教艺术》，许洋主译，中国台湾历史博物馆1996年版，第65页。

心柱后常常画涅槃像或塑涅槃像，这是龟兹风格的洞窟形制。可见，西域文化在西夏时期存在，对西夏艺术也产生了某些影响。这可能与西夏境内居住大量回鹘人有很大关系。

西夏洞窟装饰图案中的波状卷云纹边饰具有回鹘民族的特征，刘玉权先生认为这种纹样最初产生并流行于回鹘地区，主要是高昌回鹘地区，后来传入河西，成为西夏洞窟的一种主要的装饰图案。黑水城出土大量具有藏传佛教风格的唐卡，西夏工匠还利用"缂丝"技术，制作具有藏传佛教内容又十分精美的"缂丝绿度母像"唐卡 X-2362（见图22）。这幅度母唐卡是黑水城藏品中的一颗明珠，就其制作技巧和水平来说都称得上藏品中的稀世珍宝，是藏传绘画和回鹘民族工艺的完美结合。

西夏的双身像则充分反映了西夏绘画受到西域、回鹘、印度和吐蕃等不同文化的共同影响。敦煌学者对瑞像画已作了较多研究，[①] 尤其日本学者松本荣一对双头像有更为详细研究，他认为，双头像从印度传入中国。双头瑞像最初出现在犍陀罗地区，然后经过丝绸之路传到中国，并在河西地区得到发展。双头像除了西夏时期以外，在新疆克孜尔石窟还出土彩绘木板双头像和高昌出土麻布画双头像，在敦煌石窟第9、39、231、237、340窟以及榆林第33窟、东千佛洞第6窟等也保存有双头像壁画等。双头像在龟兹、高昌、

图11　黑水城藏品（X-2362）

---

① ［日］松本荣一：《敦煌画の研究》，东京同朋社1940年版；张广达、荣新江：《敦煌"瑞像记"、瑞像图及其反映的于阗》，《敦煌吐鲁番文献研究论集》（三），北京大学出版社1986年版；孙修身：《敦煌石窟全集·佛教东传故事画卷》，上海世纪出版集团2000年版；韦陀：《初唐绢画中瑞像的研究》，兰州大学等举办《佛教艺术与文化国际学术研讨会论文集》，2004年版。

敦煌和黑水城等地都有发现,时间经历盛唐、吐蕃、归义军、高昌回鹘和西夏时期,可见,双头像在当时西域和河西地区非常流行。西夏时期的双头像不是孤立存在的,在塑造上不仅有创新,而且更多地继承了河西地区的绘画传统,这也再次证明西夏绘画在很大程度上受河西和西域等传统的影响。可以说西夏佛教艺术风格兼有汉、藏、印度——尼泊尔风格和回鹘等不同民族特色。

二 世俗成分增加

河西地区不仅有着佛教和儒家文化发展的悠久历史,而且成为农牧业和商业的发展中心。在壁画中对现实生产、生活等场景进行了描绘,最为典型的是榆林第3窟的五十一面千手观音变,画面中有"犁耕图""踏碓图""酿酒图""锻铁图"以及一些农具、手工业用具和生活用具等,其中有锹、镢、锄、耙、锯、锛、斧、剪、斗、斛、提壶、曲尺、墨斗等。这为探讨西夏经济发展状况提供了丰富的材料,也反映出西夏使用的生产、生活用具基本上接近中原水平。河西农牧的发展既得益于西夏王朝对农业的重视,也与河西地区对外交往和迁徙战争中掠获宋人充实农耕有密切关系。《宋史·夏国传》载:"得汉人勇者为前军,号'撞令郎'。若脆怯无他伎者,迁河外耕作,或以守肃州。"① 元昊嗣位之初就设立农田司、群牧司和受纳司等以管理农牧和粮食的贮藏、分配等。把农业、手工业和加工业等场景置于观音变中反映了河西地区观音信仰的兴盛,佛教信仰世俗性加强。人们信仰佛教是希望佛、菩萨等保佑他们生产和生活等一切活动,希望衣食无忧。

在河西洞窟和黑水城等地的藏品中保存多幅星曜崇拜的画像,西夏通过翻译汉文佛经和藏文、梵文佛经,也逐步了解和认识了佛教观星术的一些知识,既吸收了佛教中有关天体星曜的思想观点,也继承了中国传统的"天人感应"思想。西夏人在接受印度、吐蕃九曜观念的基础上,又吸收了汉人十一曜的观点。西夏人还把星宿神灵信仰与民间占星术活动进行了密切的关联,认为通过供奉祭拜等一系列活动,可以使发

---

① (元)脱脱等撰:《宋史》卷486《夏国传》,中华书局1977年标点本,第14028—14029页。

怒的天体神灵大发慈悲，给人们带来幸福和吉祥，变害为利，把灾星变为福星。据汉文史料记载，曾官居宰相的西夏学者斡道冲撰写过卜筮类书籍《周易卜筮断》。我们还了解到西夏人根据云彩占卜的情况，如"在冬日的最中间一天里观察云彩，如果云彩是黄色，将预示着来年五谷丰登，会获得丰收；如果云彩为绿色，则预示来年会遭受虫灾；如果云彩是白色，则预示着来年疾病流行，会有死亡；而如果云彩呈红色，则预示着来年有战争和刀兵之灾；如果云彩为黑色，则预示着来年会有水厄之灾。"西夏人星宿思想已深入社会生活的各个方面，人们祭拜供奉炽盛光佛及诸位星宿神灵是希望实现他们的现世利益，驱鬼除病，消灾增福，保佑皇基永固，国祚长久，文臣武将禄位恒荣。

三 金饰与配色的使用

西夏绘画在施彩方面也独具特色，主要是大量使用石绿色和金饰。西夏壁画中千佛、供养菩萨多用贵重的石绿色作底色，而说法图、经变等多用红色或发淡紫的蓝色作底色，所以西夏壁画有"绿壁画"之称。河西地区的"绿壁画"出现在归义军后期，西夏"绿壁画"大概受归义军时期绘画传统和唐宋代青绿山水画的共同影响。党项人从原来的松潘草原迁居到少雨干旱多沙漠的地区，青山绿水是他们非常向往的。绿色大量使用突出西夏绘画的写实性，表现了党项人对美好大自然的期盼。

金线或金粉大规模用于装饰壁画和塑像是西夏绘画又一大特色。浮塑贴金和沥粉堆金的方法在隋唐已经使用，但并不广泛。北宋初开始广泛使用，金饰用于壁画使壁画显得格外富丽堂皇和极具表现力。西夏洞窟的装饰画，如藻井图案中的蟠龙、蟠凤，平棋团花或边饰如花蕊等，人物佩戴的饰物，如璎珞、耳环、手镯、肩钏等均流行浮塑贴金、描金或沥粉堆金。尤其在给以龙凤为主的藻井施以金色，则更加突出皇权的特征。《天盛律令》卷七"敕禁门"对服饰的颜色和图案作了规定："节亲主、诸大小官员、僧人、道士等一律敕禁男女穿戴鸟足黄（汉语石黄）、鸟足赤（汉语石红）、杏黄（汉语杏黄）、绣花、饰金、有日月，及原已纺织中有一色花身，有日月，及杂色等上有一团身龙（汉语团身龙），官民女人冠子（汉语冠子）上插以真金之凤凰龙样一齐使用。倘若违律时，徒二年，举告赏当给十缗现钱"。"敕禁门"还规定："诸大小官员、僧人、道士诸人等敕禁：不允有金刀、金剑、金枪，以金骑鞍全盖全□，并以真玉为骑鞍。其中节亲、宰相及经略、内宫骑马、驸马，及往边地为军将等人允许镶金，停止为军将则不允再持用。若违律时徒一年，举告赏给十缗钱。"[①] 黄色和金饰物在西夏的使用是有一定场合和等级的，不能随便乱用，不是任何人都可用的，它是皇帝最高权力和威严的象征。而金色在壁画和塑像上的大量使用大概也受到藏传佛教影响，藏传绘画曾大量使用金线或金粉等。史载，河湟吐蕃向宋请赐大量金品，用于装饰佛像。西夏的黄金虽多仰仗岁赐，统治者却将金线、金粉慷慨用于佛像装饰，也说明西夏统治者对佛教极为崇拜和重视。

四 绘画内容简明扼要

盛唐时经变画发展到顶峰，巨幅经变画出现，内容丰富、布局复杂，很少有一壁上绘铺经变的现象。吐蕃时佛教艺术虽与盛唐有很大联系，但窟形、龛形和壁画内容都有显著变化，其中最为突出的是每窟经变数量增多，这一变化逐渐成为以后经变画的发展趋势，也为西夏所继承。

西夏壁画内容虽仍以经变画为主，但在绘制技法和题材上却有很多创新。西夏大多数经变画内容日趋简单，人物减少缩小，人物与背景比例搭配也发生较大变化，改变了唐以来过于突出人物的特点，而是把人物安排在山水秀美的人间世界或露天庭院的绿地之中，拉近了神与人之间的距离。经变画大量情节被删减，有些经变画与尊像画相差无几。经变中诸天和眷属也逐渐减少，药师经变画有的只剩下药师佛和两胁侍日光和月光菩萨，类似于说法图的药师净土变。西夏弥勒净土变也只保留一些具有代表性的情节，如一种七收、送老人入墓、婚礼、剃度等。东千佛洞的涅槃经变只保留大众举哀，迦叶抚足，须跋陀罗身先入灭，佛母奔丧、外道幸灾乐祸等几个主要情节。榆林第2窟则只剩下入般涅槃和香楼荼毗等情节，其他全被删减，连标志释迦涅槃的娑罗双树也被删

[①] 史金波等译注：《天盛改旧新定律令》，法律出版社2000年版，第282页。

减了。

  西夏经变画已没有隋唐时宏大的场面，常常是几种不同经变组合在一起出现在同一洞窟或同一壁面上。榆林第3窟东壁是降魔变、涅槃变与千手千眼观音变组合；东千佛洞第5窟前室左壁又把普贤变、八塔变与十王变绘在一起。榆林第2窟把涅槃经变、文殊经变和观音经变等组合在一起等。把几种比较流行的经变搭配组合绘制于一窟，内容呈现简洁明了和显密结合的特点，也说明西夏信众信仰的广泛性和多元性、世俗性。

  此外，西夏艺术还突出浓郁的民族特色，在供养人绘制上具有典型的民族特色，绘画中除人物一般留有秃发或髡发外，其身材高大修长，体魄魁梧，面圆高准，腮部肥硕，鼻子高直。元昊实行秃发令，这一政策在绘画中也有体现。如榆林第29窟中的西夏官员及眷属供养人最具有党项人的特点。在各类版画中出现的供养人大多带有明显的党项人特征。

  总之，由于西夏所处地理位置和境内多民族成分等诸多因素的影响，西夏藏传佛教艺术不仅与河西地区佛教艺术有着深远的渊源关系，而且与藏地佛教艺术以及东印度波罗艺术、克什米尔艺术有着密切联系。西夏藏传佛教艺术并不是独尊某一派别，而是具有多元化的特性，并且突出其民族特色和绘画的写实性、简洁性。

第七章　西夏藏传佛教信仰的世俗化

　　7世纪后，随着松赞干布引进佛教，佛教初传藏地就与观世音有着不解之缘，藏族人把观世音视为雪域高原的保护神，观世音是藏传佛教中供养最广泛的一位神灵。观世音菩萨是传入藏地最早的佛教神灵，藏族认为观世音是一位现世的神，专为救度雪域而来。《西藏王统记》记载："圣观世音菩萨，为欲利益雪域有情，乃于无量光佛前，发菩提心，右膝着地，合掌向佛而作愿言：'我将度脱三界六道一切有情，登于安乐。特于雪域藏土一切有情，务将度其登于安乐之道。我为度诸难化众生，直至尚未悉趋解脱道前，纵极劳顿，亦不于刹那顷生恬静想。若或生之，我当头裂开如阿扎迦苞，碎为十片。我身亦当如莲瓣，碎为千片。'"[①] 藏族人把自己的起源与观世音菩萨联系在一起，观世音为一灵异神猴授具足戒，令其往雪域藏地修行，神猴遵观音的授意与罗刹女结合繁衍出后代，即藏族人的祖先。[②] 藏族人还把本民族历史上一些著名的人物，如把松赞干布看作观世音的化身，他们的出生和去世都与观世音有着密切关系，并认为松赞干布居住的布达拉宫是观世音菩萨的说法道场。他的两个妃子文成公主、墀尊公主被看作度母的化身。度母是藏传佛教中非常重要的女性神灵，梵文称"Tara"，藏传佛教中以绿度母和白度母最为流行，度母作为观世音的化身，协助观世音救度世间生灵。这些都证明观世音崇拜在西藏的流行。

　　除观世音信仰深入人心外，东方药师净土信仰在藏传佛教中也非常流行。燃灯、悬幡和治病解难法是药师净土与其他净土不同之处，增添

[①] 索南坚赞：《西藏王统记》，刘立千译注，民族出版社2000年版，第23页。
[②] 索南坚赞：《西藏王统记》，刘立千译注，民族出版社2000年版，第30页。

了浓厚的现世特色。河西的药师经变始见于隋代，唐代药师经变比较盛行，尤其吐蕃统治河西时药师经变数量急剧增加。在吐蕃开凿的四十四个洞窟中有二十二铺药师经变。吐蕃药师信仰盛行与吐蕃缺医少药、民众身心受疾患困扰而无力治疗的状况有密切关系。人们把摆脱病患的希望寄托于药师佛的保佑，在藏传佛教寺院的医学殿内也常供奉药师佛。吐蕃一些精通医术的高僧在弘传佛法时，还兼为信徒治病，深得百姓敬仰。

第一节　西夏观音信仰

　　观世音菩萨不仅在汉族信众中广为流行，而且在藏族信众中更是有相当高的地位。藏族观音的信仰是受汉地和印度的影响。相传早在拉脱脱日年赞时，有天降玄密之物，有《宝箧经》《六字真言》《诸佛菩萨名称经》及一座金塔等。松赞干布时迎请汉地、天竺、泥婆罗等地僧人进藏翻译佛经，其中翻译了不少有关观世音信仰的经典，主要有观音经续二十一种。《遗教广史》所载佛经有《佛说大乘庄严宝王经》《千手千眼观世音陀罗尼》《莲花藏》《十一面观音经》《十一面观音陀罗尼》《不空羂索经》《后不空羂索经》《殊胜莲花经》《自在轮经》《仪轨咒续》《如意宝珠陀罗尼》《无碍大悲心经》《观音六字明经》等。[①] 松赞干布还派人去印度、尼泊尔先后迎请自现蛇心旃檀观世音像（这是吐蕃藏地迎请的第一尊佛像，至今仍供奉在布达拉宫内）作为供养修福的对象。

　　松赞干布还让尼泊尔工匠以他命名，以他为相，造十一面观音相。如《西藏王统记》载："……国王乃至本尊前祈祷，忽从空中发出一无相之声云：'大王当塑造一尊如王面容之觉阿十一面观音像，则王修建神庙，可以遣除障碍。'言罢即隐。国语婆罗塑像师云：'你能塑造一尊所谓如我面容之十一面圣观音像否？'答云：'能造'。"[②] 观世音信仰自松赞干布时就流行开来。

[①] 巴卧·祖拉陈哇：《贤者喜宴》，黄颢译，《西藏民族学院学报》1981年第1期。
[②] 萨迦·索南坚赞：《西藏王统记》，刘立千译注，民族出版社2000年版，第81页。

第七章　西夏藏传佛教信仰的世俗化

8世纪中期以后河西长期由吐蕃统治，藏传佛教密宗观世音信仰在河西地区已经十分兴盛。密宗观世音像和观世音变在洞窟大量增加，形成了河西地区观世音信仰汉藏兼备，显密结合的特点。西夏建立以后，很多观世音经典又被译成西夏文，汉文、西夏文和藏文的有关观世音信仰经典和陀罗尼在境内广为流传。

西夏秉承汉地和藏地观世音信仰的传统，观世音信仰，尤其密宗观世音信仰十分兴盛。观世音是大乘佛教信奉的菩萨之一，与文殊、普贤、地藏一起成为中国最受欢迎的四大菩萨。因观世音菩萨在现实娑婆世界救苦救难的品格，使其成为慈悲的化身。因为观世音菩萨的救苦救难、大慈与一切众生乐、大悲拔一切众生苦的德能，中国人对观世音寄予了某种特殊的感情和希望。观世音菩萨演变成最富有中国特色的菩萨，为各个阶层的信众所供奉和崇信，民间对观世音的信仰远在其他诸神之上。史载，观世音信仰最早出现在三国时期，以后历代不衰，到宋代已有"家家阿弥陀，户户观世音"之说。

一　观音经典的遗存

西夏藏品中观音经典占相当比例，它们分别译自汉文和藏文，属于汉密和藏密体系。俄藏黑水城藏品中西夏文观音经典与陀罗尼有《圣六字增寿大明王陀罗尼经》（第234—236号，西夏特藏第77号，馆册第910、570、8048号，见《大正藏》第1049号，《藏文大藏经正经目录》第313号，名为《圣六字大明神咒》）；《大悲心陀罗尼经》（第237号，西夏特藏第329号，馆册第619号，见《大正藏》第1060号）；《十一面神咒经》（第238号，西夏特藏第364号，馆册第6176号，见《大正藏》第1071号）；《佛顶心观世音菩萨经》（第325—330号，西夏特藏第130号，馆册第908、5963、5478、105、2900、7053号）；《佛顶心观世音菩萨治病法经》（第331号，西夏特藏第131号，馆册第3820号）；《佛顶心观世音菩萨大陀罗尼经》（第332—334号，西夏特藏第132号，馆册第4755、116、6535号）；《圣观自主大悲心总持功德经韵集仪轨》（第369号，西夏特藏第83号，馆册第6881号，译自藏文，见《藏文佛经正经目录》第380号，名为《圣者大悲观自在妙集功德陀罗尼》）；《番言圣观自主千眼千手之供顺》（第544号，西夏特藏第

295号，馆册第7195号）；《圣观自主之二十七种要论为事》（第506号，西夏特藏第85号，馆册第5958号）；《圣观自主大悲心随燃施法事》（第507号，西夏特藏第86号，馆册第5989号）；《圣观自主之因大供养净会为顺》（第532号，西夏特藏第82号，馆册第4892号）；《圣观自主大仁心求顺》（第533号，西夏特藏第87号，馆册第6502号）；《圣观自主意随轮要论手耧定次》（第670号，西夏特藏第84号，馆册第5869号）。①

英藏西夏文 Or. 12380 - 2943RV（K. K. II. 0272. h）、Or. 12380 - 2944（K. K. II. 0265. e）为《千手千眼观世音菩萨广大圆满无碍大悲心陀罗尼经》；Or. 12380 - 2740（K. K. II. 0237. m）为《千手眼大悲心咒行法》；Or. 12380 - 0526（K. K. ）为《千眼千臂观世音菩萨陀罗尼神咒经》等，以及15个编号是西夏文《佛顶心观世音菩萨陀罗尼经》，三卷内容基本保存，有写本也有刻本，分卷轴装、经折装和蝴蝶装等不同装帧形式。在《英藏黑水城文献》中只有 Or. 12380 - 2102RV（K. K. II. 0243. e）、Or. 12380 - 3025（K. K. II. 0234. b）、Or. 12380 - 3875（K. K. ）给予定名，纠正其他编号定名的错误，比较西夏文和汉文《佛顶心大陀罗尼经》的内容，西夏文与汉文内容基本一致，仅存在少许用词差别，说明西夏文本依据汉文本翻译而成。为研究西夏故地遗存夏、汉文《佛顶心大陀罗尼经》提供了珍贵材料。

汉文观音经典与陀罗尼有《观自在菩萨六字大明心咒》（TK - 102）、《千手千眼观世音菩萨广大圆满无障碍大悲心陀罗尼》（TK - 123）、《圣六字增寿大明陀罗尼经》（TK - 135）、《六字大明王功德略》（TK - 136）、《圣六字大明王心咒》（TK - 137）、《亲集耳传观音供养赞叹》（Ф311）、《圣观自在大悲心总持功能依经录》（TK - 164、165）、伪经《佛顶心观世音菩萨大陀罗尼经》（TK - 174）、《佛说高王观世音经》（TK - 70）、《高王观世音经》②（TK - 117、118、183）等。武威下西沟岘出土西夏文佛经残片《圣观自在菩萨说法和称颂圣观自在

---

① Е. И. Кычанов，*Каталог тангунских буддийских памятников*，崔红芬、文志勇译，Университет Киото，1999г. стр. 296、428、466、481、540、535.

② 在莫高第464窟还发现泥金字写经《高王观世音经》的残页等。

第七章　西夏藏传佛教信仰的世俗化

菩萨的颂语》（现藏甘肃博物馆）等。甘肃博物馆还藏有《圣观自在大悲心总持》（写本）等。

从遗存的西夏佛教文献看，首先"六字观音陀罗尼"在西夏非常盛行，这与藏传佛教兴盛和汉地密教流行有着密切关系。"六字真言"又称"大明咒"，是观世音菩萨的大悲心咒，特别用于密宗观音和禅定修习。

藏传佛教和汉传佛教都与六字观音信仰有着密切联系。藏传佛教把这六字看成一切经典的根源，六字真言是秘密莲花部的根本真言，也就是莲花部母观世音所说的真实言教。六字真言在藏传佛教流行地最为盛行，因为六字真言能摄诸佛密意为其体性。摄八万四千法门为其心髓。摄五部如来及诸秘密主心咒之每一字为其总持陀罗尼。此咒是一切福善功德之本源，一切利乐悉地之基础。即此便是上界生及大解脱道也。"唵"，除天道生死之苦；"嘛"，除阿修罗道斗诤之录；"呢"，除人道生老病死苦；"叭"，除畜生道劳役之苦；"咪"，除饿鬼道饥渴之苦；"吽"，除地狱道寒热之苦。可以说，这些功效仅仅通过神奇的六字咒的修持即可实现，修持六字真言既简便又可获得神奇的功效，只要循环往复不断念诵，即能消灾积德，功德圆满而成佛。在藏地六字真言触目皆是，藏传佛教徒认为常念此六字真言能保证本有之菩提心而悟体净，除烦恼而知相空，断除一切垢染，具足一切功德，能离习欲、坏烦恼、除我执、悟真如、生欢喜、证净果。藏传佛教认为六字真言是藏传佛教无上的"真宝言"，诵念六字咒可以免入地狱，死后进入极乐世界。藏族还用"六字真言"占卜，被认为是六字真言的多种神奇功效之一。

在汉地，自东晋及以后曾有《六字神咒王经》流行。《请观世音消伏毒害陀罗尼经》是观世音与六字真言发生关系的最早经本。宋法天翻译有关六字真言的经典有《佛说大护明大陀罗尼经》，施护译有《佛说圣六字大明王陀罗尼经》和《圣六字增寿大明陀罗尼经》，这些经典对观世音六字真言的形成产生一定影响。"六字大明咒"即观音心咒，宣扬观音救度的法力，大意为"具足佛身，佛智的观世音观照"。通过解说"唵、嘛、呢、叭、咪、吽"六字咒的无上法力和诵念六字经咒就可以获得观音菩萨赐予的广大神通，令诸多有情众生得以解脱六道轮回之苦而获得解脱。

随着汉传佛教和藏传佛教在河西的传播，六字真言在河西地区一直非常流行，元代至正八年（1348）西宁王速来蛮重修莫高窟功德碑，用六种文字即梵、藏、八思巴、回鹘、西夏、汉文刻写"唵、嘛、呢、叭、咪、吽"六字真言，说明西夏遗民在元代仍然使用西夏字刻写六字真言。

另外，"大悲咒"在西夏也非常流行，"大悲咒"即是《千手千眼观世音菩萨广大圆满无障碍大悲心陀罗尼》（简称《千手经》）的主要部分。它是观世音菩萨的大悲心、无上菩提心以及济世度人、修道成佛的重要口诀。法成是吐蕃统治敦煌时期的著名僧人，张议潮起义推翻吐蕃在河西的统治，法成继续在敦煌传播弘扬佛法，将许多汉文佛典重译为藏文，其中有《千手经》《如意轮陀罗尼经》《十一面神咒心经》《金光明最胜王经》等。

由于汉译佛经在《藏文大藏经》中所占比例较小，之前学界对藏传佛教受汉传密教影响这一点评价过低，根据敦煌出土资料的研究，有必要加以重新认识。以敦煌为中介，汉地密教图像和经典也传向了吐蕃，其中最显著的一个例子就是千手观音像的流布。近年来，谢继胜先生发表的论文中也涉及同一问题，他认为："吐蕃松赞干布尊奉十一面观音与敦煌出现十一面观音图像几乎是在同一个时期。吐蕃占领敦煌以后，将吐蕃流行的十一面观音信仰引入敦煌壁画，从而丰富了十一面观音像的表现形式，一些吐蕃密教的内容也留在这一时期的十一面观音图像中"。他还认为："从艺术作品风格相互影响的另一方面来说，我们应该看到这样的事实：西藏密教美术并非全部直接得自北印度，吐蕃早期金刚乘美术遗迹，应与汉地早期后来衍为东密的唐密有直接关系。"[1]

西夏不仅《千手经》流行，而且保存根据《千手经》绘制的《千手经变》。《千手经变》在敦煌洞窟壁画中占有一定的比例，据统计约在三十多窟中保存有四十余幅。它最初出现在盛唐，最晚约为元代。《千手经变》在晚唐至宋时最为流行，仅西夏时期《千手经变》就有六幅之多，其价值最高、场面最宏伟的当属榆林第 3 窟的《千手经变》。

---

[1] 谢继胜：《金刚乘传入吐蕃与藏传佛教双身图像的历史考察》，见《华林》（第 2 卷），2002 年版。

第七章　西夏藏传佛教信仰的世俗化

《千手经变》有一面千手、三面千手、七面千手、十一面千手之分。榆林第3窟东壁南北两侧分别画有五十一面千手观音和十一面千手观音。西夏时期千手观音的数量占绝大多数，当然"千手千眼"并不是一个确切的数字，而是表示非常之多，千手表示法力无边，千眼表示智慧无穷，反映出观音救度法力无边和神通。榆林窟第3窟的《千手经变》融佛界和俗界的场面于一体，包括踏碓图、犁耕图、酿酒图、锻铁图、商旅图和舞蹈图等，其中内容有人物、动物、植物、建筑、交通工具、生产工具、乐器、量器、宝物宝器、兵器以及其他各种法物、法器等，涉及现实生活中各个行业，既显示了西夏绘画技术的高超，也为研究当时的社会生活的方方面面提供了丰富的素材。《千手经变》充分反映出观音菩萨的救度无处不在、无时不在。

西夏观音信仰之所以如此流行，是因为其非常贴近人们的现实生活，修持简便且功德无量。正如《圣六字增寿大明陀罗尼经》曰：

> 我有《六字大明陀罗尼》，能消灾患增益寿命。汝若受持，非但自身，复令四众苾刍、苾刍尼、优婆塞、优婆夷，长夜安稳远离众苦……佛告阿难，此六字大明章句有大威力。若复有人王法难中惊怖，大水难中惊怖，大火难中惊怖，贼劫难中惊怖，冤家难中惊怖，众恶难中惊怖，斗战难中惊怖，恶曜难中惊怖，如是诸难害身之时，一心称念大明章句，拥护某甲令得解脱，作是语已是，诸众难速得消除。复次，阿难若诸有情，患诸疼痛，头痛、项痛、眼耳鼻痛、牙齿舌痛、唇口颊痛、胸胁背痛、心痛、肚痛、腰痛、胯痛、遍身疼痛，及泻痢、痔瘘、风黄、痰癊，诸恶重病。如前称念大明章句，佛大威德，令一切日月星曜、罗汉、圣贤，发真实言，与某甲弟子应作拥护，息除灾患，令得安乐，所有刀剑、毒药、虎狼、狮子、虮蛇、蝮蝎，诸恶禽兽，皆不为害。①

《十一面神咒经》也有类似的除病、驱灾和成就诸多功德的内容：

---

① （宋）施护译：《圣六字增寿大明陀罗尼经》，《大正藏》第1049号，第20册，第46页中栏、下栏。

应时证得无生法忍，当知此咒具大威力。是故，若有净信善男子、善女人等，欲受持读诵此神咒者，应当恭敬，至心系念。每晨朝时，如法清净，念诵此咒一百八遍，若能如是，现身获得十种胜利。何等为十？一者身常无病；二者恒为十方诸佛摄受；三者财宝衣食受用无尽；四者能伏怨敌而无所畏；五者令诸尊贵恭敬先言；六者蛊毒鬼魅不能中伤；七者一切刀杖所不能害；八者水不能溺；九者火不能烧；十者终不横死。复得四种功德胜利，一者临命终时得见诸佛；二者终不堕诸恶趣；三者不因险厄而死；四者得生极乐世界。①

西夏流行密宗经典受到汉藏共同影响，也表现出西夏佛教信仰的实用性和功效性，《千手经》记载：

如是神咒有种种名，一名广大圆满，一名无碍大悲，一名救苦陀罗尼，一名延寿陀罗尼，一名灭恶趣陀罗尼，一名破恶业障陀罗尼，一名满愿陀罗尼，一名随心自在陀罗尼，一名速超上地陀罗尼，如是受持。阿难白佛言：世尊，此菩萨摩诃萨名字何等？善能宣说如是陀罗尼。佛言：此菩萨名观世音自在，亦名捻索，亦名千光眼……若诸人天，诵持大悲心咒者，得十五种善生，不受十五种恶死也。其恶死者，一者不令其饥饿困苦死；二者不为枷禁杖楚死；三者不为怨家雠对死；四者不为军阵相杀死；五者不为豺狼恶兽残害死；六者不为毒蛇蚖蝎所中死；七者不为水火焚漂死；八者不为毒药所中死；九者不为蛊毒害死；十者不为狂乱失念死；十一者不为山树崖岸坠落死；十二者不为恶人厌魅死；十三者不为邪神恶鬼得便死；十四者不为恶病缠身死；十五者不为非分自害死。诵持大悲神咒者，不被如是十五种恶死也，得十五种善生者，一者所生之处常逢善王，二者常生善国，三者常值好时，四者常逢善友，五者身根常得具足，六者道心纯熟，七者不犯禁戒，八者所有眷属恩义和顺，九者资具财食常得丰足，十者恒得他人恭敬扶接，十一者所有财宝无他劫夺，十二者意欲所

---

① （唐）玄奘译：《十一面神心经》，《大正藏》第20册，第1071号，第152页上栏。

求皆悉称遂，十三者龙天善神恒常拥卫，十四者所生之处见佛闻法，十五者所闻正法悟甚深义。若有诵持大悲心陀罗尼者，得如是等十五种善生也。①

这些观音经的流行，说明西夏人信奉观音，更注重其信仰的实际性和功利性，希望通过信奉、诵读观音经咒以达到祛灾除病的目的。如《佛说十一面观世音神咒经》曰：

诵持此咒一百八遍，持此咒者，现身即得十种果报。何等为十？一者身常无病；二者恒为十方诸佛忆念；三者一切财物衣服饮食，自然充足恒无乏少；四者能破一切怨敌；五者能使一切众生皆生慈心；六者一切蛊毒、一切热病无能侵害；七者一切刀杖不能为害；八者一切水难不能漂溺；九者一切火难不能焚烧；十者不受一切横死。是名为十。现身复得四种果报，何者为四？一者临命终时得见十方无量诸佛；二者永不堕地狱；三者不为一切禽兽所害；四者命终之后生无量寿国。②

诵持陀罗尼能够实现现世得无上果报是任何人都期待的。乾祐二十年（1189）仁孝为了庆贺自己66岁生辰，大作法事，"恭请宗律国师、净戒国师、大乘玄密国师、禅法师、僧众等，就大度民寺，作求生兜率内宫弥勒广大法会，烧结坛，作广大供养，奉广大施食。并念佛诵咒，读西番番汉藏经及大乘经典，说法作大乘忏悔，散施番汉《观弥勒菩萨上生兜率天经》一十万卷，汉《金刚经》《普贤行愿经》《观音经》各五万卷。"③

俄藏汉文刻本《观音经》（TK-90—96）是乾祐二十年（1189）皇室版本，有佛画四面。右侧观音菩萨端坐云端石岩，旁有净瓶柳枝。后以经文中五言偈语为榜题：若恶兽围绕，或囚禁枷锁，如日空中坐，

---

① （唐）伽梵达摩译：《千手千眼观世音菩萨广大圆满无碍大悲心陀罗尼经》，《大正藏》第20册，第1060号，第110页上栏。

② （周）耶舍崛多译：《佛说十一面观世音神咒经》，《大正藏》第1070号，第20册，第149页上栏。

③ 《俄藏黑水城文献》第2册，上海古籍出版社1996年版，第48页。

蚖蛇及蝮蛇，刀兵段段坏，云雷鼓掣电，火坑变成池，还着于本人。配图以示念观音名号而得解脱的灵验故事。《圣六字增寿大明陀罗尼经》（TK－135）首题有宋西天译经大师施护奉诏译，施印题记载：右愿印施此经六百余卷，资荐亡灵父母及法界有情，同往净方。时大夏天庆七年七月十五日（1200）哀子仇彦忠等谨施。俄黑水城藏品中也保存西夏文《圣六字增寿大明陀罗尼经》（第234、235、236号，西夏特藏第77号，馆册第910、570、8048号），其中第235号有结尾题记载，女发愿者为即将分娩的产妇施舍经文，希望母子平安。

如此之多观音经典在黑水城、敦煌等地得存，说明西夏观音信仰之盛。

二　观世音绘画

（一）黑水城出土绢画或唐卡

依照佛经绘制和塑造观音画像也是观世音崇拜的一种表现形式，从遗存的西夏观世音造像和绘画看，显密皆有。随着藏密在西夏的流行，"六字明王"和"莲花手"等藏传佛教中最为典型的观世音形象在西夏绘画中常常出现。在已公布的俄藏黑水城绘画中有多幅观世音唐卡和绘画，现藏于圣彼得堡艾尔米塔什博物馆，它们是：

1.《十一面八臂观音》，12世纪，唐卡，棉布，132厘米×94厘米，X－2355（见图1），主尊以金刚式坐于有两排花瓣的莲花座上，一件有红、蓝、绿、金等颜色条纹的衣服遮住其腰部。他的头呈金字塔式排列，共五层。俄国学者奥登堡认为，此观音图系依据《妙法莲花经》二十四品制作，两主要手合十，持一如意宝珠。次右手持念珠、车轮，结施与愿印，次左手持白莲花、净瓶和弓箭。主尊、莲

图1　《十一面八臂观音》（X－2355）

花座及其他天神的图像，具有西藏和印度—尼泊尔等绘画风格。①

2.《观世音》，12—13世纪，唐卡断片，绢本，27厘米×28.8厘米，X-2352（见图2）。图中观世音为白色，一头，四臂，在咒文中名为六字大明观自在，与称赞此菩萨的经文和六字大明咒一致。菩萨两个主手臂结合掌印，另一次右手持念珠，左手则看不清楚。② 据考证，始于隋代的"六字明王"之名，至少在吐蕃时期就可能由汉地传入藏地而为人知晓。至9世纪《大乘庄严宝王经》译出并流传之后，这一明咒的守护者——四臂形观音"六字大明王"，就成了藏地的保护神。③ 西夏不仅六字观世音经咒流行，此类型的观世音画像也非常之多，说明西夏观世音信仰深受藏传佛教的影响。

图2　《观世音》（X-2352）　　　图3　《观世音菩萨》（X-2354）

3.《观世音菩萨》，12—13世纪，唐卡，绢本，59.7厘米×46.3厘米，X-2354（见图3）。观世音像一头，四臂，两个主手臂合掌，另一次右手持念珠，左手持莲花，菩萨头冠上有一阿弥陀佛像。图的下方

---

① ［俄］萨玛秀克编著：《丝路上消失的王国——西夏黑水城的佛教艺术》，许洋主译，中国台湾历史博物馆1996年版，第128页。
② ［俄］萨玛秀克编著：《丝路上消失的王国——西夏黑水城的佛教艺术》，许洋主译，中国台湾历史博物馆1996年版，第130页。
③ 李翎：《藏密观音造像》，宗教文化出版社2003年版，第45页。

两侧有一僧和持香炉的供养人。据奥登堡考证，此幅观世音像与 X - 2352 中的观世音相同，并认为此画"技巧生硬，具有西藏风格，但仍可看出其深受中国的影响，特别是在莲花、云朵和宝座的处理上"。[①] 但也有人认为此画可能受回鹘绘画传统的影响。

4.《莲花手》，11 世纪末至 12 世纪初，唐卡断片，棉制，76.5 厘米×25 厘米，X - 2353（见图 4）。一头一臂，立姿，以正面呈现，右手下垂，所施手印不明。左手持一白莲花，此像装饰华丽，发上有花，戴项链、耳环、手镯及长过膝的璎珞。一条半透明的围巾几乎横披胸部，系于左肩。项链、手镯和围巾与拉达克的绘画有相似之处。莲花手观音在西藏非常流行，属于十一面观音的人形变化之一。传说在释迦佛圆寂以后，人们相信莲花手菩萨承担了弘法的重任，直到世间手创造出来世。可能由于这一原因，莲花手菩萨信仰在藏区极为流行。

5.《绿度母》，西夏宝义二年（1227）以前，唐卡，缂丝，101 厘米×52.5 厘米，X - 2362。绿度母端坐于一蓝色莲花上，右腿下垂过莲花座，踩着一莲花。左腿弯曲，作游戏状。右臂向外伸展，姿势优美。左手持一蓝色莲花，与其右侧所装饰的莲花相同。其头光和背光呈白色，背光饰双边。成串的宝珠垂挂于宝座周围。绿度母的底色是蓝色，为诸山环绕，诸山的表现技巧与其他黑水城西藏，或更精确地说与

图 4　《莲花手》（X - 2353）

---

① ［俄］萨玛秀克编著：《丝路上消失的王国——西夏黑水城的佛教艺术》，许洋主译，中国台湾历史博物馆 1996 年版，第 132 页。

第七章　西夏藏传佛教信仰的世俗化

印度—尼泊尔—西藏画派的唐卡相同。谢继胜先生对绘画风格进行了分析，认为这幅绿度母像在很多方面与断代于 11 世纪的绿度母唐卡非常相似。为研究藏传绘画中早期缂丝唐卡提供了重要参照。① 这一考证也从另一个侧面反映了藏传佛教在西夏流行的时间。藏传佛教认为"度母"是观音的化身，这一词译自藏文，大约在 6 世纪出现在北派佛教神灵体系中，据说是由观音的眼泪化生出来的，她协助观音菩萨解救众生的各种苦难，救度众生达到彼岸，免遭轮回之苦，又称"慈爱度母"。藏传佛教中将度母分为二十一种，称为二十一度母，有红度母、绿度母、黄度母、蓝度母和白度母等。绿度母在藏传佛教中被认为是最早的，也是最重要的度母。黑水城出土一幅缂丝绿度母唐卡是西夏藏品中的珍品，缂丝是一种非常珍贵的装饰性织物，制造工艺复杂，是由回鹘人最初使用的。西夏采用回鹘人的缂丝技术来制造具有典型藏传特色的度母像，说明藏传佛教中的度母在西夏心目中地位是非常高的。

6.《观音》（X－2435）（见图 5），12 世纪，卷轴，丝制，97.5 厘米×59 厘米。② 观音菩萨半跏趺坐于莲花座上，有头光和身光，左手放在腿上，右手持书。下方左右是侍者和供养人，三位侍者分别为僧人、髽发童子和官员模样的老者，三人都有头光。两位施主，画像旁边有榜题，老者旁题有"白氏桃"，年轻者旁题有"新妇高氏焚香"。

图 5　《观音》（X－2435）

---

① 谢继胜：《西夏藏传绘画—黑水城出土西夏唐卡研究》，河北教育出版社 2002 年版，第 106 页。
② ［俄］萨玛秀克编著：《丝路上消失的王国——西夏黑水城的佛教艺术》，许洋主译，中国台湾历史博物馆 1996 年版，第 207 页。

7.《水月观音》（X-2437）（见图6），13世纪，唐卡，布料，34.5厘米×27厘米。① （原作裱装：56厘米×34厘米）。观音菩萨以游戏状坐在岩石上，左右两边有些小叶子的树枝，四周有些小花。

此外，在黑水城还出土《水月观音》（X-2439），12世纪，卷轴，绘制，101.5厘米×59.5厘米；②《水月观音》（X-2438），12世纪末至13世纪初，卷轴，棉质，68厘米×48.8厘米等。③

图6 《水月观音》（X-2437）

8. 在武威新华乡亥母洞出土一幅西夏时期"十一面观音立像"绢制唐卡。据谢继胜先生考证，其构图方式与12世纪中叶的一幅卫藏十一面观音立像大致相同。④ 在贺兰县的宏佛塔中还发现"千手观音唐卡图"，残长93厘米，宽60厘米，观音头部缺损，仅见无数只手，手势自然多变，手印各异。观音像用墨勾描，线条流畅，笔法娴熟，右下角绘一供养童子。

（二）观世音经变

壁画是传播宗教思想和激励信徒的重要手段，在洞窟西夏壁画中观音形象多种多样，显密俱存，有千手千眼观音、水月观音、不空羂索观音、如意轮观音等。观音变相本有愤怒相与平和相之别，藏传佛教中观世音身形变化有八种、二十一种，甚至百种之多，藏传佛教以观音、文殊等信仰最为兴盛。

---

① ［俄］萨玛秀克编著：《丝路上消失的王国——西夏黑水城的佛教艺术》，许洋主译，中国台湾历史博物馆1996年版，第205页。
② ［俄］萨玛秀克编著：《丝路上消失的王国——西夏黑水城的佛教艺术》，许洋主译，中国台湾历史博物馆1996年版，第199、201页。
③ ［俄］萨玛秀克编著：《丝路上消失的王国——西夏黑水城的佛教艺术》，许洋主译，中国台湾历史博物馆1996年版，第203页。
④ 谢继胜：《西夏藏传绘画—黑水城出土西夏唐卡研究》，河北教育出版社2002年版，第80页。

第七章 西夏藏传佛教信仰的世俗化

南北朝时北方造像兴盛，据统计当时的观音造像数量仅次于释迦和弥勒造像，北魏分裂后观音造像数量急剧增加。在河西地区洞窟中观音造像和观音经变更是数量巨大，在莫高窟、榆林窟、东千佛洞、西千佛洞等石窟中。现存大量西夏时期观音经变和观世音像为研究观音信仰提供了比较丰富的绘画资料，见下表。

西夏时期的观音变及观音像统计

窟号	位置	内容
敦30	东壁门北	千手眼观音变一铺
敦117	龛外北侧	观音变一身
敦234	东壁门北	不空罥索观音变
敦235	东壁门南	如意轮观音变
敦354	东壁门南	不空罥索观音变一身
	东壁门北	如意轮观音变一身
敦355	西壁龛内南壁	不空罥索观音变一身
敦395	南北壁	观音经变各一铺
敦460	东壁门南	千手眼观音变一铺
榆2	东壁两侧条幅	观音济难
榆3	中心佛坛	观音像数身
	东壁南侧	五十一面千手观音一铺
	东壁北侧	十一面千手观音一铺
	南壁东侧	观音曼陀罗
榆6	明窗券北壁	补画四壁观音和西侧观音立像各一身
东2	左甬道南壁	菩提树观音
	北壁	八臂观音变一铺
	南壁	十一面八臂观音一铺
	东壁门南三面	四臂观音变
	东壁门北三面	八臂观音变
东4	西壁塔形龛南壁	观音一铺
	后甬道东壁	观音一铺（残）
	南壁	十一面观音

续表

窟号	位置	内容
东5	西壁龛北壁	四臂观音一铺
	西壁龛南壁	观音一铺
	北壁	观音变一铺
	南壁	如意轮观音、八臂观音各一铺
东7	左甬道北壁下	八臂观音
	右甬道南壁下	十一面八臂观音
	后甬道北侧屏风一扇	观音菩萨
庙1	北壁东侧	八臂观音
	北壁西侧	十一面千手眼观音
庙3	南壁门东	四臂观音一铺（残）
	南壁门西	十一面千手眼观音一铺（残）

注：此材料来源于敦煌研究院编：《敦煌石窟内容总目》，文物出版社1996年版。

　　西夏遗存的观音经典有显教和密教之分，观音绘画和经变画内容也十分丰富，有经变画也有绢画、唐卡，有观音菩萨形象也有度母形象。西夏上自帝王将相，下至庶民百姓皆把"观音"奉作有求必应、予乐拔苦的大慈大悲菩萨。西夏时施印抄写观音经典和绘画观音画等，或是出于弘扬佛法，或为亡故父母追福，或为分娩母子祈求平安等，与现实生活密切结合。在《十二世纪西夏国的星曜崇拜》一文中，聂历山利用藏于艾尔米塔什博物馆的西夏文献《星曜坛城》和《秘密供养根》对西夏法事活动的坛城布局进行了详细描述，其中坛城西门是观世音菩萨，为白色，一面，两臂，右手结施愿印，左手持粉红色莲花，结跏趺坐于铺有月轮垫的莲台之上。[①] 聂历山还描绘了设坛城作法事的具体情况，秘密观想是设坛作法事活动的一个重要环节，通过观想炽盛光佛，集中意念，借助诸神法力和六字真言咒语祈福禳灾。[②]

---

① Н. А. Невский，*Тангутская филология*，в двух книгах，文志勇、崔红芬译，Издательство Восточной литературы. Москва，1960г. стр. 52 – 73.

② Н. А. Невский，*Тангутская филология*，в двух книгах，文志勇、崔红芬译，Издательство Восточной литературы. М. 1960г. стр. 52 – 73.

第二节 净土经典及其信仰

净土信仰包括西方阿弥陀佛净土、弥勒净土、东方药师净土和十方净土等，净土宗信仰一般指西方阿弥陀佛净土信仰。佛教认为生前行善的人，临终时会有佛、菩萨迎接，往生极乐净土世界。作恶的人，临终时会落入地狱受苦，除非这时有亲友以佛法为他超度，使其得到安慰，使其产生对净土世界的执着，才会平静死去，把净土信仰与人的生死结合在一起。在藏传佛教造像中不仅有三世佛，还常常出现三方佛，即药师佛、释迦佛和阿弥陀佛。西夏民众普遍信仰净土，除了诵读、供养净土佛经和陀罗尼外，在洞窟中还保存大量净土变，并出土各类描绘净土的绘画及阿弥陀佛像等，说明西夏净土信仰在西夏时期仍然兴盛。

一 西方净土信仰

（一）阿弥陀佛信仰经典

西方净土向人们展示了一个极其美好的极乐世界，众生无有众苦，但受诸乐，故名极乐。极乐国土有七宝池，八功德水充满其中等，这个虚无缥缈的未来幸福之地，是人人向往的地方。

在黑水城等地出土的藏品中有关净土信仰的汉文佛经有《佛说阿弥陀经》（TK-176）、《无量寿佛说往生净土咒》（TK-110）、《佛说阿弥陀经》（TK-108、109、110、111）、《佛说大乘圣无量寿决定光明王如来陀罗尼经》（TK-76、21、22、23、24）、《观无量寿佛经甘露疏科文》（TK-148）、《往生净土偈》（TK-323）、《无量寿如来根本陀罗尼》（TK-207V）等。

西夏文佛经有《佛说阿弥陀经》（第106—109号，西夏特藏第147号，馆册第763、803、4844、4773、7564、6761号）、《大乘圣寿无量经》[1]（第193—194号，西夏特藏第342号，馆册第812、953、697、

---

[1] 在敦煌出土的汉文《大乘无量寿经》为最多，达八百八十九部，藏文写本共有六百五十七部。藏文写经《大乘无量寿经》分别收藏在国家图书馆、敦煌市博物馆和档案局、甘肃省博物馆和图书馆、敦煌研究院、武威市博物馆、酒泉博物馆、张掖和高台博物馆以及巴黎、伦敦、日本、中国台湾等地图书馆或博物馆等和一些私人收藏。

6943号)、《无量寿经》(第195号,西夏特藏第409号,馆册第2309号)、《佛说无量寿佛观经膏药疏》(第297号,西夏特藏第321号,馆册第903、894、5006号)、《西方净土十疑论》(第318号,西夏特藏第184号,馆册第6743号)、《净土求生顺要论》(第319—320号,西夏特藏第393号,馆册第7832、6904号)、《净土十疑论》(天台宗创始人智𫖮著)(第436—437号,西夏特藏第392号,馆册第825、708号)、《十疑论》(第438号,西夏特藏第365号,馆册第2324号)、《最乐净国生求颂》(第449号,西夏特藏第408号,馆册第2265号)、《西方求生念佛顺要论》(第614号,西夏特藏第470号,馆册第6833号)等。

武威西夏墓出土木缘塔上写有《圣无量寿一百八十名陀罗尼》。拜寺沟方塔中出土的汉文写本佛经《众经集要》则包括《大乘无量寿经》《大乘无量佛功德经》《观无量寿经》《无量寿经》《阿弥陀经》《大阿弥陀经》等,它与南宋沙门宗晓编次的《乐邦文类》的"经证部"相类,均为摘抄诸经中关于净土的论述编辑而成。[①] 西夏僧人辑录的《密咒圆因往生集》中包括《阿弥陀佛根本咒》《阿弥陀佛心咒》《阿弥陀佛一字咒》和《无量寿王如来一百八名陀罗尼》等。可见,西夏不仅净土经典流行,而且与净土信仰相关的陀罗尼单独流传。

西夏多次刊印西夏文《佛说阿弥陀经》,且诸多精通汉文、藏文和西夏文的帝师、国师等共同完成西夏文本《佛说阿弥陀经》的校勘工作,还出现《佛说阿弥陀经》密教化的情况。

唐宋时期,不仅密教陀罗尼经典又被更多翻译出来,一些大乘经典的前后还增加了陀罗尼内容,如黑水城出土《金刚经》经文前面增加了"金刚经启请""净口业真言""安土地真言""虚空藏菩萨普供养真言""请八金刚""请四菩萨""云何梵"等内容。《弥勒上生经》尾题后增加了"慈氏真言""生内院真言""弥勒尊佛心咒""弥勒尊佛名号""三归依"等,但佛经的经名未变。敦煌本《佛说阿弥陀经》经题后出现的"无量寿佛说往生净土咒""阿弥陀佛说咒""阿弥陀佛所说咒"或经题后直接出现陀罗尼等,这都是中土僧人根据经文的内容逐渐增加的,且有不同形式出现。

[①] 宁夏文物考古研究所:《拜寺沟西夏方塔》,文物出版社2005年版,第204页。

第七章　西夏藏传佛教信仰的世俗化

黑水城出土汉文和西夏文本《佛说阿弥陀经》残缺较为严重，很多馆册号经文结尾无存，但 TK－110、馆册第 4773 号经题后也有"无量寿佛说往生净土咒"，俄藏西夏文馆册第 6761 号中出现了与《佛说阿弥陀经》内容相关的藏传佛教形式的内容，将汉文《佛说阿弥陀经》尾题后的"无量寿佛说往生净土咒"改为"往生极乐净土念定"。"往生极乐净土念定"后出现贤觉帝师沙门显胜、五明国师沙门拶也阿难答、金解国师沙门法慧、至觉国师沙门慧护或慧守、圆和法师沙门智明、觉行法师沙门德慧等，表达了藏传佛教僧人念诵阿弥陀佛后所能到达的目的在"往生极乐净土念定"中充分表现出来。

（二）黑水城出土阿弥陀佛画

黑水城佛塔中不仅出土一些观音画，而且保存了几幅阿弥陀佛来迎图等绢画、丝质画等。它们是：

1. 阿弥陀佛迎接图（X－2416）（见图 7），12 世纪，卷轴画，丝质，125 厘米×64 厘米，藏于艾尔米塔什博物馆。[①]

图 7　阿弥陀佛迎接图（X－2416）

[①] ［俄］萨玛秀克编著：《丝路上消失的王国——西夏黑水城的佛教艺术》，许洋主译，中国台湾历史博物馆 1996 年版，第 180—181 页。

此图简洁明了,仅仅出现了三个人物,阿弥陀佛和一男一女两个供养人,阿弥陀佛赤脚踩两朵莲花之上,立于浮云之上,头顶华盖,慈眉善目,双眼微闭,有头光,目视下方的供养人,左右结说法印,右手结施愿印(与愿印、满愿印),服饰内外两层,内层衣服为金色,褐色和绿色,腰间有腰带以为装饰。外层为红色袈裟,衣饰纹理清晰,衣服边饰以花草、藤蔓,颜色多样。左下方是两位供养人,男供养人穿灰色长袍,腰间有腰带,手持香炉;女供养人穿暗红色长袍,衣服上有花朵图案,双手合十,供养人身材高大,较胖,具有典型的党项人特色。阿弥陀佛放金色光照一男一女两位行者。

2. 阿弥陀佛接迎图(X-2415)(见图8),12世纪,卷轴画,丝质,113厘米×61.5厘米,藏于艾尔米塔什博物馆。①

图8 阿弥陀佛迎接图(X-2415)

此幅图原本色彩鲜艳,红绿相间,但因时间长久,颜色发暗。图中绘有4位人物,以阿弥陀三尊(阿弥陀佛、观音菩萨、大势至菩萨)为

---

① [俄]萨玛秀克编著:《丝路上消失的王国——西夏黑水城的佛教艺术》,许洋主译,中国台湾历史博物馆1996年版,第182—183页。

第七章　西夏藏传佛教信仰的世俗化

281

中心，阿弥陀佛赤脚踩两朵莲花之上，立于浮云之上，头顶华盖，慈眉善目，双眼微闭，有头光，目视下方的供养人，左右结说法印，右手结施愿印（与愿印、满愿印），服饰内外多层，颜色有金色、蓝色和绿色，腰间有腰带以为装饰。外层为红色袈裟，衣饰纹理清晰，阿弥陀形相高大。两边是观世音和大势至菩萨，亦有头光，身材较阿弥陀佛要矮小些，他们袈裟颜色红绿等色相间，头饰复杂，手捧一莲花座，栩栩如生。阿弥陀佛和两座菩萨脚踩莲花的颜色也不相同，突出色彩变化。两位菩萨旁边有一赤裸男童，身上仅有一根绿色飘带缠身，相似飞腾一样，男童双手合十，踩在莲花之上，表示莲花化生的意义。

3. 阿弥陀佛接迎图（X-2410）（见图9），12世纪，卷轴画，棉质，142.5厘米×94厘米，藏于艾尔米塔什博物馆。①

图9　阿弥陀佛迎接图（X-2410）

此幅图原本色彩鲜艳，红绿白黄相间。图中绘有5位人物，以阿弥陀三尊（阿弥陀佛、观音菩萨、大势至菩萨）为中心，阿弥陀佛赤脚踩两

---

① ［俄］萨玛秀克编著：《丝路上消失的王国——西夏黑水城的佛教艺术》，许洋主译，中国台湾历史博物馆1996年版，第184—185页。

朵蓝叶绿芯莲花之上，立于白云之上，头顶华盖，像是浮云，较 X-2415，X-2416 绘制简单，阿弥陀佛有胡须，典型的男人形相，但慈眉善目，双眼微闭，有绿色头光，目视下方的供养人，左手结说法印，右手结施愿印（与愿印、满愿印），服饰内外多层，颜色有白色、绿色和红色，腰间有腰带以为装饰，飘带轻绕右臂。外层为红色袈裟，衣饰纹理清晰，阿弥陀形相高大。两边是观世音和大势至菩萨，亦有头光，观世音菩萨为粉红色头光，大势至菩萨为绿色头光，两位菩萨皆有胡须，身材较阿弥陀佛要矮小些，他们脚踩百叶绿芯莲花，站立在白色祥云之上，观世音菩萨身着白绿相间袈裟，大势至菩萨身着红绿相间的袈裟，头饰复杂，观音菩萨头饰小阿弥陀佛像，大势至菩萨头饰一小佛塔，手捧一莲花座，上半身前倾，目光祥和看着赤裸童子，好像在非常小心呵护即将转生的童子。阿弥陀佛和两座菩萨脚踩莲花的颜色也不相同，突出色彩变化。画面的左下方有一僧人，结跏趺坐于地上，双手合十，阿弥陀放金色光照在比丘身上，而在金色光中间，即两位菩萨执金刚座旁边有一赤裸男童，脚踩莲花，身上仅有一根红蓝相间的飘带缠身，相似飞腾一样，男童双手合十，踩在莲花之上，表示僧人圆寂而莲花化生的意义。

4. 阿弥陀佛迎接图（X-2411）（见图10），12 世纪，卷轴画，亚麻质，84.8 厘米×63.8 厘米（原作裱装 99 厘米×63.8 厘米），藏于艾尔米塔什博物馆。[①]

此幅图构图与 X-2410 非常相似，原本色彩鲜艳，红绿白黄相间，图中绘有 5 位人物，以阿弥陀三尊（阿弥陀佛、观音菩萨、大势至菩萨）为中心，只是供养人为世俗人。阿弥陀佛赤脚踩两朵绿叶和淡粉紫色荷叶而绿芯莲花，立于白云之上，头顶没有华盖，阿弥陀佛有胡须，典型的男人形相，但慈眉善目，双眼微闭，有绿色头光，目视下方的供养人，左右结说法印，右手结施愿印（与愿印、满愿印），服饰内外多层，颜色有白色、紫粉色和红色等，腰间有腰带以为装饰。外披田字纹红色袈裟，衣饰纹理清晰，阿弥陀形相高大。旁边是观世音和大势至菩萨，亦有头光，观世音菩萨为白色头光，大势至菩萨为蓝色头光，两位

[①] ［俄］萨玛秀克编著：《丝路上消失的王国——西夏黑水城的佛教艺术》，许洋主译，中国台湾历史博物馆 1996 年版，第 186—187 页。

第七章 西夏藏传佛教信仰的世俗化

图10 阿弥陀佛迎接图（X-2411）

菩萨皆有胡须，身材较阿弥陀佛要矮小些，他们脚踩蓝色或淡粉色荷叶绿芯莲花，站立在白色祥云之上，观世音菩萨身着红绿淡紫色相间袈裟，大势至菩萨身着白绿淡紫色相间的袈裟，头饰复杂，观音菩萨头饰小阿弥陀佛像，大势至菩萨头饰一小佛塔，颈部带有璎珞，他们手捧一莲花座，上半身前倾，目光祥和看着赤裸童子，好像非常小心呵护即将转生的童子。阿弥陀佛和两座菩萨脚踩莲花的颜色也不相同，突出色彩变化。画面的左下方有一世俗人，双手合十站立地上，党项人的长相，着褐色长衫，阿弥陀佛放金色光照在世俗行者身上，而在金色光中间，即两位菩萨执金刚座旁边有一赤裸男童，脚踩莲花，身上穿一红色肚兜，身上有一根红蓝相间的飘带缠身，似飞腾一样，男童双手合十，踩在莲花之上，表示世俗人去世后而莲花化生的意义。在画面左上方画有各种乐器，有笛子、琵琶、排箫、铜锣、古琴等，还有一座宫殿一样的房子，以此表示西方净土的宫廷楼阁，天乐歌舞的情景。

5. 阿弥陀佛迎接图（X-2412）（见图11），13世纪，卷轴画，绘制，45厘米×31厘米（原作裱装75厘米×37厘米），藏于艾尔米塔什博物馆。①

---

① ［俄］萨玛秀克编著：《丝路上消失的王国——西夏黑水城的佛教艺术》，许洋主译，中国台湾历史博物馆1996年版，第188—189页。

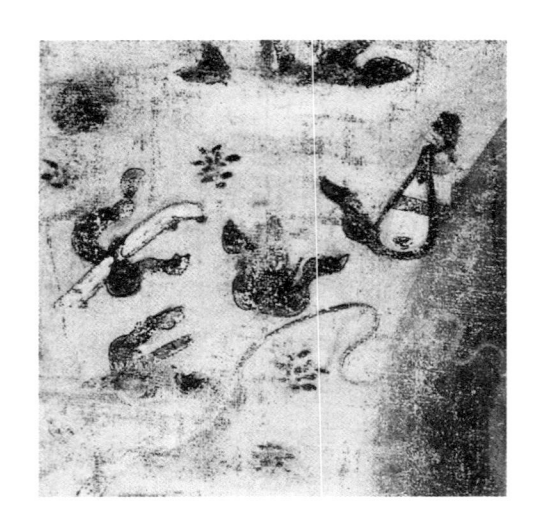

图 11　阿弥陀佛迎接图（X-2412）

　　此幅图构图与 X-2411 非常相似，原本色彩鲜艳，红绿白黄相间，图中绘有 5 位人物，以阿弥陀三尊（阿弥陀佛、观音菩萨、大势至菩萨）为中心，只是供养人为世俗女人。阿弥陀佛赤脚踩莲花，立于白云之上，头顶没有华盖，慈眉善目，双眼微闭，有绿色头光，目视下方的供养人，左右结说法印，右手结施愿印（与愿印、满愿印），服饰内外多层，颜色有白色、绿色和红色等，腰间有腰带以为装饰。外披田字纹红色袈裟，衣饰纹理清晰，阿弥陀形相高大。旁边是观世音和大势至菩萨，亦有头光，身材较阿弥陀佛要矮小些，他们脚踩莲花，站立在白色祥云之上，观世音菩萨身着红绿色相间袈裟，大势至菩萨身着绿红色相间的袈裟，头饰复杂，但不清楚，颈部带有璎珞，他们手捧一莲花座，上半身前倾，目光祥和看着赤裸童子，好像非常小心呵护即将转生的童子。画面的左下方有一世俗女人，双手合十站立地上，党项人的长相，着绿红相间长衫，阿弥陀佛放金色光线照在世俗女行者身上，而在金色光中间，即两位菩萨执金刚座旁边有一赤裸男童，脚踩莲花，男童双手合十，跪在莲花之上，表示世俗女人去世后而莲花化生的意义。在画面左上方画有各种乐器，有笛子、琵琶、排箫等，以此表示西方净土的天乐不鼓自鸣的情景。此幅图出土时为绿色色调。

第七章 西夏藏传佛教信仰的世俗化

上述 X-2412、X-2411、X-2410、X-2415、X-2416 五个编号的阿弥陀佛来迎图，其内容大致分别为或单尊阿弥陀来迎的场景，即 X-2416，或西方三圣共同来迎的场景，即 X-2412、X-2411、X-2410、X-2415。在西方三圣共同来迎的画面中 X-2412、X-2411 有出现天乐不鼓自鸣的情景。

"阿弥陀佛迎接图"没有过多渲染西方净土的美妙景象，因为这些内容信众非常熟知，仅用不鼓自鸣的天乐、楼阁亭榭等象征极乐世界。五幅来迎图的画面色彩鲜艳，简单明了，直接切入主题，突出阿弥陀佛亲迎命终之人而得莲花化生情节。画面有的出现供养人和化生童子等形象，有的仅有化生童子的形象出现，这些画面把人们信仰佛教的目的表现的一目了然，希望通过现世信仰佛教而往生西方极乐净土，得莲花化生。

在黑水城出土佛教绘画中，除了这几幅阿弥陀来迎图外，还有几幅表现净土的绘画，如阿弥陀佛三尊和莲花化生图 X-2419，12—14 世纪，棉质，113 厘米×78 厘米，藏于艾尔米塔什博物馆。[①] 阿弥陀佛净土与莲花化生 X-2349，13 世纪，唐卡棉制，76 厘米×43 厘米，藏于艾尔米塔什博物馆。[②] 仅有西方三圣[③] X-2345，13 世纪，唐卡绘制，62 厘米×46 厘米（原作裱装 81.5 厘米×51.5 厘米），藏于艾尔米塔什博物馆。[④]

阿弥陀佛，X-2343（见图 12），13 世纪，唐卡绢质，26.5 厘米×17 厘米，藏于冬宫博物馆。阿弥陀佛结跏趺坐于莲花座上，手结禅定印，此画与"金刚座佛""释迦牟尼说般若波罗蜜多"图像有关。莲花座底部饰以珠宝和一半圆形有蓝色涡型花边等。[⑤] 佛像有头光、背光。

[①] ［俄］萨玛秀克编著：《丝路上消失的王国——西夏黑水城的佛教艺术》，许洋主译，中国台湾历史博物馆1996年版，第190—193页。

[②] ［俄］萨玛秀克编著：《丝路上消失的王国——西夏黑水城的佛教艺术》，称为"阿弥陀佛净土与药师佛"。

[③] ［俄］萨玛秀克编著：《丝路上消失的王国——西夏黑水城的佛教艺术》，称为"阿弥陀佛与药师佛"，笔者认为应为西方三圣。

[④] ［俄］萨玛秀克编著：《丝路上消失的王国——西夏黑水城的佛教艺术》，许洋主译，中国台湾历史博物馆1996年版，第196—197页。

[⑤] ［俄］萨玛秀克编著：《丝路上消失的王国——西夏黑水城的佛教艺术》，许洋主译，中国台湾历史博物馆1996年版，第111页。

图12 阿弥陀佛（X-2343）　　　图13 阿弥陀佛（X-2350）

阿弥陀佛，X-2350（见图13），12世纪，唐卡断片，棉质，12厘米×11厘米，藏于冬宫博物馆。红色的阿弥陀佛结跏趺坐于饰有珠宝的宝座上，其宝座于群山间一朵五彩莲花上，座背如同典型的黑水城出土之唐卡，饰有涡卷型纹饰，阿弥陀佛结禅定印，身穿红色袈裟。①

（三）洞窟保存净土变

净土信仰还体现在洞窟绘画方面，河西洞窟保存数量丰富的西夏时期的净土变，莫高窟有西方净土变215铺，其中无量寿经变32铺，西夏13铺；阿弥陀经变38铺，西夏8铺；观无量寿经变84铺，宋、夏时期绘制的简略净土变61铺。② 安西榆林第29窟西壁和第3窟南北壁，东千佛洞第2窟北壁和第7窟前室，文殊山万佛洞西壁等处皆有西夏绘制的《阿弥陀经变》和《观无量寿经变》。

在西夏，西方净土信仰受汉传佛教影响，也不排除藏传佛教的因素。"阿弥陀佛"一词在藏传佛教造像中实际并不多见，只要涉及阿弥

---

① ［俄］萨玛秀克编著：《丝路上消失的王国——西夏黑水城的佛教艺术》，许洋主译，中国台湾历史博物馆1996年版，第124页。
② 季羡林主编：《敦煌学大辞典》，上海辞书出版社1998年版，第117页。

陀佛，不是"无量光"就是"无量寿"。无量寿佛的流行受到藏传佛教和民间信仰的影响，在民间，即使在社会上层，人们崇拜无量寿佛，无非使其无病长寿和得生阿弥陀净土的法力成为最具感召力的天国号召力。在流传下来的大量藏传佛教造像中，阿弥陀的造像是数量最多者之一。不同于其他佛像的是人们对阿弥陀佛的供养是将这位无量佛，作为无量光与无量寿两尊佛分别进行，形成一佛而具两种身形的供养传统。从造像形式方面看，直观上有两种样式的区别：一是如来相式；二是菩萨相式。从名称上说：一者称"无量寿佛"（Thse-dpag-med）；一者称"无量光佛"（Vod-dpag-med）。也就是说如来相持钵者，是无量光；菩萨相持宝瓶者是无量寿。对于身形的这种确定，从近一个世纪的佛教图像研究史来看，似乎已成学者的共识。[1]

西夏时阿弥陀信仰已经具有密教色彩，绘画中更是融合汉藏两种不同艺术风格，如艾尔米塔什博物馆藏《阿弥陀佛净土唐卡》（X-2349、2350）是典型的汉藏结合的特色。

西方净土信仰又常常与观音信仰结合在一起，因为观音是西方净土阿弥陀佛的胁侍，观音、阿弥陀佛与大势至菩萨一起成为"西方三圣"或"阿弥陀三尊"。从7世纪开始，敦煌洞窟壁画中出现宏大的阿弥陀净土变，把观音崇拜和净土信仰有机结合起来。在密宗经中更是把观音菩萨与阿弥陀佛合二为一，认为观音是阿弥陀的因相，阿弥陀是观音的果德，所以修持阿弥陀净土法门的人，念观音菩萨圣号，与念阿弥陀名号的功德，是可以相辅相成的。在藏传佛教中，观音的头冠上出现化佛时，此化佛称"无量光"。

在黑水城藏品 X-2355"十一面八臂观音"和 X-2354"观世音菩萨"的头冠都为阿弥陀佛像，即"禅定五佛"中的"无量光"。这也是净土信仰在西夏兴盛的原因之一。黑水城出土的几幅《阿弥陀佛来迎图》就把观音救度众生和超生西方净土联系在一起。

净土信仰既重视现世，又重视来世，宣扬快速成佛。但对于一般信众来说，极乐净土世界是比较遥远的，是可望而不可即的。而观音菩萨正是一位"慈悲众生"的世间救度者，观音菩萨与世俗人之间更加接

---

[1] 李翎：《藏传佛教阿弥陀像研究》，《法音》2004年第8期。

近。观音菩萨不仅可以救苦救难,而且能接引亡者往生西方净土,成为世间众生和佛的媒介,所以观音菩萨让人备感亲切,增添了人们对观音的信赖。藏传佛教观音信仰十分兴盛,大量净土经典翻译成西夏文在境内传播,往生西方净土少不了观音菩萨的救度。只有虔诚地信奉观音,才可以得到救度,往生西方极乐净土。

二 东方药师净土信仰

药师佛又称消灾延寿药师佛、药师王、药师王佛、大医王佛、医王善逝、十二愿王和药师王如来,为东方净琉璃世界之主。《药师经》是药师信仰的主要经典,主要宣扬慈悲济世和消灾延寿,将佛教了生脱死和摆脱六道轮回的终极追求与现实生活。

《药师经》是一部宣扬大乘佛教净土思想的经典,有五译:一是东晋西域沙门帛尸梨密多罗译《佛说灌顶拔除过罪生死得度经》(一卷);二是刘宋秣陵鹿野寺慧简于大明元年(457)译《佛说药师琉璃光经》(一卷);三是隋达摩笈多于大业十二年(616)译《佛说药师如来本愿经》(一卷);四是唐玄奘于永徽元年(650)译《药师琉璃光如来本愿功德经》(一卷);五是唐义净于神龙三年(707)译《药师琉璃光七佛本愿功德经》(二卷)。

《药师经》突出了"十二大愿""燃灯悬幡续命"和"九横死"等这些与现实生活密切相关的内容。药师佛誓愿不可思议,如果世人身患各类疾病,现死衰相,眷属于此人临命终时,昼夜尽心供养、礼拜药师佛,读诵《药师经》四十九遍,燃四十九灯,造四十九天之五色彩幡,其人可得苏生续命,令众生所求皆得救众生之病源,治无明之痼疾。

燃灯、悬幡和治病解难法是药师净土与其他净土不同之处,增添了浓厚的现世特色。藏传佛教药师信仰盛行,与吐蕃缺医少药、民众身受疾患困扰而无力治疗的现状有密切关系,人们把摆脱病患的希望寄托于药师佛的保佑,在藏传佛教寺院的医学殿内也常供奉药师佛。吐蕃一些精通医术的高僧在弘传佛法时,还兼为信徒治病,深得百姓敬仰。从目前仅有材料看,药师净土信仰在西夏也很盛行,除了与药师信仰诱人的图景外,还与吐蕃药师信仰有很大关系。

第七章 西夏藏传佛教信仰的世俗化

(一) 出土药师经

黑水城藏品中有西夏文《药师琉璃光七佛之本愿功德经》（第145—148 号，西夏特藏 240 号，馆册 885、7827、909、6466、4014 号，写本卷子装、写本蝴蝶装）。在英藏黑水城文献中英藏黑水城西夏文 Or. 12380 - 3085（K. K. II. 0250. d）、Or. 12380 - 2646（K. K. II. 080. ww）和 Or. 12380 - 2645（K. K. II. 0282. h）为义净译《药师琉璃光七佛本愿功德经》，西夏文 Or. 12380 - 2627（K. K. II. 076. r）残经为德慧集《药师琉璃光七佛烧施法事》等内容。俄藏黑水城汉文《密咒圆因往生集》中有《药师瑠璃光佛咒》，出自义净译本《药师琉璃光七佛本愿功德经》。法国国家图书馆藏有伯希和从敦煌收集的西夏文藏品，有关药师经典的残叶有：Pelliot Xixia 924（Grotte 181）010、021、030、033、038、047、058、070、114、128《药师琉璃光七佛本愿功德经》（卷上），Pelliot Xixia 924（Grotte 181）022、024、031、059、062、063、065、082、088、120、126、133《药师琉璃光七佛本愿功德经》（卷下），Pelliot Xixia 924（Grotte 181）054、067《药师琉璃光七佛本愿功德经》（没有标注卷数），Pelliot Xixia 924（Grotte 181）091、106、125《药师琉璃光七佛本愿功德经》（版画），Pelliot Xixia 925（Grotte 181）C《药师琉璃光七佛本愿功德经》（版画），Pelliot Xixia 925（Grotte 181）006、022、023《药师琉璃光七佛本愿功德经》（卷下）等。[①] 武威西郊林场西夏墓室出土的蓝色木缘塔上用黄色书写有梵文咒文，即《一切如来咒》《一切如来百子咒》《药师琉璃光王佛咒》《圣□光天母心咒》和《归依三宝咒》，时间是天庆七年（1200）庚辰（申）□夏十五日兴工建缘塔。其中《药师琉璃光王佛咒》出自义净汉译本，说明西夏时期此咒已经单独流行，也体现出《药师经》逐渐密教化的特色。日本松泽博在《敦煌出土西夏语佛典研究序说》（3）中列举的敦煌出土佛经，仅西夏文《药师如来琉璃光七佛本愿功德经》就有二十多件，[②] 这说明药师信仰在河西地

[①] 西北第二民族学院、上海古籍出版社等:《法国国家图书馆藏敦煌西夏文文献》，上海古籍出版社 2007 年版。

[②] ［日］松泽博:《敦煌出土西夏语佛典研究序说》（3），京都龙谷大学东洋史学研究会〈东洋史苑〉，第 63 号，2004 年版，第 71—75 页。

区的流行。8世纪初,七位药师如来的造像形式在吐蕃极为流行,然后药师七佛才在汉地逐渐为人所知。①

(二)药师经变画

莫高窟药师经变始见于隋代,唐代药师经变比较盛行,尤其吐蕃统治河西时药师经变数量急剧增加,在吐蕃开凿的四十四个洞窟中有22铺药师经变,药师经变迄于西夏,历时六百余年,共存102铺。在洞窟中也存西夏时期的药师佛经变,根据《敦煌石窟内容目录》(1996年版)统计,莫高窟西夏时期药师佛和药师变大概存有17铺,榆林窟4铺,东千佛洞2铺,肃北五个庙1铺。

河西诸石窟西夏净土变图

壁画内容	石窟				
	莫高窟	榆林窟	东千佛洞	五个庙	文殊山
观无量寿经变		3			
阿弥陀经变	88、136、142、151、164、224、235、306、351、400、418	3、29	2		
净土变	27、30、38、39、65、69、70、78、81、83、84、87、140、224、235、252、265、291、306、307、308、328、354、363、367、399、415、460	3	7	4	
药师经变	88、164、235、399、400、408、418	29	2	3	

西夏时期的药师经变虽也呈现简略形式,类似于说法图,但世俗的因素却大大增加,极大丰富了《药师经变》的题材。

东千佛洞位于甘肃省安西县桥子乡东南30公里长山子北麓干河谷,因与敦煌西千佛洞相对地理位置区别,历代惯称"东千佛洞",又因第7窟彩绘接引佛之故,又被称为"接引寺"。现存洞窟23窟,东崖14

---

① 谢继胜:《西夏藏传绘画—黑水城出土西夏唐卡研究》,河北教育出版社2002年版,第58页。

窟，西崖9窟，有壁画的仅有10窟。东千佛洞始凿于五代时期，经历宋、西夏、元和清等朝代。根据现存洞窟壁画、雕塑艺术风格与题记等判断可分为，西夏6窟，元1窟，清3窟，壁画总面积486.7平方米，其中西夏374平方米，元26.7平方米，清86平方米，总计彩绘佛、道图像290铺，彩塑造像42身。

东千佛洞第2窟为西夏窟，也是其规模最大、壁画内容最为丰富和精美的洞窟，坐西朝东。王惠民对东千佛洞第2窟有较为详细的描述："前部覆斗形窟，后部平顶，有中心塔柱，甬道残长2.3米、宽1.8米、高3.0米，主室进深9.3米，南北6.9米，前部顶高5.5米，中心塔柱东西1.4米，南北4.3米，高2.8米。甬道顶画龙凤、莲花图案，南壁上面垂幔，中画男供养人一排，有四身。北壁上画垂幔，中画男供养人六身。窟顶前部画曼陀罗藻井，后部（通道顶）画卷草、莲花图案。中心塔柱东西面壁画二扇，各绘坐佛八身，上方两侧（即通道口上方）各绘一布袋和尚，南向面画菩提树观音，下方可见饿鬼，北向面画菩提树观音，下方一饿鬼，肩荷另一饿鬼，承接甘露。西向面画涅槃经变，东向面前清设一佛台，上清塑三身。西壁正中画说法图一铺，两侧各画药师佛一铺。南壁西起画水月观音、东方药师经变、十一面八臂观音变（观音坐姿，十一面自上而下为1、1、3、3、3式排列）各一铺，水月观音图中有唐僧取经画面。北壁西起画水月观音、西方净土变、八臂观音各一铺，水月观音图中有唐僧取经画面。东壁门上画跌坐佛一排十四身，门南画三面四臂观音变，门北画三面八臂观音变。"[①]

东千佛洞第2窟有一幅药师佛立像（见图14），一手执药钵，一手持锡杖，左右弟子侍立，药师佛执钵的手伸向下前方，在药师的右侧下方有一组四人童子像，这群童子似乎正在用手接受药师佛施舍的药丸。药师佛的两侍者（日光和月光菩萨）注视着这四位孩童。这一情节给本来庄严肃穆的画面增加了不少世俗的情趣，拉近了佛与世人的距离，突出了药师佛的救度功能。

---

① 参见王惠民《安西东千佛洞内容总录》，《敦煌研究》1994年第1期。

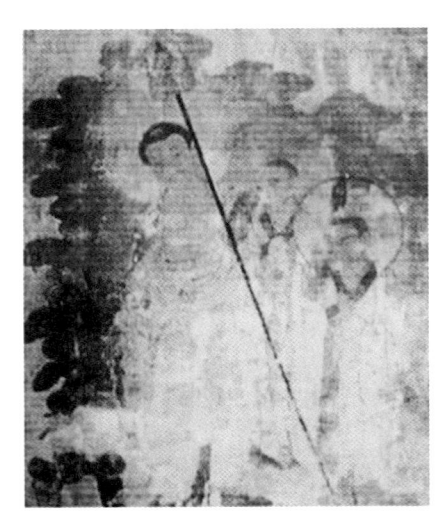

图 14　东千佛洞第 2 窟药师佛

　　西夏还有把药师和西方净土同绘一窟的洞窟，如莫高第 88、164、235、400、418 窟，榆林第 29 窟和东千佛洞第 2 窟等。阿弥陀佛信仰作为未来生命的归投者，而药师佛信仰作为现世安乐的依赖者，满足了众生生死两方面的需要。

（三）黑水城藏品中的药师画

　　在黑水城藏品中保存有一些药师佛绘画，"药师佛"（X-2335），12 世纪末至 13 世纪初，唐卡，棉布，121 厘米×82 厘米，藏艾尔米塔什博物馆。画上有药师佛和侍从日光、月光菩萨，他们被称为东方三圣，还有四天王，下方左右角是两位喇嘛。据谢继胜考证，这两位喇嘛即噶举派僧人达波拉结和都松钦巴。[①]"药师佛"（X-2332），12 世纪末至 13 世纪初，唐卡，绢本（？），111 厘米×82 厘米，藏艾尔米塔什博物馆。画面上有日光和月光菩萨、四天王、十二夜叉。唐卡下方左右角画二位藏传佛教喇嘛，各有背光。左边喇嘛着橘色短袖内衣和棕色袈裟，黄色外袍。有胡须，戴有镶有细致黑边的黑帽，帽前缘有黄色钻石状装饰，上有一红色双金刚杵，这是噶玛噶举派的帽子，此喇嘛可能是

[①]　谢继胜：《西夏藏传绘画—黑水城出土西夏唐卡研究》，河北教育出版社 2002 年版，第 62 页。

第七章　西夏藏传佛教信仰的世俗化

都松钦巴或是他的弟子。右下角喇嘛身着长袖棕色外衣，白色内袍和黄色外袍。脸上有胡须，右手持一铃，戴黄帽，可能为印度人。[①] 黑水城藏品"阿弥陀佛的净土与药师佛"（X-2419）则是西夏绘画中融和汉藏不同艺术风格的最好例证。在这幅图中，主尊阿弥陀佛高坐莲座上，双手结禅定印，其前下方的莲座上坐者为观音和大势至菩萨，观音右手结思维印，左手结禅定印，头冠上有阿弥陀佛。而大势至右手结无畏印，左手结思维印。其后方有条彩色光环，描绘阿弥陀佛在往净土的路上接引正行者，七位药师佛则具有典型的藏式风格，西夏又一次将阿弥陀佛与药师佛结合在一起。

药师信仰在西夏时流行，不仅翻译、刊刻佛经和仪轨，其经变画也传播较广。西夏灭亡，药师信仰还随着西夏遗民的迁徙来到不同地区，在福建泉州清源山保存一处西夏遗民阿沙于至元二十九年（1292）捐资雕凿的藏式三世佛像及后人造像记。其内容如下："透碧霄为北山第一胜概。至元壬辰间，灵武唐兀氏[②]、广威将军阿沙公来监泉郡，登兹岩而奇之，刻石为三世佛像，饰以金碧，构殿崇奉，以为梵[③]修祀圣之所[④]……"温玉成先生对藏式三世佛进行过详细考证。[⑤] 三世佛像即药师佛、释迦佛和阿弥陀佛，而笔者利用传世文献等对造像功德记进行详细考证，认为功德主阿沙是来自灵武的西夏遗民，从至元年间到元代末年阿沙及其后人在福建为官，并从事佛教活动的情况。[⑥]

同样，云南昆明圆通寺一担斋藏有一幅带西夏文施经题款的"药师

[①]　[俄]萨玛秀克编著：《丝路上消失的王国——西夏黑水城的佛教艺术》，许洋主译，中国台湾历史博物馆1996年版，第120页。
[②]　柯劭忞《新元史》卷28"氏族表"曰："唐兀氏，故西夏国。太祖平其地，称其部众曰唐兀氏。"钱大昕《元史氏族表》卷2载："唐兀者，故西夏国自赵元昊据河西与宋、金相持者二百余年，元太祖始平其地，称其部众曰唐兀氏。"吴海《闻过斋集》卷1"王氏家谱叙"有"世祖以其（西夏）人刚直守义，嘉之，赐姓唐兀氏，俾附国籍，次蒙古一等。其俗自别旧羌为蕃，河西陷没，人为汉河西，而仕宦者皆舍旧氏，用新氏"的记载。元代"唐兀氏"已不单指"党项族"，而是对杂处河西地区诸民族的总称。
[③]　温玉成录为"烧"字，本人认为应为"梵"字，因为元世祖时尼泊尔人阿尼哥随八思巴来到大都，梵式造像风格从西藏传入内地，并对内地造像产生很大影响。
[④]　《泉州三世佛造像再探》录为"以之为焚修祀圣之所"。
[⑤]　参见温玉成《中国石窟与文化艺术》，上海人民艺术出版社1993年版，第428页；温玉成：《泉州三世佛造像再探》，《敦煌研究》2000年第4期。
[⑥]　崔红芬：《泉州清源山三世佛造像记考论》，《民族研究》2011年第3期。

琉璃光佛会"版画，参见《昆明一担斋所藏"药师琉璃光佛会"版画考》一文，文中介绍此版画构图与大理国盛德五年（1180）"张胜温画卷"上的"药师琉璃光佛会图"相同。① 这幅版画左下方西夏文施经题记十一个字为"发愿令刻者智昭国师谨施"，智昭国师即应是上文提到的名叫德慧的国师，最晚在乾祐十五年（1184）德慧仍任智昭国师，这也再次说明了德慧国师不仅集录《药师琉璃光佛烧施法事》，而且负责刊印《药师琉璃光七佛本愿功德经》，我们可以确定，德慧当年所刻印施舍的佛经是存在版画和经文两部分，且刻印佛经流传很广。为什么"发愿令刻者智昭国师谨施"的版画会在大理存在？而德慧升任智昭国师时间又和版画标注大理国德盛五年（1180）的时间如此接近，为什么会出现如此情况呢？西夏仁孝皇帝时期施印的药师经典又是何时传入云南的呢？聂鸿音先生根据版画中西夏字出现错误，推断版画产生于明代以后，并非西夏时代原物，当然具体细节值得深入探讨。但能说明的一点是西夏人或西夏遗民将《药师经》和药师信仰带入云南一带。

所以，《药师琉璃光七佛本愿功德经》及药师信仰不仅在西夏时期兴盛，西夏遗民还将其信仰传至不同地区。

(四) 药师绘画出现的历史背景

西夏药师佛绘画继承前朝，数量虽然不及吐蕃，但我们可以从中了解到西夏时期画师和信众对于药师佛的救度功能的理解。画师们以简单明了的画面充分体现出药师佛治病救人的主旨。《药师经》生命内涵的思想充分表现了西夏民众对于无病无灾健康平安愿望的渴求。在西夏时期，医药水平低下，缺医少药现象严重，人们生病无法得到较好的医药救治，转而投向具有现实救度功能的药师佛，可以说西夏时期药师信仰的兴盛有其深远的社会背景和历史渊源。

西夏是以党项族为主体在西北建立的政权，先后与辽、北宋，金、南宋对峙，经济、文化、医疗水平相对辽金宋比较落后，西夏医药水平比较落后，缺医少药的情况比较严重。西夏文献虽有"医人院"的记载，在武威等地也出土了治疗伤寒、寒湿症等病症的医方，但百姓看病

---

① 释淳法、聂鸿音：《昆明一担斋所藏"药师琉璃光佛会"版画考》，《固原师专学报》2006年第1期。

第七章 西夏藏传佛教信仰的世俗化

非常困难。即使皇室、贵族生病，还经常向他国请医问药。《金史》记载："承安五年，纯祐母病风求医，诏太医判官时德元及王利贞往，仍赐御药。八月，再赐医药。"① 金承安五年，西夏天庆七年（1200），纯祐母罗化患疾，向金求医，金赐荐多次，罗化的病才愈。

之前，还在仁孝皇帝时期的权臣任得敬也曾久病不愈，一方面向金请医生治病；另一方面出资令人镂刻施印《金刚般若波罗密经》（TK－124、127）为自己祈福，求心理安慰希望通过诵经拜佛求得佛祖和神灵的保佑，使疾患早除。任得敬施印《金刚经》发愿文为：予论道之暇，恒持此经，每竭诚心，笃生实信。今者，灾迍伏累，疾病缠绵，日月虽多，药石无效。故陈誓愿，镂板印施，伏此胜因，冀资冥佑。倘或天年未尽，速愈沉疴；必若运数难逃，早生净土。又愿邦家巩固，历服延长，岁稔时丰，民安俗阜。尘刹蕴识，悉除有漏之因，沙界含灵，并证无为之果。时天盛十九年五月　日（1167）。②

西夏皇亲贵戚生病尚需求助他国，希望得到较好的医治，那对普通百姓来说，在日常生病时只有求助佛和菩萨的保佑。人们希望通过佛、菩萨和诸神灵的崇拜，摆脱疾病的困扰。西夏占卜巫术流行，信奉鬼神，党项人有"闪病"的风俗，《辽史》载："病者不用医药，召巫者送鬼，西夏语以巫为'厮'也；或迁他室，谓之'闪病'。"③ 西夏时期巫卜流行，以巫者送走鬼魔，以求达到解除病患和摆脱病苦的目的。

党项族内迁前过着"织牦牛尾及羖𤚴毛以为屋，服裘褐，披毡以为上饰……牧养牦牛、羊、猪以供食，不知稼穑。其俗淫秽蒸报，于诸夷中最为甚。无文字，但候草木以记岁时。三年一聚会，杀牛羊以祭天"④ 的游牧生活。

党项内迁后很长时间里依然过着以畜牧业为主的生活，元昊时期仍以"衣皮毛，事畜牧，蓄性所便"为自豪。西夏医疗水平依旧落后，人们生病并非不想得到医生的救治，而是当时西夏的医疗水平根本无法

---

① （元）脱脱等撰：《金史》卷134《西夏传》，中华书局1975年标点本，第287页。
② 《俄藏黑水城文献》第3册，上海古籍出版社1996年版，第71页。
③ （元）脱脱等撰：《辽史》卷115《西夏传》，中华书局1974年标点本，第1523—1524页。
④ （唐）魏徵等撰：《隋书》卷83《党项传》，中华书局1973年标点本，第1845页。

满足众多百姓的需求，人们只有转而求助神灵的护佑。药师佛信仰具有摆脱疾病困扰，应死更生的现实功效。人们信奉药师，就是希望药师能消除疾患，延续寿命，所以东千佛洞西夏药师变才有药师佛向世俗百姓施药的情节，这正是对当时西夏社会生活现状的反映。

《药师经》突出了"十二大愿""燃灯悬幡续命"和"九横死"等与现实生活密切相关的内容，药师信仰可为医疗条件落后的西夏民众提供了极好的慰藉。隋达摩笈多译《佛说药师如来本愿经》序文讲道："药师如来本愿经者，致福消灾之要法也；曼殊以慈悲之力请说尊号，如来以利物之心盛陈功业；十二大愿彰因行之弘远，七宝庄严显果德之纯净；忆念称名则众苦咸脱，祈请供养则诸愿皆满；至于病士求救应死更生，王者攘灾转祸为福；信是消百怪之神符，除九横之妙术矣。"① 药师信仰的核心是消灾延寿，人们希望通过信仰药师佛，弥补西夏缺医少药而生病无法得到救治的局面。可以说药师佛消灾延寿的信仰可以给当时人们以心灵的安慰。

在遗存西夏文献中不仅有《药师经》，而且黑水城藏品中保存不少解除病痛、益寿延年的佛经，如《佛说除疾病经》（第270号，西夏特藏第162号，馆册第7679、7675号）、《佛说治肛疮病经》（第271号，西夏特藏第148号，馆册第807号）、《佛顶心观世音菩萨治病生法经》（第331号，西夏特藏第131号，馆册第3820号）、《佛说长寿经》（第341、342号，西夏特藏第158号，馆册第5507、7832号）和《佛说延寿命经》（TK-257）等，这些经典的流行都体现了人们希望通过诵读和供养此类佛经达到祛除疾患，延寿平安的目的。

第三节 西夏文殊与五台山信仰

文殊菩萨是中国四大菩萨之一，是智慧的象征，民间把五台山作为文殊菩萨的道场。文殊菩萨的信仰与一些经典流行有密切的关系。

---

① （隋）达摩笈多译：《佛说药师如来本愿经》，《大正藏》第14册，第449号，第401页上栏05。

一 与文殊信仰相关的经典

(一)《佛顶尊胜陀罗尼经》

《佛顶尊胜陀罗尼经》早在周隋之际已被译成汉文,到佛陀波利译本之后才广泛流传开来。在敦煌遗书中存有《佛顶尊胜陀罗尼经》、咒、序、启请文大致有一百余种,大多为唐朝写本,以佛陀波利译本最多。《佛顶尊胜陀罗尼经》序文载:

> 婆罗门僧佛陀波利,仪凤元年,从西国来至此汉土到五台山。次遂五体投地向山顶礼,曰:"如来灭后,众圣潜灵,唯有大士文殊师利于此山中,汲引苍生,教诸菩萨。波利所恨生逢八难,不睹圣容,远涉流沙,故来敬谒。伏乞大慈大悲普覆令见尊仪。"言已,悲泣雨泪向山顶礼,礼已举首,忽见一老人从山中出来,遂作婆罗门语,谓僧曰:"法师情存慕道,追访圣踪,不惮劬劳,远寻遗迹。然汉地众生多造罪业,出家之辈亦多犯戒律。唯有《佛顶尊胜陀罗尼经》能灭众生一切恶业,未知法师颇将此经来不?"僧报言曰:"贫道直来礼谒,不将经来。"老人言:"既不将经来,空来何益?纵见文殊亦何得识?师可却向西国取此经将来,流传汉土,即是遍奉众圣广利群生,拯济幽冥,报诸佛恩也,师取经来至此,弟子当示师文殊师利菩萨所在。"僧闻此语,不胜喜跃,遂裁抑悲泪,至心敬礼,举头之顷,忽不见老人,其僧惊愕,倍更虔心,系念倾诚回还西国,取《佛顶尊胜陀罗尼经》,至永淳二年回至西京。①

佛陀波利于唐仪凤元年(676)至中土五台山礼佛,受神灵提示回天竺取《佛顶尊胜陀罗尼经》于唐永淳二年(683)再次来到大唐长安,开始翻译此经。由于文献所载附会的因缘,此后《佛顶尊胜陀罗尼经》在汉地十分兴盛,建立石幢、刊刻经咒之风盛行于世。西夏《佛顶尊胜》流行还受到辽、金等多种因素影响,11世纪时辽兴宗大力提倡密

---

① (唐)佛陀波利译:《佛顶尊胜陀罗尼经》,《大正藏》第19册,第967号,第349页中栏。

教,《佛顶尊胜陀罗尼经》幢的建立成为一时之风气。到金朝《佛顶尊胜》依旧流行。宿白先生提道:"辽人佞密,更甚于中原,1123年金人灭辽,又三年(1126)亡北宋。有金密籍如房山刻密、陕北密像以及分布于各地的《佛顶尊胜陀罗尼经》幢和雕饰密像的密檐塔等,皆延辽宋之旧。"① 由于西夏与辽、金的关系,自然受到不同程度的影响。

《佛顶尊胜陀罗尼经》在西夏及以后西夏遗民中仍非常流行。在西夏藏品中不仅有西夏文《顶尊相胜佛母供养典》(第392号,西夏特藏107号,馆册5140号,译自藏文)、《顶尊总持》(第431—432号,西夏特藏第109号a,馆册第4763、5986号)、《顶尊相胜佛母等之供养罪忏为顺》(第535号,西夏特藏第106号,馆册第4869号)、《顶尊相胜佛母之千数自记为顺》(第536号,西夏特藏第108号,馆册第4896号)、《顶尊相胜总持功德韵集》(第654—658号,西夏特藏第109号,馆册第4078、6796、6821、3707、7592、6909号)和汉文《佛顶尊胜陀罗尼经》(TK-294)等;而且有很多《佛顶尊胜》画像和坛城,佛顶尊胜佛母为藏传早期女性神灵之一。

在黑水城出现的三幅绘在木板之上的"佛顶尊胜佛母像"和坛城画,即X-2469、X-2406和X-2407。在拜寺沟方塔中也有一幅"佛顶尊胜佛母像",在贺兰山山嘴沟西夏石窟壁画残片也是"佛顶尊胜像"。在居庸关洞壁上有元末至正五年(1345)六种文字石刻,其中有西夏文《佛顶尊胜陀罗尼经》《如来心陀罗尼》和《造塔功德记》。1962年在河北保定韩庄出土了两座明朝西夏文经幢,经幢所刻经文名称为《佛顶尊胜陀罗尼经》,是西夏遗民为兴善寺死去的僧人建幢。②

由此可见,《佛顶尊胜陀罗尼经》信仰在西夏已深入人心,依照佛经要求,刻制经幢,为死者追福,为生者祈福。正如《佛顶尊胜陀罗尼经》所载:"书此陀罗尼,安置幢上,树于高山或高屋上,及余高处或浮图中。若比丘、比丘尼、优婆塞、优婆夷、善男子、善女人等,见此陀罗尼幢,若近幢,若幢影沾身,若幢风吹身,或为幢风飘尘着身,罪业便消,不生地狱、畜生、阎摩卢迦、饿鬼、阿修罗中,不坠诸恶趣,

---

① 宿白:《藏传佛教寺院考古》,文物出版社1996年版,第239页。
② 郑绍宗、王静如:《保定出土明代西夏文石幢》,《考古学报》1977年第1期。

一切如来诸佛当与授记，得不退转，至登正觉。以种种花香、种种诸鬘、种种幢伞、幡盖璎珞、诸庄严具，并诸涂饰修大供养，于四衢道造塔，安置此陀罗尼，行道顶礼，当知此辈是摩诃萨，佛之法子，法之梁柱，舍利之塔。"① 可见，诵持此类经典可以消除一切恶道之苦，灭罪积福，可免转生六道畜生之身，受地狱之苦，可得往生西方净土极乐世界。

西夏按《佛顶尊胜陀罗尼经》要求，刻制经幢，为死者追福，为生者祈福。正如《佛顶尊胜陀罗尼经》所载："书写此陀罗尼安置幢上，树于高山或高屋上，及余高处或浮图中。若比丘、比丘尼、优婆塞、优婆夷、善男子、善女人等，见此陀罗尼幢，若近幢，若幢影沾身，若幢风吹身，或为幢风飘尘着身，罪业便消，不生地狱、畜生、阎摩卢迦、饿鬼、阿修罗中，不坠诸恶趣，一切如来诸佛当与授记，得不退转至登正觉。以种种花香，种种诸鬘，种种幢伞，幡盖璎珞诸庄严具，并诸涂饰修大供养。于四衢道造塔，安置此陀罗尼。行道顶礼，当知此辈是摩诃萨，佛之法子，法之梁柱，舍利之塔。"② 诵持此陀罗尼可以消除一切恶道之苦，灭罪积福，可免转生六道畜生之身，受地狱之苦，可得往生西方净土极乐世界。《佛顶尊胜陀罗尼》在西夏流行也与其宣说功效和文殊信仰的兴盛有很大关系。

（二）《圣妙吉祥真实名经》

《圣妙吉祥真实名经》是佛教密宗的重要的经典之一，日本东北大学编印的《西藏大藏经总目录》中列在所有密续的第一部，其目录编号第360号，印度和西藏的密教大师对这部密续都有所阐释，并留下一些重要的论著。《大正藏》中有四个异译本，即宋施护译《佛说最胜妙吉祥根本智最上秘密一切名义三摩地分》（2卷）（《大正藏》第1187号）、西夏金总持译《文殊所说最胜名义经》（2卷）（《大正藏》第1188号）、元沙啰巴译《佛说文殊菩萨最胜真实名义经》（1卷）（《大正藏》第1189号）和释智译《圣妙吉祥真实名经》（1卷）（《大正藏》第1190号）。

---

① （唐）杜行顗译：《佛顶尊胜陀罗尼经》，《大正藏》第19册，第968号，第354页上栏。
② （唐）杜行顗译：《佛顶尊胜陀罗尼经》，《大正藏》第19册，第968号，第354页中栏。

西夏僧人释智译《圣妙吉祥真实名经》在西夏天盛年间（1149—1169）已译为西夏文，并作为剃度党项族和藏族行童必诵经文之一。《圣妙吉祥真实名经》也提到文殊信仰，其中《文殊菩萨五字心咒》为"啊 啰 钵 拶 捺"，佛教经典所载文殊菩萨真言数字不同，又有一字文殊、五字文殊、六字文殊和八字文殊之别。西夏僧人辑录的《密咒圆因往生集》中提到《文殊护身咒》《文殊菩萨五字心咒》，强调诵持陀罗尼可以获得诸多功德。《金刚顶经五字真言胜相》云：

> 若人才诵一遍，如诵八万四千十二围陀藏经。若诵两遍，文殊、普贤随逐加被，护法善神在其人前。又善男子、善女人，有能持此真言才诵一遍，即入如来一切法平等，一切文字亦皆平等，速得成就摩诃般若。又若诵一遍，能除行人一切苦难。若诵两遍，除灭亿劫生死重罪。若诵三遍三昧现前。若诵四遍总持不忘。若诵五遍速成无上菩提。若人一心独处，闲静梵书五字轮坛，依法念诵满一月已，曼殊菩萨即现其身，或于空中演说法要。是时，行者得宿命智，辩才无碍神足自在，胜愿成就福智具足，速能皆证如来法身，但心信受，经十六生决定正觉。[①]

这一内容被西夏僧人照搬到《密咒圆因往生集》之中。《圣妙吉祥真实名经》是密教最为重要的经典之一，是一切密续最殊胜的根本经典，为密教修行者所广泛持诵，其普遍性犹如汉传佛教中的《金刚经》。西夏统治者还把《圣妙吉祥真实名经》作为剃度番、羌行童必须诵读的佛经，而剃度汉族行童则可不诵此经。《天盛律令》卷十一"为僧道修寺庙门"规定：

> 番、汉、羌行童中有能晓颂经全部，则量其业行者，中书大人、承旨中当遣一二□，令如下诵经颂十一种，使依法诵之。量其

---

① （西夏）释智译：《圣妙吉祥真实名经》，《大正藏》第20册，第1190号，第834页上栏。

行业，能诵之无障碍，则可奏为出家僧人。番羌所诵经颂：仁王护国、文殊真实名、普贤行愿品、三十五佛、圣佛母、守护国吉祥颂、观世音普门品、竭陀般若、佛顶尊胜总持、无垢净光、金刚般若与颂全。汉之所诵经诵：仁王护国、普贤行愿品、三十五佛、守护国吉祥颂、佛顶尊胜总持、圣佛母、大□□、观世音普门品、孔雀经、广大行愿品、释迦赞。①

《天盛律令》是在天盛年间（1149—1169）编订完成的，既然天盛年间已把《文殊真实名》（即《圣妙吉祥真实名经》）作为剃度党项族和藏族行童必诵经文之一，说明《圣妙吉祥真实名经》在西夏天盛年之前已译为西夏文且非常流行。

黑水城藏品中还有西夏文《文殊师利所说不思议佛境界经》（第104号，西夏特藏第312号，馆册第6714号）、《文殊师利咒藏中数珠功德现量经》（第191号，西夏特藏第313号，馆册第6064号）、《圣柔吉祥之名真实诵》（第254—257号，西夏特藏第63号），克恰诺夫认为此经译自藏文，见《大正藏》第1190号，即《圣妙吉祥真实名经》，《藏文佛经正经全目录》第2116号；西田龙雄《西夏文佛经目录》第267号。其中馆册第7578号为写本小册子，用红线装订，9厘米×7.5厘米，64页+2页插图，插图上画有法轮和神灵。全文保存，每页7行，每行14个字；英藏有Or.12380-3165（K.K.）《佛说文殊菩萨最胜真实名义经》、Or.12380-3153（K.K.II.0276.z）《圣妙吉祥真实名经》；中国社会科学院考古所藏西夏文《大方广菩萨藏文殊师利根本仪轨经》和武威出土西夏文佛经《文殊师利行愿品》等。黑水城藏品中汉文的《文殊菩萨修行仪轨》（TK-75）、《圣妙吉祥真实名经》（TK-184）、《文殊智禅定》（TK-292）和文殊师利画像（X-2447）等，这些有关文殊经典的流行带动了文殊菩萨信仰兴盛。

二　文殊菩萨与五台山信仰

文殊菩萨，梵文为"Manjusri"，音译为"文殊师利、曼殊室利"，

---

① 史金波等译注：《天盛改旧新定律令》，法律出版社2000年版，第404页。

意译为"妙德、妙乐、妙吉祥或般若金刚"等，以智慧著称，与般若类经典有密切关系。在西夏星曜坛城中，文殊菩萨手持《般若经》。大乘佛教中文殊菩萨地位很高，位居一切菩萨之首，有显和密两种形象。密教文殊像多手持宝剑，象征摧断无明，无邪不降的锐利。而莫高窟则以汉地大乘教文殊造像为主，文殊头戴三珠宝冠，披肩巾，佩璎珞，着长裙，或立或坐。画像和塑像中文殊多骑坐青狮，五台山是文殊菩萨修行说法道场。文殊菩萨信仰又与五台山有密切的关系。

五台山，又名为清凉山，是中国著名的佛教圣地，在中国北方。晚唐五代时敦煌僧人朝拜五台山已成一种风气，敦煌地区五台山信仰十分兴盛，在敦煌文献中保存有很多关于五台山的文献。由于文殊信仰流行，很多地方纷纷效仿五台山在本地建立"文殊院"和"文殊堂"。《宋高僧传》载："释僧竭者，不知何许人也，生在佛家，化行神甸。护珠言戒，止水澄心。每嗟靳固之夫，不自檀那之度，乃于建中中造曼殊堂，拟摹五台之圣相。"①

受当时大环境的影响，西夏的文殊信仰也十分兴盛，德明和元昊时曾两次请求宋往五台山礼佛，后来因西夏与宋关系紧张，无法再去五台山作供养，于是西夏在贺兰山中修建了以五台山清凉寺命名的寺院，以满足人们礼拜文殊的需要。西夏僧人编撰《密咒圆因往生集》的题款也提到《北五台山清凉寺出家提点沙门慧真编集》。西夏出现北五台山清凉寺也标志着西夏五台山信仰和文殊信仰达到鼎盛阶段，五台山从山西被迁移到西夏境内的贺兰山中，文殊信仰与西夏关系非常密切。西夏五台山的影响还传到敦煌地区，贺兰山北五台山的背景被画工们再次引入西夏时期敦煌文殊变之中。

可惜，贺兰山中的北五台山清凉寺、文殊殿等早已无存，只在文献中留下只言片语。《嘉靖宁夏新志》中有一首安塞王诗，诗文这样写道："……文殊有殿存遗址，拜寺无僧话旧游。紫塞正怜同罨画，可堪回首暮云稠。"② 明朱旃撰《宁夏志》"古迹"还记载了文殊辉煌及其与

---

① （宋）赞宁撰：《宋高僧传》卷27，中华书局1987年标点本，第675页。
② （明）胡汝砺编，陈明猷校勘：《嘉靖宁夏新志》卷1，宁夏人民出版社1985年版，第17页。

西夏王的关系:

> 文殊殿,在贺兰山中二十余里,闻之老僧。相传元昊僭居此土之时,梦文殊菩萨乘狮子现于山中,因建殿宇,绘塑其像。画工屡为之,皆莫能得其仿佛。一日,工人咸饭于别室,留有一小者守视之,忽见一老者鬓蟠然,径至殿中,聚诸彩色于一器中泼之,壁间金碧辉焕,俨然文殊乘狮子相。元昊睹之甚喜,恭敬作礼,真梦中所见之相也。于是,人皆崇敬。逮之元时,香火犹盛,敕修殿宇,每岁以七月十五日,倾城之人及邻近郡邑之人诣殿供斋、礼拜。今则兵火之后焚殿荡尽。①

这则记载虽然有效仿《佛顶尊胜陀罗尼经》序中讲述佛陀波利故事之嫌疑,不仅有文殊菩萨化身出现,而且亲自泼墨绘制了文殊乘狮像,满足了元昊的要求。这也充分说明文殊信仰在西夏皇室和民众间是非常流行的。

《华严经》又把五台山(清凉山)与文殊菩萨联系在一起。西夏重视《华严经》,俄藏西夏佛经文献中,《华严经》占有很大比例,《华严经》流行大概也带动了西夏文殊信仰的流行。文殊师利是《华严经》信徒的主要护持者,文殊经典和华严经典的流行共同促进了西夏文殊信仰的兴盛。

不仅《佛顶尊胜陀罗尼经》《华严经》与文殊菩萨信仰的经典在西夏得以保存,而且西夏在其境内新建五台山清凉寺、文殊殿等,并将新建五台山作为背景出现在西夏时期敦煌文殊变之中。这充分说明五代、宋、西夏时期文殊信仰和五台山信仰的兴盛,也见证了从中原到河西文殊信仰一脉相承。西夏文殊信仰既与佛陀波利的故事有关,又将其加以发扬光大,具有汉、藏文化的共同影响。

---

① (明)朱旃撰:《宁夏志笺证》,宁夏人民出版社1996年版,第96页。

第四节 护国护世思想的流行

西夏佛教还突出了入世思想和对世俗问题的关注。佛教入世的思想莫过于使世俗社会的最高统治者成为佛教护法的法王,以佛教为统治者服务;希冀统治者的权力来推行佛教,宣传佛教的思想,扩大佛教对社会的影响。

一 《金光明最胜王经》的流行

佛教护法常常与佛教众神灵和陀罗尼联系在一起,作为护法经典的《金光明最胜王经》则反复强调护世护法思想,尤其突出四天王的护法和护持国土的作用。在河西地区,人们认为北方天王是护卫、福佑沙州的重要神灵,久盛不衰。在藏传佛教中四大天王中最受重视的仍是北方多闻天王,北方天王被藏族人视为护佑国土的战神和财源滚滚的财神。受到河西地区和吐蕃人北天王信仰传统的影响,西夏对北方天王也崇信有加,同样也把北方天王作为护法和财富的象征。自晚唐以来,汉、藏本《金光明最胜王经》在河西地区广为流传,藏文大藏经《甘珠尔》收入三部《金光明最胜王经》,即法成译本、智军全译本及减缩本。

《金光明最胜王经》在西夏非常流行既有河西佛教的兴盛,更与经典极力宣扬的护世、护国思想以及对人王的推崇和承诺有关。《金光明最胜王经》不仅非常贴合统治阶层的意愿,而且经文所弘扬的幸福、安宁的佛国世界,更加符合广大百姓希望过上风调雨顺衣食无忧无病苦等美好生活的迫切愿望。西夏北方天王信仰与《金光明最胜王经》的宣说有密切关系。西夏故地出土的《金光明最胜王经》（俄藏西夏文见第166—180,西夏特藏 376 号,共 44 个馆册号);英藏有 Or. 12380－3377（K. K. II. 0241. h)、Or. 12380－3378（K. K. II. 0267. a)、Or. 12380－3379RV（K. K. II. 0254. d)、Or. 12380－3380（K. K. II. 0292. h)、Or. 12380－3380V（K. K. II. 0292. h)、Or. 12380－3381（K. K. II. 0253. i)、Or. 12380－3382V（K. K. II. 0246. a)、Or. 12380－3390（K. K.)、Or. 12380－3467（K. K.）（2－1)、Or. 12380－3467（K. K.）

(2-2)、Or. 12380-3489（K. K.）、Or. 12380-3406（K. K. II. 0282. ggg）、Or. 12380-3405（K. K. II. 0266. h）、Or. 12380-3404（K. K. II. 0121. a）等 50 多个编号；莫高窟北区第 53 窟出土西夏文《金光明最胜王经》卷第五封面；北图藏刻本《金光明最胜王经》（卷 1、3、4、5、6、8、9、10，其中卷 5、6 有复本）以及西安藏西夏文泥金字写本《金光明最胜王经》等。《金光明最胜王经》成为西夏最为流行的一部护法经典，一方面，西夏国小民弱，希望得到北方天王的佑护，使国土免遭侵害，使自己的士兵英勇善战；另一方面，西夏经常对外作战，缴获财物，杀戮人畜无数，犯下了"不施自取"之罪，为了净罪，也促使他们更加崇信佛教。如诸经之王的《金光明最胜王经》之"序品第一"颂偈曰：

> 金光明妙法，最胜诸经王，甚深难得闻，诸佛之境界。我当为大众，宣说如是经，并四方四佛，威神共加护。……我复演妙法，吉祥忏中胜，能灭一切罪，净除诸恶业。及消众苦难，常与无量乐，一切智根本，诸功德庄严……于此妙经王，甚深佛所赞，专注心无乱，读诵听受持。由此经威力，能离诸灾横，及余众苦难，无不皆除灭。护世四王众，及大臣眷属，无量诸药叉，一心皆拥卫。①

演法传播《金光明最胜王经》可灭罪，消除众苦难，增长善根，得护世诸神的护佑。其"灭业障品第五"也曰：

> 为人讲说是《金光明》微妙经典，于其国土皆获四种福利善根。云何为四？一者、国王无病，离诸灾厄；二者、寿命长远，无有障碍；三者、无诸怨敌，兵众勇健；四者、安隐丰乐，正法流通。何以故？如是人王，常为释梵四王、药叉之众共守护故……若有国土讲宣读诵此妙经王，是诸国主，我等四王，常来拥护行住共俱。其王若有一切灾障及诸怨敌。我等四王皆使消灭。忧愁疾疫亦

---

① （唐）义净译：《金光明最胜王经》卷1，《大正藏》第16册，第665号，第404页上栏05。

令除差。增益寿命感应祯祥，所愿遂心恒生欢喜。我等亦能令其国中所有军兵悉皆勇健……是诸国主如法行时，一切人民随王修习如法行者。汝等皆蒙色力胜利，宫殿光明眷属强盛……若有讲读此妙经典流通之处，与其国中大臣辅相有四种益。云何为四？一者更相亲穆，尊重爱念。二者常为人王心所爱重，亦为沙门婆罗门大国小国之所尊敬。三者轻财重法，不求世利，嘉名普暨，众所钦仰。四者寿命延长，安隐快乐，是名四种利益。[1]

若为他人讲说《金光明最胜王经》可得四种福利善根、四种利益、成就四法，能除业障，永得清净等诸多功德，这对世人具有很大的吸引力。"四天王观察人天品第十一"及"四天王护国品第十二"等内容在突出四天王及诸眷属的护国护法思想的同时，也强调了"人王"的护法及传播佛法的重要性。从而阐明佛教只有得到统治者的尊奉才能真正发扬光大，永远流传。"四天王护国品第十二"反复强调"人王"护持此经可以得到诸多妙处，"若有人王恭敬供养此《金光明》最胜经典，汝等应当勤加守护，令得安隐。汝诸四王及余眷属无量无数百千药叉护是经者，即是护持去、来、现在诸佛正法。汝等四王及余天众并诸药叉，与阿苏罗共斗战时，常得胜利；汝等若能护持是经，由经力故，能除众苦、怨贼、饥馑及诸疾疫。是故汝等若见四众受持读诵此经王者，亦应勤心共加守护，为除衰恼，施与安乐"。[2]"人王"护持佛法也成了天王等护佑其国祚长久，国土完整不被侵犯和民众安居乐业的前提。

《金光明最胜王经》虽然有如此多的好处，但供奉护国经的方法也很简单，只要统治者和信众能做到至心听受、称叹和供养经咒，就能得到佛教众神灵的深心拥护。《金光明最胜王经》讲道：

皆令安稳远离忧苦，增益寿命威德具足。若彼国王，见于四众受持者，恭敬守护犹如父母，一切所须悉皆供给，我等四王常为守

---

[1] （唐）义净译：《金光明最胜王经》卷3，《大正藏》第16册，第665号，第417页中栏01、10、22。

[2] （唐）义净译：《金光明最胜王经》卷6，《大正藏》第16册，第665号，第427页中栏20。

护，令诸有情无不尊敬。是故我等并与无量药叉诸神，随此经王所流布处，潜身拥护，令无留难。亦当护念听是经人诸国王等，除其衰患悉令安稳，他方怨贼皆使退散……若有人王，受持是经恭敬供养者，为消衰患令其安隐，亦复拥护城邑聚落，乃至怨贼悉令退散。亦令一切赡部洲内所有诸王，永无衰恼斗诤之事……所有财宝丰足受用不相侵夺，随彼宿因而受其报，不起恶念贪求他国，咸生少欲乐之心，无有斗战系缚等苦。其土人民自生爱乐，上下和睦，犹如水乳，情相爱重……人民炽盛，大地沃壤，寒暑调和时不乖序，日月星宿，常度无亏。风雨随时，离诸灾难。资产财宝，皆悉丰盈。心无悭鄙，常行慧施具十善业。若人命终，多生天上，增益天众……①

简单易行的供养方法和能获得无上利益得到宣说都促使统治者和广大信众加备信奉和拥护护法经典，把他们不同的愿望和希求都寄托于弘传佛经之中。

二 《仁王护国般若波罗蜜多经》的流行

西夏既重视《金光明最胜王经》，也十分重视另一部护国经典《仁王护国般若波罗蜜多经》，此经的宣说也符合统治者的愿望。黑水城文献中保存有：《仁王护国般若波罗蜜多经》（俄藏西夏文见第 65 号，西夏特藏第 318 号，馆册第 592 号）；第 66 号，西夏特藏第 104 号，馆册第 683、7787 号；英藏有 Or. 12380 - 0676（K. K. III. 015. e）、Or. 12380 - 0255（K. K. II. 0284. kk）、Or. 12380 - 0232（K. K. II. 0284. s）；俄藏汉文编号为 TK - 141、307）等。《仁王护国经》作为一部护国、护法经典，其正法护国思想则融合和攀附中国传统的阴阳五行以及道教咒术等。佛教护国思想是宗教直接服务于现实政治的表现，统治者利用佛教宣说维护皇权和皇室根本利益。同样仁王要想得到佛教神灵的护佑，使国土和统治长久，也必须敬奉三宝、僧人和保护佛教的发展、传播，只有如此皇权才能得到

---

① （唐）义净译：《金光明最胜王经》卷 6，《大正藏》第 16 册，第 665 号，第 427 页下栏 06。

佛教的保佑，才称得上"仁王"之美誉。

《仁王护国般若波罗蜜多经》既是般若类经典，也是密教重要经典。不空不仅翻译《仁王经》，还别出《仁王陀罗尼释》和《仁王般若念诵法》等，以明总持及修行之法。从唐朝开始《仁王护国般若波罗蜜多经》就已经非常流行，玄宗以后，政局动荡不安，各位皇帝更加崇信佛教，尤其代宗时期，每有戎狄入侵，必合众沙门诵《仁王经》，进行禳灾，幸而敌军退还，则横加锡与，不知纪极。正如不空大师所说："以如来妙旨惠矜生灵，《仁王》宝经义崇护国。"如《仁王护国般若波罗蜜多经》第五"护国品"所言：

> 一切国土若欲乱时，有诸灾难，贼来破坏，汝等诸王，应当受持，读诵此般若波罗蜜多经，严饰到道场，置百佛像、百菩萨像、百狮子座，请百法师解说此经，于诸座前燃种种灯、烧种种香、散诸杂花，广大供养衣服、卧具、饮食、汤药、房舍、床座一切供事。每日二时讲读此经，若王、大臣、比丘、比丘尼、优婆塞、优婆夷，听受读诵如法，修行灾难即灭。大王诸国土中有无量神鬼，一一复有无量眷属，若闻是经，护汝国土；若国欲乱，鬼神先乱，鬼神乱，故即万人乱。当有贼起，百姓丧亡，国王、太子、王子、百官互相是非。天地变怪，日月众星失时、失度、大火、大水及大风等，是诸难起，皆应受持，讲说此般若波罗蜜多。若于是经受持读诵，一切所求官位富饶，男女慧解行来随意，人天果报皆得满足，疾疫厄难即得除愈，杻械枷锁捡系其身皆得解脱。①

类似的护国护法经典在黑水城保存也较多，如《吉祥护法大集主求》《圣大乘大千国守护经》《圣大悟荫王求随皆得经》《大寒林经》《坏有度母胜慧到彼岸心经》和《千手千眼观世音菩萨广大圆满无碍大悲心陀罗尼经》（简称《千手经》）等护国类经典在西夏也广为流传。其中《千手经》的流行既与观音信仰密切相关，也与护国思想有某种联系。《千手

---

① （唐）不空译：《仁王护国般若波罗蜜多经》卷下，《大正藏》第 8 册，第 246 号，第 840 页上栏 10。

经》曰：

> 若欲使四天王者，咒檀香烧之。由此菩萨大悲愿力深重故，亦为此陀罗尼威神广大故。佛告阿难，若有国土灾难起时，是土国王，若以正法治国，宽纵人物，不枉众生，赦诸有过。七日七夜身心精进，诵持如是大悲心陀罗尼神咒，令彼国土一切灾难悉皆除灭，五谷丰登万姓安乐。又若为于他国怨敌数来侵扰百姓不安，大臣谋叛疫气流行，水旱不调日月失度。如是种种灾难起时，当造千眼大悲心像，面向西方，以种种香华、幢幡宝盖或百味饮食至心供养。其王又能七日七夜身心精进，诵持如是陀罗尼神妙章句，外国怨敌即自降伏，各还政治不相扰恼，国土通同，慈心相向，王子百官，皆行忠赤，妃后婇女，孝敬向王，诸龙鬼神，拥护其国，雨泽顺时，果实丰饶，人民欢乐。①

在西夏藏品中除了护法经典外，还藏有北方天王信仰的佛经和版画，如"北方守护者毗沙门天王"（X-2461），12世纪，卷轴画，丝制和"多闻天王"唐卡（X-2382），麻制。② 俄藏汉文写本《多闻天陀罗尼仪轨》（Ф234）。西夏文《四天王护摩坛典》（第691号，西夏特藏第214号，馆册第820号，刻本—经折装）、《圣多闻天王之宝藏本续随一院十八部供顺》（第530—531号，西夏特藏第79号，馆册第5099、4753号，写本一卷子装）等。③

西夏统治者支持佛教，正是看中佛教宣说的护国思想。因为信奉护国类经典既简单又可得到如此之多的妙处，达到以佛教治国和护佑国土的目的，所以西夏统治者一面对外作战，一面大兴佛事，大作法会，散施佛经，开窟造像，修寺建塔，以此换取诸天神的护持。光定四年（1214

---

① （唐）伽梵达摩译：《千手千眼观世音菩萨广大圆满无碍大悲心陀罗尼经》，《大正藏》第20册，第1060号，第109页下栏07-16。

② ［俄］萨玛秀克编著：《丝路上消失的王国——西夏黑水城的佛教艺术》，许洋主译，中国台湾历史博物馆1996年版，第212、220页。

③ Е. И. Кычанов, Каталог тангутских буддийских памятников, 崔红芬、文志勇译, Университет Киото, 1999, стр. 591、534、535。

西夏处在内忧外患之时，遵顼依旧再开译场，翻译《金光明最胜王经》经疏，并有遵顼御制发愿文，文中提道："以见此经之深妙功德，澄信大愿虽已发，然旧译经文，或与圣意违，或词意不明，复亦需用疏无所译。因此，建译场，延请番汉法定国师译主等，重合旧经，新译疏义，与汉本仔细比较，刻印流行，欲使流传万代。"①

"正法护国"的思想最能适应统治者的需要，而佛教需要统治者护持才能得到充分发展，佛教的兴亡与世俗政权的态度紧密相连。如道安所言："不依国主，则法事难立"。②"正法护国"体现了佛教"出世为体，入世为用"思想，说明西夏佛教进一步与世俗政权相结合，互相利用。西夏希望通过佛教思想教化民众，更好为其政治目服务，实现治国安邦的目的。为此，西夏统治者大力弘扬佛法，施舍财物，充当佛教的护法使者。财施可以除众生身苦，法施除众生心苦；财施者愚人所爱，法施者为智者所爱；财施者能与现乐，法施者能与天道涅槃之乐；财施者即给众生无量钱财，法施者即给众生无量智慧。可以说，护国思想和北方天王信仰有着一定联系，护国思想的流行也是西夏佛教世俗化的表现。

第五节　赞佛斋忏的流行

礼佛忏悔主要是指以佛教内容为主而进行的佛事活动和日常修持方法，它也是佛教进一步通俗化和民间化的表现形式。忏悔是僧众和佛教徒一项重要的修持方法，是增进僧人宗教修养和提高僧众向善去恶的必要途径。西夏时期各类修习活动常与赞佛、忏悔密切相关。

中国佛教修习中的忏法起源于晋代，渐盛于南北朝，隋唐大为流行，宋代进入忏法的全盛时代。大乘经典以忏悔和礼赞内容而成的忏法以各种形式流行，从而产生了许多礼赞文和忏悔文。郑炳林先生认为，敦煌地区将佛教僧团原有的每月两次（朔日和十五日）布萨活动改为燃灯和转读佛名经。佛名经实际上是一种礼佛忏悔文，将念诵《四分律》进行忏悔

---

① 西安文管处等：《西安市文管处藏西夏文物》，《文物》1982 年第 4 期。
② （梁）释慧皎撰，汤用彤校注：《高僧传》卷 5《道安传》，中华书局 1992 年标点本，第 172 页。

第七章　西夏藏传佛教信仰的世俗化

的布萨活动变成转读佛名经。这成为归义军政权时期河西地区佛教僧团的一种规定。[①] 诵经、偈赞和忏悔文是西夏比较流行的佛教经典之一，诵佛名经礼佛忏悔是河西地区僧人必修的佛事活动。西夏也秉承了归义军时期的一些规定，把诵经礼佛看作一种忏悔罪过、积福修德的行为。

西夏藏品中赞佛、忏悔灭罪的经典很多，如汉文有《佛名经》（TK-48P、Инв.1366）、《大集编□□□声颂一本》（TK-74）、《佛说三十五佛名经》（TK-140，ДХ1336，TK-245）、《礼佛文》（TK-250，ДХ1445）、《佛说佛名经》（TK-296）、《护国三宝偈》（A5）、《赞佛称赞慈尊》（A8）、《1、释迦赞，2、小西方赞》（A12）等。西夏文有《过去庄严劫千佛名经》（国家图书馆藏）、《现在贤劫千佛名经》（第120—144号，西夏特藏第194号，共40多个馆册号）、《佛说诸佛经》（第119号，西夏特藏第151号，馆册第359号）、《佛前烧香颂》（第443—444号，西夏特藏第134号，馆册第7674、5508号）、《罪忏顺颂》（第451号，西夏特藏第478号，馆册第7112号）、《三个忏罪颂》（第452号，西夏特藏第488号，馆册第8193号）、《慧本番中已入作常罪忏》（第744号，西夏特藏第208号，馆册第6804号）、《慧本番罪忏根》（第690号，西夏特藏第207号，馆册第6774号）、《顶尊相胜佛母等之供养罪忏为顺》（第535号，西夏特藏第106号，馆册第4869号）、《三十五佛随忏悔要论》（第103号，西夏特藏第301号，馆册第880号）、《菩提勇识大勇识不价菩萨众之归依礼拜》（第526号，西夏特藏第122号，馆册第4996号）、《出有坏吉祥普贤之礼拜》（第527号，西夏特藏第403号，馆册第4954号）、《出有坏金刚亥母之礼拜》（第528号，西夏特藏第414号，馆册第2564号）、《佛说如来一切总悉摄受三十五佛忏法事》（第513—518号，西夏特藏第136号，馆册第6386、5299、7591、7263、3762、8034）、《敕随广大三宝供养为顺》（第539号，西夏特藏第212号，馆册第6774号）、《德王不文之广供顺》（第540号，西夏特藏第237号，馆册第4984号）、《番言圣观自在千眼千手之供顺》（第544号，西夏特藏第295号，馆册第7195号）和《慈悲道场罪忏法》（第307—316号，西夏特藏第281号，共53个馆册号）及卷首版画"梁皇宝忏"图

[①] 郑炳林：《晚唐五代敦煌佛教僧团的戒律和清规》，《敦煌学辑刊》2004年第2期。

等；英藏西夏文《佛名经》有 Or. 12380 - 3194（K. K. Ⅱ. 0262. c）、Or. 12380 - 3180（K. K. Ⅱ. 0282. aaa）、Or. 12380 - 3226（K. K. Ⅱ. 0248. a）、Or. 12380 - 3225（K. K. I. ii. 02. k）、Or. 12380 - 3664（K. K. ）、Or. 12380 - 3657b（K. K. ）、Or. 12380 - 2288（K. K. Ⅱ. 0248. m）、Or12380 - 2189（K. K. V. b. 020. a. xxvii）、Or. 12380 -2245a（K. K. Ⅱ. 0280. a. iii）等40多个编号。

据考拜寺沟出土的《圆觉道场礼□》即《圆觉道场礼忏法》的略抄本。元代西夏遗僧一行法师还编撰《华严忏仪》，弥补了华严宗的重要经典所缺少的忏仪。① 西夏不仅流行汉传和藏传的各类忏悔方法和仪式，而且自己编写相关忏悔修习集，《密咒圆因往生集》中也涉及忏悔灭罪的内容。②

西夏礼赞与忏悔流行关键在于其内容简单明了，容易诵持而又颇具法力神通。莫高窟北区第125窟出土西夏文佛经残片中用大字刻写佛名，讲述称佛名的诸多功效，译文如下：

> 南无宝胜藏佛（一遍诵则一世乘马罪灭）
>
> 南无宝光王火焰明佛（一遍诵则一世常住物食罪灭）
>
> 南无一切香花自在力王佛（一遍诵则一世坏犯律罪灭）
>
> 南无百亿恒沙必定佛（一遍诵则一世生杀罪灭）
>
> 南无雷威德佛（一遍诵则一世斜淫罪灭）
>
> 南无金刚坚固降伏散坏佛（一遍诵则与诵一藏经契同）
>
> 南无宝光月殿妙尊音王佛（一遍诵则一世堕阿尽地狱罪灭）
>
> 南无宝聚（沙摩）身光明佛（一遍诵则说处无说处无罪灭）
>
> 南无心善藏摩尼宝聚佛（若闻名则四重根本罪灭复实诵则岂有可说）
>
> 南无药师琉璃光佛（一遍诵则贪吝昔因恶趣有亦因先曾闻重诵念依立便解悟

---

① 崔红芬：《僧人慧觉考略》，《世界宗教研究》2010年第4期。
② 崔红芬：《俄藏黑水城文献〈密咒圆因往生集〉相关问题考论》，《文献》2013年第6期。

妇人此佛皈依诵则女变成男）
南无阿弥陀佛（一遍诵则八十亿劫生死罪灭八十亿劫福德增盛）
行愿施者持金牌讹二三为首
行愿施者吴　令势①

礼佛文和忏悔文不仅在寺院僧人中比较盛行，一般信众也发愿施印赞佛文，这与当时注重礼忏的大环境是有密切关系的，也体现出佛教世俗化的特点。

西夏佛教信仰民众化和实用性充分体现在自己编写的《密咒圆因往生集》的内容中，百姓希望诵咒赞佛得到消罪、除病，永享天平安乐。

《密咒圆因往生集》是西夏甘泉师子峰诱生寺出家承旨沙门智广和北五台山大清凉寺出家提点沙门慧真根据当时流行的密教经典编集而成的，兰山崇法禅师沙门金刚幢译定，中书相贺宗寿谨序。其残叶在黑水城出土西夏文献中得以保存，编号 TK-271，刻本，经折装，共 10 折半。《密咒圆因往生集》是西夏晚期由西夏僧人编写的供信徒诵读的密咒，充分显示出当时民众对于诵经的需求。《密咒圆因往生集》共列举了 33 种咒语，即 1. 持诵神咒仪，2. 金刚大轮明王咒，3. 净法界咒，4. 文殊护身咒，5. 一字轮王咒，6. 三字总持咒，7. 七俱胝佛母新大准提咒，8. 大佛顶白伞盖心咒，9. 大宝楼阁根本咒，10. 大宝楼阁心咒，11. 大宝楼阁随心咒，12. 功德山陀罗尼咒，13. 不动如来净除业障咒，14. 释迦牟尼减恶趣王根本咒，15. 佛顶无垢净光咒，16. 佛顶尊胜咒，17. 尊胜心咒，18. 观自在菩萨六字大明心咒，19. 文殊菩萨五字心咒，20. 观自在菩萨甘露咒，21. 药师琉璃光佛咒，22. 阿弥陀佛根本咒，23. 阿弥陀佛心咒，24. 阿弥陀佛一字咒，25. 智炬如来心破地狱咒，26. 毗卢遮那佛大灌顶光咒，27. 金刚萨埵百字咒，28. 十二因缘咒，29. 摩利支天母咒，30. 请雨咒，31. 截雨咒，32. 截雹咒，33. 数珠功德法。这些咒语与信众的日常生活、除难积福的思想息息相关。

《密咒圆因往生集》还讲述了诵咒语的规范方法和取得的无上益处。正如《密咒圆因往生集序》所说："窃惟总持无文，越重玄于化表，秘诠

---

① 史金波：《敦煌莫高窟北区出土西夏文文献初探》，《敦煌研究》2000 年第 3 期。

有象，敷大用于域中，是以佛证离言，廓圆镜无私之照，教傅密语，呈神功必效之灵。一字包罗，统千门之妙理。多言冲邃，总五部之旨归。众德所依群生攸仰，持之则通心于当念，诵之则灭累于此生，妙矣哉。脱流幻之三有，拔险趣之七重。跻莲社之净方，扫云朦之沙界，促三祇于顷刻五智克彰，圆六度于刹那十身顿满。其功大其德圆，巍巍乎不可得而思议也。以兹秘典方其余教，则妙高之落众峰。灵耀之掩群照矣，宗寿夙累所钟久缠疾疗，汤砭之暇觉雄是依，爰用祈叩真慈忏摩既往。虔资万善整涤襟灵，谨录诸经神验秘咒，以为一集。遂命题曰：密咒圆因往生焉。……时大夏天庆七年，岁次庚申孟秋望日。"①

总之，在西夏时期，无论是观世音信仰、净土信仰、文殊信仰，还是护国、礼佛斋忏陀罗尼经典流行，都与西夏百姓的生活、劳作等密切相关，充分体现出西夏民众信仰的世俗性和大众化的倾向。对于广大的信众来说，不论是藏传佛教经典还是汉传佛教的经典，只要与他们生活息息相关，能够保佑他们的亲人，他们都会通过礼佛斋忏的虔诚之心诵读和崇拜。

---

① （西夏）智广编：《密咒圆因往生集》，《大正藏》第 46 册，第 1956 号，第 1007 上栏 15。

第八章　西夏藏传佛教对后世的影响

　　从天授礼法延祚元年（1038）元昊正式称帝建国，其间经历了谅祚、秉常、乾顺、仁孝、纯祐、安全、遵顼、德旺、睍，共10帝，国祚196年。如再往上追溯到宋太平兴国七年（982）继迁叛宋自立起，经德明到西夏灭亡止，共12帝，总计257年。继迁、德明虽然没有正式立国，但他们的经营为西夏正式建立奠定了坚实的基础。在西夏整个历史发展过程中，从元昊到秉常可算西夏的建立和发展期，这一时期主要以"尚武重法"为立国方针，对内采取积极发展生产、经济、宗教等政策，对外加紧战争，以求得邻国的承认。乾顺和仁孝是两位执政时间最长的皇帝，他们执政期间西夏最为繁荣和昌盛。乾顺朝和仁孝朝主要采取"尚文重法"的国策，佛教和儒学都得到空前发展。从纯祐到末帝睍共40年时间，是西夏由盛转衰以至亡国的阶段。这一时期国内矛盾激化，朝臣争权夺利严重，皇帝更迭频繁，统治者执行了附蒙侵金的错误方针，在遭到蒙古军队大肆进攻的同时，还与金进行了长达十三年的战争，致使国力迅速衰退，然而佛事活动依然兴盛。

　　12世纪后期，正当西夏由盛转衰之际，成吉思汗统一了漠北的蒙古各部，势力逐渐强盛，加紧对外扩张。蒙古西南与西夏为邻，东南与金国相接，蒙古的对外扩张，首先要与西夏、金发生冲突。蒙古崛起之前，长期以来一直受着金国的压迫，成吉思汗的祖父俺巴孩汗及宗亲咸补海罕悉皆为金人所杀，蒙古人对金充满了仇恨、敌对和反抗情绪。随着蒙古的强大，铁木真决心报复金国，立志灭金。但当时西夏是金的属国，双方有着某种共同的利益。如果蒙古直接进攻金国，又担心受到西夏的牵制。为了达到自己的经济和军事目的和破坏夏金联盟，蒙古首先对西夏展开了进攻，先后六次大规模进攻西夏，却遭到西夏军民的顽强抵抗，给蒙古军队以很大打击，历经 20 余年，直到宝义元年（1227）西夏才在蒙古军队的强大攻势下走到了尽头。成吉思汗对西夏的坚决抵抗和不诚心归顺蒙古的做法非常恼火，他临终前对子孙遗训：每饭必言"殄灭无遗"，所以蒙古对西夏的征服采取了"亡其国并亡其史"政策，致使西夏文化遭到巨大破坏。西夏虽亡，但它的影响仍然继续存在，西夏遗民活跃在元朝政治、经济、文化宗教等各个领域，他们的活动，尤其是佛事活动，对元产生了极为深远的影响。

第一节 元明续刊西夏文佛经

西夏灭亡后，不少西夏遗民归顺为蒙元政权所重用，他们带兵打仗，建立功勋，得到奖赏和提拔；有些西夏皇室成员还成了元朝王室的皇后或妃子，如成吉思汗的皇后察合和武宗妃子唐兀氏等，武宗妃子即文献昭圣皇后，生文宗皇帝。总之，大量西夏遗民活跃在元政治、经济、文化宗教等各个领域，他们的佛教信仰对元朝产生很大影响。元朝统治者虽把境内民族分为四等：蒙古人、色目人、汉人和南人，对境内民族实行羁縻和分化统治政策，但一些民族地位较高，作为色目人的党项、回鹘等仅次于蒙古人。大概基于此种情况，蒙元时西夏字得以在西夏故地继续使用，乃至继续使用西夏字刊印佛经，散施流通。

对河西字大藏经进行研究的学者最早当属王国维先生，他在《元刊本西夏文华严经残卷跋》提到日本善福寺藏元平江路碛砂延圣寺刊《大宗地玄文本论》卷三有松江府僧录管主八发愿文，并提及法国伯希和在敦煌得到的西夏文经卷。[1] 日本小野玄妙对元代松江府僧录管主八大师刻印佛经的事迹进行记述。[2] 王静如先生《河西字藏经雕版考》对元刊西夏文佛经进行了简略梳理。[3] 俄国聂历山和日本石滨纯太郎合作撰写的《西夏语译大藏经考》指出伯希和最早提出存在河西字大藏经，

---

[1] 王国维：《观堂集林》（外二种），河北教育出版社 2001 年版，第 519—520 页。
[2] ［日］小野玄妙：《元代松江府僧录管主八大师の刻藏事迹》，《佛典研究》第 2 卷第 13 号，昭和五年（1930）四月。
[3] 王静如：《西夏研究》（第 1 辑），中国台湾"中研院"历史语言研究所单刊甲种之八，1932 年版，第 1—14 页。

并提到日本善福寺藏元平江路碛砂延圣寺刊《大宗地玄文本论》卷三有松江府僧录管主八发愿文和元刊河西字大藏经的版式等。王菡先生《元代杭州刊刻〈大藏经〉与西夏的关系》认为1277—1312年杭州地区所刊《普宁藏》、补版《碛砂藏》和河西字《大藏经》在不同侧面均与西夏存在或多或少的关系。① 史金波先生对国图藏西夏文《过去庄严劫千佛名经》发愿文进行译释，发愿文中也提到元代刊印河西字大藏经的情况。

一 蒙元私人刊印西夏文佛经

元朝时期，在民间西夏遗民已开始雕印西夏文佛经。国家图书馆藏西夏文《金光明最胜王经》的一篇序跋中即记录了以陈慧高为首的家族出资施印佛经。这一家族中有世俗人，有僧人，其中提道：

> 今释迦已灭，付法传而至于今时，佛法住盛荣者，以此经是。故大界国世界信众施主陈慧高，念此语故，发出大愿，番国旧印板国毁中失，因此施舍净物，令雕新字，乙巳年八月十五日始起，丁未年中刻毕，净纸上得以印施。以此善根，上报四恩，下救八苦，德法重盛，佛事为新。慧高等十恶五？罪孽令灭，三恶八灾苦极莫受。欲现最安生，渐成佛道也……

据史金波先生考证，此《金光明最胜王经》雕刊的时间大概在蒙古太宗窝阔台死后的皇后乃马真称制之时（1245），刊毕时间则在定宗贵由二年（1247）。② 这一刻经题记说明在西夏灭亡不久，留居故地的西夏遗民就得到蒙主统治者的许可开始用西夏文刊印佛经，以满足僧众和信徒诵经礼佛的要求。这只是众多西夏遗民用西夏字刊印佛经的一个例证，由于材料缺乏，笔者还无法对蒙元私人刊印西夏文佛经及佛经流行情况作具体研究。

---

① 王菡：《元代杭州刊刻"大藏经"与西夏的关系》，《文献》2005年第1期。
② 史金波：《西夏文〈金光明最胜王经〉序跋考》，《世界宗教研究》1983年第3期。

二 元官方刊印西夏文佛经

蒙元时期不仅民间存在刊印西夏文佛经的情况，朝廷还出资赞助刊印西夏文大藏经，散施河西地区即宁夏、永昌和沙州一带传播。元朝刊印西夏文大藏经极大地推动了西夏文佛经的流行，也说明元时河西地区仍然居住着大量西夏遗民，他们的佛事活动依然兴盛，对佛经需求量很大。大概是出于满足当地信众对佛经的需求或稳定社会的实际情况出发，或是从发展佛教的角度考虑，忽必烈下令刻印河西字大藏经，[1] 成宗即位初年，不知何故曾一度罢刻河西字藏经板，后来又在杭州重开雕印。到仁宗时河西字大藏经全部雕印完毕，共3620卷，比西夏时刊印的3579卷西夏文大藏经还多出40多卷。这说明乾顺时基本完成的西夏文大藏经在以后又不断有新经译出并添加进去。元代刊印西夏文佛经基本上是以西夏文大藏经为标准的，并有所变化。蒙古灭夏虽然对其文化进行大规模破坏，但当时西夏文佛经可能还能比较完整地保存。元代刊印西夏文佛经是西夏文佛经刻印事业的继续。就目前藏品看，有不少西夏文经典即元代刊印的，具体内容可参见周叔迦编《馆藏西夏文经典目录》。[2]

现藏国家图书馆西夏文《过去庄严劫千佛名经》发愿文记述了元代雕印西夏文佛经的大致经过："皇元界朝，曾修整一藏旧经；世祖忽必烈至元七年（1270）印制三藏新经；至元三十年（1293）于杭州路大万寿寺刻印西夏文大藏经；成宗铁穆尔大德六年（1302）夏雕刊完毕，施印十藏；武宗海山时，其弟太子爱育黎拔力八达（后为仁宗）建广大愿，施印五十藏；仁宗至大四年（1311）七月至皇庆元年（1312）八月重印五十藏。"[3]《元史》对此也有相应记载，世祖忽必烈时曾造河西大藏经板，成宗即位后，一度罢河西字藏经板。《元史》载，"罢宣

---

[1] 河西字大藏经，即是西夏文大藏经，元灭西夏，称其部众为唐兀，西夏用西夏文，又占据河西地区，故元称河西字也即西夏字。
[2] 周叔迦：《馆藏西夏文经典目录》，《国立北平图书馆馆刊》第四卷第三号《西夏文专号》，北平京华印书局1932年版，第259—360页。
[3] 史金波：《西夏文〈过去庄严劫千佛名经〉发愿文译证》，《世界宗教研究》1981年第1期。

政院所刻河西藏经板"。① 后来又重新开印河西字佛经，到大德六年（1302）雕版印刷完毕，即施于西夏诸寺院。

在日本善福寺所藏元平江路碛沙延圣寺刊《大宗地玄文本论》卷三末尾所载，大德十年（1306）松江府僧录管主八之愿文，我们知成宗中止后不久又曾续刊；又大德六年（1302）管主八还在江南浙西道杭州路大万寿寺刊刻河西字即西夏文大藏经三千六百二十余卷之事。主持刊印河西字大藏经的应是管主八，其发愿文曰：

上师、三宝、佛法之德，皇帝、太子、诸位覆获之恩。管主八誓报四恩，流通正教，累年发心，印施汉本大藏经三十余藏，四大部颈三十余部，华严大经一千余部，经律论疏钞五百余部，华严道场忏仪百余部，焰口施食仪轨三千余部，梁皇宝忏藏经目录，诸杂不计。金银字书写大华严、法华经等，共计百卷。装严佛像金彩共仪，刊施像图中，斋供十万余僧，开建传法讲席，日逐自诵大华严经一百部，心愿未周，钦睹圣旨：于江南浙西道杭州路大万寿寺，雕刊河西字大藏经板三千六百二十余卷，华严诸经忏板。至大德六年完备。管主八钦此胜缘，印造三十余藏及华严大经、梁皇宝忏、华严道场忏仪各百余部、焰口施食仪轨千有余部，施于宁夏、永昌等路寺院，永远流通。②

在《碛砂藏》第586册遵字《大藏圣教法宝标目》卷9末也有"管主八愿文"记述管主八施印各种文字佛经的情况。管主八大概是一位藏族僧人，主要活动在大德六年（1302）至大德十年（1306）之间，他先后在江苏碛沙延寿寺和杭州路大万寿寺负责雕印了大量汉文、西夏文和藏文佛经，为西夏文佛经的传播起了积极作用。

由管主八负责雕印的西夏文大藏经在敦煌北区有所发现，莫高窟北

---

① （明）宋濂等撰：《元史》卷18《成宗本纪》（一），中华书局1976年标点本，第389页。
② ［日］西田龙雄：《西夏语之研究》第2卷，中西印刷株式会社1966年版，第297—298页。王静如：《西夏研究》（第1辑），中国台湾"中研院"历史语言研究所1932年版，第5—6页。

区 B159 窟出土西夏文刻本《龙树菩萨为禅陀迦王说法要偈》上的压捺印记有："僧录广福大师管主八施大藏经于沙州文殊师利塔中，永远流通供养。"这再次证明元代刊印佛经施散于河西地区的情况。

西夏遗民在元代河西字大藏经的刻印方面有很大功劳。西夏文《过去庄严劫千佛名经》发愿文载：

> 至元七年（1270），化身一行国师，广生佛事，具令校有译无，过如意宝，印制三藏新经。后我世祖皇帝，恩德满贯天下，令通各国。高道胜如万古，四海平安。八方由旬时经，深信三宝。因欲重举法幢，法师慧宝，深穷禅法密律，志多长意，上圣欲愿满故，令经院西壁（鲜卑）小狗铁等报，以不可解德音，圣敕已出，江南杭州实板当做已为，以主僧事西壁（鲜卑）土情行敕，知觉和尚慧中，始为先遣。龙象师中众多，已选行者，以取旧经，先后二十余人。至元三十年，万寿寺中刻印，应用千种、施财万品数超过。成宗帝朝，大德六年夏始告完毕。奉上敕因施十藏。武宗皇帝圣威神功无比，僧尼大安，殊信法门，恤治金轮。今帝尔时东宫藏龙，建广大愿，施印五十藏……皇使都勾管 做者 臣僧那征大德李，开府仪同三司上柱国共干印工勾管做者迦正（尼征）使怯薛臣命谋罢。奉敕印施共干勾管做者御史台侍御臣杨那尔征，奉敕印施都共干勾管做者枢密院知院臣都罗乌浪吃铁木尔。①

看来，当时主持和参与在大万寿寺刊印佛经的人员中有不少是西夏遗民，其中一行国师、西壁小狗铁、西壁土情、那征大德李、杨那尔征、都罗乌口吃铁木尔等，他们或为僧人，或为官员，为继续弘传西夏文佛经起了积极作用。

元代除了大规模刊印西夏文佛经外，还于至正五年（1345）在居庸关过街塔门洞内雕凿不同文字的石刻，用汉、梵、藏、八思巴、回鹘和西夏文六种文字刻成经题和《佛顶尊胜陀罗尼》《佛顶放无垢光明入普

---

① 史金波：《西夏文〈过去庄严劫千佛名经〉发愿文译证》，《世界宗教研究》1981 年第 1 期；《史金波文集》，上海辞书出版社 2005 年版，第 325—326 页。

门品观察一切如来心三摩耶陀罗尼》《佛顶无垢普门三世如来心陀罗尼》，仅西夏文就有七十七行之多。参与此事的除纳麟外，还有党项人显密二种巧猛沙门领占那征师，书写西夏文的党项人沙门智妙酪布等。

三 明刊印西夏文佛经

从出土佛经看，西夏文的使用还断断续续延到明代，明代还存在刊印西夏文佛经的情况。北京故宫博物院藏有一卷明刻本西夏《高王观世音经》，时间大约在明宣德五年（1430）。① 此经发愿文曰：

> 今闻如来出世，治疗四生恼病，菩萨重视，照于三界痴思。其中观世音菩萨者，誓愿深广，与大海水等。最甚苦救，如须弥山高。恭敬则必定应现，受持者福如恒沙。□松柏持？大法处心重。因闻此经多有感功，起实信心，施舍净物，请来书者，新写印染，付印千部，施诸族处，以此善根，四恩皆报，三有普利。度过死生苦海，通解一乘真义。以依大觉妙因，使证涅槃胜果。唯愿：当今皇帝万岁俱来，皇子太子千秋依见。国本坚固，民庶俱安。文武官宰，俱行忠德。复愿：有恩父母，永当吉祥，法界住丧，当成佛道。②

有学者考证，《高王观音经》的发愿者"袁旦耶没仓"可以转写为藏文"Yon–tan rgya–mtsho"，通行的音译是"云丹嘉措"，应是《明实录》"永乐十三年（1416）二月庚午"条"命禅师缘旦监刴为灌顶慈慧妙智大国师，领占端竹为灌顶慧应弘济国师，皆赐诰、印"中"缘旦监刴"。③ 缘旦监刴是某个党项人聚集区的宗教领袖，以党项后裔自居，和一些党项人后裔一起用西夏字刻印佛经，施散族人。如果是这样的

---

① 关于明刻本《高王观世音经》的刊印年代有两种观点，一种为明洪武五年（1372年），见史金波、白滨《明代西夏文经卷和石幢初探》（《考古学报》1977年第1期）；另一种为明宣德五年（1430）。见李范文《关于明代西夏文经卷的年代和石幢的名称问题》，(白滨编《西夏史论文集》，宁夏人民出版社1984年版)。
② 史金波：《西夏佛教史略》，宁夏人民出版社1988年版，第327页。
③ 聂鸿音：《明刻本西夏文〈高王观世音经〉补议》，《宁夏社会科学》2003年第2期。

话，那与明初不准色目人类居的规定相左，也是对传世史料记载的补充。

另外，在云南昆明圆通寺一担斋藏有《药师琉璃光佛会》版画。按照古代施经的惯例，版画大都是粘贴在所印某部佛经的卷首，与佛经一起散施信众的。而一担斋的发现只有版画，却未见佛经。聂鸿音先生从版画上保留的西夏文书写特点等方面判断，此版画可能为明代西夏遗裔所刻。[①] 如果聂先生推断正确，则再次证明明代时仍有某些西夏遗民的后裔继续刻印西夏文佛经和版画。

以上这些材料都显示，在元、明时期西夏遗民、遗僧仍用西夏文刊印佛经。遗民虽然迁居到不同地区，但他们的宗教信仰并没有因此而改变，佛事活动仍在一定范围继续。

第二节 西夏遗民的佛事活动及其影响

宝义二年（1227）随着西夏亡于蒙古，西夏遗民或留居故地，或签发为军队随蒙古军队到各地作战，于是西夏遗民散居各地。据考证，在河南、河北、安徽、浙江、福建、西藏等处都有西夏遗民活动的记载，西夏遗民的活动到明代仍见零星记载。明初实行蒙古、色目人"不许本类自相嫁娶，违者杖八十，男女入宫为奴"[②] 的规定也加速了党项和其他民族的融合。在西夏遗民与其他民族逐渐融合的过程中，他们的信仰与佛事活动对后世却产生很大影响。上文已讲述西夏遗民刊印西夏文佛经等佛事活动，本节对西夏遗民其他佛事活动再作一探讨。

一 在河西的佛事活动

河西地区有着深厚的佛教文化基础，作为西夏佛教发展的主要地区，佛事活动久盛不衰。西夏虽亡，但大量西夏遗民依旧生活在河西地区。留居河西地区大量西夏遗民在蒙元继续进行各类佛事活动，为元代

---

① 释淳法、聂鸿音：《昆明一担斋所藏"药师琉璃光佛会"版画考》，《固原师专学报》2006年第1期。

② （清）张廷玉等撰：《明史》，卷2《太祖本纪》（二），中华书局1974年标点本，第21页。

第八章　西夏藏传佛教对后世的影响

河西地区佛教发展，特别是藏传佛教的发展起了积极推动作用，正如元代王恽所记"河西土俗，大半僧祇"。[①] 这充分证明元代河西佛教的兴盛。

（一）在瓜、沙、甘州等地的活动

1. 元代西夏遗民和遗僧在莫高窟、榆林窟继续从事佛事活动，以供养人的身份出现在题记之中。莫高窟第265窟有汉文题记："大元国西夏寺住僧人十五人，此旧字补写。"西夏灭亡，西夏时期建立的寺院在元代依然存在，并有元代的僧人住持寺院和从事佛事活动。

在敦煌莫高窟有元代速来蛮王进行佛事活动而刻六字真言的记载。阎文儒先生的《元代速来蛮刻石释文》一文对此有详细介绍："至正八年（1348）岁次戊子之'莫高窟'刻石，今仍存敦煌文物所内，高约七公寸六，宽约五公寸四，上刻'莫高窟'三字。下横书二重文，上为六字梵文，下为六字藏文，正中刻一西藏式佛像结跏趺座，下刻有仰莲。左有六字，外为汉文，内为西夏文。右有六字，内为八思巴文，外为蒙文，更外左刻：功德主，妃子屈术，速来蛮西宁王。下刻太子养阿沙、速丹沙、阿速女、结来女（按：《西域水道记》卷三作阿速歹、结来歹）。右刻脱花赤大王。又于线外刻有：卜鲁合真，□□妙因（按：《西域水道记》卷三文为'陈氏妙因龛'）。"[②] 速来蛮西宁王等功德主立了一通用梵、藏、汉、西夏、蒙古、回鹘文刻写的六字

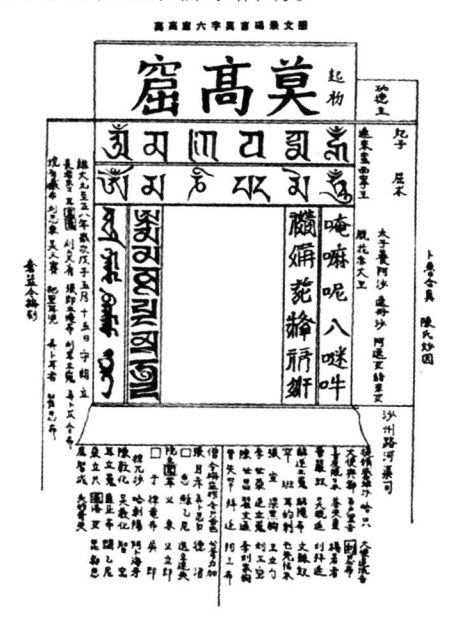

图1　莫高窟六字真言碣录文，来自李永宁《敦煌莫高窟碑文录及有关问题》二，载《敦煌研究》试刊第2期

---

① （元）王恽：《秋涧先生大全文集》卷86，《四部丛刊》本，第6页。
② 阎文儒：《元代速来蛮刻石释文》，《敦煌研究》试刊第1期。

真言碑（见图1），可以得知当时敦煌地区各民族佛教徒共同从事佛事活动，西夏文作为其中一种文字，可见，元至正年间（1341—1368），西夏文在敦煌地区依旧流行，西夏遗民与其他民族一起从事佛事活动。

速来蛮西宁王不仅刻碑，而且出资重修莫高窟皇庆寺即今第六十一窟。《重修皇庆寺记》记载：

> 速来蛮西宁王崇尚释教，施玉帛、采色、米粮、木植，命工匠重修之。俾僧守朗董其事，而守朗又能持疏抄题以助其成，佛像、壁画、栋宇焕然一新，为今生之福果，作后世之津梁，其乐施之德，可谓至矣！呜呼！寺成而王薨。守朗合掌涕泣而请曰："皇庆寺废而兴、毁而新，皆王之力也，岂可使后之人无闻焉，愿先生记之。"余曰："王之好善，优于前古，口碑载道，奚容予喙辞，不获已。"遂书其大略，以弁其端。云时至正十一年岁次卯八月上旬，刘奇谨志。①

速来蛮西宁王在重修皇庆寺竣工之前的至正十一年（1351）去世，他在敦煌地区先后多次进行佛事活动，在"莫高窟"刻石时将西夏文作为其中一种文字，已说明当时西夏遗民参与其中，在重修皇庆寺时，虽然没有直接提到西夏遗民，但在碑文所列诸多沙州施主之中亦应不乏西夏遗民存在。元代西夏遗民与速来蛮西宁王等一起从事佛事活动，说明他们的地位还是比较高的。

2. 甘肃炳灵寺石窟也是一处著名的佛教圣地，第168窟和第8窟中发现西夏文石刻，其中第8窟正面塑像之后西壁壁画背光右边是"唵嘛呢叭咪吽"六字真言一行，在北壁有至正二十六年（1366）二月初二日，东壁有至正二十六年十二月初二日一行六人到此，牟国虎。② 元朝河西一带西夏遗民仍然使用西夏文，礼佛活动一直在持续。

3. 意大利著名旅行家马可·波罗沿丝绸之路东行，经叙利亚、两河流域、喀什、于阗、河西走廊，于至元十二年（1275）到达元大都。

---
① 张维、鸿汀纂次：《陇右金石录》，甘肃省文献征集委员会校印1943年版，第16125页。
② 石宗源主编：《张思温文集》，甘肃人民出版社1999年版，第377—378页。

第八章　西夏藏传佛教对后世的影响

马可波罗在游记中记述了沿途的风土人情，至元八年（1271）前后他到达河西诸州，对沙、甘、凉和亦集乃城（即黑水城）等地的风俗习惯和宗教信仰作了有趣的记载。《马可波罗行纪》记载：

> 唐古忒州居民多是偶像教徒，然亦稍有聂思脱里派之基督教徒若干，并有回教徒。其偶像教徒自有其语言。城在东方及东北方间。居民恃土产之麦为食。境内有庙寺不少，其中满布种种偶像，居民虔诚大礼供奉。例如凡有子女者，为偶像蓄养一羊。年终或偶像节庆之日，蓄养者挈其子女携羊至偶像前礼拜。拜后，烤煮羊肉使熟，复礼奉之于偶像前陈之。礼拜祈祷，求神降福于其子女。据云，偶像食肉。供奉既毕，取肉还家，延亲属共食。食后谨藏余骨于匣中。①

马可·波罗还对甘州寺院有如下描述：

> 甘州是一座大城，偶像教徒依俗有庙宇甚多，内奉偶像不少，最大者高有十步，余像较小，有木雕者，有泥塑者，有石刻者，制作皆佳，外傅以金，诸像周围有数像极大，其势似向诸像作礼。②

马可·波罗对甘州佛寺的描述在明永乐十八年（1420）沙哈鲁使臣的记载中也再次得到了印证：

> 甘州城中有一大寺，广长皆有五百公尺。中有一卧像，身长五十步，足长九步，足上周围有二十五公尺。像后头上，置有其他偶像，各高一公尺上下不等。杂有刺麻像，高与人身同。诸像制作甚佳，与生人无异。壁上亦置有其他偶像。此大卧像一手置头下，一手抚腿。像上傅金，人名之曰释迦牟尼佛。居民结群赴此寺中礼拜此像。③

---

① 冯承钧译：《马可波罗行纪》，上海世纪出版集团、上海书店出版社2002年版，第117页。
② 冯承钧译：《马可波罗行纪》，上海世纪出版集团、上海书店出版社2002年版，第128—129页。
③ 冯承钧译：《马可波罗行纪》，上海世纪出版集团、上海书店出版社2002年版，第130页。

《马可波罗行纪》记载的情况正是西夏灭亡不久，元朝建立之初的情况，他的记载再现了河西地区西夏时期及元初佛教的繁盛情景。

4. 在呼和浩特城郊的万部华严塔内，有一条墨书汉文题记，共三行，内容为："大朝至元八年七月二十八日，西夏国仁王院僧惠善到此。"① 这条题记虽然出现在河西之外，但至元八年（1271）距西夏灭亡已经40多年，西夏遗僧不忘故国，周游至外地仍然使用西夏国的字样。仁王院应是西夏故地的一座寺院，惠善也应是一位西夏遗僧。

（二）《肃州碑》所载西夏遗民的佛事活动

《肃州碑》的全称是《大元肃州路也可达鲁花赤世袭之碑》。1962年在扩建酒泉城东门洞壁内拆出一块石碑，阳面为汉文，24行，11—13字，字数不等；阴面为回鹘文，32行。《陇右金石录》载为："《酒泉东门蒙古文碑》：在酒泉东城门，今存。按酒泉东门有方石门柱，高七、八尺，广二尺有奇，刻有蒙古文多行，左右各一，或为筑城纪事之石，抑或以他地碣石移作门柱，石文漫漶，不可摩拓，倘使习蒙文者就石辩证，必可得其究竟也。"② 酒泉发现的这一石碑经相关专家鉴定是为《大元肃州路也可达鲁花赤世袭之碑》，《陇右金石录》所载蒙文即回鹘文。《大元肃州路也可达鲁花赤世袭之碑》则记述了一个留居河西本地的党项举立沙家族在西夏灭亡后至元代末年共130年间的官职世袭及其活动情况。从碑文判断，这一家族历经六代，共十三人，是比较完整的反映元代西夏遗民的活动和民族交往等，是研究元朝西夏遗民非常珍贵材料。《大元肃州路也可达鲁花赤世袭之碑》汉文内容为：

  大元肃州路也可达鲁花赤世袭之碑
  将士郎云南嵩明州判官段天祥撰
  圆通慈济禅师肃州在城洪福寺住持定慧明书丹并篆额
  ……
  惟我皇元肇基朔漠乘龙御极志靖万邦

---

① 李逸友：《呼和浩特市万部华严经塔的金元明各代题记》，《文物》1977年第5期。
② 张维、鸿汀纂次：《陇右金石录》，甘肃省文献征集委员会校印1943年版，第16133页。

第八章　西夏藏传佛教对后世的影响

  太祖皇帝御驾西征天戈一挥五郡之民披云睹日靡不臣服时有唐兀氏举立沙者肃州阀阅之家一方士民咸□□化举立沙瞻

  圣神文武之德起倾葵向日之心率豪杰之士以城出献又督义兵助讨不服忘身徇国竟殁锋镝

  太祖皇帝矜其向慕之心悼其战死之不幸论功行赏以其子阿沙为肃州路世袭也可达鲁花赤以旌其父之功

  宪宗皇帝赐以虎符

  世祖皇帝愈加宠赉升昭武大将军迁甘肃等处宣慰使阿沙二男长曰剌麻朵儿只次曰管固儿加哥剌麻夺儿只先授奉训大夫甘州路治中又升奉议

  大夫肃州路达鲁花赤莅政一考思义让之心逊其职与弟管固儿加哥管固儿加哥 事四载复将前职归于其兄受奉政大夫依旧袭职剌麻朵儿

  只四子长曰贯□□□次曰耳玉又次管布季曰令只沙

  ……

  至正二十一年岁次辛丑□……①

举立沙是西夏末年肃州的一员守将，归顺蒙古后随着成吉思汗征讨未降者，在征战中不幸殒命，其子阿沙袭官位。忽必烈时阿沙迁甘肃等处宣慰使，阿沙的长子剌麻朵儿只任甘州路治中。阿沙的五世孙、立碑人善居于顺帝时迁永昌路达鲁花赤。有关阿沙的情况在下文有较为详细的探讨。《大元肃州路也可达鲁花赤世袭之碑》用汉文和回鹘文撰写，回鹘文碑文记载阿沙孙子耳玉是位出家僧人，汉文碑文中有"圆通慈济禅师肃州在城洪福寺住持定慧明书丹并篆额"。僧人参与碑铭撰写且阿沙孙子还出家为僧人，可见阿沙家族与佛教关系密切，充分反映出这一西夏遗民家族崇信佛教的情况。元代河西一些党项遗民既有一定的政治势力，也继续保持佛教信仰。

---

  ① 白滨、史金波：《〈大元肃州路也可达鲁花赤世袭之碑〉考释》，白滨编《西夏史论文集》，宁夏人民出版社1984年版，第476—477页。

(三) 僧人慧觉的活动

河南洛阳白马寺出土一通由沙门法洪撰文的《故释源宗主宗密圆融大师塔铭》[1]（以下简称《塔铭》），塔铭高73厘米，宽77厘米，共26行，满行26字，其内容记述了慧觉在蒙元时期主要佛事活动，慧觉虽为元代著名的宗密圆融大师，但他是西夏遗民的后代，下面利用塔铭和一些史料对慧觉进行考证。

1.《塔铭》内容

《塔铭》录文如下：

　　故释源宗主宗密圆融大师塔铭　　沙门　法洪撰
　　公讳慧觉杨氏姑臧人父仕西夏为显官夏[2]亡易服为苾刍隐居求
　　道物论美之公幼读书聪颖不群少长志慕佛乘遂祝发为僧时西
　　北之俗笃信密乘公服膺既久深得其道乃肥遁嵩薮励精禅想既
　　而曰密乘固修心之要非博通经论不足以究万法之源穷佛道之
　　奥闻先宗主赠司空护法大师传一乘圆极之说风偃秦洛负笈从
　　之有针水之契护法尝顾公以语人曰此子吾门梁栋也探赜[3]索隐
　　凡六七载而于法性圆融之旨焕焉若临秦镜而睹肝膈无复余蕴
　　矣护法以其克荷重寄付以赤伽梨衣逮将辞归护法曰此寺佛法
　　滥觞之源今草昧之初惟才是用吾徒虽众干蛊者寡方托而以腹
　　心之寄手足之助何遽舍吾而归耶公以托付之重竭股肱之力朝
　　夕左右虽勤而不以为劳也故宗社之兴公有劳焉
　　世祖皇帝诏海内德望校经于燕公从护法以见赐宗密圆融大师之
　　号会　永昌王遣使延公启讲于凉公之道大振于故里创寿光觉
　　海二寺护法殁公不远数千里赴葬尽心丧之礼有
　　旨授公河南僧录公以祖刹虚席非负天下重[4]望者不可尸之荐故
　　真觉大师于　　朝　　诏以为释源宗主真觉殁公亦西

---

[1] 洛阳市地方史志编纂委员会编：《洛阳市志》卷15"白马寺·龙门石窟志"，《故释源宗主宗密圆融大师塔铭》，中州古籍出版社1996年版，第100—102页。
[2]《洛阳市志》本作"忧"。
[3]《洛阳市志》本作"颐"。
[4]《洛阳市志》本作"众"。

第八章　西夏藏传佛教对后世的影响

归群雄乖兢释源鼎沸　　　诏以公为宗主错柱举直因能任事逾碁①而百废具修寺以大治寻以
太后诏驰驲适凉修佛事为国延厘②公有家僮四十余人至是悉良之以皇庆二年五月甲寅卒于白马寺垂终之夕以田四十余亩为寺恒产又以钞五千余缗付寺僧使岁计其赢于岁首阅大藏以福幽显荼③毗获五色舍利　　诏乘驿送归姑藏又分遗骨閟于此铭曰 学究方等兮道贯圆融殊途交骋兮独踽④厥中生不累有兮死不沉空叶落归根兮体露金风铭贞石兮閟幽宫惟德音兮昭无穷　　延祐元年三月　日门人 惠瑄 洪琼等建　周新刊

根据《塔铭》内容"父⑤仕西夏为显官，夏亡，易服为苾刍，隐居求道，物论美之。公幼读书，聪颖不群。少长，志慕佛乘，遂祝发为僧。时西北之俗，笃信密乘，公服膺既久，深得其道。乃肥遁嵩薮，励精禅想"的记述，我们推测，夏亡，慧觉父出家，隐居修道，慧觉从小就与佛结缘，少长，也出家为僧。慧觉为西夏遗民，生活在西夏晚期到元皇庆年间，⑥受其父出家的影响，他很小就志慕佛乘，大约在蒙古时出家为僧，起初在西夏故地修行密乘，后慕护法大师之名来到洛阳研习法性圆融之旨，他的活动范围涉及西北、洛阳和大都等地。

2. 慧觉的佛事活动

慧觉的佛事活动与《塔铭》中提到的白马寺释源宗主⑦龙川大师行育有密切关系，作为龙川的弟子，很多佛事活动是慧觉协助龙川进行

---

① 《洛阳市志》本作"期"。
② 《洛阳市志》本作"禧"。
③ 《洛阳市志》本作"茶"。
④ 《洛阳市志》本作"蹈"。
⑤ （元）笑隐大訢撰《蒲室集》卷13中提到的御史杨公弘正，自号静隐的情况与慧觉父接近，但具体情况仍须继续考证。
⑥ 《塔铭》只记慧觉圆寂时间即皇庆二年五月，而没有他卒时的岁数，很难推断他的生年。但根据他父亲在夏亡出家为僧的内容判断，慧觉或生于西夏晚期，或是作为遗腹子，生于西夏亡后不久。
⑦ 洛阳白马寺，被称为"中国第一古刹"，是中国汉地的第一座佛寺，至迟在元代，洛阳白马寺就有"释源""祖庭"之称了。白马寺寺主称"释源宗主"区别于禅宗寺院的住持。

的。白马寺西侧发现的《宣授扶宗弘教大师释源宗主江淮诸路都总摄鸿胪卿赠司空护法大师龙川和尚舍利塔志》（以下简称《龙川和尚舍利塔志》）① 和嵌于白马寺毗卢阁内后壁西部的《故释源开山宗主赠司空护法大师龙川大和尚遗嘱记》（以下简称《龙川和尚遗嘱记》）② 对龙川大师生平事迹皆有记载。龙川和尚（？—1293）为释源第一任宗主，讳行育，姓纳合氏，也称行吉祥，③ 女真人，为金朝遗僧，得度于宝应秀，受业于永安柔，④ 有"宣授扶宗弘教大师释源宗主、江淮诸路都总摄、鸿胪卿赠司空护法大师"的封号。

因"辩訾缁黄"，龙川受到八思巴和元世祖忽必烈的赏识，赐赤僧伽梨，加扶宗弘教大师之号。及至南宋归降元朝，又诏令龙川总摄江淮诸路僧事。"辩訾缁黄"指龙川参加"佛道论战"一事。为了解决佛、道两家的矛盾，蒙古统治者先后在宪宗五年和八年主持两次佛道辩论。⑤ 第一次由蒙哥亲自主持，第二次由忽必烈主持。龙川参加的是第二次论战，宪宗八年（1258）藏地、中原、河西和大理等高僧聚集开平共同参加辩论大会，以《老子化胡经》的真伪为辩论中心，结果道教再次论败。在论战中，龙川表现出色受到朝廷重视，并因"传一乘圆极之说，风偃

---

① 洛阳市地方史志编纂委员会编：《洛阳市志》，卷15"白马寺·龙门石窟志"，《龙川和尚舍利塔志》，中州古籍出版社1996年版，第99—100页。

② 洛阳市地方史志编纂委员会编：《洛阳市志》，卷15"白马寺·龙门石窟志"，《龙川和尚遗嘱记》，中州古籍出版社1996年版，第68—69页。北京图书馆金石组：《北京图书馆藏中国历代石刻拓本汇编》，中州古籍出版社1997年版，第189页。

③ 《全元文》卷157"磁州嘉福寺贤公讲主碑"载："至元二年，（道贤）同僧统泊诸名公入内殿祝圣寿。九年，圣旨集诸路僧受戒，僧受荐公召入万寿殿赞颂，称旨，蒙赐法衣一袭，受戒于国师，加号吉祥。"僧人加"吉祥"号与当时藏传佛教的流行有密切关系，也表明其地位较高。有学者认为，加"吉祥"号的僧人是由名字的后一个字加"吉祥"而成，其实不尽然。《至元法宝勘同总录》序文中，释克己列举了奉诏旨编修、执笔、校勘、译语、证义诸师名衔，其中排在第16位奉诏证义的"宣授江淮释教总摄、扶宗弘教大师释行吉祥"即指"行育"，也就是龙川大师。

④ 指善柔，传承华严的僧人。（明）释明河《续补高僧传》卷四（见《卍续藏》第134册，第93页）载："善柔，董氏，德兴之永兴人，七岁事永安广大师，默诵《金刚》、《楞严》诸经，二十入华严圆顿法门，领广严戒成大师戒法。……宪宗闻其名，赐号'弘教通理大师'，命主清凉大会于台山。释教都总统宝集坛主秀公，慕其德聘，摄华严讲席于京师。……晚年住持奉圣州法云兰若，遂终焉，寿七十有二，僧腊三十有八，塔于寺之旁。"

⑤ 一说佛道辩论为三次，即宪宗五年、六年和八年，第二次因道教未派人参加没能如期举行。

第八章 西夏藏传佛教对后世的影响

秦洛"。

龙川参与佛道论战和在陇右一带弘讲佛法的事迹在《扶宗弘教大师奉诏修白马寺纪实》碑文所刻元人商挺撰写诗文中也有体现。这首赞颂龙川的诗文是:"龙川大士僧中雄,名响凤昔闻天聪。诏命殿上坐持论,慈音诵出琉璃筒。众流截断具真见,有敌不敢当机锋。帝师欢喜上奏请,赐号弘教扶其宗。沙门迩来亦官府,不肯涂抹欺愚蒙。三年演法向陇右,疆梗相化为温恭。"①

龙川的名望不仅风偃秦洛,而且远传到西夏故地。此时在西北修习的慧觉有感于"密乘固修心之要,非博通经论,不足以究万法之源,穷佛道之奥"。于是他慕龙川美名,从西北来到洛阳师龙川研习华严"法性圆融之旨",时间大概在宪宗八年(1258)以后。慧觉师徒非常投缘,"负笈从之,有针水之契"。经过六七年的学习和思考,慧觉对华严理解已达到"于法性圆融之旨焕焉,若临秦镜而睹肝膈,无复余蕴"的地步。为此慧觉深得龙川的器重,护法"以其克荷重寄,伏以赤伽梨衣",并"托而以腹心之寄,手足之助"。及至慧觉准备辞归西北故里时,得到大师诚恳挽留,最终慧觉留在大师身边,协助龙川进行佛事活动。慧觉主要有以下佛事活动。

第一,协助龙川重修白马寺。

重修遭战争严重损毁的释源白马寺是龙川晚年主要活动之一。由于历代兵燹战乱,风蚀雨剥,白马寺几经沧桑,到金大定十五年,"寺与浮图俱废,唯留余址,鞠为瓦子堆,茂草场者,今五十载矣"。②《大元重修释源大白马寺赐田功德之碑》(以下简称《赐田功德碑》)记载:

> 至元七年,帝师、大宝法王帕克巴,集郡国教释诸僧,登坛演法。从容询于众曰:"佛法至中国始于何时?首居何刹?"扶宗弘教大师龙川讲主行育,时在众中,乃引永平之事以对,且以营建为请。会白马寺僧行政言,与行育叶。帝师嘉纳,闻于世祖圣德神功

---

① 洛阳市地方史志编纂委员会编:《洛阳市志》卷15"白马寺·龙门石窟志",《扶宗弘教大师奉诏修白马寺纪实》,中州古籍出版社1996年版,第67页。
② 洛阳市地方史志编纂委员会编:《洛阳市志》卷15"白马寺·龙门石窟志",《大金重修洛阳东白马寺塔记》,中州古籍出版社1996年版,第66页。

文武皇帝特敕行育，综领修寺之役。经度之始，无所取财，遍访檀施于诸方，浃更岁龠而未睹成效。帝师闻之，申命大师丹巴①董其事。丹巴请假护国仁王寺田租，以供土木之费，诏允其请。裕宗文惠明孝皇帝，时在东官，亦出帛币为助。于是工役始大作。为殿九楹，法堂五楹；前三其门，傍翼以阁；云房精舍，斋庖库厩，以次完具。位置尊严，绘塑精妙。盖与都城万安、兴教、仁王三大刹比绩焉。始终阅二纪之久，缘甫集而行育卒。诏赠司空、鸿胪卿，谥护法大师。②

《龙川和尚舍利塔志》也载："帝师拔思八甚器重之，一时贤贵……帝师以释源荒废岁久，遂奏，请命师兴葺。仍假怀、孟六县官田之租，以供度支。大刹落成，师遽顺化。"

龙川负责修建白马寺虽"始终阅二纪之久"，但他圆寂时白马寺并未彻底修缮完毕，《龙川和尚遗嘱记》和《赐田功德碑》皆有记载。《龙川和尚遗嘱记》记述了龙川去维扬总摄江淮诸路僧事之际，对弟子的嘱托及其身后继续修建白马寺的情况，内容为：

先师维扬之行也，预知世缘之将尽，乃召门弟子海珍等，大书遗嘱。悉以平昔衣盂之分，黄金一百两、白银一十五定，俾充释源造像之资，并以近寺西北陆田二百亩岁收所产，充本寺长供。自余圣像、经籍、法衣、器用付之常住，传流护持……元贞二年，紈巴上士，奏奉圣旨，遣成大使，驰驿届寺。塑大殿者五，及三门四天王，计所费中统钞二百定。大德三年，召本府马君祥等庄绘，又费三百五十定。其精巧臻极，咸曰希有。③

---

① 丹巴，名功嘉葛剌思，西番突甘斯旦麻人。又称紈巴、胆巴、檐八、瞻巴金刚等，大德七年卒，世寿七十有四，僧腊六十二。
② 洛阳市地方史志编纂委员会编：《洛阳市志》卷15"白马寺·龙门石窟志"，《大元重修释源大白马寺赐田功德之碑》，中州古籍出版社1996年版，第70页。
③ 洛阳市地方史志编纂委员会编：《洛阳市志》卷15"白马寺·龙门石窟志"，《大元重修释源大白马寺赐田功德之碑》，中州古籍出版社1996年版，第70页。

《赐田功德碑》载：

> 圣上大德改元之四年冬十月，释源大白马寺告成。诏以护国仁王寺水陆田在怀、孟六县者千六百顷，充此恒产，永为皇家子孙祈福之地"。①

可见，直到大德四年白马寺才彻底竣工，成为元代皇家寺院。

白马寺重建耗时颇长，龙川为此更是殚精竭虑，尤其在寺院修建初期，资金缺乏，无所取财，遍访檀施于诸方。经大师努力，在帝师八思巴、丹巴和皇室等的大力支持下，才得以解决。及至龙川行维扬之时，仍操心祖庭的发展，对弟子说"人各勉旃，同荷祖刹"。慧觉侍从龙川大师左右，白马寺的修建自然凝聚着慧觉的辛劳。故《塔铭》载"公（慧觉）以托付之重，竭股肱之力，朝夕左右，虽勤而不以为劳也，故宗社之兴，公有劳焉"。

第二，随龙川去大都校勘佛经。

《塔铭》虽未提及校勘佛经为何，但应与龙川生前元世祖组织校译和刊印佛经有密切关系。史载，元世祖时主要有以下翻译和校经活动：其一，至元二十二至二十六年间（1285—1289）世祖第二次校补《金藏》。② 其二，至元二十二至二十四年（1285—1287）编订《至元法宝勘同总录》。其三，至元十四年至二十七年（1278—1290）雕印《普宁藏》。其四，至元三十年（1293）左右组织雕印河西字《大藏经》。而与龙川有关的是编订《至元法宝勘同总录》和筹备《普宁藏》雕印。

《普宁藏》作为一部私刻版大藏经，是由时任浙西道杭州等路白云宗僧录道安两度奔走朝廷，蒙江淮诸路释教都总摄准给文凭，并转呈丹巴引觐，得到皇帝恩准，才开始雕印的。《普宁藏》臣字《大方广佛华严经入不思议解脱境界普贤行愿品》卷尾题记和《湖州妙严寺记》载：

---

① 洛阳市地方史志编纂委员会编：《洛阳市志》卷15"白马寺·龙门石窟志"，《大元重修释源大白马寺赐田功德之碑》，中州古籍出版社1996年版，第69页。

② 学界对此又不同观点，有学者认为，此次补雕佛经是"弘法藏"，指《佛祖历代通载》卷22中提到的"弘法 寺藏经板历年久远，命诸山师德校正讹谬，鼎新严饰补足，以传无穷"一事。

……又蒙江淮诸路释教都总摄所护念，准给文凭，及转呈檐八上师引觐。皇帝颁降圣旨，护持宗门作成胜事。……以此鸿因，端为祝延皇帝圣寿万安，皇后同年，太子、诸王千秋，文武官僚升迁禄位，仍赞大元帝师、大元国师、檐八上师、江淮诸路释教都总摄扶宗弘教大师、江淮诸路释教都总统永福大师，大阐宗乘，同增福算。更冀时和岁稔，物阜民康，四恩三有尽沾恩，一切有情登彼岸。宣授浙西道杭州等路白云宗僧录南山普宁寺住持传三乘教九世孙慧照大师沙门道安谨愿。时至元十六年己卯十二月吉日拜书。①

雕印《普宁藏》虽得到龙川、丹巴和杨琏真伽等大师鼎力相助，但皇帝已降旨由白云宗完成此事，不可能再得到皇帝诏海内大德，为此大规模组织校勘经文的待遇。

《塔铭》所载"世祖皇帝诏海内德望，校经于燕"的活动属于官方行为，结合龙川圆寂时间，笔者认为"校经于燕"指参加编订《至元法宝勘同总录》。

至元年间，元世祖"见西僧经教与汉僧经教，音韵不同，疑其有异，命两土名德对辩，一一无差。帝曰：'积年疑滞，今日决开'。"②元世祖与帝师八思巴虽对校勘经文、编订目录一事早有筹划，但具体实施却在帝师圆寂之后。至元二十二年世祖皇帝才召集汉、藏大德高僧等，于大都兴教寺分类、编录自东汉永平十一年（68）至元朝至元二十二年（1285）一千余年所译佛典，三年而成，这就是重要的《至元法宝勘同总录》。释克己序文载："惟我世祖薛禅皇帝，智极万善，道冠百王。皎慧日以镜空，扇慈风而被物。特旨宣谕臣佐，大集帝师、总统、名行师德，命三藏义学沙门庆吉祥，以蕃汉本参对，楷定大藏圣教，名之曰《至元法宝勘同总录》。"③ 卷一序文也载：

---

① 李富华、何梅：《汉文佛教大藏经研究》，宗教文化出版社2003年版，第318页。
② （宋）念常集：《佛祖历代通载》卷22引《弘教集》，《大正藏》第49册，第2036号，第724页下栏18。
③ 《至元法宝勘同总目录》第二册，释克己序，第179页。

第八章 西夏藏传佛教对后世的影响

> 惟我大元世主，宪天述道，仁文义武大光孝皇帝……搜遗访阙，有教必申。念藏典流通之久，蕃汉传译之殊，特降纶言，溥令对辩。谕释教总统合台萨里，召西蕃板底答、帝师拔合思八高弟叶琏国师，湛阳宜思，西天扮底答尾麻啰室利，汉土义学亢理二讲主庆吉祥、及畏兀儿斋牙答思、翰林院承旨旦压岁、安藏等，集于大都，二十二年乙酉春至二十四年丁亥夏，大兴教寺，各秉方言，精加辩质，自至元顶踵三龄，诠雠乃毕。……然晋宋之弘兴，汉唐之恢阐，未有盛于此也。……复诏讲师科题总目，号列群函，标次藏乘，互明时代，文咏五录①，译综多家。②

召集如此之多学识渊博的汉、藏、回鹘等的高僧大德参与编订佛经目录，规模之盛大，工作之细致，足见朝廷对此事的重视。

慧觉精通显密二教，在佛学方面已颇有造诣，应诏随同龙川赴大都一同参与《至元法宝勘同总录》的校勘工作，因其佛学知识广博，表现突出，被赐予"宗密圆融大师"之号。

第三，三次回西夏故地讲经弘法。

其一，在校勘佛经结束以后，逢永昌王遣使延请慧觉去凉州弘传佛法、讲释经文。在至元二十四年以后，慧觉来到凉州，开始了在西北地区讲经弘法活动，这大概是慧觉师龙川学习华严之后第一次返回故乡。《元史》"地理志"载：永昌路，下。唐凉州，宋初为西凉府，景德中陷入西夏。元初仍为西凉府，至元十五年，以永昌王宫殿所在，立永昌路，降西凉府为州隶焉。③ 看来，永昌王宫殿所在地是指位于今甘肃武威市北郊的永昌镇附近，这也符合《塔铭》所载"会永昌王遣使延公，启讲于凉"的情况。

《塔铭》提到的永昌王指阔端子只必帖木儿。众所周知，太宗窝阔台在位时，将凉州分封给第三子阔端，1247年阔端与萨迦派四祖萨班在凉州举行了著名的"凉州会谈"，和平解决了西藏的归属问题。凉州

---

① 指唐《开元释教录》《大唐贞元续开元释教录》，宋《大中祥符法宝录》《景佑新修法宝录》，元《弘法入藏录》。
② 《至元法宝勘同总录》第二册，卷1，第180页。
③ （明）宋濂等撰：《元史》卷60《地理志》，中华书局1976年标点本，第1450页。

本是河西佛教发展中心之一，自阔端统辖凉州以来，他们与佛教的关系更加密切。阔端死后，王位和包括凉州在内的主要封地，由第三子只必帖木儿继承。在中统初年忽必烈和阿里不哥争位期间，只必帖木儿因支持忽必烈而赢得信任。为了顺应世祖皇帝弘扬佛教的政策和实现祈福消灾的愿望，永昌王邀请慧觉来家乡讲经弘法，慧觉还在凉州创建"寿光"和"觉海"两座寺院（可惜这两座寺院无考），从此慧觉名声大振于故里。慧觉的佛事活动和寺院的修建也彰显了河西地区佛教信仰在元代依旧兴盛。

慧觉此次回乡，停留时间较长，探访故友，交流佛法，直到至元三十年龙川圆寂，慧觉才东返为大师料理后事。《塔铭》载"护法殁，公不远数千里赴葬，尽心丧之礼"。

其二，在真觉国师①圆寂之时，慧觉再次来到西北地区传扬佛教。慧觉作为西夏遗民，在西夏故地出家多年，回西北弘传佛法，进行佛事活动是他乐意从事的善业。《塔铭》有"真觉殁，公亦西归"的记载。

其三，大德六年至皇庆二年间（1302—1313），慧觉已接任释源宗主。他奉太后诏，第三次来到凉州作佛事为国家延禧。慧觉这次来凉州，可能与朝廷向西夏故地散施河西字《大藏经》②和庆贺西北藩王叛乱的平定有关，借此机会大作法事为国家祈福消灾。

为争夺权利和汗位，元至元（1264—1294）初年，西北地区爆发了以海都为首的藩王叛乱，朝廷多次派兵平叛，直到大德十年（1306）西北诸王叛乱才最终结束。而大德六年（1302）以后，河西字《大藏经》也刊印完毕，元刊西夏文佛经题记中有相似的记载。如《西夏文〈过去庄严劫千佛名经〉》发愿文载：

> 至元七年（1270），化身一行国师，广发佛事，校有译无，俱使宝意如度，印制三藏新经。后我世祖皇帝，恩德满贯天下，使国

---

① 真觉大师，讳文才，字仲华，杨氏，以释源宗主兼居五台山大万圣佑国寺，大德六年九月一日殁，年六十有二。
② 莫高窟北区出土西夏文刻本《龙树菩萨为禅陀迦王说法要偈》（残页）[G11·039（B159∶26）]尾部有一长形压捺印记，上面内容为："僧录广福大师管主八施大藏经于沙州文殊舍利塔寺永远流通供养"。

国通，高道胜如万古，四海平安，经八方由旬时，深信三宝，因欲重举法幢，法师慧宝深穷禅法密律，志多长意，圣上愿满求缘，令经院鲜卑吃靼尚（鲜卑小狗铁）等至，以德音不可解（悟），圣旨已出，江南杭州实板已成告终，僧事主依鲜卑土清（净）行诏（敕），知觉和尚慧忠，始为先任，龙象师中已选诸多行者，以取旧经，先后二十多人，至元三十（1293）万寿寺中印刻所需千种，施财万秩之多。成宗帝朝，大德六年（1302）夏始告完毕，奉上敕印施十藏。武宗皇帝圣威神功无比，僧尼大植、知治深殊法门，金轮今帝。尔时，东宫藏龙，广起大愿，已印施五十藏。当今皇帝，一得至尊至圣，南面中上万乘，诸主中胜，文武奇出，深悟佛法，明晓才行，明晓瑞道，功德皆如高大。帝道日新，佛事无有断继。以执七宝，治知四海如子，依行十善，德教八方，应欲缘奉诏重印五十藏已成。知院大臣净德于法厚心，受敕使令二师总勾管。至大四年（1311）七月十一开始，皇庆（1312—1313）初年八月望日印毕。知院中治二使依表自奏杂校缺译经，于二圣名，新正颠倒合顺，短窄广平，缚牌严贮，种事多已正知，奉敕普施，万代法眼不绝，读诵供养，常求千劫善缘，闷迷言悟，守护最上佛种，圣德多言，以是善典。①

河西字《大藏经》刊印完毕，为散施河西地区，大作法事，邀请西夏遗民兼高僧慧觉参加施经活动，也在情理之中。

第四，出任河南僧录。

慧觉回洛阳为师龙川奔丧期间，朝廷授慧觉河南僧录之职，管理河南的佛教事务。慧觉能任此职，说明他已是一位很有德望的高僧。《元史》载："（至元二年），诏谕总统所：'僧人通五大部经者为中选，以有德业者为州郡僧录、判、正副都纲等官，仍于各路设三学讲、三禅会'"。② 龙川圆寂，释源宗主的位置空缺，作为河南僧录的慧觉"以祖

---

① 崔红芬：《西夏文〈过去庄严劫千佛名经〉发愿文再研究》，中国台湾大学举办第二次东亚佛教思想文化国际研讨会提交论文，2013年。

② （明）宋濂等撰：《元史》卷6《世祖纪》，中华书局1976年标点本，第106页。

刹虚席，非负天下重望者，不可尸之"，故向朝廷举荐真觉大师出任释源宗主，诏师（真觉）以释源宗主兼居佑国寺。

第五，出任释源宗主。

真觉大师圆寂后，白马寺出现"群雄乖兢，释源鼎沸"的局面。在这种状况下，慧觉因德望诏以释源宗主之职。慧觉上任后，能任人唯贤，使白马寺得到很好管理，寺院发展再度鼎盛。故《塔铭》载："诏以公为宗主，错枉举直，因能任事。逾暮而百废具修，寺以大治。"

慧觉晚年是在白马寺度过的，仁宗皇庆二年（1313）五月甲寅，卒于白马寺，荼毗获五色舍利，诏送往凉州，进行供养。

3. 慧觉编辑《华严忏仪》

慧觉师龙川以前，慧觉在西北修习密乘多年，并达到很高境界。可惜《塔铭》对此未作详细记载。然而遗存元刊西夏佛经题记和明刊汉文《大方广佛华严经海印道场十重行愿常遍礼忏仪》（以下简称《华严忏仪》）题记都提到僧人一行沙门慧觉。

从佛经题记看，一行沙门慧觉生活在夏末至蒙元时期，曾在贺兰山慈恩寺出家，受到元朝的重用，他从事佛经翻译和校勘工作；为西夏遗民重雕西夏文《金光明最胜王经》作序；精通华严，辑录《华严忏仪》和《涤罪礼忏要文》等。那么佛经题记中的"一行慧觉"和《塔铭》所记"慧觉"会不会是同一僧人呢？

明崇祯十四年（1641）木刻本汉文《华严忏仪》[①]（共四十二卷，笃素居士毛凤苞汲古阁中鸠良工雕造）每卷卷首皆有题记：

    唐兰山云岩[②]慈恩寺护法国师一行沙门慧觉依经录
    宋　苍山载光寺沙门普瑞补注[③]
    明　钦褒忠义忠荩四川布政佛弟子木增订正
    鸡山寂光寺沙门读彻参阅

[①]《嘉兴藏》（明版）第15册，中国台湾新文丰出版公司1987年版，第2—553页。《卍续藏》第128卷"礼忏部"，中国台湾新文丰出版公司1975年版，第276—719页。
[②]《华严忏仪》题记中为"云岩"，而史金波译为"岩云"，在本书中笔者遵从前者。
[③] 白滨考证"普瑞"为宋遗僧，他补注《华严忏仪》的时间在西夏灭亡之后，视为元代华严传人。

第八章 西夏藏传佛教对后世的影响

天台习教观沙门正止治定

需要说明的是，题记第一行中"唐"应为"西夏"之误写，有多位学者作过论证，[1] 在此不赘。除每卷卷首题记标明《华严忏仪》为一行慧觉辑录外，在第四十二卷卷中有大段华严流传记内容也可证明这一点。这段文字记述了从印度到中土传承华严诸师，在"初西域流传华严诸师"中提到龙树大师菩萨和天亲菩萨二人；"次东土传译华严经诸师"中列举晋朝佛陀跋陀罗觉贤三藏法师、唐朝地婆诃落日照三藏法师、于阗实叉难陀喜学三藏法师三人；"次东土正传华严祖师"中提到华严第三祖造法界观帝心法顺法师、第四祖造十玄门云华智俨法师、第五祖造探玄记贤首法藏法师、第六祖造大疏钞清凉澄观法师、……第七祖造华严纶贯注观文圭峰宗密禅师及造观注记者广智大师。[2] 接下来是"次大夏国弘扬华严诸师"，其中列第八位是"南无大方广佛华严经中兰山云岩慈恩寺流通忏法护国一行慧觉法师"，[3] 即是辑录《华严忏仪》的一行慧觉。

《华严忏仪》作为大乘佛教主要经典的一种忏法，由西夏遗民慧觉在元代辑录完成的，说明慧觉精通华严思想，其思想深受西夏时期流行忏法的影响。中国佛教修习中的忏法起源于晋代，渐盛于南北朝，隋唐大为流行，宋代进入忏法的全盛期。大乘忏法在西夏同样流行，黑水城

---

[1] 目前学界公认题记开头的"唐"应是"西夏"之误。周叔迦最初对一行沙门为唐朝人提出质疑，他在国家图书馆藏西夏文《金光明最胜王经》题记"兰山石□岩云□慈□众□一行沙门慧觉□"后的按语中说："此序为释藏所无，而慧觉之名虽见于《唐高僧传》及《古尊宿语要》等书，然其史迹乡里皆不与此合。唯《续藏》中有《大方广佛华严经海印道场礼忏仪》四十二卷，题曰'唐兰山云岩慈恩寺护法国师一行沙门慧觉依经录'，当即此人。其书无原序，亦无从考其事实。仅有明人数序，皆误以'一行'为人名，遂谓为唐之一行法师所作，其谬甚矣。"（见《国立北平图书馆馆刊》第四卷第三号"西夏文专号"，第260—261页）但周先生再未作进一步考证。史金波在《西夏文〈金光明最胜王经〉序跋考》一文中考证"一行沙门慧觉"为夏末元初的一位西夏佛教大师。白滨在《元代西夏一行慧觉法师辑录汉文〈华严忏仪〉补释》一文中，再次证明了一行沙门慧觉为夏末元初僧人，而非唐朝人。

[2] 广智大师，为北宋僧人，名尚贤，号广智，又称广智尚贤，宋时从僧人知礼（960—1020）学习天台宗教理，天圣六年（1028）继知礼接任四明延庆寺住持。

[3] 《卍续藏》第128卷"礼忏部"，中国台湾新文丰出版公司1975年版，第709—711页。

等地出土文献中数量可观的礼佛忏悔文即是最好例证。①

兰山一行慧觉还多次出现在元刊西夏文佛经题记中，国图藏西夏文《金光明最胜王经》序文提道"金光明最胜王经流传 序 兰山石台云岩谷慈恩寺一行沙门慧觉集"。史金波先生考证《金光明最胜王经》重新雕刻年代应在蒙古太宗窝阔台死后，皇后乃马真后称制之时，刊毕时间则在定宗贵由二年。② 慈恩寺僧人慧觉为《金光明最胜王经》作序的时间当在1242—1247年，距西夏灭亡有20余年。这与《塔铭》记载慧觉在西北出家修密乘的时期正好吻合。

国图藏西夏文《现在贤劫千佛名经》"西夏译经图"后有残经《涤罪礼忏要文》（仅存四面二十行），经题后有"兰山一行沙门慧觉集"。国图藏另一西夏文《过去庄严劫千佛名经》经末发愿文载："皇元界朝，中界寂境，上师结合胜弱，修整一藏旧经。至元七年（1270），化身一行国师，广生佛事，具令校有译无，过如意宝，印制三藏新经"。西夏虽亡，但西夏遗民仍在积极传播承着西夏文化。元刊西夏文佛经题记中多次出现慧觉，说明他积极参加与故国有关的佛事活动，很可能参与元刊河西字《大藏经》相关工作。

慧觉辑录的《华严忏仪》虽未收录在元代编订的佛经目录中，但它在元代已被刊印，散施于西夏故地等处流行。日本善福寺、中国国家图书馆和山西崇善寺都藏有元管主八负责刊印《大宗地玄文本论》卷三之题记大同而小异。山西崇善寺藏践字函《大宗地玄文本论》卷三末记载：

> 上师三宝佛法加持之德，皇帝、太子、诸王覆护之恩，管主八誓报四恩，流通正教，累年发心，印施汉本大藏经三十余藏，③ 四大部经三十余部，《华严》大经一千余部，经、律、论、疏钞三百余部，④《华严道场忏仪》百余部，《焰口施食仪轨》三千余部，梁

---

① Е. И. Кычанов，*Каталог тангутских буддийских памятников*，崔红芬、文志勇译，Университет Киото，1999г. стр. 508、511、520、609、592、537、353、455.
② 史金波：《西夏文〈金光明最胜王经〉序跋考》，《世界宗教研究》1983年第3期。
③ 日本善福寺藏本作"五十余藏"。
④ 日本善福寺藏本作"五百余藏"。

皇宝忏、藏经目录、诸杂经典不计其数……心愿未周，钦睹圣旨，于江南浙西道杭州路大万寿寺，雕刊河西字大藏经板3620余卷，华严诸经忏板，至大德六年完备。管主八钦此胜缘，印造30余藏及《华严》大经、梁皇宝忏、华严道场忏仪各百余部，《焰口施食仪轨》千有余部，施于宁夏、永昌等路寺院，永远流通。

影印本《碛沙藏》何字函《圣妙吉祥真实名经》卷末载：

上师三宝教持之德，皇帝太子福荫之恩，管主八累年发心，印施汉本、河西字大藏经八十余藏，华严诸经忏、佛图等、西蕃字三十余件经文外，近见平江路碛沙延圣寺大藏经板未完，施中统钞贰伯锭及募缘刊雕，未及一年，已满千有余卷。再发心于大都弘法寺，取秘密经律论数百余卷，施财叁伯锭，仍募缘于杭州路刊雕完备，续补天下藏经，悉令圆满。新刊《大华严经》板八十一卷，印施人夫。回向西方导师阿弥陀佛、观音、大势至、海众菩萨。祝延皇帝万岁，太子、诸王福寿千春，佛日增辉，法轮常转者。大德十一年六月十五日宣授松江府僧录广福大师管主八谨题。①

据此推测，《华严忏仪》最晚在大德六年（1302）前已由慧觉辑录完成，大德六年雕版完备，到大德十一年前后已刊毕散施西夏故地，在河西等地流行。慧觉辑录《华严忏仪》，并列入西夏传承华严诸师中，这恰恰向我们透露了一个重要信息，一行沙门慧觉是位精通华严宗旨的高僧。《华严忏仪》在元代刊印流行后，又经苍山载光寺沙门普瑞添加注释，重新刻印，到明代正式收录到《嘉兴藏》中。从《华严忏仪》编纂、雕版和刊印时间看，也与《塔铭》所载慧觉研习及弘传华严时间大体吻合。

总之，现存佛经题记中僧人"一行慧觉"和《塔铭》所记"慧觉"同为西夏遗民，生活在西夏末年至元代初期；与河西地区有密切关系；法名相同；都精通华严义理，弘扬华严圆融之旨。初步断定，佛经题记

---

① 《影印宋碛砂藏经》第585册，1934年版，第74页。

中的一行沙门慧觉和《塔铭》中的慧觉应是同一僧人，法名慧觉，法号一行沙门。慧觉最初出家的寺院是"兰山云岩慈恩寺"。佛经题记与《塔铭》内容正好可以互补。因为慧觉与西夏的渊源关系，所以《塔铭》记载他多次回到西夏故地进行弘法活动。

元代著名的宗密圆融大师杨慧觉为西夏人，在洛阳曾出土有"故释源宗主宗密圆融大师塔铭　沙门法洪撰"。《塔铭》记载：

> 公讳慧觉，杨氏，姑藏人，父仕西夏为显官，夏亡，易服为苾刍，隐居求道，物论美之。公幼读书，聪颖不群，少长，志慕佛乘，遂祝发为僧。时西北之俗，笃信密乘。公服膺既久，深得其道。……世祖皇帝诏海内德望，校经于燕。公从护法，以见赐'宗密圆融大师'之号。会永昌王遣使延公，启讲于凉，公之道大振于故里。创寿光、觉海二寺。①

由于慧觉校经有功，曾受到忽必烈的接见，后在凉州讲法，并创建寿光、觉海二寺。西夏文《过去庄严劫千佛名经》发愿文中提到西夏遗僧一行，名为慧觉，为西夏灭亡不久刻印的西夏文《金光明最胜王经》作序和辑录《大方广佛华严经海印道场十重行愿常编礼礼忏仪》。估计两处提到的慧觉应为同一人，他的活动为河西地区佛教发展做出了很大贡献，并增进了河西与内地佛法的交流。

（四）僧人李慧月的佛事活动

史金波先生最初提到李慧月，西安市文物管理处藏有汉文《大方广佛华严经》（卷九）残叶，末尾存有西夏文木押捺印记，高 22.2 厘米，上覆荷叶，下托莲花，内刻西夏文四行，史金波先生翻译成汉文为："番国贺兰山佛祖院摄禅园和尚李慧月，平尚重照禅师之弟子，为报福恩，印制十二部大藏契经及五十四部《华严》，又抄写金银字之《华严》一部、《金觉》、《莲华》、《般若》、《菩萨戒》契经、《起信论》

---

① （元）法洪：《故释源宗主密宗圆融大师塔铭》，见赵振华《元代白马寺释源宗主塔铭考》，《考古与文物》1999 年第 3 期。

等。"① 另陕西省图书馆藏汉文《佛说摩尼罗亶经》和日本天理图书馆藏汉文《高僧传》（卷五）末尾都有同样形式、同样内容的西夏文押捺题记，史先生认为此题记为西夏时期，李慧月是西夏僧人，西夏时期在贺兰山佛祖院曾雕刊了全部汉文大藏经板，并至少印制过十二部汉文大藏经，那里可能是印造佛经的一个重要场所。②

而国家图书馆的李际宁先生在《关于"西夏刊汉文版大藏经"》一文中对史金波《西夏佛教史略》中提到的李慧月的活动年代重新考证，认为李慧月是西夏遗民，生活在元初年，与史金波的观点不同。③ 李先生依据的材料如下：其一，影印本《碛砂藏》"发一"《入楞伽经》卷一尾有汉文题记："印经沙门光明禅师，俗姓李氏，陇西人也。自七岁遭掳／，九岁出家，申礼／荷兰山藏明禅师为师／，诣福州路为官，将梯已嚫资／起大悲愿，印十二藏经，表药师十二大愿，剃度十六员僧，拟／弥陀十六观门。所集／功德，上报四重恩，下济三涂苦，顶诵随喜者，具获／无上果／。庚寅至元二十七年正月日，印经沙门光明禅师题／。提调嗣祖沙门妙敬／，讲经论沙门祖常／，检经监寺云悟／，同检经沙门正祐／。"其二，1943年，日本学者小川贯弌发表了论文《光明禅师施入经典とその扉面——元白云宗版大藏经の一考察》，作者发现山西省崇善寺《普宁藏》中的《舍利佛阿毗昙论》（卷十二）有一枚朱印："李□□／光明禅师"（□□二字为西夏文）。另外还有戳记："十方普救禅寺长住／住持沙门福真记。"其三，1961年，神田喜一郎在《美术史》第40册发表文章《至元二十八年の绀纸金银泥书华严经に就いて》对原守屋孝藏氏收集品中四件罕见的元代泥金写本从艺术史的角度作了研究。这篇论文于1984年编入《神田喜一郎全集》（第3册），书中附有书影和录文。这四件佛经恰巧都是李慧月发愿施舍，其中三件卷尾有李慧月施经题记："长安终南山万寿禅寺住持光明禅师惠月，陇西人／也，九岁落发批缁，一蹋荷兰山寺，瞻礼道明大禅伯／为出世之师，且夕咨参，得发挥之印。

---

① 史金波：《西夏佛教史略》，宁夏人民出版社1988年版，第98页。
② 史金波：《西夏佛教史略》，宁夏人民出版社1988年版，第99页。
③ 李际宁：《关于"西夏刊汉文版大藏经"》，《文献》2000年第1期，又见李际宁《佛教大藏经研究论稿》，宗教文化出版社2007年版，第185—207页。

先游塞北，后历/江南。福建路曾秉于僧权，嘉兴府亦预为录首。忖念/缁衣之滥汰，惟思/佛法之难逢，舍梯已财，铺陈惠施，印造十二之大藏/，剃度二八之僧伦，散五十三部华严，舍一百八条/法服，书金银字八十一卷，《圆觉》、《起信》相随。写《法华/经》二十八篇，《梵网》、《金刚》各部。集兹胜善，普结良缘/，皇恩佛恩而愿报无穷，祖意教义而发明正性。师长/父母，同乘般若之慈舟，法界众生，共泛/毗庐之性海/。至元二十八年岁次辛卯四月八日，光明禅师惠月谨题。"其四，国家图书馆善本部还发现了三种大藏零本，与小川所见崇善寺普宁藏《舍利佛阿毗昙论》相同，有"李□□/光明禅师"朱印和普救寺沙门福真墨印戳记。另外，卷尾还有竖长形印记，内有汉文三行，形制又与史金波先生等编《西夏文物》第368号《佛说摩尼罗亶经》相似。录文如下："河西李立义光明禅师惠月，舍体已/财，印造十二大藏经，散施诸方，普/愿见闻，生生见佛，世世闻经者也。"①

李先生根据上述材料确定，光明禅师李慧月是入元的西夏遗民，他生活的时期在西夏末年到元至元末年以前，他所印施的佛经主要产生于元代杭州地区，其中相当部分为《普宁藏》。

开元、卧龙存"分"字函《阿毗昙毗婆沙论》卷四有二印章：一个是长方形阳文墨印，文曰："河西李立义光明禅师惠月，舍体已财，印造一十二大藏经，散施诸方，普愿见闻，生生见佛、世世闻经者，谨记。"另一是长方阳文朱印，文曰："李□□光明禅师。"□□应为西夏文，可能为墨印中"立义"二字，可惜，影印本中没有保留二印章。② 李富华推测《阿毗昙毗婆沙论》卷四为《普宁藏》，但为什么《普宁藏》本佛经还会出现西夏文？亦应为西夏遗民刊印施于西北地区的佛教。

西夏遗民多次负责刊印《华严经》，充分说明西夏对其需求量之大。蒙元统治者几次刊印河西字佛经，既有蒙元收集西夏旧版，校有

---

① 李际宁：《关于"西夏刊汉文版大藏经"》，《文献》2000年第1期，又见李际宁《佛教大藏经研究论稿》，宗教文化出版社2007年版，第193—196页。
② 杨绳信：《论〈碛砂藏〉》，《文物》1984年第8期。

译无后而刊印版本，也有杭州万寿寺新雕版本，河西字大藏经存在多个版本的情况。目前出土的佛经也完全证明这一点，河西字大藏经印制完毕，"施于宁夏、永昌等路寺院，永远流通"，这在出土文献中也得到证实。

在敦煌莫高窟北区第159窟出土佛经刻本《龙树菩萨为禅陀迦王说法要偈》经末有一长方形汉文压捺印记，内容为"僧录广福大师管主八施《大藏经》于沙州文殊师利塔寺永远流通供养"。[①]（见图2）

图2 莫高窟北区第159窟《龙树菩萨为禅陀迦王说法要偈》

《法藏敦煌西夏文文献》Pelliot Xixia 924（Grotte 181）110、Pelliot Xixia 924（Grotte 181）112内容为《大智度本母》（卷第八十七）（见图3）尾题前有汉文压捺印记，内容为"僧录广福大师管主八施大藏经于沙州文殊师利塔寺永远流通供养"。[②]

[①] 《中国藏西夏文献》（第16册），甘肃人民出版社2005年版，第148页。
[②] 《法藏敦煌西夏文文献》，上海古籍出版社2007年版，第99—100页。

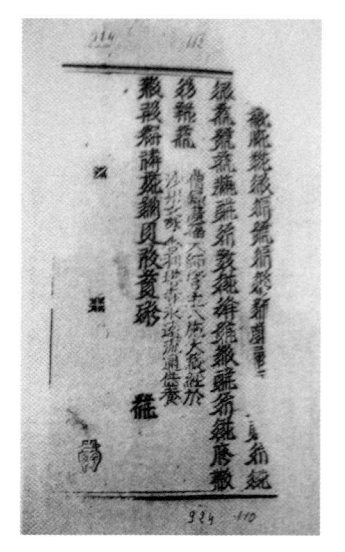

图 3　Pelliot Xixia 924（Grotte 181）110、Pelliot Xixia 924（Grotte 181）112《大智度论》

图 4　崇善寺收藏之西夏文残片

此外，在山西崇善寺收藏之西夏文残片，西夏文内容翻译为"当今皇帝圣寿万岁"，（图 4）残叶上方有收藏者标注"西夏文经首残片，为西夏国王李元昊与野利仁荣所创，元大德年间松江府杭州路大万寿寺雕刻之一，非常贵重"内容。

元代刊印佛经不仅被散施到西北诸多寺院，在山西崇善寺也有收藏，管主八刊印河西字大藏经也散施到其他有西夏遗民居住的地方，供西夏遗民诵读供养和流通。

从上述图一、图二内容可以知道，管主八负责刊印的莫高窟北区第 159 窟《龙树菩萨为禅陀迦王说法要偈》残存偈语，不好判断字数，有帙号"语"或"言"，而《法藏敦煌西夏文文献》收录《大智度本母》则为行 17 字与《碛砂藏》版式相同，其帙号为"做"

或"办",又《碛砂藏》中同部佛教帙号不同。

《碛砂藏》影印本"何"字函《圣妙吉祥真实名经》卷末题记提及"新刊《大华严经》板八十一卷"这一情况需要注意,八十卷《华严经》本来十卷一函共八函八十卷,此处提到八十一卷多出一卷。学者考证,崇善寺藏本《大华严经》末函即"臣"字函中还有元延祐六年(1319)刊本的唐般若译《大方广佛华严经入不思议解脱境界普贤行愿品》一卷,在元代管主八负责刊印的大藏经中已经将《大方广佛华严经入不思议解脱境界普贤行愿品》一卷加入《大华严经》之中,故成八十一卷。①《普贤行愿品》一部一卷添入《大华严经》末函在元大德三年(1299)《普宁藏目录》之中已有著录,可见,元代刊印汉文《华严经》的帙号基本遵循沿用前代汉文《大藏经》帙号。李慧月作为西夏遗民,参与管主八负责的刊印佛经的工作,汉文佛经的刊印主要由李慧月负责。

河西诸州如此,那么兴、灵等地的情况虽然未见记载,但估计应该与之相似。这种局面的出现与西夏佛教发展的基础和大量西夏遗民的佛教信仰推动有很大关系,元朝时河西佛教发展与西夏的影响密不可分。

二 在藏地的佛事活动

从现有材料分析,笔者认为党项人迁往藏地,在西夏灭亡之前就已经开始,西夏灭亡后又有一批党项人迁居藏地。元时迁往藏区的西夏王室子孙与萨迦派关系非常密切,有些西夏皇族后裔在萨迦派寺院任职,他们当中有些人还得到元代封敕,形成一个比较有势力的地方割据集团,属于元代皇帝诏封的乌思藏十三万户。西夏王后裔多吉白依止萨迦三祖扎巴坚(1147—1216)学法,以后传承不断。《西藏王臣记》载:

> 绛巴主者,乃奉天命,继登圆满众德所成东方中原皇帝大位之木雅色乌王之裔也。色乌王传七代(按应是第六代纯祐),有木

---

① 李富华、何梅:《汉文佛教大藏经研究》,宗教文化出版社2003年版,第290页。

雅·甲郭者出。以后次第相承，为木雅·僧格达。僧格子多吉白。白依止萨迦吉尊·扎巴坚赞，始与具德萨迦巴缔结施供之缘。彼子名衮乔。乔有三子，三子中绷第，承侍萨班，极为诚敬。绷第六子中，一子名扎巴达，得薛禅皇帝敕封为司徒，赐宝印，建立绛昂仁大寺。本勤（钦）·扎巴达，别名云尊，颇有声望。彼子多吉贡布兼任萨迦之本勤（钦），对于僧伽四众极为恭敬承侍。多吉贡布有六子，其中南喀丹巴朝元廷，获封为"国公"，赐虎头纽水晶宝印及封册。后又加封为大元国师，并给晶印……①

西夏从元昊开始称帝，传十代，如果从继迁开始算起则共传十二代。这里提到的甲郭王不是西夏最后一位皇帝，学界多认为他可能是仁孝之后的纯祐帝，那么木雅·僧格达、子多吉白可能是纯祐一系的传承。多吉白亦指萨迦吉尊·扎巴坚赞，而扎巴坚赞1147年出生，1216年圆寂，从13岁起就接替他的二哥主持萨迦寺共57年，发展壮大了萨迦宗教事业。从时间上推算，多吉白是在西夏灭亡之前而不是在西夏灭亡之后来到藏区向扎巴坚赞学法。

法国著名藏学家石泰安（R. A. Stein）在《西藏的文明》中提道："西夏王朝的奠基者、木雅的掌权家族在王朝覆灭和被成吉思汗征服该地（1227）之时，曾经移到了藏地以北和昂木仁一带。该家族还把其国名（'北'，羌）以及与此有关的宗教民间故事也带到了那里。"② 石泰安的这段内容在《西藏王臣记》中也有相应记载。藏文史料《黄琉璃》还记载了西夏后裔在昂仁寺的情况："拉兑北部昂仁寺一带就有西夏斯乌王之后裔，僧格达即生在这里，其后裔衮嘎洛垂曾任帝师及西藏本勤职务。而任昂仁寺住持者自俄云丹杰岑以下相传不绝。"③ 这几段文字记载虽然存在某些差异，但却向我们透露了一个信息，僧格达作为西夏王室的后代，他们在西夏灭亡之前就来到

---

① 五世达赖喇嘛：《西藏王臣记》，刘立千译，民族出版社2000年版，第76—77页及261页注解700、701、702页。
② ［法］石泰安：《西藏的文明》，耿昇译，中国藏学出版社2005年版，第16页。
③ 黄颢译：《藏文史书中的弭药（西夏）》，《青海民族学院学报》1985年第4期。

第八章 西夏藏传佛教对后世的影响

西藏学习佛法。①

随着蒙古军队对西夏的进攻以及在西夏灭亡后又有一批西夏遗民迁徙到藏地。今四川康定县折多山以西，雅砻江以东，乾宁县以南，九龙县以北，有上下木雅乡。此木雅为"mi-nag"的异译无疑。这里的藏人传说，此上下木雅乡在古时为"西吴甲尔布"所据。"甲尔布"藏语为王。"西吴"的"吴"，读 xu-l。si-xu 与西夏的古音 si-xu 绝对相似，故"西吴甲尔布"当译为"西夏王"。关于此点，1945 年邓少琴先生曾经在《西康木雅乡西吴王考》给以充分证明。唯西康西夏王之建立，不在河套西夏灭亡以后，而在其灭亡以前。史称蒙古军队进攻西夏共五次，于宝义二年（1227）灭西夏。然则西康密纳克之建国当在不断受蒙古进攻之际，河套西夏王指使蒙古较远而不受南宋干涉的西康之密纳克人建立一个小邦为南退之计，这是完全可能的。但这一计划终归失败。元朝于朵甘思设军民都元帅府和诏讨使，于碉门、鱼通、长河西等处设万户府及军民安抚使，西康的密纳克介居其间，自然没有建立任何政权的可能了。②

康定又称打箭炉，据《打箭炉厅志》载，清代明正土司下辖咱里土千户，其下二十五土百户通称木雅—俄洛、扒桑、八乌笼、姆朱、木栌、木噶、八里笼、格洼卡、呷那工弄、沙卡、吉增卡桑阿笼、上八义、下八义、拉里、瓦七、恶热、恶拉、白桑、他咳、药壤、少吴石、索窝笼、竹苏策、上渡噶喇住索、中渡哑出卡，当地传说他们的祖先是木雅王，原封长河西安抚使司，入明助攻云南大理，其王阿克旺嘉尔参因功受封为长河西鱼通宁远军民宣慰使司，建署于所谓"西吴绒"遗址。③ 西夏

---

① 著名藏学家王森先生在其《西藏佛教发展史略》（中国社会科学出版社 1997 年版，第 244 页。）中分析了这支入藏西夏王室与萨迦派的关系，他说："后藏西部，特别是拉孜县以西，藏人总称为拉堆……关于拉堆绛，绛义为北，即指拉孜以西雅鲁藏布江以北那一地区。藏文资料都说是首邑在绛昂仁的那个地方。这一地区的地方势族，是西夏王室的后裔，成吉思汗灭西夏时自西夏来投靠萨迦，定居昂仁的。从元初直到明末，这一族一直是那一带的一个地方掌权者。他们和萨迦昆氏家族有密切关系，从 13 世纪晚期到 14 世纪屡受元朝封赐大司徒、国公、大元国题等号。"

② 邓少琴：《西康木雅乡西吴王考》，白滨编《西夏史论文集》，宁夏人民出版社 1984 年版，第 680—694 页。

③ 黄振华：《西夏龙（洛）族试考—兼谈西夏遗民南迁及其他》，《中国藏学》1998 年第 4 期。

灭亡后，一部分西夏遗民沿着青海、四川等路线迁居到藏区，这是西夏灭亡后党项族南迁的又一例证。

三　在河北等地的佛事活动

目前我们还无法考证清楚西夏遗民佛事活动的具体情况，但从一些地区发现的西夏文佛经看，说明这些地区曾经生活着大量西夏遗民，他们仍信仰佛教，佛事活动依然非常兴盛。在北京周围一些地区发现与西夏遗民佛事活动有关的证据。

在定州佛像中发现四叶佛经残卷，罗振玉先生曾购得定州佛像腹中所出佛经数页，因为印造粗略，没有序跋又比较残缺，无法判定翻译佛经和塑造佛像的年代，推断其年代不出明清。① 《国立北平图书馆馆刊》"西夏文专号"中刊布四页定州佛像腹中所出西夏文佛经。

在保定北郊区韩庄发现古代寺院遗址，出土明代西夏文经幢石刻两座，古代此寺院俗称"大寺"或"四寺"。两座石幢原立于"大寺"内，两幢形制相同，由顶盖、幢身、基座三部分组成。一号幢顶盖高42厘米、幢身高158厘米、基座高63厘米、通高263厘米。二号幢顶盖高36厘米、幢身高143厘米、基座高49厘米、通高228厘米。两幢的幢身八面都刻楷书西夏文《尊胜陀罗尼经》，幢文首末还夹以汉字年号和刻工姓名。咒文从右而左，用大中小三种字体刻写，以中楷为主。两幢第一面顶端皆用三个大字横书幢名，其下竖行楷书死者年月、称号、地点、建幢者及时间，并用汉字刻汉工姓名。两幢共计八十余名助缘随喜男女的姓名法号，建幢者为西夏人，写西夏文和汉文的也是西夏人，建幢者是兴善寺住持，死者是兴善寺僧人。从两幢内容看，在明代弘治年间保定一带仍然生活着一定数量的西夏遗民，他们信仰佛教，进行佛事活动。八十余名助缘随喜者中可能也有在保定地区的从政人员。

史载，在保定一带做官的有元统元年（1333）进士买住，官保定路同知安州事。至元四年（1338）唐兀氏黑斯公以内使府咨议出任保定路总管。曾任唐兀卫亲军都指挥使的亦怜真班于至正（1341）初一

---

① 《国立北平图书馆馆刊》第四卷第三号"西夏文专号"，北平京华印书局1932年版，第3页。

第八章　西夏藏传佛教对后世的影响

度在保定路完州任职。①

1984年河北保定颉庄出土一通《大元敕赐故顺天路达鲁花赤河西老索神道碑铭》（以下简称《神道碑》），现保存于河北省保定市莲池公园内。《神道碑》记述了老索家族四代人从太祖成吉思汗到元顺帝一百多年的主要活动经历和为官情况，而对老索的记载尤为翔实，内容关系到伐西夏和灭金等情况。崔红芬利用碑铭并结合其他史料对定居保州的西夏遗民老索及其子孙等活动进行了系统考证。②

《神道碑》高385厘米，宽95厘米，为方柱形，四面刻楷书碑文，现存三面文字，残存碑文比较模糊。《神道碑》照片收录在《中国藏西夏文献》第十八册，即HB12·001《大元敕赐故顺天路达鲁花赤河西老索神道碑铭》③。《神道碑》是老索曾孙讷怀于至正十年（1350）四月所立，立碑之时距离老索去世已90年矣，能得敕立碑，是因为其曾孙讷怀出任集贤侍读学士。在元顺帝登基十年之时，即至正三年（1343）讷怀为"制授通奉大夫、前河南等处行中书省参知政事讷怀为集贤侍读学士。"第二年（1344），才有集贤学士脱憐等数列讷怀曾祖父老索功绩，请立碑铭，以宠示后人。请立碑铭一事得到准奏后，由翰林学士承旨荣禄大夫知制诰兼修国史欧阳玄奉敕撰文，集贤侍讲学士中奉大夫兼国子祭酒苏天爵奉敕书丹，翰林学士承旨荣禄大夫知制诰兼修国史张起岩奉敕篆额，由保定当地人摹刻完成，到至正十年（1350）四月老索曾孙讷怀才择吉日立石，其中欧阳玄、苏天爵和张起岩等《元史》有载，而碑文所记主要人物老索等却史料缺载，对《神道碑》所提及人物的考证，既可弥补正史记载的不足，对了解西夏遗民在蒙元时期的分布及活动有重要意义。

《神道碑》所记老索，"唐兀氏，世为宁夏人。幼颖悟，长以骁勇闻。

---

① （明）宋濂等撰：《元史》卷145《亦怜真班传》，中华书局1976年标点本，第3445页。王政熙撰：明万历《保定府志》卷2，书目文献出版社1992年版，据日本内阁文库藏万历三十六（1608）刻本影印。

② 崔红芬：《保定出土〈老索神道碑铭〉在研究》，《中国文化》2013年（秋季号），总第38期。

③ 宁夏大学等主编：《中国藏西夏文献》（18册），甘肃人民出版社2005年版，第138—150页。

时太祖皇帝拓境四方，老索知天意所向，屡讽其国王失都儿忽，率诸部降。……中统建元六月二十三日薨于正寝，寿七十三，越明年某月日，葬于清苑县太静乡之先茔"。老索为族姓，有学者认为"老索"可能是《宋史》记载的"啰树"的转译。淳化元年（990），继迁重新夺回宥州，击破御泥族、啰树二族。从此，老索家族朋附继迁。根据碑铭推算，老索应生于西夏乾祐十八年（1187），死于中统元年（1260），寿73岁。老索本为西夏晚期的战将，以骁勇善战而出名，后来对安全废纯祐自立为皇帝和屡屡战败纳女请和之事甚为不满，遂产生投降成吉思汗的想法。老索归顺蒙古后，因英勇善战，颇得成吉思汗的赏识，受到重用，成为宿卫，护卫大汗的安全。老索对成吉思汗也是朝夕谨慎侍从，如遇攻讨，则身先士卒，冲锋在前，为此成吉思汗赐号"八都儿"，以褒奖老索骁勇无敌和忠于主人的行为，并把宫女康里真氏赐他为妻。

老索投降蒙古之时，正值蒙古扩张和进行兼并战争的时期，首先老索随成吉思汗进攻金朝，他参加了太祖六年（1211）攻取大水泺和乌沙堡之战，取得胜利。由于蒙古军势盛，金朝军队又从抚州退往宣平，致使昌州、桓州[①]、抚州[②]三地尽失，太祖七年（1212）蒙古军队又攻取桓州和抚州等地。老索又与察罕一起参加野狐岭战役，[③] 破金军数十万，取得野狐岭之战的胜利。在征伐金和西夏的战斗中，老索表现勇敢，成吉思汗赐其金符，升为统军，又赐布匹以表彰他的功绩。之后察罕和老索随成吉思汗西征花刺子模等国。老索参加了攻取斡罗儿、李哈里、薛迷思干等战斗，与花刺子模摩柯末之子札刺兰丁算端作战。札刺兰丁留兵据守铁门关，使蒙古军不得前进，老索作为先锋，在夺取铁门关的战斗中，冲锋在前，身带箭伤仍坚持作战，终于攻下铁门关。太祖十六年（1221）蒙古军在铁门关击败札刺兰丁算端，使他们向印度河退去，在印度河与之激战，最后札刺兰丁算端败逃印度，后入波斯

---

① 桓州指今内蒙古正蓝旗北。
② 抚州指金西京路之一州，治柔远，即今河北张北。余大钧译注：《蒙古秘史》卷11（续集卷一）（河北人民出版社2001年版，第415页）的记载比较简单：成吉思汗于羊儿年（辛未年，1211年）出征金国，先取了抚州，越野狐岭，又取了宣德府，派遣者别、古亦古捏克·把阿秃儿二人为先锋，到达居庸关。
③ 元代又称扼狐岭、扼胡岭，在张家口西北一带。

第八章 西夏藏传佛教对后世的影响

死去。

成吉思汗西征结束，老索随成吉思汗东返，又继续投入灭金的战斗。太祖二十一年（1226），老索又随皇子窝阔台及察罕之师围金南京，但也因成吉思汗之死而搁置。及至太宗元年（1229）窝阔台即位后，再次分兵三路进攻金朝，老索随太宗南下，先取河中。① 太宗三年（1231）冬十月乙卯，帝围河中。十二月已未，拔之。② 太宗六年（1234）定南京，金亡。也就在蒙古军队灭金的前后，老索家族来到保定出任官职，先任宣使，到太宗十年（1239）设立顺天路，置总管府，老索作为色目人才升任顺天路达鲁花赤，正三品，与顺天路汝南忠武王张柔共事。张柔（1190—1269）易州定兴人，太祖十三年（1218）降于蒙古，二十一年（1226）因战功授予行军千户、保州等处都元帅，二十二年（1227）移镇保州，开始保州战后的重建和发展。但张柔移镇保州后，并没有长期待在保州，而是随蒙古军队继续参加灭金战斗，又继续带领军队征宋，忽必烈北征阿里不哥时诏张柔入卫随征。至元三年（1266）封蔡国公，五年（1268）六月卒，寿79岁，赠推忠宣力翊运功臣、太师、开府仪同三司、上柱国，谥武康。延祐五年（1318），加封汝南王，谥忠武。

可以说，从太宗窝阔台四年（1232）以后张柔主要活动是随蒙古军征战金、宋，精力并不在顺天，而顺天实际则由老索负总责，并负责修建了保州的大慈阁。从此，老索与后人他们生活在保州，先辈去世后葬于顺天，所以及至老索去世后，才有安"葬于清苑县太静乡之先茔"的记载。

老索作为西夏遗民，在西夏灭亡之前归顺蒙古，成为成吉思汗的宿卫，随成吉思汗参与对敌战争，出征西域，取得无数战功。后有跟随成吉思汗参与灭西夏的战役，成吉思汗去世后，他又参与灭金的战斗，并举家迁至保州，他还参与了保州的战后重建和大慈阁的重建工作。

西夏高智耀的孙子纳麟为中书平章政事，奏请顺帝修建居庸关，③至正五年（1345）在居庸关工程修建完成之时，并在居庸关过街塔门

---

① 河中即河中府，《元史》卷58《地理志》（一）载：河中府，唐蒲州，又改河中府，又改河东郡，又仍为河中府。宋为护国军。金复为河中府。
② （明）宋濂等撰：《元史》卷2《太宗本纪》，中华书局1976年标点本，第30页。
③ 宿白：《居庸关过街塔考稿》，《文物》1964年第4期。

洞内雕凿流体石刻，用汉、梵、藏、八思巴、回鹘和西夏文六种文字刻成经题和《佛顶尊胜陀罗尼》《佛顶放无垢光明入普门品观察一切如来心三摩耶陀罗尼》《佛顶无垢普门三世如来心陀罗尼》，仅西夏文就有七十七行。参与此事的除纳麟外，还有党项人显密二种巧猛沙门领占那征师，书写西夏文的党项人沙门智妙酩布等。① 纳麟、那征、酩布等都是西夏遗民，他们在元朝晚期一直从事佛事活动，尤其纳麟家族信奉佛教，其祖父高智耀虽是德旺朝的进士，他也是一位虔诚的佛教徒，"事佛敬僧，乃其所乐，迹其心行，一有发僧耳"。② 以高氏家族在元代的地位，他们的佛教信仰对周围定会产生不小影响。元朝不仅派唐兀卫驻守居庸关南北口一带，还负责过京师各门及宫禁掖门的守卫等。③ 元代的这些举措是"为了给塔下过往的人们带来幸福，受到佛陀的护佑"。

在河北等地发现西夏人佛事活动的遗迹，说明元、明时期，在这些地方西夏遗民的势力还是比较强大的，他们信仰佛教与藏传佛教有密切关系。他们中可能存在宗教组织，从事宗教活动，诵经念咒，进行一定规模的法事活动。

四 在南方的佛事活动

（一）在杭州等地活动

杭州飞来峰和福建泉州清源山等处都发现西夏遗民开窟造像和弘扬藏传佛教的记载，为研究元代西夏遗民的佛事活动提供了珍贵的材料。

元时杭州地区也生活着大量西夏遗民，最为有名的是杨琏真伽和他的儿子暗普，杭州飞来峰的造像是由杨琏真伽负责修建的。杨琏真伽为河西唐兀④人，⑤ 法号永福大师，具体身世不是很清楚，《元史》记载：

---

① 史金波：《西夏佛教史略》，宁夏人民出版社1988年版，第202—203页。
② （元）王恽：《秋涧先生大全文集》卷86，《四部丛刊》本，第6页。
③ （明）宋濂等撰：《元史》卷99《兵志》，中华书局1976年标点本，第2528、2536页。
④ 柯劭忞《新元史》卷28"氏族表"曰："唐兀氏，故西夏国。太祖平其地，称其部众曰唐兀氏。"钱大昕《元史氏族表》卷2载："唐兀者，故西夏国自赵元昊据河西与宋、金相持者二百余年，元太祖始平其地，称其部众曰唐兀氏。"吴海《闻过斋集》卷1"王氏家谱叙"有"世祖以其（西夏）人刚直守义，嘉之，赐姓唐兀氏，俾附国籍，次蒙古一等。其俗自别旧羌为蕃，河西陷没，人为汉河西，而仕宦者皆舍旧氏，用新氏"的记载。元代"唐兀氏"已不单指"党项族"，而是对杂处河西地区诸民族的总称。
⑤ 陈高华：《略论杨琏真加和杨暗普父子》，《西北民族研究》1986年第1期。

"（至元十四年）二月丙戌，诏以僧亢吉祥、怜真加、加瓦并为江南总摄，掌释教，除僧租赋，禁扰寺宇者。"①

其中"怜真加"是杨琏真伽，为西夏遗民，杨琏真伽从至元十四年（1277）来到江南，任江淮诸路释教总摄长达十多年，管理江南佛教事务，在江南广建藏传佛教庙宇佛塔，镌刻佛像，积极推动译经事业，扩大藏传佛教的影响。杨琏真伽在江南积极执行元代统治者的宗教政策，推崇佛教，提倡和抬高藏传佛教的地位，对江南藏传佛教的推行和发展产生极大影响。

1. 杨琏真伽推动刊印佛经

宝义二年（1227）蒙古军队灭西夏，称西夏故地为河西，河西字大藏经即西夏字大藏经。刊河西字大藏经不仅是刊经史上的一件盛事，也为佛经的流传起了积极的推动作用。河西字大藏经的刊刻地点是在浙西杭州路大万寿寺，杭州曾是五代、宋的政治、经济、文化中心，佛教十分兴盛，印刷业发达。有元一代北方大都、南方杭州和藏地等仍为元代佛教最为兴盛的地区。《元史》记载："杭州路，上，唐初为杭州；后改余杭郡，又仍为杭州。五代钱镠据两浙，号吴越国。宋高宗南渡，都之，为临安府。元至元十三年，平江南，立两浙都督府，又改为安抚司。十五年，改为杭州路总管府。二十一年，自扬州迁江淮行省来治于杭，改曰江浙行省。"②

杭州作为元代南方佛教发展的中心，在杭州设立行宣政院，管理该地区的佛教事务。元统治者在杭州、平江地区先后刊刻《普宁藏》、河西字《大藏经》、藏文经典和《碛砂藏》，这充分说明元统治对佛教发展的重视，也说明杭州等在全国佛教发展中所占的重要地位。

至元十三年（1276）元在攻下南宋之初，为了稳定江南，争取民心，采取一些措施利用宋朝遗留圣贤和僧道人员，保护文物古迹。《元史》记载："行中书省右丞相伯颜等，以宋主显举国内附，具表称贺……丁未，诏谕临安新附府州司县官吏士民军卒人等曰：'……百官

---

① （明）宋濂等撰：《元史》卷9《世祖本纪》（六），中华书局1976年标点本，第188页。

② （明）宋濂等撰：《元史》卷62《地理志》（五），中华书局1976年标点本，第1491页。

有司、诸王邸第、三学、寺、监、秘省、史馆及禁卫诸司，各宜安居……前代圣贤之后，高尚儒、医、僧、道、卜筮，通晓天文历数，并山林隐逸名士，仰所在官司，具一名闻。名山大川，寺观庙宇，并前代名人遗迹，不许拆毁……'"①

元统治者采取保护寺观和遗迹的措施和在杭州刊刻大藏经等活动则体现了元对江南的佛教政策及对前朝遗民信仰的关照，元刊印河西字大藏经主要是为了满足西夏遗民的需求。刊印河西字大藏经的大万寿寺是有悠久历史的寺院，据《西湖志纂》卷三"孤山胜迹"记载："六一泉：在孤山西南，即唐孤山寺。陈天嘉元年改建，名永福。宋大中祥符间改为广化寺，内有辟支佛骨塔。柏堂、竹阁皆在焉。绍兴改创四圣延祥观。理宗时复改西太乙宫。元杨琏真伽改为万寿寺，元末毁。"②

《西湖游览志》卷二"孤山三堤胜迹"也载："四圣延祥观：绍兴间，韦太后还自沙漠建，以沉香刻四圣像，并从者二十人，饰以大珠，备极工巧，为园曰延详……元初，杨琏真伽废为万寿寺，屑像为香，断珠为缨，而旧美荒落矣。西太乙宫：宋理宗时，中贵卢允升等以奢侈导上，妄称五福太乙临吴越之分，乃即延祥园建太乙宫……元时，杨琏真伽攘为僧窟，未几，荡废。"③

上述两条记载对大万寿寺的历史沿革进行了记载，元时的大万寿寺在唐时曾称孤山寺，是座佛教寺院，宋代曾一度改为道教道观，信仰四圣真君（天蓬元帅、天猷副元帅、真武将军以及黑煞将军），并成为宋代皇家园林。

入元以后，因为杨琏真伽负责南方佛教事物，在宋废墟基础上又将其恢复为佛教寺院，称万寿寺。杨琏真伽在南方建立寺院，也积极支持佛经的刊印，他除了支持刊刻印刷河西字大藏经外，还支持《普宁藏》雕刊，日本《增上寺三大藏经目录·元版（刊记）》第193号《普贤行

---

① （明）宋濂等撰：《元史》卷9《世祖本纪》（六），中华书局1976年标点本，第179页。
② 沈云龙主编：《中国名山胜迹志》（第二辑）之《西湖志纂》卷3《孤山胜迹》，中国台湾文海出版社1971年版，第215—216页。
③ （明）田汝成撰：《西湖游览志》卷2《孤山三堤胜迹》，浙江人民出版社1980年版，第17页。

愿品》尾题内容有：

> ……
> 宣授江淮诸路释教都总摄弘教大师加瓦八观缘
> 宣授江淮诸路释教都总摄扶宗弘教大师行吉祥都劝缘
> 宣授江淮诸路释教都总统永福大师杨琏真加都劝缘
> 宣授白云宗僧录南山大普宁寺住持三乘教事宜世
> 孙沙门如志谨识　时至元二十七年庚寅十月圆日顿
> 首拜书①

杭州路余杭县白云宗大普宁寺负责刊印的《普宁藏》仅用十四年（1277—1290）便能顺利刊刻完成，与杨琏真伽等高级僧管的支持也有着密切关系。杨琏真伽凭借他的权威和朝廷支持，在他改建的万寿寺刊印河西字《大藏经》绝非偶然，可以说河西字《大藏经》的刊印也与杨琏真伽的支持和努力密不可分。

2. 杨琏真伽修建塔寺

至元二十三年（1286），"以江南废寺土田为人占据者，悉付总统杨琏真加修寺。"至元二十五年（1288）二月，"江南总摄杨琏真加言以宋宫室为塔一，为寺五，已成，诏以水陆地百五十顷养之。"②《西湖游览志》对五寺有载："报国寺，元至元十三年，从嘉木杨喇勒智之请，即宋故内建五寺，曰报国、曰兴元、曰般若、曰仙林、曰尊胜。报国寺即垂拱殿，殿角有银杏树，其实无心。杨仲弘诗所谓，万年珠树落秋霜是也。内有碧梧轩、舞凤轩。兴化寺即芙蓉殿，般若寺即和宁门，仙林寺即延和殿，尊胜寺即福宁殿。下有曲水流淌。嘉木杨喇勒智发宋诸陵，建塔其上，其形如壶，俗称一瓶塔，高二百丈，内藏佛经数十万卷，佛、菩萨像万躯，垩饰如雪，故又名白塔。"③《元史》也载："初，杨琏真加重赂桑哥，擅发宋诸陵，取其宝玉，凡发冢一百有一所，戕人

---

① 李富华、何梅：《汉文佛教大藏经研究》，宗教文化出版社2003年版，第334页。
② （明）宋濂等撰：《元史》卷15《世祖本纪》，中华书局1976年标点本，第309页。
③ （明）田汝成撰：《西湖游览志》卷7《南山胜迹》，浙江人民出版社1980年版，第67页。

命四，攮盗诈掠诸赃为钞十一万六千二百锭，田二万三千亩，金银、珠玉、宝器称是。"①《元史·释老传》也有相似记载："有杨琏真加者，世祖用为江南释教总统，发掘故宋赵氏诸陵之在钱唐、绍兴者及大臣家墓凡一百一所；戕杀平民四人；受人献美女宝物无算；且攮夺盗取财物，计金一千七百两、银六千八百两、玉带九、玉器大小百一十有一、杂宝贝百五十有二、大珠五十两、钞一十一万六千二百锭、田二万三千亩；私庇平民不输公赋者二万三千户。他所藏匿未露者不论也。"②

杨琏真伽在宋宫殿遗址上修建佛塔和寺院，佛塔即尊胜塔，又称"白塔"或"镇南塔"；寺院指五大寺，即报国、兴元、般若、仙林和尊胜。《西湖志纂》记载："报国寺：在凤山门外过万松坊南，元至元十三年，僧杨琏真伽请即宋故内建五寺，曰报国、曰兴元、曰般若、曰仙林、曰尊胜。报国寺即垂拱殿，兴元寺即芙蓉殿，般若寺即和宁门，仙林寺即延和殿，尊胜寺即福宁殿。延佑至正间诸寺递毁。"③

元文人黄溍也载道："（至元）二十一年，有旨即其故所居杭州凤凰山之行宫，建大寺五，分宗以阐化。其传菩提达摩之学者，赐号禅宗大报国寺，乘法力以畅皇威，宣天休以隆国势也。"④

《元史·世祖本纪》载："（至元）二十一年九月，丙申，以江南总摄杨琏真加发宋陵冢所收金银宝器修天衣寺。"还载，二十二年（1285）正月，毁宋郊天台。桑哥言："杨辇真加云，会稽有泰宁寺，宋毁之以建宁宗等攒宫；钱唐有龙华寺，宋毁之以为南郊。皆胜地也，宜复为寺，以为皇上、东宫祈祷。"时宁宗等攒宫已毁建寺，敕毁郊天台，亦建寺焉。⑤

杨琏真伽在杭州将南宋的道观改为佛教寺院，也是他推崇佛教的具体表现，建寺分宗进行阐化。在杨琏真伽的努力下，藏传佛教在将江南

---

① （明）宋濂等撰：《元史》卷17《世祖本纪》，中华书局1976年标点本，第362页。
② （明）宋濂等撰：《元史》卷202《释老传》，中华书局1976年标点本，第4521页。
③ 沈云龙主编：《中国名山胜迹志》（第二辑）之《西湖志纂》卷六《南山胜迹》（下），中国台湾文海出版社1971年版，第380页。
④ （元）黄溍撰：《金华先生文集》卷11《凤凰山禅宗大报国寺》，四部丛刊集部影印本。
⑤ （明）宋濂等撰：《元史》卷13《世祖本纪》，中华书局1976年标点本，第269、271—272页。

得到很大程度发展，寺院兴盛，佛经流传。

3. 杨琏真伽开窟造像

杨琏真伽不仅修塔造寺和刊印佛经，而且在飞来峰负责组织青林洞外墙一组飞来峰洞窟密教石刻的雕刻。飞来峰现存元代汉、密造像共67龛116尊，其中藏式46尊，藏密像多造于元初。造像题材可分为佛像、菩萨、佛母和护法等几大类。佛像雕刻藏密有五部佛祖，如毗卢佛、宝生佛、无量寿佛、释迦佛、胜初佛（大持金刚）等。菩萨像有金刚萨埵、文殊师利、狮吼观音、多罗菩萨等。佛母有大白伞盖、尊胜佛母等。护法像有大黄财宝护法、布禄金刚、雨宝金刚、金刚手菩萨等。杨琏真伽在江南任释教都僧统时，为藏传佛教在这一地区的发展作出非常大的成绩。张泊淳的《大元至元辩伪录随函序》载："当是时也，江南释教都僧统永福杨大师琏真佳（迦）大弘圣化，自至元二十二年春至二十四年春（1285—1287），凡三载，恢复佛寺三十余所，如四圣观者，昔弧山寺也。道士胡提点等舍邪归正，罢道为僧者，奚啻七、八百人，挂冠于上永福帝师殿之梁栋间，故典如南山之券，为事伪者戒试。"①

杨琏真伽在江南的活动学界虽有不同评说，②但他修建塔寺、刊刻佛经和推行藏传佛教已是学界共识。因杨琏真伽与桑哥的关系非同一般，至元二十八年（1291）忽必烈时期的权臣桑哥倒台，杨琏真伽被视为桑哥的党羽受到牵连而失宠。《元史续编》载："至元二十八年夏四月，治西僧嘉木杨喇嘛智罪，坐盗用官物及私收宋陵宝玉，并盗诈为赃，不可胜计。省台乞正典刑，勒贷其罪，没入妻子、资产。"③

杨琏真伽任释教总摄的时间长达十余年，期间，他曾是江南声名显赫的人物，与忽必烈朝的权臣桑哥关系密切，仰仗皇室和权臣的支持，他在江南积极提倡佛教和推进刊印佛经事业，为元朝消除宋遗留的影响，稳定统治起了一定的作用。至元二十九年（1292），元朝就归还杨

---

① （明）宋濂等撰：《元史》卷13《世祖本纪》，中华书局1976年标点本，第269、271—272页。

② 陈高华：《略论杨琏真加和杨暗普父子》，《西北民族研究》1986年第1期。卢振英：《镇南塔与杨琏真珈》，《绍兴文理学院学报》2012年第1期。

③ （明）胡粹中撰：《元史续编》卷4，景印文渊阁四库全书第334册，中国台湾商务印书馆1986年版，第483页。

琏真伽部分财产，其子杨暗普得到朝廷重用。至元三十年（1293）二月，以杨琏真伽子宣政院使暗普为江浙行省左丞。后来曾因江南民怨杨琏真伽，罢其子江浙行省左丞暗普，后受封秦国公，为元皇帝所倚重，也是元代宗教界的显赫人物。

（二）在泉州的佛事活动

泉州清源山的"碧霄岩"中保存"三世佛"石雕造像，它是我国现存年代最早、保护最好、位于最东南的藏传佛教"三世佛"石雕造像，1985年公布为福建省重点文物保护单位。

1. 泉州"三世佛"造像记

清源山为郡城巨镇，山周围四十里，横跨十余里，高数千仞，以其在郡之北，故名北山，一名泉山。[①] 清源山作为泉州城北屏障，以石奇、以泉灵，元人有"闽海蓬莱第一山"的美誉。石雕造像藏式"三世佛"坐像的功德主阿沙是西夏遗民，"三世佛"像原被石灰覆盖，清源山管理处在对其加以保护时发现了石灰层覆盖下的石像，经洛阳龙门石窟研究所温玉成先生考证，证实了佛像是修建于至元二十九年（1292）的梵式三世佛像。元代石刻在东南沿海十分稀少，这一发现弥足珍贵，同时也改写了过去学术界认为杭州是藏传佛教造像分布最南端的历史。

"三世佛"是13世纪以来藏传佛教佛堂中所供奉的主要佛像。清源山碧霄岩"三世佛"为摩崖石刻，作长方形石龛，高3米、宽6.5米。"三世佛"并排结跏坐在仰覆莲花座上，主像通高约2.5米，左右二像稍低。佛像保存完好，皆为吐蕃式样：佛发螺髻，上置宝严；面相上宽下窄，双耳垂肩；肩宽腰细，均着袒右肩袈裟，并以袈裟一角搭于左肩上；衣纹用凸雕线条表示，均有圆形头光及身光。"三世佛"造像东侧清源山碧霄岩岩壁上存有至元壬辰间阿沙发愿雕刻三世佛坐像及阿沙后人至正二十七年的造像记，此造像记未见载入福建、泉州等地方志中。"三世佛"造像的记事石刻碑文，为研究元代党项人提供了珍贵的史料，也证明元代西夏遗民为当时泉州地区藏传佛教的传播起了积极作

[①] （明）阳思谦修，徐敏学、吴维新纂：《万历重修泉州府志》卷2《舆地志》（中），中国台湾学生书局1987年版影印本，第95页。

用。"三世佛"造像记内容如下：①

> 透碧霄为北山第一胜概。至元壬辰间，灵武唐兀氏②、广威将军阿沙公来监泉郡，登兹岩而奇之，刻石为三世佛像，饰以金碧，构殿崇奉，以为梵③修祝圣之所④。仍捐俸买田五十余亩，入大开元万寿禅寺，以供佛瞻僧为悠久规，其报国爱民之诚可见已。厥后，岁远时艰，弗克茸治。至正丁未秋，福建、江西等处行中书省参知政事般若帖穆尔公分治广东道⑤，出泉南。追忆先伯监郡公遗迹，慨然兴修，再新堂构，山川增辉，岩壑改观，林木若有德色，而况于人乎？暇日，获陪公游，因摩崖以记，郡守新安郑潜拜手书；同游行中书省理问官忽纳台唐兀氏；广东道宣慰使司同知、副都元帅阿鬼温沙哈儿鲁氏⑥；泉州路达鲁花赤元德瓮吉剌氏；官讲资寿教寺讲主智润及广威公外孙同安县达鲁花赤寿山兴⑦焉。主严⑧僧志聪
>
> 时至正二十七年十月丙午日题。

从造像记可知，功德主阿沙是位来自灵武的西夏遗民，从至元年间

---

① 参见温玉成《中国石窟与文化艺术》，上海人民美术出版社1993年版，第428页；《泉州三世佛造像再探》，《敦煌研究》2000年第4期。两录文有不一致处，笔者特向温先生请教，在文中作了改正，在此表示感谢。

② 元代"唐兀氏"已不单指"党项族"，而是对杂处河西地区诸民族的总称，参见柯劭忞《新元史》卷28"氏族表"曰："唐兀氏，故西夏国。太祖平其地，称其部众曰唐兀氏。"钱大昕《元史氏族表》卷2载："唐兀者，故西夏国自赵元昊据河西与宋、金相持者二百余年，元太祖始平其地，称其部众曰唐兀氏。"吴海《闻过斋集》卷1"王氏家谱叙"有"世祖以其（西夏）人刚直守义，嘉之，赐姓唐兀氏，俾附国籍，次蒙古一等。其俗自别旧羌为蕃，河西陷没，人为汉河西，而仕宦者皆舍旧氏，用新氏"的记载。

③ 《泉州三世佛造像再探》（《敦煌研究》2000年第4期）录为"烧"字，笔者认为应为"梵"字，因为元世祖时尼泊尔人阿尼哥随八思巴来到大都，梵式造像风格从西藏传入内地，并对内地造像产生很大影响。

④ 《泉州三世佛造像再探》（《敦煌研究》2000年第4期）录为"以之为焚修祝圣之所"。

⑤ 《中国石窟与文化艺术》（上海人民美术出版社1993年版）录为"分治东广，道出泉南"，据史料笔者认为应是"广东道"。

⑥ 与《中国石窟与文化艺术》（上海人民美术出版社1993年版）的"阿儿温沙"，应为同一人。

⑦ 《中国石窟与文化艺术》（上海人民美术出版社1993年版）录为"与"字。

⑧ 《中国石窟与文化艺术》（上海人民美术出版社1993年版）录为"岩"字。

到元代末年，阿沙及其后人在福建为官，任泉州路达鲁花赤，并从事佛教活动。温玉成先生对三世佛造像作过研究，认为这是一组典型的元代藏传佛教造像，是我国东南沿海除杭州外唯一一处有明确纪年的藏传佛教造像。造像功德主唐兀氏阿沙即是《大元肃州路也可达鲁花赤世袭之碑》（以下简称《肃州碑》）中的阿沙。[1]

有关西夏遗民的研究成果较多，其中涉及肃州阿沙的文章有《〈大元肃州路也可达鲁花赤世袭之碑〉考释》和《〈大元肃州路也可达鲁花赤世袭之碑〉补释》等。[2] 清源山造像记则反映了来自灵武的西夏遗民阿沙在福建、泉州担任行省、路、县等级官职的事实。那么，造像功德主阿沙和《肃州碑》中的阿沙究竟是否同一人呢？笔者在前人研究基础上对此问题继续进行探讨。

2. 造像功德主阿沙与《肃州碑》中的阿沙非同一人

元代史料中阿沙或阿沙·敢不[3]出现次数不少，有肃州路达鲁花赤、后迁升昭武大将军和甘肃等处宣慰使[4]、统河西唐兀军[5]、诸王[6]、与成吉思汗作战且口出狂言的西夏重臣[7]、泉州路达鲁花赤[8]、邵武路达鲁

---

[1] 温玉成：《中国石窟与文化艺术》，上海人民美术出版社1993年版，第428页；《泉州三世佛造像再探》，《敦煌研究》2000年第4期。

[2] 白滨、史金波：《〈大元肃州路也可达鲁花赤世袭之碑〉考释》，《民族研究》1979年第1期，又见白滨编《西夏史论文集》，宁夏人民出版社1984年版，第473—500页。汤开建：《〈大元肃州路也可达鲁花赤世袭之碑〉补释》，《中国史研究》1983年第4期，又见汤开建《党项西夏史探微》，台湾允晨文化实业股份有限公司2005年版，第452—469页。

[3] 汤开建在《〈大元肃州路也可达鲁花赤世袭之碑〉补释》中认为，在贺兰山与成吉思汗作战被擒的阿沙敢不与《肃州碑》中的阿沙是同一人，为西夏必吉（宰相）答加沙之孙，从肃州调到西夏国主身旁为大将，太祖二十一年战败被擒后可能投降成吉思汗。

[4] 白滨、史金波：《〈大元肃州路也可达鲁花赤世袭之碑〉考释》，《民族研究》1979年第1期。耿世民：《〈大元肃州路也可达鲁花赤世袭之碑〉回鹘文部分译释》，参见白滨编《西夏史论文集》，宁夏人民出版社1984年版，第499页。

[5] （明）宋濂等撰：《元史》卷14《世祖本纪》，中华书局1976年标点本，第300页。（明）宋濂等撰：《元史》卷99《兵志》（二），中华书局1976年标点本，第2527页。

[6] （明）宋濂等撰：《元史》卷13《世祖本纪》，中华书局1976年标点本，第282页。

[7] 余大钧译注：《蒙古秘史》卷11"续集卷1""续集卷2"，河北人民出版社2001年版，第438、460页。

[8] （明）阳思谦修，徐敏学、吴维新纂：《万历重修泉州府志》卷9《官守志》（上），中国台湾学生书局1987年版影印本，第712—713页。（明）黄仲昭修纂：《八闽通志》（上）卷32《秩官》，福建人民出版社1989年版整理本，第681页。

花赤①,监察御使②等。

通过对史料的梳理分析,可以确定作为西夏遗民阿沙的任职和活动范围主要分为两个区域:一是在肃州世袭职务的阿沙(或阿沙·敢不),另一是在泉州造像记及福建等方志中出现的阿沙。结合史料和碑文可证明两个"阿沙"不是同一人,理由如下。

第一,肃州路达鲁花赤阿沙出现在《肃州碑》中,碑文记述了从西夏灭亡到元至正二十一年共135年间阿沙及其子孙共六代十三人在肃州世袭职官等情况。它较清晰地勾勒出西夏遗民阿沙家族谱系,为研究西夏遗民在河西地区的活动提供了宝贵素材。《肃州碑》(汉文)载:

> 太祖皇帝,御驾西征,天戈一挥,五郡之民,披云睹日,靡不臣服。时有唐兀氏举立沙者,肃州阀阅之家,一方士民咸□□化,举立沙瞻圣神文武之德,起倾葵向日之心,率豪杰之士,以城出献。又督义兵,助讨不服,忘身殉国,竟殁锋镝。太祖皇帝矜其向慕之心,悼其战死之不幸,论功行赏。以其子阿沙③为肃州路世袭也可达鲁花赤,以旌其父之功。宪宗皇帝赐以虎符。世祖皇帝愈加宠赏,升昭武大将军,迁甘肃等处宣慰使。阿沙二男,长曰剌麻朵儿只,次曰管固…儿加哥。剌麻朵儿只先授奉训大夫、甘州路治中,又升奉议大夫,肃州路达鲁花赤。莅政一考,思义让之心,逊其职与弟管固儿加哥,管固儿加哥事四载,复将前职归于其兄,受奉政大夫,依旧袭职。……太祖,驾御六龙。亲讨西夏,圣武威雄。因公献□,□风□□。□以世袭,用酬其功。子孙相继,奕叶兴隆……

碑文内容对阿沙身世和任职情况作了交代,他出身自肃州阀阅之

---

① (明)黄仲昭修纂:《八闽通志》(上)卷32《秩官》,福建人民出版社1989年版整理本,第742页。
② (元)张铉撰:《至大金陵新志》卷6(下)《官守志二》,文渊阁四库全书本。
③ 《肃州碑》(回鹘文)译为"阿沙·甘布",所以肃州的阿沙又称阿沙·甘布。《元史》122卷《昔里钤部》(第3011页)提道"昔里钤部,唐兀人,昔里氏。钤部亦云甘卜,音相近而互用也"。敢不即甘卜、甘布、敢布。

家。阿沙家族在当地有显赫的势力和威望，因其父主动投向蒙古且又立有战功，所以在举立沙死后，成吉思汗以阿沙为肃州路达鲁花赤，并允许其子孙世袭肃州路也可达鲁花赤一职。宪宗在位时又赐阿沙以虎符。忽必烈时，升为昭武大将军，正三品，最后出任甘肃等处宣慰使，从二品。阿沙子孙在肃州世袭官位不断，只有立碑人"善居"曾到大都任职，后仍回到西北，升任永昌路达鲁花赤。

阿沙任达鲁花赤时还奉命负责签发河西军，唐兀人坦率忠诚且英勇善战，河西地区成为元代重要兵源地之一。签发的河西军被派往他处，为元政府效力。《元史》载：

（至元十二年五月，丁亥），遣肃州达鲁花赤阿沙签河西军。①

（至元）十二年（1275），五月，正阳万户刘复亨言："新下江南三十余城，俱守以兵，及江北、淮南、润、扬等处未降，军力分散，调度不给，以致镇巢军、滁州两处复叛。乞签河西等户为军，并力剿除，庶无后患。"有旨，命肃州达鲁花赤，并遣使同往验各色户计物力强富者签起之。②

阿沙此次签发河西军，主要与江南元兵力不足有关，应江南作战官员之奏请，政府在能征善战的河西人当中签发军队。阿沙具体负责签发河西军，他自己并未随军队南下。从史料看阿沙继续统帅河西军，驻守河西地区，接受中央政府的赏赐。《元史·世祖本纪》载："至元二十四年九月，乙巳，以米二万石，羊万口给阿沙所统唐兀军。"③ 忽必烈时封河西阿沙统领唐兀军，之后对阿沙再无记载。

之前，甘肃宣慰司设立后，阿沙再次得到升迁，被授以甘肃等处宣慰使，宣慰司"掌军民之务，分道以总郡县，行省有政令则布于下，郡县有请则为达于省。"④

---

① （明）宋濂等撰：《元史》卷8《世祖本纪》，中华书局1976年标点本，第167页。
② （明）宋濂等撰：《元史》卷98《兵志二》，中华书局1976年标点本，第2515—2516页。
③ （明）宋濂等撰：《元史》卷14《世祖本纪》，中华书局1976年标点本，第300页。
④ （明）宋濂等撰：《元史》卷91《百官七》，中华书局1976年标点本，第2308页。

第八章 西夏藏传佛教对后世的影响

《元史·百官志》载："甘肃等处行中书省。中统二年，立行省于中兴。（至元）十年，罢之。十八年复立，二十二年复罢，改立宣慰司。二十三年，徙置中兴省于甘州，立甘肃行省。三十一年，分省按治宁夏，寻并归之。本省治甘州路，统有七路、二州。"①

分析上述内容可以判定，《肃州碑》和《元史》所记阿沙同指肃州的阿沙，二者可相互补充。肃州阿沙主要生活在西夏末年到元世祖忽必烈时期，先任肃州路达鲁花赤、昭武大将军（正三品），统领唐兀军，至元二十二年（1285）前后迁升甘肃等处宣慰使（从二品）等。至元二十四年（1287）继续统领唐兀军，以后，史料无载。

《肃州碑》没有提及阿沙曾去泉州任达鲁花赤一职，难道是碑文记载有误？笔者认为这种可能性不大，《肃州碑》的立碑人"善居"作为阿沙的孙子，对祖辈的情况应是比较清楚的。可以说《肃州碑》和《元史》的记载可证明肃州唐兀氏阿沙和泉州造像功德主阿沙并非同一个人。

第二，《肃州碑》未提到阿沙还有兄弟和女儿，而从清源山造像题记判断，泉州阿沙还应有弟弟和女儿。至正丁未（1367）秋，阿沙弟弟的儿子般若帖穆尔出任福建、江西等处行中书省参知政事（从二品），分治广东道。他来到泉州，追忆先伯监郡遗迹。阿沙女儿之子寿山任同安县的达鲁花赤。同安为泉州的一个下县，寿山官品并不高，从七品。

学者对戍守沙州和肃州的"铃部"有过详细考证，认为肃州的"铃部"即是阿沙的父亲举立沙。沙州守将"昔里铃部"，名益立山，是举立沙的亲弟弟或同族弟弟。②那么我们依此观点继续考证，据《大元故大名路宣差李公神道碑铭并序》③《李公神道碑》④《魏国公先世述》⑤ 的内容

---

① （明）宋濂等撰：《元史》卷91《百官七》，中华书局1976年标点本，第2307页。
② 汤开建：《〈大元肃州路也可达鲁花赤世袭之碑〉补释》，《中国史研究》1983年第4期。敖特根：《西夏沙州守将昔里铃部》，《敦煌学辑刊》2004年第1期。据《蒙兀儿史记》和《新元史》记载，蒙古军队围肃州时，因守卫肃州的铃部欲投降成吉思汗，而全家被害。这一记载与其他文献有异，学者们考证，当时被害的非铃部全家，只铃部一人。
③ （元）王恽撰：《秋涧集》，《元人文集珍本丛刊》（2册），中国台湾新文丰出版公司影印本1985年版，第113—115页。
④ （元）姚燧撰：《牧庵集》卷19《李公神道碑》，王云五主编《丛书集成初编》，商务印书馆1936年版，第247—250页。
⑤ （元）程钜夫撰：《魏国公先世述》卷535，见李修生主编《全元文》（16册），江苏古籍出版社1999年版，第319—321页。

可知，益立山生于1191年，卒于1259年，终68岁，死后葬回肃州。益立山有三子：爱鲁、罗合、小钤部。他们三人与《肃州碑》中阿沙应为同辈。爱鲁有三子，即教化、也先贴木儿和骨都歹；小钤部有子万奴，①能称阿沙为伯父者只有这四人。从其事迹判定，至大年间（1308—1311）也先贴木儿曾任江西行省平章（从一品），其名字与泉州造像题记中阿沙侄子般若帖穆尔（行省参知政事从二品）最为接近，可二人在任职时间和官品上皆不一致，所以说也先贴木儿并非泉州阿沙之侄。

另据《新元史》卷131《列传》"昔里钤部"记载可知爱鲁生于1225年，卒于1288年，终年63岁。②而爱鲁弟小钤部死于至元十三年（1276）。史载，至元十三年正月，戊子，大名路达鲁花赤小钤部坐奸赃伏诛，没其家。③根据爱鲁和小钤部死亡的时间推算，他们的子辈即阿沙侄子若到至正二十七年（1367）时，其年龄可想而知。上述内容也证明泉州题记中的阿沙与肃州阿沙不是同一人。

第三，从出生年代、祖籍和官秩上判定二个阿沙亦非同一个人。元政府对职官世袭作了相应规定，原则上年满70岁致仕，子孙有能力且年满25岁者可以世袭职位。因旃父之功，成吉思汗授阿沙为肃州达鲁花赤，但阿沙任职年龄不得而知，我们把阿沙授官作为战争年代的特殊情况，依照蒙古时期当兵年龄，以阿沙15岁世袭肃州路达鲁花赤计，到至元壬辰（1292），他已是80多岁的老人，以八十岁高龄降级调任泉州达鲁花赤的可能性不大。

泉州造像记为阿沙侄子般若帖穆尔所记，而《肃州碑》为阿沙的孙子善居所立，作为后人对自己祖籍记载应该清楚，泉州阿沙的祖籍是灵武，肃州阿沙（或阿沙·敢不）则是肃州显贵之家。学者还对肃州阿沙的族属和姓氏作过进一步考证，认为阿沙系沙陀贵族的后代，从原居

---

① 爱鲁三子史载不同，《秋涧集》卷51《李公神道碑铭》载：长教化、次贴木儿和万奴。《正德大名府志》卷10《元大名达鲁花赤昔李公墓志铭》载：长教化、次也先贴木儿、万奴。《新元史》卷28《氏族表上》载：子教化、也先贴木儿、骨都歹。《雪楼集》载：爱鲁三男三女：男曰教化、曰也先贴木儿、曰骨都歹。

② 参见《新元史》卷131《昔里钤部》载：二十四年，进右丞，改尚书右丞。……明年，师还，咸瘴疠，卒，年六十三。……赠银吉光禄大夫、平章政事，谥毅敏。皇庆元年，加赠秉忠执德威远功臣、开府仪同三司、上柱国、太师，封魏国公，谥忠节。

③（明）宋濂等撰：《元史》卷9《世祖本纪》，中华书局1976年标点本，第177页。

住地北庭迁到甘州进入河西地区，后又有一支来到肃州，即阿沙先祖。唐时，沙陀得到朝廷赐姓"李"。西夏时，为了区别西夏王的"李"姓，称西夏王的李姓为"大李"，而沙陀称"小李"，即史书上所记的"昔里"。①

至元二十二年（1285）后，肃州阿沙已从昭武大将军升为甘肃等处宣慰使，从二品。而泉州阿沙在至元二十九年（1292）才以广威将军来监泉郡，广威将军为正四品，出任达鲁花赤后能升为正三品，他的官品也比肃州阿沙要低。所以，从年龄、祖籍和官秩等判断，肃州阿沙与泉州造像阿沙亦非同一人，二者仅是名字相同的西夏遗民而已。

3. 泉州造像功德主阿沙

至元壬辰间灵武唐兀氏阿沙来监泉郡，即出任泉州路达鲁花赤，但从哪里调来监泉郡还不能确定。福建方志虽对阿沙有些记载，但过于简略，无从进一步详细考证。《万历重修泉州府志》"官守志"载：

> 元泉州路总管府达鲁花赤监路事，总管掌路事印，则达鲁花赤收之，总管封署其上。今郡志称：偰玉立曰监郡，恶胡元官名也。
>
> 达鲁花赤：至元间，唆都、乞升、忽散木丁、阿沙、阿里答失蛮；元贞间，马速忽；大德间，苦思丁；至大间，剌锡；……至正间，贴木迭儿、偰玉立（见宦迹）。……
>
> 右元达鲁花赤凡二十二人，惟偰玉立见宦迹。总管、治中凡三十一人，惟乃穆泰见宦迹，时吏治卤莽，无足纪者，故其余不具载。②

《八闽通志》"秩官"之"元泉州路总管府的达鲁花赤"载："唆都、乞升、忽撒术丁、阿沙、阿里答 失蛮（俱至元间任）。马速忽（元贞间任）。苦思丁（大德初任）。剌锡（至大初任）。阿来（皇庆初任）……

---

① 汤开建：《〈大元肃州路也可达鲁花赤世袭之碑〉补释》，《中国史研究》1983年第4期。李正宇：《"以千骑降夏"的"瓜州王"是谁?》，《敦煌研究》1991年第2期。熬特根：《西夏沙州守将昔里钤部》，《敦煌学辑刊》2002年第1期。
② （明）阳思谦修，徐敏学、吴维新纂：《万历重修泉州府志》卷9《官守志》（上），中国台湾学生书局1987年版影印本，第712—713页。

贴木迭儿、偰玉立［见《名宦志》（俱至正间任）］。"①

《重纂福建通志》"元职官"之"泉州路"载："泉州路达鲁花赤唆都、乞升、忽撤术丁、阿沙、阿里答、失蛮（俱至元间任）。马速忽（元贞间任）、苫思丁（大德初任）。剌锡（至大间任）。阿来（皇庆初任）……贴木迭儿、偰玉立（有宦迹，俱至正间任）。"②

方志记载至元年间阿沙任泉州路总管府达鲁花赤，与三世佛造像记"至元壬辰间灵武唐吾氏广威将军阿沙公来监泉郡"内容一致，可以说泉州路总管府达鲁花赤即是造像题记中的阿沙。

《八闽通志》"秩官"之"元邵武路总管府达鲁花赤"载："石抹、王弼、明安答儿（俱至元间任）。阿沙、蛮子海牙（俱大德间任）。木八剌、别鲁思（延祐间任）。阿来（天历初任）……"③

《重纂福建通志》"元职官"之"邵武路"也载："邵武路达鲁花赤石抹、明安答儿、王弼（俱至元间任）。蛮子海牙、阿沙（俱大德间任）。别鲁思、木八剌（俱延祐间任）。阿来（天历间任）……"④

从这两段内容判断，阿沙⑤在泉州任职期满后，又于大德年间（1297—1308）改任邵武路达鲁花赤。泉州阿沙具体活动是：

第一，任泉州达鲁花赤期间，施舍财物，雕凿藏式三世佛像，装饰以金碧，构殿崇奉。

具有藏式特点的佛像在泉州出现，既与忽必烈时杨琏真伽在南方推行藏传佛教有密切关系，也与西夏遗民阿沙本身的藏传佛教信仰有一定联系。为了更好地利用宗教加强统治，元统治者允许不同宗教并存，给

---

① （明）黄仲昭修纂：《八闽通志》（上）卷32《秩官》，福建人民出版社1989年版整理本，第681—682页。
② （清）陈寿祺等撰：《重纂福建通志》（同治十年重刊本）卷95《元职官》，中国台湾华文书局股份有限公司1968年版，第1873页。
③ （明）黄仲昭修纂：《八闽通志》（上）卷35《秩官》，福建人民出版社1989年版整理本，第742页。
④ （清）陈寿祺等撰：《重纂福建通志》卷95《元职官》，中国台湾华文书局股份有限公司1968年版，第1876—1877页。
⑤ 另《至大金陵新志》"官守志二"之"监察御史"载："阿沙从仕至元三十年上""阿沙将仕延祐元年上"。可以理解为，至元三十年，阿沙授从仕郎，担任南台监察御史，从七品。延祐元年，阿沙被授将仕郎，任南台监察御史，正八品。从官秩看，《至大金陵新志》所记阿沙与造像功德主阿沙不是同一人，应另有其人，无考。

第八章 西夏藏传佛教对后世的影响

以不等的优待，设立僧官和各路三学讲，弘传教理。《元史·世祖三》载："（至元二年二月甲子），诏谕总统所：僧人通五大部经者为中选，以有德业者为州郡僧录、判、正副都纲等官，仍于各路设三学讲、三禅会。"①

至元二十五年（1288），忽必烈组织江南禅、教僧人到大都进行廷辩，还以"帝平宋已，彼境教不流通天下，拣选教僧三十员，往彼说法利生，由是直南教道大兴。"② 至元二十五年（1288），诏江淮诸路立御讲三十六，求其宗之。③ 元朝确立优先发展教派的政策，经过多年提倡，南方佛教，包括藏传佛教得到很大程度发展。元灭亡前夕，般若帖穆尔进行佛事活动时还有官讲资寿教寺④讲主智润和主严僧志聪参加。

第二，捐俸买田五十余亩入大开元万寿禅寺。泉州开元寺有悠久的历史，如《泉州开元寺志》所载：

> 大开元万寿禅寺旧在郡城西清门外，后城增广，则寺当城内之西区也。唐垂拱二年乙酉二月，州民黄守恭昼梦一僧乞其地为寺，恭曰：须树产白莲乃可。僧喜谢，忽失所在。越二日，桑树果产白莲，有司以瑞闻，乞置道场。制曰：可。仍赐莲花名，请僧匡护主之。长寿壬辰，升为兴教寺。神龙乙巳，改额龙兴。玄宗二十六年，天下诸州各建一寺，以纪年为名，有司复以应命，改额开元。历五代十国而至宋，旁创支院一百二十区，支离而不相属。至元乙酉，僧录刘鉴义白于福建行省平章伯颜，奏请合支院为一寺，赐额大开元万寿禅寺。明年，延僧妙恩住持，为第一世。禅风远播，衲子竞集，复得契祖继之，垂四十年，食常万指。当元之季，饥谨洊

---

① （明）宋濂等撰：《元史》卷6《世祖本纪》，中华书局1976年标点本，第106页。
② （宋）念常集：《佛祖历代通载》卷22，《大正藏》第49册，第2036号，第723页中栏。
③ （元）释大昕：《蒲室集》（明初刊本）卷12《金陵天禧讲寺佛光大师德公塔铭》。
④ 资寿寺在《重纂福建通志》有多处记载，其中卷264《寺观》之《福州府》（4990页）中提道"资寿寺在九都，宋太平兴国二年建，治平间重建"。《泉州府》之"晋江县"（5003页）也有"护国永隆资寿讲寺在治北桂香坊，宋景德间，陈洪铭刺漳州，建庵为兄洪进祈福，后改永隆资寿院，元赐今名。"至于元末参加般若帖穆尔佛事活动的资寿讲主智润所在的寺院究竟为哪个，无考。

臻，盗贼并起，寺因之不振。①

大开元万寿禅寺之名是由僧录刘鉴义和福建行省平章伯颜于至元二十二年（1285）奏请朝廷正式赐额的。至元二十三年（1286）延请僧妙恩为寺院第一任住持。妙恩，倪氏，持律精苦，胁不沾席者四十余年。……他慧解圆融，不以禅废教，至元三十年（1293）圆寂，终90岁。嗣位者契祖、如照和释大圭等。②万寿禅寺以禅为主，禅教共兴，其禅宗传承派系应属于临济宗。阿沙为寺院施舍田产，正值妙恩住持之时，万寿禅寺规模宏大，佛事兴盛，是最为繁盛时期。

故此，泉州造像功德主阿沙，灵武人，主要活动在元至元到大德年间，由广威将军迁泉州路达鲁花赤，大德年间调任邵武路达鲁花赤。在泉州任职期间，多次从事佛事活动，彰显他作为地方官员，上报国家之恩德，下显爱民之诚心。

4. 造像记中其他人物

元末起义军把元朝的势力拦腰截断，南方除张士诚等反元割据势力外，还有忠实元廷的福建陈有定。造像记中提到阿沙侄子般若帖穆尔、外孙寿山、行中书省理问官唐兀氏忽纳台、广东道宣慰使司同知副都元帅阿鬼温沙哈儿鲁氏、泉州路达鲁花赤元德瓮吉刺氏、郑潜、智润、志聪等应是陈有定的僚属和当地寺院僧人。他们退守福建，忠于元朝，与进攻福建的军队作战。

先看般若帖穆尔，他是阿沙侄子，元末任福建、江西等处行中书省参知政事，分治广东道。他来到泉州，见到因"岁远时艰，弗克葺治"的三世佛像，感慨万分，再次出资重新装饰造像，修葺殿堂，使之焕然一新。嘉靖《建宁府志》附录揭汯《湛卢书院记》中也提到般若贴木儿："至正十六年福建行省参知政事阮公德柔同知建宁路，时因其址而拓其中为讲堂……明年，闽海佥事般若贴木儿行部覆其事而嘉之。俾请

---

① （明）释元贤撰：《泉州开元寺志》（1927年重刻本），中国台湾明文书局编辑部1980年版，第16—17页。

② （明）释元贤撰：《泉州开元寺志》（1927年重刻本），中国台湾明文书局编辑部1980年版，第96—101页。

第八章　西夏藏传佛教对后世的影响

于朝，二十二年得请而赐额。"① 元代晚期，阿沙的后人还在福建活动，任官职。

《元史·顺帝纪》也载："（至正十八年）八月丁卯朔，江浙行省平章政事三旦八遁于福建。先是，三旦八讨饶州，贪财玩寇，久而无功，遂妄称迁职福建行省。至福建，为廉访佥事般若帖木儿所劾，拘之兴化路。"②

从任职时间和地点判断，《湛卢书院记》和《元史》中的般若贴木儿与造像记所述阿沙侄子的情况基本相符，应为同一人。另《玩斋集》之《建安忠义之碑》载："至正改元之十八年，皇帝重念闽海道远，用兵日久，民弗堪命，诏浙江等处行中书省平章政事布哈特穆尔以便宜移镇之。公既莅事务，修厥职。明年，淮寇陈友谅遣其伪将邓克明等由建昌分三道犯闽。又明年春三月，陷延平，夏五月乙亥，围建宁，时经略使巴延布哈在城中，遂以总管阮德柔为参知政事，调度诸军。……达噜噶齐布延特穆尔主馈饷，同知陈子琦、贾伊尔、庄文善各率所部往来接战。……镇抚瓮吉喇特、田成佳、李庸岳。"③

查对史料，碑文所记布延特穆尔在元代史料中多有同名，考其事迹，皆不能与《建安忠义之碑》中的布延特穆尔事迹相符，再结合《建安忠义之碑》和《湛卢书院记》等所记其他人物，笔者认为，布延特穆尔当是般若帖穆尔，即阿沙侄子。

《至正崑山郡志》也载："勃罗帖穆尔，字存中，号一齐，唐兀人氏，祖忽刺出银青荣禄大夫，湖广省丞相。父彻里帖木儿中奉大夫，湖广省参知政事。公以相门世禄初授承务郎，直省舍人，升奉训大夫、武备寺丞，历大府监提点，至正辛巳冬以奉议大夫来为监州……"④ 此处的勃罗帖穆尔亦为唐兀人，与《元史》中所记勃罗帖穆尔的事迹不符合，他是不是造像记中的般若帖穆尔呢？

由此可知，至正十七年（1357）般若帖穆尔为闽海佥事，为官清正

---

① 天一阁藏明代方志选刊：嘉靖《建宁府志》卷17附录揭法《湛卢书院记》，上海古籍书店影印1964年版版刻本。
② （明）宋濂等撰：《元史》卷45《顺帝纪》，中华书局1976年标点本，第944页。
③ （元）贡师泰撰：《玩斋集》卷9《建安忠义之碑》，文渊阁四库全书本。
④ 宋元方志丛刊：《至正崑山郡志》卷2《名宦》第2册，中华书局1989年标点本，第1121页。

廉洁，弹劾西夏遗民江浙行省平章政事三旦八不法行为。至正二十年（1360）任建宁路达鲁花赤（从三品），负责馈饷，与郑潜、陈有定及镇抚瓮吉喇特等共同抵御陈友谅部属对福建的进攻。至正二十七年（1367）升任福建江西行省参知政事。若能证明《至正昆山郡志》中的勃罗帖穆尔即是阿沙公的侄子，那么阿沙等人的情况还可作进一步考证。

郑潜作为南方文人，《福建通志》《江南通志》《明一统志》等都有记述。其中《八闽通志》"人物"载："郑潜，字彦昭，歙县人，元至正中为福建监察御史，擢廉访使，后以泉州路总管致仕。寓居怀安之瓜山，买田建义学以教育后进，又立白苗、杨崎二渡，买田以给操舟者之费，人利之至今。"[1]

《重纂福建通志》"元侨寓传"的记载与《八闽通志》所记基本一致："元郑潜，字彦昭，歙县人，至正中为福建监察御史，擢廉访使，后以泉州路总管致仕。寓居怀安之瓜山，买田建义学以教育后进，又立白苗、阳歧二渡，买田以给操舟者之费，人利之至今。"同书卷95"元职官"之"泉州路"载："达鲁花赤……。总管马坦之、王之问、贾廷直（俱至元间任）……孙文英、郑潜（歙县人，俱至正间任）。"[2]

《江南通志》"人物志"也载："郑潜，字彦昭，歙人，有学行以诗名。元末，由内台掾仕，至泉州路总管。入明，官潞州同知，所著有《白沙槁》、《樗庵》集。"[3]

总之，郑潜，字彦昭，歙县人，经历元代中晚期及明初。至大四年（1311）进士，担任过县丞、内台掾、福建闽海道肃政廉访司知事[4]、佥事[5]、郎中[6]、福建监察御史、海北廉访司副使和泉州路总管。入明

---

[1] （明）黄仲昭修纂：《八闽通志》（下）卷63《人物》，福建人民出版社1989年版整理本，第485页。

[2] （清）陈寿祺等撰：《重纂福建通志》卷195《元侨寓传》，第3527页；卷95《元职官》，中国台湾华文书局股份有限公司1968年版，第1873页。

[3] 《江南通志》卷167《人物志》，文渊阁四库全书本。

[4] （明）黄仲昭修纂：《八闽通志》（上）卷30《秩官》，福建人民出版社1989年版整理本，第630页。

[5] （清）陈寿祺等撰：《重纂福建通志》卷62《学校》之《勉斋书院》，中国台湾华文书局股份有限公司1968年版，第1279页。

[6] （元）贡师泰撰：《玩斋集》卷9《建安忠义之碑》，文渊阁四库全书本。

后继续为官，初为宝应县主簿、迁潞州同知，洪武十年（1370）致仕。之后居乡邑，买田建义学，修渡口，方便乡里人，著有《白沙槀》《樗庵》二集。

《八闽通志》《秩官》还载，至正间，元德为福建闽海道肃政廉访司副使。① 此处元德与题记中的元德大概为同一人，至正间他任福建闽海道肃政廉访司副使，至正末升泉州路达鲁花赤。

综上所述，通过对泉州造像记的初步考证，可以确定泉州造像功德主阿沙与《肃州碑》中阿沙仅是名字相同的两个西夏遗民，弥补史料记载之不足。至元二十九年（1292）灵武阿沙来到福建，先后出任泉州路和邵武路达鲁花赤。在泉州时他雕凿佛像，进行佛事活动。元末，阿沙侄子、外孙继续在福建任职，在极为艰难的情况下还修缮了阿沙当年所造遗迹，与其他各民族官员一起进行佛事活动，一方面为濒于灭亡的元政府祈福，使之摆脱困境；另一方面保佑自身免遭战乱之苦，福寿长久。

五　宣政院任职的西夏遗民

西夏虽然灭亡，但是西夏崇尚佛教的政策为元朝所继承，元朝积极发展佛教，尤其是藏传佛教得到空前的发展，设立佛教管理机构，重用西夏遗僧管理佛教事务。至元元年（1264）设总制院，由国师统领，"总制院者，掌浮图氏之教，兼治吐蕃之事。"② 总制院的设立既与元统治者推崇和发展佛教有密切关系，也与对西藏事务实行有效管理的大环境有紧密联系。总制院存在时间不算很长，至元二十五年（1288），总制院更名宣政院。《元史》"世祖本纪"记载："至元二十五年十一月，甲辰，改释教总制院为宣政院，秩从一品，印用三台，以尚书右丞相桑哥兼宣政使。"③ 宣政院秩从一品。掌释教僧徒及吐蕃之境而隶治之。遇吐蕃有事，则为分院往镇，亦别有印。如大征伐，则会枢府议。其用

---

① （明）黄仲昭修纂：《八闽通志》（上）卷30《秩官》，福建人民出版社整理本1989年版，第629页。
② （明）宋濂等撰：《元史》卷205《奸臣传》，中华书局1976年标点本，第4570页。
③ （明）宋濂等撰：《元史》卷15《世祖本纪》（十二），中华书局1976年标点本，第317页。

人则自为选。其为选则军民通摄，僧俗并用。① 元代帝师掌管总制院（宣政院）和主持皇室各类宗教事务，并兼任萨迦政权的最高首领。很多西夏遗民担任宣政院使之职，为元代佛教的发展及管理做出很大贡献。

1. 河西人星吉，字吉甫，至治初，授中书尚监，改右侍仪，兼修起居注。拜监察御使，有直声。自是十五迁为宣政院使。②

2. 西夏人亦怜真班及子哈蓝朵儿只都曾出任宣政院使。③

3. 元朝早期名臣河西人算智尔威之子乞台普济，之弟日尔塞曾任宣政院使、甘肃释教都总统。乞台普济之子尔禄，年幼时为僧，后为签宣政院使。④

4. 高纳麟也曾出任宣政院使，至正二年（1342），除行宣政院使。⑤

5. 《至正集》卷31载，西夏人杨亦执里不花延祐间为行台御史，由户部尚书拜治书侍御史，陕西行省左丞，宣政院使，监河西宪监宪。

6. 河西人文伯要解（？）延祐五年除宣政院副使，《至顺镇江志》卷5有载。但他何时担任副使不能考证。

7. 仁宗时西夏人冲卜任西夏僧总统，封国公，卒于天历一年（1328），其弟监藏班藏卜袭职。⑥

8. 杨琏真伽是河西唐兀人，任江淮诸路释教都总摄长达十多年，其子杨暗普也曾出任宣政院使。《元史》载："二月己丑，从阿老瓦丁、燕公楠之请，以杨琏真伽子宣政院使暗普为江浙行省左丞。"⑦

9. 日尔塞，河西姑藏人，算智尔威四子，任荣禄大夫、宣政院使、甘肃释教都总统。⑧

---

① （明）宋濂等撰：《元史》卷87《百官三》，中华书局1976年标点本，第2193页。
② （明）宋濂等撰：《元史》卷144《星吉传》，中华书局1976年标点本，第3438页。
③ （明）宋濂等撰：《元史》卷145《亦怜真班传》，中华书局1976年标点本，第3445页。
④ （元）姚燧撰：《牧庵集》卷26《先德碑》，王云五主编《丛书集成初编》，商务印书馆1936年版，第329页。
⑤ （明）宋濂等撰：《元史》卷142《纳麟传》，中华书局1976年标点本，第3407页。
⑥ （明）宋濂等撰：《元史》卷33《文宗纪》，中华书局1976年标点本，第744页。
⑦ （明）宋濂等撰：《元史》卷17《世祖纪》，中华书局1976年标点本，第370页。
⑧ （元）姚燧撰：《牧庵集》卷26《先德碑》，王云五主编《丛书集成初编》，商务印书馆1936年版，第328页。

元统治者委任西夏遗民管理宗教事务，既说明西夏故地佛教兴盛，西夏遗民当时佛教修养水平较高，并有一定的佛教管理经验，也说明西夏遗民在元任职，尚可以袭职。

六　西夏帝师对元代的影响

西夏始有帝师封号，对元代产生一定影响，元代帝师之制是借鉴西夏帝师封号而形成的。关于帝师的设立，学界有三种观点。其一，认为中国的帝师始于元代忽必烈时期，他封八思巴为帝师是帝师设立的开始。其二，张羽新认为帝师制度源于中国古代儒家"王者必有师"的治国思想和相关职官制度，至迟出现在西汉时期。① 其三，罗炤先生根据出土西夏佛经题记记载，提出帝师始设于西夏。具体内容前文已有讨论，在此不赘。罗先生的观点得到学界的普遍认可，纠正了帝师始设元代之说。另外，从遗存西夏佛经题记和发愿文中再次验证罗先生的观点。笔者认为西夏帝师的出现是西夏借鉴吐蕃上师而出现的，受到藏族影响，西夏帝师基本上由藏族高僧担任。然而西夏灭亡后，西夏帝师封号为元朝继承并日益完善，逐渐成为一种较完善的封号制度。宪宗元年（1251）萨班死后，八思巴接任。宪宗二年（1252）忽必烈派使去凉州召见八思巴，八思巴到忽必烈身边后就留在那里，为蒙古人创制了八思巴文，中统元年（1260）被封为国师，至元七年（1270）尊为帝师。从忽必烈起，元代出现帝师封号，第一位帝师由八思巴担任，以后历朝皆有帝师之设，元代历史上共14位帝师，基本皆出自萨迦派。

帝师是皇帝的宗教老师，又是全国佛教的领袖，他在朝廷地位非常崇高，待遇也十分优厚。在朝堂上有专座，为皇帝、后妃授戒时，皇帝、后妃也要顶礼膜拜。出行或还朝时，要举行大规模的迎送仪式。太子即位之前，要帝师授戒。至于赏赐和封号，更是无所不用其极。元代皇帝即位前要由帝师授戒九次，才能正式即位。《元史·释老传》载："乃郡县吐蕃之地，设官分职，而领之于帝师。乃立宣政院，其为使位居第二者，必以僧为之，出帝师所辟举，而总其政于内外者，帅臣以下，亦必僧俗并用，而军民通摄。于是帝师之命，与诏敕并行于西土。百年之

---

① 张羽新：《帝师考源》，《中国藏学》2004年第1期。

间，朝廷所以敬礼而尊信之者，无所不用其至。虽帝后妃主，皆因受戒而为之膜拜。正衙朝会，百官班列，而帝师抑或专席于坐隅。且每帝即位之始，降昭褒护，必敕章佩监络珠为字以赐，盖其重之如此。其未至而迎之，则中书大臣驰驿累百骑以往，所过供亿送迎。比至京师，则敕大府假法驾半仗，以为前导，昭省、台、院官以及百司庶府，并服银鼠质孙。"① 《南村辍耕录》也载："累朝皇帝于践祚之始，必布告天下，使咸知之。惟诏西番者，以粉书诏文于青缯，而锈以白绒，网以真珠。至御宝处，则用珊瑚，遣使赍至彼国，张于帝师所居处。"②

元代帝师有皇帝赐予的玉印或金印，并诏谕天下，帝师生前享有如此之高的礼遇，死后还受尊崇，有封号，建塔供奉。至元十六年（1279）八思巴卒，八思巴被追谥为："皇天之下，一人之上［开教］，宣文辅治，大圣至德，普觉真智，佑国如意，大宝法王，西天佛子，大元帝师"，③并为之广建佛塔佛殿。如元英宗"诏各郡建帝师八思巴殿，其制视孔子庙有加。"泰定帝时又"绘帝师八思巴像十一，颁各行省，俾塑祀之"。④

不仅帝师一人荣登高位，帝师的"兄弟姊妹皆列士"，地位受人尊崇。《元史纪事本末》载："虽其昆弟子姓之往来，有司亦供亿无乏。泰定间，以帝师弟恭噶伊实戬将至，诏中书持羊酒郊劳；而其兄索诺木藏布遂尚公主，封白兰王，赐金印，给圆符。其弟子之号司徒、司空、国公、佩金玉印章者，前后相望。为其徒者怙势恣睢，日新月盛，气焰熏灼，延于四方，为害不可胜言。"⑤ 由此可见，元代帝师同西夏一样，皆由藏僧担任，并且是由萨迦派高僧出任。

另外，西夏的某些习俗对元也产生了一定的影响。元昊规定每年四

---

① （明）宋濂等撰：《元史》卷202《释老传》，中华书局1976年标点本，第4520—4521页。
② （元）淘宗仪撰，王雪玲校点：《南村辍耕录》卷2，辽宁教育出版社1998年版，第25页。
③ （明）宋濂等撰：《元史》卷202《释老传》，中华书局1976年标点本，第4518页。
④ （明）宋濂等撰：《元史》卷27《英宗本纪》（一），卷29《秦皇本纪》（一），中华书局1976年标点本，第607、650页。
⑤ （明）陈邦瞻：《元史纪事本末》卷18《佛教之崇》，中华书局1979年标点本，第147页。

第八章 西夏藏传佛教对后世的影响

孟朔日为"圣节",让全国官员和民众礼佛敬僧,为其诵经祈福。蒙古皈依佛教后,继承和发扬了西夏"圣节"的传统,因以为俗,在节日来临之时进行礼佛祈福活动。①

另外,忽必烈时期,八思巴主持了佛、道间的辩论,以解决佛、道两家的地位之争。八思巴率领中原、西夏和大理僧人参加这次辩论。另据《释氏稽古略续集》载,八思巴从至元元年(1264)开始在大都设会读僧,登座授秘密戒。《汉藏史集》载,八思巴总计为尼泊尔、印度、汉地、西夏、蒙古、高丽、大理、畏吾儿、合申等地的比丘和比丘尼、沙弥和沙弥尼四千人授戒剃度,为四百二十五名僧尼担任过授戒的堪布。②

总之,蒙古占领藏传佛教兴盛的西夏故地后,一些西夏遗民的参与佛事活动参与这成为元时藏传佛教发展的前提之一。西夏虽亡,但大量西夏遗民得到元朝的重用,一些遗民、遗僧担任元朝管理佛教机构的主要负责人,为延续西夏崇佛政策和发展佛教起了积极作用。蒙元统治者为巩固统治,对境内不同民族实行相对宽松的民族政策和宗教政策,不仅西夏故地佛教继续得到发展,而且藏传佛教随着西夏遗民的迁居而在各地流行开来。居住在各地的西夏遗民的佛事活动极大地推动了元代佛教及佛教艺术的发展与繁荣,为藏传佛教的东传和进一步兴盛起到了桥梁作用。

---

① 巴卧·祖拉陈哇:《贤者喜宴》(译注三),黄颢译,《西藏民族学院学报》1987年第1期。
② 达仓宗巴·班觉桑布:《汉藏史集》,陈庆英译,西藏人民出版社1999年版,第181页。

结　　语

　　上述各章节对西夏时期藏传佛教发展状况作了较为系统和深入的研究。法国藏学家石泰安（R. A. Stein）对藏传佛教有如下评价："（藏传佛教具有）不计其数的诸神；不胜枚举的仪轨；民间修持；宇宙形态的思辨和占卜术"的特点。[①] 这些特点为西夏藏传佛教所继承弘扬，它能够适应不同阶层信众不同需要乃至同一阶层信徒不同心理的需要，强调修善功德思想和借助他力拯救快速成佛。西夏藏传佛教深受藏地佛教和河西佛区藏传佛教的影响，是处在藏地和汉地两大传统文化的碰撞挤压之下所表现出来的妥协与调和。所以在研究西夏藏传佛教的同时，也绝不能忽视汉传佛教对西夏的影响，西夏藏传佛教发展呈现多元化的特点，汉文化和藏文化得以有机融合发展，具有显密结合的特点。而西夏的藏传佛教在东传过程中起着桥梁作用，西夏遗民和遗僧为元代藏传佛教的发展和兴盛起了很大推动作用。总体来说，西夏藏传佛教的发展有以下几个方面值得注意。

　　第一，西夏建立之初藏传佛教已得到发展。

　　本书比较细致地梳理了党项与吐蕃的历史渊源，并从吐蕃对河西长期统治、西夏与周边各政权的交往等方面入手，考证了党项族在内迁之前就已经接触藏传佛教，党项族僧人和吐蕃僧人已进行相互交流。正是因为前弘期党项人对藏传佛教的接受，才为西夏建国后大规模传播藏传佛教奠定了坚实的基础。通过对俄藏西夏文佛经题记的考证、明刻本"华严忏仪"题记、出土碑文、绘画特点及佛教词语来源等材料的分析，进一步证明西夏国建立后，藏传佛教在西夏的发展进入了一个崭新

[①] ［法］石泰安：《西藏的文明》，耿昇译，中国藏学出版社2005年版，第169页。

的发展阶段。

第二，西夏藏传佛教具有不同文化的杂糅性。

由于党项与吐蕃地域相邻和互为姻缘，使得其生活习俗、文化等与吐蕃有很大相似性。佛教传入之前，本教是吐蕃和党项人的共同信仰，以天地、日月、星辰、雷电、山川、动物等为崇拜偶像，通过咒语、血祭、牲殉等仪式来告慰神灵，有"三年一相聚，杀牛羊以祭天"的传统习俗。松赞干布时期佛教开始在吐蕃传播，外来佛教与吐蕃本地的本教共同发展，为了争夺传教权利和扩大自己的势力，彼此既有冲突，也相互吸收融合。从8世纪起，由于密教的发展，印度很多高僧入藏地传播密教，翻译经典，比较完整的密教体系在西藏得到继承和长足发展。赤松德赞时本教与佛教间爆发了一场激烈的辩论，结果本教论败，赞普遂下令禁止本教，从而大力发展佛教。但一些佛学大师清醒地认识到本教在吐蕃各地有着广泛的群众基础和很高的认同感，为顺应民情民意，扩大信徒范围，佛教并没有把本教完全排除在外，而是对本教的某些理论和形式加以改造利用，吸收了许多本教仪轨，降伏本教神灵使之成为佛教的护法神，从而使藏传佛教具有浓厚的本教特征。同样本教为了谋求发展，也积极向佛教靠拢，吸收了一些佛教的形式和内容，并仿照佛教理论进一步改进和完善了本教的理论体系，故此本教也掺杂了大量佛教观念。朗达玛灭法，尽管藏区佛教寺院和经典都遭到很大破坏，本教势力卷土重来，但佛教传播并没有完全终止，在民间仍以师徒和父子间的传承继续顽强地存在，与藏地的本教有融合发展。所以形成于后弘期的宁玛派中存在很多本教成分。正如土观·罗桑却吉尼玛所言："佛和苯是矛盾的一家，佛中掺杂苯，苯中亦杂佛。"① 由于地缘、族源等因素，这种具有浓厚藏地特色的藏传佛教更容易被党项人接受。后弘期时藏传佛教各宗派纷纷建立，为了弘扬佛法，各宗派的僧人加强对外交往，很多藏族僧人来到西夏从事译经和弘法等事业，将西夏藏传佛教的发展推向高潮。

西夏与宋相接，彼此虽存在战争，但也能长期和平相处，汉人的儒家文化和佛教信仰都对西夏产生很大影响，西夏在向宋请赐佛经的同时

---

① 土观·罗桑却吉尼玛：《土观宗派源流》，民族出版社2000年版，第198页。

也组织译场翻译佛经。西夏在吸收汉族的"天人感应"、历算和星相学的同时，也在不同程度上受到藏、印度等文化的影响。党项人把佛教中天体星宿的观念和本民族本土宗教中天体神灵的思想紧密结合在一起。在西夏藏品中，不仅保存有诸多星曜的壁画、绢画和布画等，而且有些有关星曜信仰的经典，希望通过对诸多星曜神灵的祭祀和供奉以达到祈福禳灾的目的。俄藏汉文《佛说金轮佛顶大威德炽盛光如来陀罗尼经》（TK-129）有施印题记：伏愿天威振远，圣寿无疆，金枝郁茂，重臣千秋，蠢动含灵，法界存土，齐成佛道。① 信徒认为，星曜神灵会在一定的时辰降临人间，如《罗睺星真言》（八日）、《金星真言》（十五日）、《计都真言》（十八日）、《土星真言》（十九日）、《水星真言》（二十一日）、《木星真言》（二十五日）、《大阴星真言》（二十六日）、《太阳星真言》（二十七日）、《火星真言》（二十九日）等，灾星降临会带来灾祸，只要在神灵降临的日子作法事，诵念经咒，就可以禳除诸多灾难。武威天梯山出土的一篇佛经发愿文中也提到星宿信仰，把星宿、神灵信仰与佛教信仰集合在一起。发愿文写道：得长寿，到于九十九，天霹雷电，龙鬼凌犯，星宿悉不能敌。后宿命智现，作愿圆满，尔时星宿复出……② 实际上，陈先生所说这一发愿文可能有误，应是《佛说圣曜母陀罗尼经》结尾处的内容："若有人求长寿等，于八月七日起首，受持斋戒至十四日夜，依法供养宿曜至十五日，一昼夜中读诵此陀罗尼，彼人得长寿至九十九岁，所有雷电、龙鬼、诸恶星曜皆不能怖。复得宿命智所愿如意。尔时，一切宿曜闻佛所言，赞言：善哉，善哉，甚为希有。"③ 但这都反映了西夏人希望通过佛事活动或佛经刊印等善行来祭祀星曜神灵，驱除星宿鬼怪给人们带来的危害。

党项人重视巫卜，认为巫师"上可达民意，下可传神旨"。西夏文中有很多表示"占卦者、厮乩、星相术士、巫师、法师、卜算"之类的词汇。黑水城出土的西夏文《西夏官阶封号表》中有巫位和占算位，

---

① 《俄藏黑水城文献》第3册，上海古籍出版社1996年版，第79页。
② 陈炳应：《西夏文物研究》，宁夏人民出版社1985年版，第56页。
③ （宋）法天译：《佛说圣曜母陀罗尼经》，《大正藏》第21册，第1303号，第422页上栏24。

卜算师和巫师地位相同。① 西夏占卜吉凶不单是本教巫师从事的职业，佛教僧人也从事占卜，求问吉凶等活动。莫高第444窟的题记中有一处题有"佛前牌"三个字，是指佛签，是当时佛教徒们来此求签卜问吉凶的地方。

由于西夏统治者采取比较宽松的宗教政策和民族政策，汉、藏等不同文化在西夏时期得到协调发展和有机融合。西夏藏传佛教信仰既有本教成分，也有某些汉文化的成分，正体现了西夏宗教文化处在藏汉两大传统文化的碰撞之下所表现出来的妥协与融合。从某种程度上说，这种妥协与融合促进了西夏文化的多元发展。

第三，西夏藏传佛教具有显密结合的特点。

显密结合是西夏藏传佛教另一明显特征，在西夏藏品中，《般若经》占很大篇幅，既有丰富的《大般若波罗蜜经》，也有《摩诃般若波罗蜜多心经》《金刚般若波罗蜜经》《仁王护国般若波罗蜜多经》等。《般若经》虽然属于显教内容，但藏传佛教把《般若波罗蜜经》作为修习密教的必须经过准备阶段，与藏传佛教主张先显后密的修持方法是一致的，其主要是为理解密宗深奥教义打下良好的理论基础，从而树立了显教重要经典在密教中的显赫地位。藏传佛教非常重视《般若经》，藏文《大般若经》是在赤松德赞在位期间被翻译并广泛流传的，在中唐吐蕃经卷中《大般若经》占据很大比例。

为了发展佛教，西夏不仅先后六次向宋请购"大藏经"，以此为底本进行译经工作，形成了西夏文大藏经，同时西夏也通过不同渠道输入藏文和梵文经籍和陀罗尼。很多藏文经典被译成西夏文和汉文，满足境内党项人、藏族和汉人信众对佛经的需求。根据克恰诺夫《俄藏黑水城西夏文佛经叙录》一书粗略统计，译自藏文的佛经、陀罗尼有130余种，仅收录"藏文佛经正经目录"的经文就有40余种。加上近几年在宁夏、内蒙古等地发现的译自藏文的佛经，译自藏文的经卷数量还要多，这充分说明藏传佛教在西夏的兴盛。西夏还利用党项、藏、回鹘和

---

① 《俄藏黑水城文献》，第9卷，Инв. No. 4170a、41706官阶封号表（乙种本）3—1，上海古籍出版社1999年版，第368页。参见文志勇《〈西夏官阶封号表〉残卷新译及考释》，《宁夏社会科学》2009年第1期。

汉等各族僧人共同翻译佛经和弘传佛教，西夏境内的寺院也分为以修密教为主或以修显教为主，剃度汉、羌、藏行童所试经种类也有所区别，并在西夏法典《天盛律令》中作出明文规定。西夏境内藏族僧人众多，他们不仅兼修藏传佛教不同教派教法，而且显密兼修，在佛经题记中常常出现"显密国师"或"显密法师"的称号，说明他们是些精通显教和密教的高僧大德。

  后弘期形成的藏传佛教各个教派也是显密兼修，而噶当派还以显教为主。前文已经考证藏传佛教的有些宗派与西夏关系密切，在西夏有一定发展。西夏藏传佛教十分兴盛，但并不是独尊藏传佛教某宗某派，而是把藏传佛教各派思想都加以吸收融合。在西夏藏传佛教中既能找到噶举派的大手印及上乐金刚与金刚亥母修习法和噶举派分支噶玛噶举、蔡巴噶举（或拔绒噶举）、止贡噶举的修习法，也能发现萨迦派的道果教法、喜金刚修习法和宁玛派的大圆满法修习法等。如噶举派的大手印法是一个显密包容的教派，噶举派创始人之一的"达布的著述中开示正见有显教规与密教规二种。二者皆安名为《大手印》教授。显教之规，是博引经教，造著论述，证明佛将空性说名为《大手印》之语。……噶举从上诸祖的《大印》，承认有显密二种分别。显教的《大手印》，是就心体之上，专一而住，修无分别，令成住分。关于密教的《大手印》，是指风息入住，融于中脉后所生的大乐光明，这是最有名的《七部修法》《三种心要》中所诠解的中心意义，是一切无上瑜伽续部中的精要之法。"[①] 萨迦派的道果法也是显密兼摄，完满具足。"……然萨迦不共之见，是《道果》的见，就是修明空无执，或生死涅槃无别之见，关于此见的立论，有显密两种分别。"[②]

  藏传佛教非常重视禅观和坐禅，密宗修行者中有"高密十年禅"的说法，要想修好密宗，必须先修禅，以禅为基础，阐释了禅学与密教的密切关系，禅宗思想融合到藏传佛教某些教派的教理和修行之中，后弘期藏传佛教的宁玛派、噶举派和萨迦派等思想中都包含了禅宗的某些观

[①] 土观·罗桑却吉尼玛：《土观宗派源流》，刘立千译注，民族出版社2000年版，第78—79页。

[②] 土观·罗桑却吉尼玛：《土观宗派源流》，刘立千译注，民族出版社2000年版，第108页。

点。随着宁玛、噶举派和萨迦派僧人到西夏传法，这些相互融合的思想也影响到西夏，藏传佛教的修行分为事、行、瑜伽和无上瑜伽四部分，在无上瑜伽教法中禅学思想得到充分体现。禅修是藏族僧人非常重视的，藏传佛教密宗经典中有很多陀罗尼，诵读和记忆陀罗尼时，往往需要聚精会神，并伴随以禅观和瑜伽。西夏把参禅苦修与诵经、礼佛、忏悔结合在一起。

显密结合的特色还表现在西夏佛教艺术中。藏传佛教建筑、绘画和僧人的生活习俗等都对西夏产生了很大影响。西夏境内佛塔林立，既有藏式覆钵式佛塔，又有汉式佛塔，还有将藏汉特色融为一体的混合型佛塔。显密结合的特色还表现在绘画方面，不仅体现在莫高窟、榆林窟、东千佛洞等河西石窟壁画中，而且体现在黑水城及宁夏、内蒙古等出土的大量藏传风格的唐卡、绘画和塑像方面。黑水城藏品中就连最具汉传佛教特色的《阿弥陀佛净土画》中也加进了不少藏传佛教的因素。如俄罗斯学者孟列夫所言："西夏盛行的佛教，融合净土佛教即阿弥陀佛信仰和密教的特征。这样融合而成的佛教，其所显现的吐蕃佛教特色多于汉传佛教。因此，我们有理由说西夏人接近吐蕃传统。即使居住在他们之中的汉人也是一样。"[①] 西夏统治者和佛教信众对境内流行的显教和密教都采取平等对待、一视同仁、兼收并蓄的原则，使得西夏佛教信仰具有很强的兼容性。

第四，西夏藏传佛教信仰的民众性。

西夏佛教虽然兴盛，但却不太重视佛学义理的研究，而是更加注重佛教的民众化和功利性的特点。上至皇室贵族，下至一般僧侣信众都乐于开窟造像、修寺建塔、拜佛诵经、刊印佛经、忏悔宿恶、放生施舍、斋僧济贫等，想以诸多善行，换取神灵的保佑，满足他们现世的种种要求，摆脱现世的苦难和不幸，希望命终之时能有佛和菩萨前来接迎，往生极乐净土。所以西夏境内净土信仰和观音信仰非常流行。黑水城藏品中丰富的净土和观音信仰的经典、绘画以及洞窟中西方净土变、药师经变和观音经变大量存在都证明了这一点。"户户观世音，家家阿弥陀"

[①] [俄]萨玛秀克编著：《丝路上消失的王国——西夏黑水城的佛教艺术》，许洋主译，中国台湾历史博物馆1996年版，第65页。

正是对西夏民众信仰的生动写照。

西夏境内藏族僧人众多,藏传佛教要求信徒四皈依,即皈依师、佛、法、僧,"师"的地位崇高。西夏僧人有帝师、国师、法师和禅师等封号,出任功德司正、副之职,并授以较高的世俗头衔。朝廷给高僧很高待遇,他们是佛教僧团最高的管理者,总理国家佛教事务。同时他们参与国家的政治、经济、军事和文化等活动,与世俗政权关系密切,充分体现了佛教"入世合俗"的特点。

设坛城,作斋会也是佛教民间化的直接表现,斋会等庶民信仰已经深入社会各个层面,同人们日常生活习俗紧密相关。斋会上通过设立坛城,作烧施(护摩)、打截截(忏悔罪过)、供养以及观想如来、菩萨、上师等种种本尊,达到祈福消灾的目的。西夏设斋作法事的斋主来自社会不同阶层,把设斋与追福、忏悔和礼佛等结合在一起,表达了不同阶层信众以此为功德,实现祈福消灾,早生净土的愿望。斋会活动既加强了佛教僧团与朝廷之间的关系,也密切了僧团与世俗社会的联系。斋会还增加寺院或僧人的经济收入,达到了利他又利己的目的。

西夏佛教信仰突出了密宗的基本思想,即"菩提心为因,大悲为根本,方便为究竟"和"三密为用"及"五佛智"等,强调了息灾、增益、调伏等现实利益,体现了佛教"为我所用"的特点。从出土的译自藏文的佛经看,西夏佛教主要突出了实践性和功用性的特点,藏传佛教密宗经典的广泛流行除了社会的、文化的和传统信仰等基本原因外,更与密教本身的特殊功效有关。密教宣称,诵一篇短小经文,念一句咒语,则可以消除几世的罪孽。依一定的仪轨进行修习,可以免去累世的修行,即身成佛。正所谓"受持一偈,福利弘深;书写一言,功超数劫"。大量疑伪经、陀罗尼、偈赞和修行仪轨等流行正是西夏佛教世俗化的具体表现,也与西夏人的文化水平有关。西夏尊崇佛经,把施舍、供养、诵读佛经看作积善功德,与信众的诸多愿望结合在一起,就连佛画、幡画和数珠等也常常作为佛经替代品在信众中广为流行。

受河西地区原有传统和藏族僧人习惯的影响,西夏僧尼虽分为出家僧和在家僧,但他们受佛教戒律约束较少,西夏僧人饮酒吃肉,娶妻生子,置办家产,蓄养奴婢,追求生活的利乐,高级僧侣拥有丰厚的资产,其生活方式与世俗生活没有多大差别。与此同时西夏僧人和行童等受世俗法律的管理却大大加强，《天盛律令》的相关条款对此作了明确规定。把僧人、行童等纳入世俗法律监管之下，也是西夏佛教发展世俗化的表现。

第五，寺院经济继续发展。

西夏时寺院经济在河西地区原有基础上又得到进一步发展。从出土经济文书和一些法律文本看，寺院占有大量土地和寺院依附人口、奴婢等，寺院和高级僧侣从事买卖和兼并土地的活动以及经营高利贷等业务。寺院依附人口和下层僧人等是寺院一切经济的创造者。农主和寺院其他僧官一起参与对寺院依附人口的管理。农主由世俗人担任，他们和吐蕃时期寺院的寺卿有着一定的渊源关系。随着寺院经济发展和僧团世俗化趋势的增强，寺院和僧人利用他们多余的资产从事高利贷经营谋取高额利润，借贷多以粮食为主，与归义军时期寺院经营大致相同。西夏僧官和僧人还要为各类斋会忙碌，通过这种利他行为也获取一定的利益。

西夏僧人享有的种种特权，也要承担种种义务。西夏实行"计亩输赋"政策，以占有耕地多少作为缴纳农业税和服役的标准，西夏的赋役包括租佣草等。寺院和僧人只要占有土地，就要按照国家的规定缴纳租税和服役。除非得到皇帝的特许，一些寺院可以全部减免或部分减免税役。西夏虽实行全民皆兵的国策，但不给僧人配发武器，在国家兵源极为缺少的情况下，诸道僧人、道士也要被应征入伍，与其他士兵一样冲锋陷阵，为国家效力。当然，这些僧兵是急则征，缓则罢。由此说明，西夏僧人不是一个寄生阶层，他们不仅要承担国家的租佣草，一些低级僧人还要受寺院役使。

综上所述，藏传佛教以其庞大的思想体系、丰富的文化内涵、独特的宗教仪式和严密的组织机构受到世人的瞩目，无上瑜伽密法和佛本融合所形成的众多神灵系统，以及名目繁多、丰富多彩的宗教仪轨和自成体系而又各具特色的宗派等都构成了藏传佛教与众不同的鲜明特征。在研究中国藏传佛教发展过程中，对西夏藏传佛教的关注是不可缺少的重要环节，西夏藏传既是对藏传佛教的继承和吸收，又结合汉文化和本民族自身文化对藏传佛教予以发展，突出了本民族文化的特色，具有鲜明的民族性和地域性。同时，西夏藏传佛教的繁盛局面又为元代藏传佛教在全国繁荣奠定了坚实的基础。

附录：西夏密教典籍与仪轨

一 凉州和敦煌等地

天梯山石窟和亥母洞遗址都出土译自藏文的西夏文佛经和陀罗尼等，它们是：

《佛母大孔雀明王经》（刻本）（G21.038［T28-1］)、《圣胜慧到彼岸功德宝集偈》（刻本）（G21.039［T25-3］)、《德王圣妙吉祥之胜慧意盛用总持》（G21.058［20480］)、《佛说圣星母陀罗尼经》（G21.009［T21］)、《星宿母陀罗尼》（G31.008［6734］)、《佛说大白伞盖总持陀罗尼经》[1]（G31.017［6745］)、《佛说百寿怨结解陀罗尼经》（G31.018［6747］)（G31.020［6762］)、《佛说佛名经》（G31.019［6761］)、《净国求生礼佛盛赞》（G31.21［6749］)、《毗卢遮那法身顶相印轮印轮文众生三灾怖畏令物取作恶业救拔》（G31.022［6764］)和各种咒语（墨书）（G21.073［21341］）（G21.074［21342］）（G21.076［47072］）以及藏文佛经（写本）（G21.077［40071］）等。

刊布于《中国藏西夏文献》"甘肃省博物馆藏卷"中 G21.053［T23-21］西夏文刻本佛经（刊布者没有交代其出土地）为单页，高17.5厘米，宽9厘米，上下单栏，栏高13.6厘米，存5页，面6行，内容为《圣胜慧到彼岸功德宝集偈》之《一切种智行品第一》《清净品第八》《地狱品第七》《魔行品第十一》。

刊布于《中国藏西夏文献》"武威市博物馆藏卷"中（G31.023［6739］）"西夏文刻本残经"也是《圣胜慧到彼岸功德宝集偈》之

---

[1] 《佛说大白伞盖总持陀罗尼经》，又名《楞严咒》，是藏传佛教寺院每日诵念的。

《魔业品第二十一》《精微品第二十七》和《散花品第二十八》等。另外在亥母洞石窟还发现有《令恶趣净顺总持》和藏文石刻等。

莫高窟北区一些洞窟中也发现有藏密经咒、仪轨，如第 464 窟活字刻本西夏文《大伞盖佛母仪轨》（残片）（G11.046 ［di 2464：53］）和《佛说大白伞盖总持陀罗尼经》（G11.045 ［D.0208］）有"任子宜"朱印一方；第 54 窟西夏文刻本《种咒王阴大孔雀明王经》（G11.042 ［B54：13 - 1 - 3］）；第 121 窟活字版《诸密咒要语》（G11.100 ［B121：19 - 1 - 19］）以及一些佛教咒语残页，如 G11.123 ［B462：21］和（G11.124 ［B192：3］）等。G11.178 ［B121：28（正）］-1P 与 G11.178 ［B121：28（背）］-2P 两页西夏文写本残经应是《修习仪轨》，G11.178 ［B121：28（正）］-1P 的内容提到："……呀字变风轮，啰字变火轮，啪字变地轮……"G11.178 ［B121：28（背）］-2P 的内容提道："……次自右手吽字变五股金刚杵，吽字庄严。左手阿字变五叶莲花，阿字庄严……"

日本学者松泽博还考证，在敦煌出土西夏文佛典中有《摩利支天总持》《圣胜慧到彼岸功德宝集偈》以及一些陀罗尼等。

二 兴庆和灵武等地

1. 山嘴沟是贺兰山东麓的山沟之一，位于宁夏回族自治区银川市西约 40 公里处，东南—西北走向，全长约 15 公里。山嘴沟石窟就位于距沟口近 10 公里的沟内深处东侧陡坡上。2005 年 9 月宁夏文物考古研究所在此石窟考古调查中发现了大量西夏文献。这次出土文献以佛教内容为主，大部分是西夏文，也有少量汉文和藏文的佛经、咒语等；有写本，雕版印本，也有活字印本；有楷书、行书，也有草书；装帧形式有蝴蝶装、卷子装和经折装；从纸质上观察，既有麻纸，也有含棉较多的棉纸；既有汉传佛教文献，也有藏传佛教密宗文献。没有完本，均为残页或残片，共有 600 多页（片），[①] 经初步整理有 60 多种。从目前整理

---

① 由于这批文献至今没有整理完毕。本文中关于文献的数目不是最后的准确数字，其数目应以将来的考古报告为准。文中凡涉及文献数目与此相同。

的情况看，其中藏传密教方面有《圣妙吉祥真实名经》（汉文刻本，经折装。无首尾经名，现存 2 纸。纸高 12 厘米，上下有子母栏，栏距 9 厘米。每纸存 3 行，每行是两句七字的偈语）；各种藏传密教修法仪轨、藏文咒语等，如："吉祥如是殊胜今愿此安乐"，西夏文写本，经折装，存 5 纸，共 9 折。《密教仪轨》西夏文写本，卷子装，存 1 纸。《密教修法》西夏文写本，卷子装，存 6 纸。《密教修法》西夏文写本，卷子装，存 10 纸。①

2. 在拜寺沟方塔出土了 30 多种以佛教文献为主的珍贵的西夏文献，有译自藏文的西夏文蝴蝶装《吉祥遍至口合本续》（共有五卷，此次发现三卷即卷三、四、五）、《吉祥遍至口合本续之要文》（卷一）、《吉祥遍至口合本续之广义文》（下半）、《吉祥遍至口合本续之解生喜解补》（卷一、二、五、三）及西夏文《吉祥遍至口合本续》诸经残片、经咒。汉文有《佛顶心陀罗尼经》《圣妙吉祥真实名经》《三十五佛经礼忏功德文》《吉祥上乐轮略文等虚空本续》《异本救诸众生一切苦难经》《修持仪轨》以及藏传佛教经咒等。《吉祥上乐轮略文等虚空本续》中有"身语意三密、金刚亥母、男女双身"等内容，估计应是藏传佛教经典的汉译本。《吉祥遍至口合本续》是一部藏传佛教密宗经典，它在 11 世纪后期由天竺僧人迦耶达啰和吐蕃僧人桂·枯巴拉拶从梵文译成藏文，约在 12 世纪后期到 13 世纪初由吐蕃僧人弥啰·不动金刚传到西夏，西夏僧人毗菩提福译成西夏文。

三　黑水城地区

黑水城"大佛塔"中发现了最丰富的西夏文和汉文佛经，不少是译自藏文的经、律、论、陀罗尼等。俄藏科兹洛夫收集品的汉文佛经在我国已经公布，见《俄藏黑水城文献》（1—6 册）而俄藏西夏文佛经文献在国内尚未刊布完成现已出版至第 28 册。根据克恰诺夫《俄藏黑水城西夏文佛经叙录》一书粗略统计，译自藏文的佛经、陀罗尼有 130 余

---

① 孙昌盛：《贺兰山山嘴沟石窟出土西夏文献初步研究》，沈卫荣主编《黑水城人文与环境研究》，中国人民大学出版社 2007 年版，第 571—603 页。

附录：西夏密教典籍与仪轨

种，仅收录"藏文佛经"正经目录的经文就有 44 种。这些译自藏文佛经文献为学者研究藏传佛教经典在西夏流传情况提供了珍贵材料。将克恰诺夫叙录相关内容列于下面。

《藏文佛经正经目录》所收录西夏文佛经：

1.《呼金刚王本续之记》（第 354—355 号，西夏特藏第 326 号）[①] 译自藏文，见《藏文佛经正经全目录》第 10 号，名为《喜金刚本续王》，汉文译名为《佛说大悲空智金刚大教王仪轨经》（五卷，法护译）。西田龙雄《西夏文佛经目录》第 164 号。俄藏西夏文馆册第 2825、8324 号为写本，蝴蝶装。《大正藏》中存有汉译本，为《佛说大悲空智金刚大教王仪轨经》（五卷，法护译，第 892 号）。

2.《出有坏母胜慧彼岸到心经》（第 356—361 号，西夏特藏第 401 号）译自藏文，见《藏文佛经正经全目录》第 160 号，[②] 名为《世尊母般若波罗蜜多心》。西田龙雄《西夏文佛经目录》第 168 号。馆册第 808 号写本，蝴蝶装，有咒语。馆册第 3888、4013、3334、744、745、6054、6854、2735、6449 号为刻本，经折装。

3.《大密咒受持经》（第 362—367 号，西夏特藏第 328、344 号）译自藏文，见《藏文佛经正经全目录》第 181 号，名为《大真言随持经》。西田龙雄《西夏文佛经目录》第 43 号。其中馆册第 4763、4770、4191 号为写本，卷子装。馆册第 560、2499 号为写本，经折装。馆册第 5757 号为写本，贝叶经。馆册第 6790 号为刻本，蝴蝶装。

4.《不动总持》（第 368 号，西夏特藏第 276 号，馆册第 5194 号，写本，卷子装）译自藏文，见《藏文佛经正经全目录》第 318 号，为

---

① 俄藏西夏文密教经典皆出自 Е. И. Кычанов, *Каталог тангутских буддийских памятников*，崔红芬、文志勇译，Университет Киото, 1999г. 但克恰诺夫没有列出《藏文佛经正经目录》中经名，笔者能查对的，则予以写出，并对汉译本也给予标注。笔者发现其中有些译自藏文的佛经还须与西夏文佛经进行核对。因俄藏西夏文佛经尚未公布，这一工作只有等到俄藏西夏文佛经公布后再进行比定。

② Е. И. Кычанов, *Каталог тангутских буддийских памятников*，（崔红芬、文志勇译，Университет Киото, 1999г.）一书认为《出有坏母胜慧彼岸到心经》（第 356—361 号，西夏特藏第 401 号）译自藏文，见《藏文佛经正经全目录》第 160 号。而下面提到的《佛说圣佛母般若波罗密多心经》（第 70—77 号，西夏特藏第 138、139 号）译自藏文，见《大正藏》第 257 号，同样见《藏文佛经正经全目录》第 160 号，名为《世尊母般若波罗蜜多心》。这其中可能有错，须进一步核对。

《圣不动陀罗尼》第 588 号,为《金刚手持害主陀罗尼》。西田龙雄《西夏文佛经目录》第 102 号。

5.《圣观自在大悲心总持功德经韵集》(第 369 号,西夏特藏第 83 号,馆册第 6881 号,刻本,经折装)译自藏文,见《藏文佛经正经全目录》第 380 号,名为《圣者大悲观自在妙集功德陀罗尼》。西田龙雄《西夏文佛经目录》第 270 号。

6.《胜慧彼岸到八千颂中受持功德说》(第 370 号,西夏特藏第 102 号,馆册第 4754 号,写本,卷子装)译自藏文,见《藏文佛经正经全目录》第 334 号,① 名为《圣八千般若波罗蜜多》之"称扬持功德品"。西田龙雄《西夏文佛经目录》第 149 号。

7.《圣胜慧到彼岸到德宝集偈》②（第 371—379 号,西夏特藏第 66 号）译自藏文,见《藏文佛经正经全目录》第 735 号,名为《圣般若波罗蜜多辑摄偈》。西田龙雄《西夏文佛经目录》第 258 号。馆册第 4087 号为写本,经折装。馆册第 6888 号下部、3705 号上部、605 号上部、602 号下部、598 号下部、596 号下部、595 号上部、5711 号上部、597 号上部、687 号中部皆为刻本,经折装。此类经《大正藏》也有收录《佛说佛母宝德藏般若波罗蜜经》(法贤译,第 0229 号)。

8.《圣金刚王能断胜慧彼岸到大乘经》(第 380 号,西夏特藏第 81

---

① Е. И. Кычанов, *Каталог тангутских буддийских памятников*, (崔红芬、文志勇译, Университет Киото, 1999г.) 一书中认为是《藏文佛经正经全目录》第 334 号,而查对《藏文佛经正经目录》可知,第 334 号对应为《圣者大云经》(Sprin-Chen-po),查对西田龙雄《西夏文华严经》中标号正好为 734。

② 在英国国家图书馆藏西夏文献中还存有大量《圣胜慧到彼岸功德宝集偈》残经,有多个版本。本人对《英藏黑水城文献》(第 3 册)中刊布英国国家图书馆藏西夏文 or. 12380 – 3060RV (K. K. II. 0240. a)、or. 12380 – 2969 (K. K.)、or. 12380 – 2969V (K. K.)、or. 12380 – 2970 (K. K. II. 0254. j)、or. 12380 – 2971 (K. K. II. i. 02. j)、or. 12380 – 3059RV (K. K.) 和 or. 12380 – 3061 (K. K. 0237. n) 号西夏文佛经残叶进行考释,指出其内容分别为《圣胜慧到彼岸功德宝集偈》之"称赞品第九""受持功德品第十""随顺品第二十九"和"常啼品第三十""魔行品第十一""不退转祥瑞品第十七""精微品第二十七"和"一切种智行品第一"等。除笔者考订经名的残片外,在《英藏黑水城文献》还有已定名的《圣胜慧到彼岸功德宝集偈》如 or. 12380 – 3086a (K. K. II. 0294. k)、or. 12380 – 3206 (K. K. II. 0266. c)、or. 12380 – 3206V (K. K. II. 0266. c)、or. 12380 – 3684a (K. K.)、or. 12380 – 3684b (K. K.)、or. 12380 – 3692a (K. K.)、or. 12380 – 3692b (K. K.)、or. 12380 – 3693a (K. K.)、or. 12380 – 3693b (K. K.)、or. 12380 – 0266 (K. K. II. 0284. vv) 等。因《英藏黑水城文献》公布不久,有些经文的定名还需要进行,但随着学者的研究,有些残经名称可能还会有变。

号，馆册第2561号）译自藏文，见《藏文佛经正经全目录》第739号，名为《圣般若波罗蜜多能断金刚大乘经》。西田龙雄《西夏文佛经目录》第248号。写本，蝴蝶装。此类经在《大正藏》中也有收藏，为《大般若波罗蜜多经》（第九分）或（能断金刚般若波罗蜜多经）（玄奘译，第320号）、《金刚能断般若波罗蜜多经》（笈多译，第238号）、《佛水能断金刚般若波罗蜜多经》（义净译，第239号）、《金刚般若波罗蜜经》（真谛译，第237号）、《金刚般若波罗蜜经》（罗什译，第235号）和《金刚般若波罗蜜经》（菩提留支译，第236号）。

9.《圣出有坏母胜慧彼岸到之中心曰大乘之经》（第381号，西夏特藏72号，馆册768号，写本，蝴蝶装）译自藏文，见《藏文佛经正经全目录》第742号，名为《圣般若波罗蜜多日藏大乘经》（Hphags-pa shes-rab-kyi pha-rol-tu phyin-pa nyi-mahi snying-pohi theg-pa chen-pohi mdo）。西田龙雄《西夏文佛经目录》第262号。

10.《佛说圣大乘三归依经》（第382—383号，西夏特藏第141号）译自藏文，见《藏文佛经正经全目录》第891号，名为《圣归依三宝大乘经》。西田龙雄《西夏文佛经目录》第200号。馆册第4940、7577号为刻本，卷子装。

11.《聚轮供养作次第》（第384号，西夏特藏第182号，馆册第821号，写本，蝴蝶装）译自藏文，见《藏文佛经正经全目录》第2387号，名为《聚轮供养作次第》。西田龙雄《西夏文佛经目录》第98号。

12.《十五天母加赞》（第385号，西夏特藏89号，馆册第2883号，写本，蝴蝶装）译自藏文，见《藏文佛经正经全目录》第2437号，名为《无我母十五天女赞》。西田龙雄《西夏文佛经目录》第126号。

13.《道果语录金刚王句之解具记》（第386—387号，西夏特藏第251号，馆册第913号第1章、馆册第914号第6章和馆册第4528号第1章，写本，卷子装）译自藏文，见《藏文佛经正经全目录》第3131号，名为《道果金刚句》或《具道果教敕》，西田龙雄《西夏文佛经目录》第76号。

14.《菩提心之念定》（第388号，西夏特藏第113号，馆册898

号，写本，卷子装）译自藏文，见《藏文佛经正经全目录》第3418号，名《菩提心修习》，西田龙雄《西夏文佛经目录》第297号。

15.《如来应供真实毕竟正觉恶趣令一切真净威德王释》（第389号，西夏特藏第196号，馆册第836号上部、4373号中部和8330号下部）译自藏文，见《藏文佛经正经全目录》第3455号，名为《如来应供等正觉一切恶趣清净威光王分别释》，西田龙雄《西夏文佛经目录》第157号。写本，卷子装。

16.《圣柔吉祥之加赞》（第390号，西夏特藏第64号，馆册第7578号）译自藏文，见《藏文佛经正经全目录》第3531号，名为《圣文殊师利赞》，西田龙雄《西夏文佛经目录》第266号。写本，小册子。第1页/非原始页码/上有1个圆圈形咒符。

17.《胜住令顺法事》（第391号，西夏特藏第97号，馆册第810号，写本，小册子）译自藏文，见《藏文佛经正经全目录》第3960号，名为《善住仪轨》，西田龙雄《西夏文佛经目录》第150号。

18.《顶尊相胜佛母供养根》（第392号，西夏特藏第107号，馆册第5140号，写本，卷子装）译自藏文，见《藏文佛经正经全目录》第4423、4424号，名为《圣顶髻胜母成就法》，西田龙雄《西夏文佛经目录》第78号。

19.《胜慧彼岸到要论教学现量解庄严论显颂》（第393—399号，西夏特藏第101号）译自藏文，见《藏文佛经正经全目录》第5191号，名为《般若波罗密多优波提舍论现观庄严名注》，西田龙雄《西夏文佛经目录》第145号。其中馆册第5130、4722、5179、5164号为写本，卷子装。馆册第2888、8329号为写本，蝴蝶装。馆册第6449号为刻本，经折装。

20.《中入菩提勇识之业顺》（第400—402号，西夏特藏第118号）译自藏文，见《藏文佛经正经全目录》第5272号，名为《入菩萨行》，西田龙雄《西夏文佛经目录》第293号。其中馆册第4827号上部为写本，卷子装。馆册第781号上部、788中部、944下部为刻本，卷子装。

21.《于入菩提勇识之业顺记》（第403—404号，西夏特藏第119号，馆册第899号第2章和馆册第2621号，写本，卷子装）译自藏文，见《藏文佛经正经全目录》第 5279 号，名为《入菩萨行解说》。西田龙雄《西夏文佛经目录》第 294 号。

22.《于入二谛顺》（第 405—407 号，西夏特藏第 197 号）译自藏文，见《藏文佛经正经全目录》第 5298 号，名为《入二谛》，西田龙雄《西夏文佛经目录》第 120 号。馆册第 864 号上部，第 868 号中部，第 869 号下部，第 865 号、第 866 号、第 867 号下部皆为写本，卷子装。

《于入二谛顺》（第 408 号，西夏特藏第 296 号，馆册第 2531 号，写本，小册子）见西田龙雄《西夏文佛经目录》第 120 号。

23.《等持集品》（第 409—410 号，西夏特藏第 307 号）译自藏文，见《藏文佛经正经全目录》第 5319 号，名为《三昧资粮品》，西田龙雄《西夏文佛经目录》第 287 号。馆册第 816 号为写本，小册子。馆册第 2852 号为刻本，蝴蝶装。

24.《菩提心发法事之诸根》（第 411 号，西夏特藏第 114 号，馆册第 4718 号，写本，卷子装）译自藏文，见《藏文佛经正经全目录》第 5361 号，名为《发菩提心仪轨》。西田龙雄《西夏文佛经目录》第 295 号。

25.《菩提心久常作可法事》（第 412—420 号，西夏特藏第 116 号），译自藏文，见《藏文佛经正经全目录》第 5406 号，名为《发菩提心及受持护仪轨》。西田龙雄《西夏文佛经目录》第 298 号。其中馆册第 4691、4913、6346、6966、4756 号为写本，卷子装。馆册第 801 号为写本，蝴蝶装。

26.《七种功德谈》（第 421 号，西夏特藏第 221 号，馆册第 804 号，写本，蝴蝶装）译自藏文译成，见《藏文佛经正经全目录》第 5420 号，名为《七功德正说谈》。西田龙雄《西夏文佛经目录》第 007 号。

27.《心习顺续》（第 422 号，西夏特藏第 168 号，馆册第 5923 号，写本，卷子装）译自藏文，见《藏文佛经正经全目录》第 5431、5432、5431 号名为《胜义菩提心修习次第书》，第 5432 号名为《世俗菩提心修习次第书》。西田龙雄《西夏文佛经目录》第 216 号。

28.《正理滴特殊论》（第 423—424 号，西夏特藏第 232 号，馆册第 4363、832 号，写本，卷子装）译自藏文，见《藏文佛经正经全目录》第 5711 号，名为《正理一滴名论》。西田龙雄《西夏文佛经目录》第 225 号。

29.《正理滴特殊论他利比量品》（第 425 号，西夏特藏第 233 号，馆册第 5609 号，写本，卷子装）译自藏文，见《藏文佛经正经全目录》第 5711 号，名为《为他比量品第三》。西田龙雄《西夏文佛经目录》第 226 号。

30.《正理滴之句义显具》（第 426—429 号，西夏特藏第 231 号，馆册 862 号上部、863、861、5022 号，写本，卷子装）译自藏文，见《藏文佛经正经全目录》第 5732 号，名为《正理一滴摄义》。西田龙雄《西夏文佛经目录》第 224 号。

31.《见顺伏文》（第 430 号，西夏特藏 289 号，馆册 2544 号，写本，小册子）译自藏文，见《藏文佛经正经全目录》第 5843 号，名为《见次第说示》。西田龙雄《西夏文佛经目录》第 073 号。

32.《圣胜慧到彼岸八千经》[①]（第 21 号，西夏特藏第 67 号，馆册第 2727 号第 4 章、102 号第 10 章、896 号第 15 章、103 号第 20 章，写本，经折装）译自藏文，见《大正藏》第 230 号。[②]《藏文佛经正经全目录》第 734 号，名为《圣八千般若波罗蜜多》。西田龙雄《西夏文佛经目录》第 259 号，格林斯坦德《西夏文大藏经》第 230、1287—1291 页。

33.《圣胜慧到彼岸集颂》（第 32 号，西夏特藏第 65 号，馆册第 806 号，刻本，蝴蝶装）译自藏文，见《大正藏》第 229 号，名为《佛说佛母宝德藏般若波罗蜜经》（法贤译）。《藏文佛经正经全目录》第 735 号，名为《圣般若波罗蜜多辑摄偈》。西田龙雄《西夏文佛经目录》第 257 号。

[①] 在日本天理图书馆藏有西夏文《圣胜慧到彼岸八千颂》等。
[②] 克恰诺夫认为此经为《大正藏》第 230 号《圣八千颂般若波罗密多一百八名真实圆义陀罗尼经》。而《甘殊尔勘同目录》则认为是第 228 号《佛说佛母出生三法藏般若波罗蜜多经》（宋，施护译）。西田龙雄《西夏文华严经》（3 卷）中也提到应为《大正藏》第 228 号。这两种经皆为宋施护所译。至于具体是哪部经，还须等待俄藏黑水城西夏文文献公布后，在进行比定。

附录：西夏密教典籍与仪轨

34.《佛说圣佛母般若波罗密多心经》（第70—77号，西夏特藏第138、139号）译自藏文，见《大正藏》第257号，《藏文佛经正经全目录》第160号，名为《世尊母般若波罗蜜多心》。西田龙雄《西夏文佛经目录》第203号。西夏特藏第139号，馆册第4336号为写本，卷子装，馆册第5988号为写本，小册子。西夏特藏第138号，馆册第7036、590、601、6889、7191、594、817号及西夏特藏139号，馆册5605、6360号皆为刻本，经折装。

35.《圣如来一切之顶髻中出伞白佛母他者无大还转明咒大荫王总持》（第200号，西夏特藏第70号，馆册第2899、7605号，刻本，经折装）译自藏文，见《大正藏》第976号，《佛顶大白伞盖陀罗尼经》（沙罗巴译），此外，还有《佛说大白伞盖总持陀罗尼经》（真智等译，第977号）和《大佛顶如来放光悉怛多钵怛罗陀罗尼》（不空译，第944号）。《藏文佛经正经全目录》第202号，名为《圣者一切如来顶髻中出现白伞盖无敌大回折大明咒佛母陀罗尼》，西田龙雄《西夏文佛经目录》第261号，格林斯坦德《西夏文大藏经》第2244号。

36.《种咒王荫大孔雀经》①（第201—213号，西夏特藏第61号）译自藏文，见《大正藏》第982号，名为《佛母大孔雀明王经》（3卷，唐不空译）。《藏文佛经正经全目录》第178号，名为《大孔雀明咒王》。西田龙雄《西夏文佛经目录》第313号，格林斯坦德《西夏文大藏经》第1027—1037页。一般称其为《孔雀经》，共上、中、下三部。馆册第6399号上部为写本，卷子装。馆册第11号上部、946号中部、714号下部为写本，小册子。馆册第950号、947号上部、5784号中部、7号上部、8号中部、9号下部、4015下部为写本，经折装。馆册第5757号上、中、下部为写本，贝叶经。馆册第1号上部、18号上部、8355号上部、6400号上部、3317号中部、2738号中部、3884号中部、2号上部、3号上部、6056号上部、5号中部、2319号中部、6号下部、29号下部、3316号下部为刻本，经折装。俄藏汉文佛经中存

---

① 在《英藏黑水城文献》（第四册）中有《种咒王荫大孔雀经》（or. 12380 – 3385（K. K.）和 or. 12380 – 2061（K. K.）、or. 12380 – 0845（K. K.）、or. 12380 – 0951（K. K. II. 0243. o）、or. 12380 – 0969（K. K. II. 0262. m）），但实际是否此经，还有待于对此经残片的解读。

《佛母大孔雀明王经》（TK-306），孟列夫认为，其经文同《大正藏》卷19，第436页上栏第13—18行。①

此类经文在《大正藏》中还有《佛母大孔雀明王经》（三卷，不空译，第982号）、《佛说大孔雀咒王经》（三卷，义净译，第985号）、《孔雀王咒经》（二卷，僧伽婆罗译，第984号）、《大金色孔雀王咒经》（一卷，失译，第986号）、《佛说大金色孔雀王咒经》（一卷，失译，第987号）和《孔雀王咒经》（一卷，罗什译，第988号）。

37.《圣大乘大千国守护经》②（第214—228号，西夏特藏第74号）译自藏文，见《大正藏》第999号，名为《佛说守护大千国土经》（三卷，施护译）。《藏文佛经正经全目录》第177号，名为《摧破大千经》。西田龙雄《西夏文佛经目录》第250号，格林斯坦德《西夏文大藏经》第2087—2131页。其中馆册第916号上部、4778号下部为写本，卷子装。馆册第27号上部、688、2527号上部、2512号下部为写本，蝴蝶装。馆册2853号上部、15号上部、12号上部、21号中部、562号上部、34号中部、35号下部、2726号中部、4016号下部为写本，经折装。馆册第5757号上中下部为写本，贝叶经。馆册第13—14号上部、32号中部、2306号下部、220号中部、40—41号上部、234号上部、2307上部、33号中部、36号中部、2318号中部、5725号、38号、39号下部、7353号上中下部为刻本，经折装。

38.《番言圣大乘大千国守护经》（第229号，西夏特藏第449号，馆册第4814号上部，写本，卷子装）译自藏文，见《大正藏》第999号，《藏文佛经正经全目录》第177号，西田龙雄《西夏文佛经目录》第250号。

39.《圣大乘大千国守护经》即《守护大千国土经》（第230号，西夏特藏第249号，馆册第6448号）译自藏文，见《大正藏》第999

---

① ［俄］孟列夫：《黑城出土汉文遗书叙录》，王克孝译，宁夏人民出版社1994年版，第141页。
② 《甘殊尔勘同目录》中藏文为《摧破大千经》，汉文译为《佛说守护大千国土经》，施护译，《大正藏》第999号。《番言圣大乘大千国守护经》和《圣大乘大千国守护经》与之相同。在《英藏黑水城文献》中也有此经，见or. 12380-2844（K. K. II. 0260. a）、or. 12380-0636（K. K. II. 0244. f）。

附录：西夏密教典籍与仪轨

号，《藏文佛经正经全目录》第 177 号，西田龙雄《西夏文佛经目录》第 250 号。格林斯坦德《西夏文大藏经》第 2087—2184 页，还可参见西田龙雄《西夏文佛经目录》第 105 号，收录有整个五部经（Pancaraksa）的目录。刻本，经折装。这五部经为：《圣大乘大千国守护经》《大寒林经》《出有坏母胜慧彼岸到心经》《大密咒受持经》和《八千颂般若经》，这些佛经在俄藏西夏文佛经中皆有收藏。

40.《圣广大宝楼阁善住妙秘密微王总持经》（第 231 号，西夏特藏第 73 号，馆册第 5098 号上部）译自藏文，见《大正藏》第 1005 号《大宝广博楼阁善住秘密陀罗尼经》（三卷，不空译）、1006 号《广大宝楼阁善住秘密陀罗尼经》（三卷，菩提流志译），另外，在《大正藏》中还存有《牟梨曼陀罗经》（失译，第 1007 号）。《藏文佛经正经全目录》第 138 号，名为《圣大摩尼广宫殿最胜处秘妙秘密细轨王陀罗尼》（生光知和吉祥山译）。西田龙雄《西夏文佛经目录》第 265 号。写本，卷子装。吕建福先生认为，持明密教传入中国是以《牟梨曼陀罗咒经》的传译为最早。首见于《开元录》，是梁代失译的译经。①

41.《圣大悟荫王求随皆得经》（第 239—252 号，西夏特藏第 76 号）译自藏文，见《大正藏》第 1153 号，名为《普遍光明清净炽盛如意宝印心无能胜大明王大随求陀罗尼经》（二卷，不空译）。此外，在《大正藏》中还有《随求即得大自在陀罗尼神咒经》（宝思惟译，第 1154 号）和《金刚顶瑜伽最胜秘密成佛随求即得神变加持成就陀罗尼仪轨》（不空译，第 1155 号）。《藏文佛经正经全目录》第 179 号，名为《圣大随求明咒王》。西田龙雄《西夏文佛经目录》第 252 号。其中馆册第 26 号上部、7987 号下部、30 号、561 号、6286 号下部为写本，经折装。740 号上部、24 号上部、3835 号下部、7233 号上部、712 号上部中部下部、3342 号、3348 号上中下部、6404 号上中部、3881 号上部、28 号上中下部、7783 号上部、31 号上中下部、6618 号下部、6055 号上部、561 号上中下部、7790 号下部为刻本，经折装。馆册第 5757 号上部中部为写本，贝叶经。

42.《圣柔吉祥之名真实诵》即《圣妙吉祥真实名经》（第 254—

---

① 吕建福：《中国密教史》，中国社会科学出版社 1995 年版，第 154 页。

257号，西夏特藏第63号），译自藏文，见《大正藏》第1190号，《藏文佛经正经全目录》第2116号，名为《圣文殊师利名诵现观》。西田龙雄《西夏文佛经目录》第267号。其中馆册第7578号为写本，小册子。馆册第728号、695号、707号为刻本，经折装。大英博物馆也藏有《真实名经》，第3165号和862号为刻本，经折装，第3645号为林写本，线装。另外，在日本天理大学图书馆和中国台湾"中研院"历史语言研究所傅斯年图书馆也收藏有《真实名经》。林英津先生根据俄藏西夏文译本和中国台湾"中研院"历史语言研究所的两种残本进行释文和研究，认为现存刻本西夏文《圣妙吉祥真实名经》有经题，但没有任何翻译、校对的注记，经文的章节与注记及经末附缀文，与现行流通的汉、藏文本都有差异；经文内容包含完整的"分句偈颂"与"五轮功德分"，也与回鹘、蒙古、满文译本有别。①《圣妙吉祥真实名经》是密教最为重要的经典之一，是西夏比较流行的一部经典。不仅在黑水城藏品中有保存，而且在贺兰山拜寺沟方塔和山嘴沟石窟等处皆有发现。在山嘴沟石窟出土的《圣妙吉祥真实名经》为汉文刻本，经折装。孙昌盛先生进行录文，认为这两纸的内容与释智慧译《圣妙吉祥真实名经》内容相同。②贺兰山拜寺沟方塔中也出土汉文《圣妙吉祥真实名经》，《拜寺沟西夏方塔》一文拟名为《初转功德十二偈》，③应更正为《圣妙吉祥真实名经》，收于《大正藏》，卷二十卷。④

《圣妙吉祥真实名经》是一切密续最殊胜的根本经典，为藏密行者所广泛持诵，其普遍性犹如汉传佛教中的《金刚经》。《圣妙吉祥真实名经》作为密教最为重要的经典之一，在西夏非常流行，还成为剃度行童必须诵读佛经。《天盛律令》卷十一"为僧道修寺庙门"规定：番、汉、羌行童中有能晓颂经全部，则量其业行者，中书大人、承旨中当遣一二□，令如下诵经颂十一种，使依法诵之。量其行业，能诵之无障

---

① 林英津：《西夏语译〈真实名经〉释文研究》，中国台湾"中研院"语言学研究所2006年版（非正式出版）。
② 孙昌盛：《贺兰山山嘴沟石窟出土西夏文献初步研究》，沈卫荣主编：《黑水城人文与环境研究》，中国人民大学出版社2007年版，第571—603页。
③ 宁夏文物考古所：《拜寺沟西夏方塔》，文物出版社2005年版，第180页。
④ 孙昌盛：《西夏文〈吉祥遍至口合本续〉整理研究》，社会科学文献出版社2015年版。

碍，则可奏为出家僧人。凡羌所诵经颂：仁王护国、文殊真实名、普贤行愿品、三十五佛、圣佛母、守护国吉祥颂、观世音普门品、竭陀般若、佛顶尊胜总持、无垢净光、金刚般若与颂全。① 《文殊真实名》即《圣妙吉祥真实名经》，为羌行童剃度时需要诵读经典。

43. 《圣摩利天母总持》②（第 258 号，西夏特藏第 83 号，馆册第 6841 号，写本，贝叶经）译自藏文，见《大正藏》第 1256 号，名为《佛说摩利支天陀罗尼经》（1 卷，梁代，失译）。《藏文佛经正经全目录》第 182 号，名为《圣摩利支天陀罗尼》。西田龙雄《西夏文佛经目录》第 269 号。《大正藏》中还有《大摩里支菩萨经》（七卷，天息灾译，第 1257 号）、《佛说摩利支天菩萨陀罗尼经》（不空译，第 1255 号）和《末利支提华鬘经》（不空译，第 1254 号）。

44. 《大寒林经》（第 275 号，西夏特藏第 343 号）译自藏文，见《大正藏》第 1392 号，名为《大寒林圣难拏陀罗尼经》（1 卷，宋法天译）。《藏文佛经正经全目录》第 180 号，名为《大寒林经》。西田龙雄《西夏文佛经目录》第 047 号，格林斯坦德《西夏文大藏经》第 2184—2194 号。其中馆册第 917 号为写本，卷子装。馆册第 711 号为写本，蝴蝶装。馆册第 45、5888、2649、44 号为写本，经折装。馆册第 5757 号为写本，贝叶经。馆册第 6024、6691、6446、3411、43 号为刻本，经折装。③

未收录《藏文佛经正经目录》中的西夏文佛经：

1. 《无垢净光总持咒言》（第 434 号，西夏特藏第 390 号，馆册第 698 号，写本，经折装）。

2. 《察入顺记验庄严颂》（第 448 号，西夏特藏第 314 号，馆册第 5114 号第 1 章、5073 号第 2 章、馆册 5801 号第 2 章、馆册 7905 号第 8 章，写本，卷子装）译自藏文。

3. 《最乐净国求生颂》（第 449 号，西夏特藏第 408 号，馆册第 2265 号，刻本，经折装）译自藏文。

---

① 史金波等译注：《天盛改旧新定律令》，法律出版社 2000 年版，第 404 页。
② 在日本天理图书馆藏有西夏文佛经《摩利天母总持》。
③ Е. И. Кычанов, *Каталог тангутских буддийских памятников*, 崔红芬、文志勇译，Университет Киото, 1999г.

4.《金刚王灯炬心中所可持》（第433号，西夏特藏第269号，馆册第2882号，写本，小册子）译自藏文，见西田龙雄《西夏文佛经目录》第016号。

5.《金刚王体中绕之加赞十四颂》（第445号，西夏特藏第267号，馆册第3959号，刻本，经折装）译自藏文，见西田龙雄《西夏文佛经目录》第26号。

6.《金刚王勇识大虚显颂》（第446号，西夏特藏第270号，馆册第3703号，写本，小册子）译自藏文，见西田龙雄《西夏文佛经目录》第015号。

7.《菩提勇识学所道及果与一顺显释宝炬》（第458—486号，西夏特藏120号），馆册第4842号上部、5129号上部、882号上部、888号上部、4374号上部、4592号上部、馆册第4810号上部、5020号上部、5058号上部、915号中部、5927号下部、4705号下部、6669号下部、4908号下部、4898号下部、4724号上中下3部、4920号上中下3部/？/、5069号下部、5169号下部、4882号上部、4731号下部、4982号中部、4981号下部皆为写本，卷子装。馆册第3833号上部、6375号上中下3部、7129号下部、2880号上中下3部、2903号上中下3部、5568号下部皆为写本，蝴蝶装。

8.《正理意暗除之文略释》（第489—490号，西夏特藏第229号，馆册第4849号第4章、馆册第884号第2章，写本，卷子装）译自藏文，见西田龙雄《西夏文佛经目录》第221号。

9.《大宝顶注》（第492号，西夏特藏第360号，馆册第807号，写本，蝴蝶装）译自藏文，见西田龙雄《西夏文佛经目录》第301号。

10.《大虚空智显注》（第495号，西夏特藏第355号，馆册第7170号上部、7157号中部，写本，小册子）译自藏文，见西田龙雄《西夏文佛经目录》第71号。

11.《大凤凰空明注》（第497号，西夏特藏第358号，馆册第818号，写本，蝴蝶装）译自藏文，见西田龙雄《西夏文佛经目录》第068号。

12.《圣空行母金刚王舍续之相说疏》（第499号，西夏特藏第71号，馆册第5501号第1章，写本，小册子）译自藏文，见西田龙雄

《西夏文佛经目录》第 253 号。

13.《胜慧彼岸到要论教学现量解庄严注释疏》（第 500 号，西夏特藏第 96 号，馆册第 4584 号第 5 章，写本，卷子装）。

14)、《大手印之三种义比（喻）》（第 503 号，西夏特藏第 348 号，馆册第 2841 号，写本，小册子）译自藏文，见西田龙雄《西夏文佛经目录》第 056 号。

15.《发菩提心顺亦常所作法事》（第 508—511 号，西夏特藏第 115 号，）译自藏文，见西田龙雄《西夏文佛经目录》第 296 号。馆册第 4585 号、6346 号、6966 号为写本，卷子装。馆册 2874 号为写本，蝴蝶装。

16.《深广双入七枝法事》（第 519 号，西夏特藏第 284 号，馆册第 5151 号，写本，卷子装）译自藏文，见西田龙雄《西夏文佛经目录》第 12 号。

17.《菩提心及常所作法事》（第 520 号，西夏特藏第 316 号，馆册第 5128 号，写本，卷子装）译自藏文，见西田龙雄《西夏文佛经目录》第 171 号，名为《常所作法事略解记》。

18.《大盖白母之护摩（烧施）法事》（第 521 号，西夏特藏第 332 号，馆册第 5060 号，写本，卷子装）译自藏文，见西田龙雄《西夏文佛经目录》第 050 号。

19. 依《圣幼母供养作顺》（第 529 号，西夏特藏第 69 号，馆册第 7974 号 第 1 章，写本，卷子装）译自藏文，见西田龙雄《西夏文佛经目录》第 263 号。

20.《圣多闻天王之宝藏本续随一相十八部供顺》（第 530—531 号，西夏特藏第 79 号，馆册第 5099 号、4753 号，写本，卷子装）译自藏文，见西田龙雄《西夏文佛经目录》第 254 号。

21.《主承因教求顺》（第 534 号，西夏特藏第 96 号，馆册第 821 号，写本，小册子，全文留存）译自藏文，见西田龙雄《西夏文佛经目录》第 244 号。此经文写在前 4 页上，其余的页面写有西夏特藏第 180 号《自入顺略要论》；西夏特藏第 308 号《以等持四主承顺》；西夏特藏第 182 号《聚轮供养作次第》；西夏特藏第 319 号《色黑足师造聚轮供养作次于依 Sham-yu-rag-pa 师略约显开要论》。

22.《吉祥上乐轮随中有身定入顺要论之要方解释顺》（第537号，西夏特藏第127号，馆册第5191号，写本，卷子装）译自藏文，见西田龙雄《西夏文佛经目录》第283号。

23.《吉有世尊之总持紧魔断施调伏顺》（第538号，西夏特藏第129号，馆册第6496号，写本，蝴蝶装）译自藏文，见西田龙雄《西夏文佛经目录》第281号。

24.《德王不文之广供顺》（第540号，西夏特藏第237号，馆册第4984号第1章第2部分，写本，卷子装）译自藏文译成，见西田龙雄《西夏文佛经目录》第218号。

25.《金刚王亥母随净瓶以亲诵作顺》（第541号，西夏特藏第260号，馆册第2557号，写本，小册子）译自藏文，见西田龙雄《西夏文佛经目录》第017号。

26.《金刚王默有母之思定作顺》（第542号，西夏特藏第266号，馆册第2517号，写本，小册子）译自藏文，见西田龙雄《西夏文佛经目录》第028号。

27.《不动佛随中绕作顺》（第543号，西夏特藏第274号，馆册第4796号，写本，小册子）译自藏文，见西田龙雄《西夏文佛经目录》第100号。

28.《番言圣观自在千眼千手之供顺》（第544号，西夏特藏第295号，馆册第7195号，写本，小册子）译自藏文，见西田龙雄《西夏文佛经目录》第271号。

29.《三乘烦决顺》或《三乘恼断顺》（第545号，西夏特藏第302号，馆册第4895号，写本，卷子装）译自藏文，见西田龙雄《西夏文佛经目录》第135号。

30.《以等持四主承顺》（第547号，西夏特藏第308号，馆册第821号，写本，蝴蝶装）译自藏文，见西田龙雄《西夏文佛经目录》第288号。

31.《金翅龙王供顺》（第548号，西夏特藏第375号，馆册第807号，写本，小册子）译自藏文，见西田龙雄《西夏文佛经目录》第089号。

32.《佛说圣佛母般若心经诵持顺要论》（第552—553号，西夏特

附录：西夏密教典籍与仪轨

藏第 68 号）译自藏文，见西田龙雄《西夏文佛经目录》第 202 号。馆册第 4090 号、5253 号为写本，经折装，馆册第 2829 号为刻本，经折装。

33.《解脱道随主承令顺要论》（第 554 号，西夏特藏第 89 号，馆册第 2883 号，写本，小册子）译自藏文，见西田龙雄《西夏文佛经目录》第 246 号。

34.《吉祥上乐轮随狮子卧以定（识）正修顺要论》（第 555 号，西夏特藏第 126 号，馆册第 2521 号，写本，蝴蝶装）。

35.《吉祥上乐轮随耶稀鸠稀字咒以前尊习为识过定入顺要论》（第 556—557 号，西夏特藏第 128 号）其中馆册第 6607 号为写本，蝴蝶装。馆册第 2838 号为写本，小册子。

36.《佛说圣佛母般若诵持顺要论》（第 558 号，西夏特藏第 140 号，馆册第 6360 号，刻本，经折装）译自藏文译成，见西田龙雄《西夏文佛经目录》第 202 号。

37.《中有身要论》（第 559 号，西夏特藏第 170 号，馆册第 7116 号，写本，蝴蝶装）藏文译成，见西田龙雄《西夏文佛经目录》第 117 号。

38.《（大）盖白母随食施法事要论》（第 560 号，西夏特藏第 173 号，馆册第 5924 号，写本，卷子装）见西田龙雄《西夏文佛经目录》第 053 号。

39.《自入顺略要论》（第 563 号，西夏特藏第 180 号，馆册第 821 号，写本，蝴蝶装）译自藏文，见西田龙雄《西夏文佛经目录》第 031 号。

40. 西夏文文献中有 Циэ Кэ-чией（法狮子）编写的 6 篇文章即《修以觉证顺愚火定要论》共 8 页；《梦见以觉证顺变身定要论》共 10 页；《睡眠以觉证顺光明定要论》共 4 页；《无修以觉证顺识行要论》共 8 页；《中有身要论》共 18 页，是第 516 号的副本；《余垣宫于入顺要论》共 5 页（第 564 号，西夏特藏第 209 号，馆册第 2545 号）写本，蝴蝶装。

41.《四十种空幢要论》（第 565 号，西夏特藏第 215 号，馆册第 871 号，写本，卷子装）译自藏文，见西田龙雄《西夏文佛经目录》第

272号。

42.《默有自心自恋要论》（第566号，西夏特藏第222号，馆册第6778号，写本，小册子）译自藏文，见西田龙雄《西夏文佛经目录》第312号。

43.《默有者随胜住令顺要论》（第567号，西夏特藏第223号，馆册第2552号，写本，蝴蝶装）译自藏文，见西田龙雄《西夏文佛经目录》第311号。

44.《正义空幢要论锁开》（第572号，西夏特藏第236号，馆册第912号，写本，卷子装）译自藏文，见西田龙雄《西夏文佛经目录》第227号。

45.《正立食施放顺要论》（第573号，西夏特藏第238号，馆册第6781号，写本，小册子）译自藏文，见西田龙雄《西夏文佛经目录》第228号。

46.《金刚王亥母随日夜发愿求教顺要论》（第575—576号，西夏特藏第255号，馆册第7988号，写本，卷子装）译自藏文，见西田龙雄《西夏文佛经目录》第021号。

47.《金刚王亥母随集了为定顺要论》（第577号，西夏特藏第256号，馆册第7841号，写本，卷子装）译自藏文，见西田龙雄《西夏文佛经目录》第018号。

48.《金刚王亥母随食饮受承顺要论》（第578号，西夏特藏第257号，馆册第7988号，写本，经折装）译自藏文，见西田龙雄《西夏文佛经目录》第023号。

49.《金刚王亥母随睡眠为定顺要论》（第579号，西夏特藏第258号，馆册第6489号，写本，经折装）译自藏文，见西田龙雄《西夏文佛经目录》第019号。

50.《金刚王亥母随略护摩（烧施）作顺要论》（第580号，西夏特藏第259号，馆册第2537号，写本，小册子）译自藏文，见西田龙雄《西夏文佛经目录》第020号。

51.《于金刚王亥母食施奉顺要论》（第581号，西夏特藏第261号，馆册第2537号，写本，小册子）译自藏文，见西田龙雄《西夏文佛经目录》第025号。

52.《金刚王亥母随面手等洗澡顺要论》（第 583 号，西夏特藏第 262 号，馆册第 6489B 号，写本，经折装）译自藏文，见西田龙雄《西夏文佛经目录》第 022 号。

53.《于金刚王亥母悉皆罪忏论（文）》（第 584 号，西夏特藏第 263 号，馆册第 4708 号，写本，卷子装）译自藏文，见西田龙雄《西夏文佛经目录》第 024 号。

54.《金刚王默有母随智火供（烧施）造顺要论》（第 585 号，西夏特藏第 264 号，馆册第 4772 号，写本，卷子装）译自藏文，见西田龙雄《西夏文佛经目录》第 029 号。

55.《金刚王空行愈母之供顺要论》（第 586 号，西夏特藏第 268 号，馆册第 6473 号，写本，小册子）译自藏文，见西田龙雄《西夏文佛经目录》第 013 号。

56.《以盛火大安与混令顺要论》（第 589 号，西夏特藏第 285 号，馆册第 7218 号，写本，小册子）译自藏文，见西田龙雄《西夏文佛经目录》第 169 号。

57.《增寿定次主承次要论》（第 591 号，西夏特藏第 322 号，馆册第 4989 号，写本，卷子装）译自藏文，见西田龙雄《西夏文佛经目录》第 133 号。

58.《欲乐圆混令顺要论》（第 593—594 号，西夏特藏第 325 号，馆册第 5116 号，写本，卷子装）译自藏文，见西田龙雄《西夏文佛经目录》第 245 号。

59.《大盖白母之随国舍护顺要论》（第 595 号，西夏特藏第 330 号，馆册第 4699 号，写本，卷子装）译自藏文，见西田龙雄《西夏文佛经目录》第 052 号。

60.《大盖白母之总持诵顺要论》（第 596—598 号，西夏特藏第 333 号，馆册第 7589 号，刻本，经折装）译自藏文，见西田龙雄《西夏文佛经目录》第 049 号。

61.《大乘默有者道中入顺大宝聚集要论》（第 599—600 号，西夏特藏第 340 号）译自藏文，见西田龙雄《西夏文佛经目录》第 041 号，馆册第 2519 号中部、2316 号下部写本，经折装，馆册第 5031 号上部、5149 号中部、4530 号下部为刻本，卷子装。

62.《大手印直入要论》（第 600 号 A—601 号，西夏特藏第 346 号）译自藏文，见西田龙雄《西夏文佛经目录》第 054 号。馆册第 892 号为写本，卷子装，馆册第 7216 号为写本，小册子。

63.《六法自体要论》（第 602—605 号，西夏特藏第 371 号，馆册第 4858 号、4698 号、7983 号，写本，卷子装）译自藏文，见西田龙雄《西夏文佛经目录》第 234 号。

64.《念定害绝要论》（第 606 号，西夏特藏第 415 号，馆册第 2892 号，写本，蝴蝶装）。

65.《于二谛入顺本母之义解记》（第 619 号，西夏特藏第 198 号，馆册第 833 号，写本，卷子装）译自藏文，见西田龙雄《西夏文佛经目录》第 121 号。

66.《正理滴第一义释记》（第 627 号，西夏特藏第 234 号，馆册第 5951 号第 1 章、馆册第 873 号第 3 章，写本，卷子装）译自藏文，见西田龙雄《西夏文佛经目录》第 223 号，名为《正理滴之三第义释记》。

67.《新译常所作略记》（第 629 号，西夏特藏第 280 号，馆册第 4359 号，写本，卷子装）译自藏文，见西田龙雄《西夏文佛经目录》第 170 号。

68.《三身亥母之略记》（第 631 号，西夏特藏第 299 号，馆册第 4917 号，写本，卷子装）译自藏文，见西田龙雄《西夏文佛经目录》第 136 号。

69.《大盖白母之三面八手供养顺记》（第 632 号，西夏特藏第 331 号，馆册第 4988 号，写本，卷子装）译自藏文，见西田龙雄《西夏文佛经目录》第 051 号。

70.《兀鲁赞论（哇）师说仪混谛义记》（第 633 号，西夏特藏第 367 号，馆册第 4372 号，写本，卷子装）译自藏文，见西田龙雄《西夏文佛经目录》第 306 号。

71.《菩提心及常作当法事门一院记文合》（第 643—644 号，西夏特藏第 117 号，馆册第 5115 号，写本，卷子装）译自藏文，见西田龙雄《西夏文佛经目录》第 299 号。

72.《常所作法事略解记》（第 648 号，西夏特藏第 317 号，馆册第

4713号，写本，卷子装）译自藏文，见西田龙雄《西夏文佛经目录》第171号。

73.《大手印定引导略文》（第649号，西夏特藏第347号，馆册第875号，写本，卷子装）译自藏文，见西田龙雄《西夏文佛经目录》第055号。

74.《亥母耳传记文》（第652号，西夏特藏第406号，馆册第823号，写本，小册子）译自藏文，见西田龙雄《西夏文佛经目录》第172号。

75.《大印究境要集》（第661号，西夏特藏第345号，馆册第2858号，写本，小册子）译自藏文，见西田龙雄《西夏文佛经目录》第048号。

76.《三昧之修次》（第671号，西夏特藏第94号，馆册第6776号，写本，小册子）译自藏文，见西田龙雄《西夏文佛经目录》第167号。

77.《吉祥上乐轮随中有身入定顺次》（第672号，西夏特藏第126号，馆册第4826号，写本，卷子装）译自藏文，见西田龙雄《西夏文佛经目录》第282号。

78.《正法义次》（第678号，西夏特藏第239号，馆册第2843号第8章，写本，小册子）译自藏文，见西田龙雄《西夏文佛经目录》第219号。

79.《五佛亥母随略供养作次》（第679号，西夏特藏第246号，馆册第837号，写本，卷子装）译自藏文，见西田龙雄《西夏文佛经目录》第108号。

80.《不动佛随供养次》（第681号，西夏特藏第275号，馆册第5126号，写本，卷子装）译自藏文，见西田龙雄《西夏文佛经目录》第99号。

81.《呼王九佛中绕随主承顺次》（第682号，西夏特藏第327号，馆册第2877号上部，写本，蝴蝶装）译自藏文，见西田龙雄《西夏文佛经目录》第165号。

82.《大自在之供顺取手次》（第638号，西夏特藏第354号，馆册第6476号，写本，蝴蝶装）译自藏文，见西田龙雄《西夏文佛经目录》第 046 号。

83.《六法混元道次》（第 684—685 号，西夏特藏第 354 号）译自藏文，见西田龙雄《西夏文佛经目录》第 236 号。馆册第 2734 号为写本，卷子装。馆册 6373 号为写本，小册子。

84.《四天王护摩（烧施）坛典》（第 691 号，西夏特藏第 214 号，馆册第 820 号，刻本，经折装）译自藏文，见西田龙雄《西夏文佛经目录》第 273 号。

85.《五佛亥母随略供养典》（第 692—693 号，西夏特藏第 247 号，馆册第 4704 号第 1 章、第 5052 号第 1 章，写本，卷子装）译自藏文，见西田龙雄《西夏文佛经目录》第 109 号。

86.《不动佛随广大供养典》（第 694 号，西夏特藏第 273 号，馆册第 4975 号第 1 章，写本，卷子装）译自藏文，见西田龙雄《西夏文佛经目录》第 101 号。

87.《次六法供养善典》（第 695 号，西夏特藏第 277 号，馆册第 5173 号，写本，卷子装）译自藏文，见西田龙雄《西夏文佛经目录》第 235 号。

88.《六幼母供养根》（第 698 号，西夏特藏第 370 号，馆册第 4911 号，写本，卷子装）译自藏文，见西田龙雄《西夏文佛经目录》第 238 号。

89.《吉有恶趣令净本续纲》（第 708 号，西夏特藏第 309 号，馆册第 7909 号，写本，卷子装）译自藏文，见西田龙雄《西夏文佛经目录》第 302 号，译为《恶趣净令本续纲》。

90.《亥母供养根一部》（第 710 号，西夏特藏第 188 号，馆册第 5050 号，写本，卷子装）译自藏文，见西田龙雄《西夏文佛经目录》第 173 号。

91.《药光海生金刚王文二部》（第 711 号，西夏特藏第 241 号，馆册第 2543 号，写本，小册子）译自藏文，见西田龙雄《西夏文佛经目录》第 277 号。

92.《护摩法事曰》（第 714 号，西夏特藏第 110 号，馆册第 4523 号，写本，卷子装）译自藏文，见西田龙雄《西夏文佛经目录》第 050 号。

附录：西夏密教典籍与仪轨

93.《伏藏变化解键》（第743号，西夏特藏第203号，馆册第2821号，写本，卷子装）译自藏文，见西田龙雄《西夏文佛经目录》第214号。

94.《正理意之障去》（第746号，西夏特藏第235号，馆册第4851号第4章、第5923号第6章，写本，卷子装）译自藏文，见西田龙雄《西夏文佛经目录》第220号。

95.《见顺分》（第748号，西夏特藏第290号，馆册第4522号，写本，卷子装）译自藏文，见西田龙雄《西夏文佛经目录》第074号。

96.《天险桑星大镜》（第751号，西夏特藏第315号，馆册第6382号，写本，小册子）译自藏文，见西田龙雄《西夏文佛经目录》第307号。

97.《圣大乘利有罗索之央正经》（第352号，西夏特藏第423号，馆册第3702号，写本，经折装）译自藏文。

98.《大乘圣寿无量经》（第193—195号，西夏特藏第342号，馆册第812、953、697、6943、2309号）译自藏文，亦名《大乘无量寿宗要经》《佛说无量寿宗要经》等，见《大正藏》第936号，名为《大乘无量寿经》（1卷，法成译）。西田龙雄《西夏文佛经目录》第037号。分刻本，经折装和写本，经折装。此经与宋法天从梵文直译的《大乘圣无量寿决定光明王如来陀罗尼经》属于同本异译。《大乘圣寿无量经》是隋唐时代特别流行的六部经之一。

99.《六啍要论》（第253号，西夏特藏第369号，馆册第4805号，写本，卷子装）译自藏文，见《大正藏》第1180号，名为《六字神咒经》（1卷，唐菩提流志译），西田龙雄《西夏文佛经目录》第239号。

另外，因为出土佛经过于残缺，尚无法准确判断其是否译自藏文，但这些经文应具有密教特点，它们是：

《断毒示道法事》，藏文名为《薄伽梵圣除毒母仪轨》；《供养云总持咒》，藏文名为《供养云陀罗尼》；《金刚王亥母之供养顺要论》，藏文名为《金刚亥母供养成就法》；《金刚王默有母随略食施放顺》，藏文名为《金刚瑜祇母供养仪轨》；《世离七道法事》，藏文名为《超世间七支仪轨》；《留伊波现量悟之间所释记》，藏文名为《留伊波现观释律仪生》；《九曜供养根》藏文名为《九曜供养仪轨》；《佛说大方广善巧方便经》，藏文名为《圣善能方便大乘经》①；《莲华顶冠本续》，藏文名为《妙莲华冠带本续》；《色黑足师造》或《聚轮供养作次》，藏文名为《聚轮供养次第》；《圣顶尊胜母供顺》，藏文名为《圣顶髻胜母成就法》；《圣大乘胜意菩萨经》，藏文名为《圣胜意大乘经》；《圣智寿无量之总持》，藏文名为《圣者无量寿智大乘经》；《圣六字寿增大荫王陀罗尼经》，藏文名为《最圣六字大明神咒》②；《圣八千颂般若波罗密多经》；《吉有金刚王空行文》，藏文名为《吉祥金刚荼枳尼歌》；《吉祥上乐轮随六十二佛之百八名》，藏文名为《吉祥轮律仪一百八名赞》；《菩提道经网》③，藏文名为《菩提道灯细疏》等。④

黑水城出土汉文经典：

在黑水城藏品中除了译自藏文的西夏文佛经和仪轨外，还有283件属于佛教文献。在汉文文献中也保存一些具有密教特色经典和瑜伽修习仪轨，它们分别是：《大集编□□□声颂一本》（写本，TK-74，包括"铃偈""请师偈""遣魔偈""遣魔结界偈""赞礼偈""供养偈""赞叹偈""忏悔偈""吉祥偈""回向偈""礼赞偈""五欲乐""回向善根偈""方隅八天母供养偈""四方空行母供养偈""二十种舞供养偈""转法轮偈""六十二佛名""回向祝赞文"和"哀纳偈"）；《文殊菩萨修行仪轨》（写本，TK-75）；《佛说圣大乘三归依经》（刻本，TK-

---

① [俄]克恰诺夫目录第105号，西夏特藏第160号《佛说大方广善功方便经》，由汉文译成，见《大正藏》第346号，《藏文佛经正经全目录》第927号，西田龙雄《西夏文佛经目录》第187号。馆册第6651号，刻本，折本装。29厘米×11厘米。6页。结尾。每页6行，每行17个字。上边距4.3厘米，下边距3.4厘米。

② [俄]克恰诺夫认为是由汉文译成，编号为第234—236号，西夏特藏第77号，《圣六字增寿大荫王陀罗尼经》由汉文译成，见《大正藏》第1049号，《藏文佛经正经全目录》第313号，西田龙雄《西夏文佛经目录》第264号，馆册第910号为写本，卷子装，19厘米×89厘米，全文留存，每行15个字，上边距1厘米，下边距0.8厘米，用纸6级。馆册第570号为写本，小册子，14厘米×9.5厘米，22页，无头，每页5行，每行7个字，结尾重复标题。题记：Гхиэ Нин-лдиэ 于猪年8月6日夜晚临产，而 Гхиэ Гхиэ-лхон 于牛年5月27日夜临产。此经文的女发愿者为 Чгве-жвей жиэ Ху-жен，检查者 Нгве-жвей Пху-нио。馆册第8048号为刻本，折本装，17厘米×7厘米，6页+1页版画，开头，每页4行，每行10个字，上边距2.5厘米，下边距1厘米，用纸8级。

③ 在克恰诺夫的目录中西夏特藏第123号，馆册第6474号对应经典为《十四种根犯堕》和《八种鹿重》，写本，小册子。

④ [日]西田龙雄：《西夏文华严经》（3卷），京都大学文学部1977年版，第13、15、17、38、40、48、49、50、52、54、55、56页。

121、122);《1、佛说圣佛母般若波罗蜜多心经;2、持诵圣佛母般若多心经要门》(刻本,TK-128);《佛说金轮佛顶大威德炽盛光如来陀罗尼经》(刻本,TK-129);《圣大乘圣意菩萨经》(刻本,TK-145);《密教仪轨》(刻本,TK-163);《1、圣光自在大悲心总持功能依经录;2、胜相顶尊总持功能依经录》(刻本,TK-164、165);《密教仪轨》(写本,TK-259);《九事显发光明义》(写本,TK-285);《密教仪轨》(写本,TK-286);《金刚剂门》(写本,TK-287);《中有身要论》(写本,TK-327);《显密十二因缘庆赞中围法事仪轨》(写本,TK-328);《四字空行母记文卷上》(写本,TK-329);《密教咒语》(写本,A3);《1、念一切如来百字忏悔剂门仪轨;2、求佛眼母仪轨》(写本,A5);《密教诵念集》(写本,A11);《佛眼母仪轨》(写本,A13);《金刚亥母集轮供养次第录》(写本,A14);《梦幻身要门》(写本,A15);《甘露中流中有身要门》(写本,A16);《舍身要门》(写本,A17);《拙火能照无明》(写本,A18);《金刚亥母禅定》(写本,A19);《圆融忏悔法门》(写本,A22、24);《1、集轮法事;2、金刚乘八不共犯堕》(写本,B64);《亲诵仪》(写本,Ф214);《大乘入藏录卷上》(Ф221、228、266)的背面为西夏写本,内容为《1、八种粗重犯堕;2、常所作仪轨八种不共》;《多闻天陀罗尼仪轨》(写本,Ф234);《金刚亥母修习仪》(写本,Ф249 Ф327);《亲集耳传观音供养赞叹》(写本,Ф311);《黑色天母求修次第仪》(写本,Ф315);《密教仪轨》(写本,Инв.№272)《1、金刚亥母略施食仪;2、金刚亥母自标授要门;3、金刚修习母究竟仪;4、□寿定仪;5、《金刚修习母标授瓶仪》(写本,Инв.№ю274)等。①

---

① 《俄藏黑水城文献》(1—6册),上海古籍出版社1996—1997年版。

参考文献

一 古籍

（北齐）魏收撰：《魏书》，中华书局1974年标点本。
（唐）令狐德棻等撰：《周书》，中华书局1974年第2版。
（唐）李延寿撰：《北史》，中华书局1974年标点本。
（唐）魏徵等撰：《隋书》，中华书局1973年标点本。
（后晋）刘昫等撰：《旧唐书》，中华书局1975年标点本。
（宋）欧阳修、宋祁撰：《新唐书》，中华书局1975年标点本。
（宋）薛居正等撰：《旧五代史》，中华书局1976年标点本。
（宋）欧阳修撰：《新五代史》，中华书局1974年标点本。
（元）脱脱等撰：《宋史》，中华书局1977年标点本。
（元）脱脱等撰：《辽史》，中华书局1974年标点本。
（元）脱脱等撰：《金史》，中华书局1975年标点本。
（明）宋濂等撰：《元史》，中华书局1976年标点本。
（清）张廷玉等撰：《明史》，中华书局1974年标点本。
李修生主编：《全元文》（16册），江苏古籍出版社1999年版。
（梁）释慧皎撰，汤用彤校注：《高僧传》，中华书局1992年标点本。
（明）陈邦瞻：《元史纪事本末》，中华书局1979年版。
（明）胡汝砺编，陈明猷校勘：《嘉靖宁夏新志》，宁夏人民出版社1985年版。
（明）黄仲昭修纂：《八闽通志》，福建人民出版社整理本1989年版。
（明）释元贤撰：《泉州开元寺志》（1927年重刻本），中国台湾明文书局1980年版。

（明）田汝成撰：《西湖游览志》，浙江人民出版社 1980 年版。

（明）阳思谦修，徐敏学、吴维新纂：《万历重修泉州府志》，中国台湾学生书局 1987 年版影印本。

（明）阳思谦修，徐敏学、吴维新纂：《万历重修泉州府志》，中国台湾学生书局 1987 年版影印本。

（清）陈寿祺等撰：《重纂福建通志》（同治十年重刊本），中国台湾华文书局股份有限公司 1968 年版。

（唐）玄奘、辩机：《大唐西域记》，季羡林校注，中华书局 1985 年版。

（清）戴锡章撰，罗矛昆点校：《西夏纪》，宁夏人民出版社 1988 年版。

（清）屠寄：《蒙兀儿史记》，北京市中国书店影印本 1984 年版。

（清）吴广成撰，龚世俊等校：《西夏书事校证》，甘肃文化出版社 1995 年版。

（清）张鉴撰，龚世俊等校：《西夏纪事本末》，甘肃文化出版社 1998 年版。

（清）钟庚起等撰：《甘州府志》，中国台湾成文出版社 1976 年版。

（宋）洪皓撰：《松漠纪闻》，翟立伟标注，吉林文史出版社 1986 年版。

（宋）李焘撰：《续资治通鉴长编》，中华书局 2004 年第 2 版标点本。

（宋）李心传撰，徐规点校：《建炎以来朝野杂记》，中华书局 2000 年标点本。

（宋）彭百川：《太平治迹统类》，校玉玲珑阁钞本。

（宋）沈括著，侯真平校点：《梦溪笔谈》，岳麓书社 2004 年标点本。

（宋）司马光撰：《涑水记闻》，中华书局 1997 年标点本。

（宋）司马光编著，（元）胡三省音注：《资治通鉴》，中华书局 1976 年标点本。

（宋）田况撰：《儒林公议》，王云五主编《丛书集成初编》，商务印书馆 1936 年版。

（宋）宇文懋昭撰，崔文印校证：《大金国志校证》，中华书局 1986 年标点本。

（宋）赞宁撰，范祥雍点校：《宋高僧传》（上、下），中华书局 1987 年标点本。

（唐）李吉甫撰：《元和郡县志》，中华书局 1983 年标点本。

王德毅、潘柏澄主编：《元人文集珍本丛刊》，中国台湾新文丰出版公司影印本1985年版。

《蒙古秘史》，余大钧译注，河北人民出版社2001年版。

（元）马祖常撰，李叔毅点校：《石田先生文集》，中州古籍出版社1991年版。

（元）释大昕：《蒲室集》（明初刊本）影印本。

（元）陶宗仪撰，王雪玲校点：《南村辍耕录》，辽宁教育出版社1998年版。

（元）王恽撰：《秋涧集》，《元人文集珍本丛刊》，中国台湾新文丰出版公司1985年版影印本。

（元）姚燧撰：《牧庵集》，王云五主编《丛书集成初编》，商务印书馆1936年版。

张维、鸿汀纂次：《陇右金石录》，甘肃省文献征集委员会校印1943年版。

《大正藏》，中华电子佛典协会编电子佛典集成版2016年版。

二 文献资料

敦煌研究院主编：《敦煌莫高窟供养人题记》，文物出版社1996年版。

敦煌研究院主编：《敦煌石窟内容总录》，文物出版社1996年版。

敦煌研究院主编：《中国石窟·莫高窟》（5册），文物出版社1997年版。

敦煌研究院主编：《中国石窟·榆林窟》，文物出版社1997年版。

雷润泽等编著：《西夏佛塔》，文物出版社1995年版。

宁夏考古研究所编著：《拜寺沟西夏方塔》，文物出版社2005年版。

宁夏考古研究所编著：《山嘴沟西夏石窟》（上、下），文物出版社2007年版。

上海古籍出版社等编：《法藏敦煌西夏文文献》，上海古籍出版社2007年版。

上海古籍出版社等：《英藏黑水城文献》（1—5册），上海古籍出版社2005、2010年版。

史金波、白滨、吴峰云编著：《西夏文物》，文物出版社1988年版。

史金波、陈育宁主编：《中国藏西夏文献》（1—20 册），甘肃人民出版社、敦煌文艺出版社 2005—2007 年版。
史金波、聂鸿音、白滨译注：《天盛改旧新定律令》，法律出版社 2000 年版。
塔拉、杜建录、高国祥主编：《中国藏黑水城汉文文献》（1—10 册），国家图书馆出版社 2008 年版。
武宇林、［日］荒川慎太郎主编：《日本藏西夏文文献》（全 2 册），中华书局 2010—2011 年版。
中国社科院民族所等编：《俄藏黑水城文献》（1—28），上海古籍出版社 1996—2019 年版。

三　今人著作

阿旺贡噶索南著，陈庆英等译注：《萨迦世系史》，中国藏学出版社 2005 年版。
拔塞囊著，佟锦华、黄布凡译注：《拔协（增补本）译注》，四川民族出版社 1990 年版。
白滨编：《西夏史论文集》，宁夏人民出版社 1984 年版。
白滨：《党项史研究》，吉林教育出版社 1986 年版。
白滨、史金波等编：《中国民族史研究》（2），中央民族学院出版社 1989 年版。
白文固、赵春娥：《中国古代僧尼名籍制度》，青海人民出版社 2002 年版。
班班多杰：《藏传佛教思想史纲》，上海三联书店 1992 年版。
班钦·索南查巴：《新红史》，黄颢译，西藏人民出版社 1987 年版。
布顿：《布顿佛教史》，蒲文成译，中国台湾大千出版社 2006 年版。
才让：《藏传佛教与民俗信仰》，民族出版社 1999 年版。
蔡巴·贡噶多吉：《红史》，陈庆英、周润年译，西藏人民出版社 1988 年版。
陈炳应：《西夏探古》，甘肃文化出版社 2002 年版。
陈炳应：《西夏文物研究》，宁夏人民出版社 1985 年版。

陈育宁主编：《西夏研究丛书》（第1—3辑），甘肃文化出版社1995、1998、2002年版。

陈育宁主编：《西夏研究丛书》（第4辑），宁夏人民出版社2004年版。

崔红芬：《西夏佛教文献研究论集》，宗教文化出版社2017年版。

崔红芬：《西夏汉传密教文献研究》，社会科学文献出版社2015年版。

崔红芬：《西夏河西佛教研究》，民族出版社2012年版。

达仓宗巴·班觉桑布：《汉藏史集》，陈庆英译，西藏人民出版社1986年版。

达照：《金刚经赞研究》，宗教文化出版社2002年版。

戴忠沛：《西夏文佛经残片的藏文对音研究》，博士学位论文，中国社科院民族所，2008年。

道润梯步：《蒙古秘史》（新译简注），内蒙古人民出版社1979年版。

德吉卓玛：《圣殿中的莲花·度母信仰解析》，中国藏学出版社2007年版。

杜斗城：《北凉佛教研究》，中国台湾新文丰出版公司1998年版。

杜斗城：《敦煌本佛说十王经校录研究》，甘肃教育出版社1989年版。

杜建录主编：《二十世纪西夏学》，宁夏人民出版社2004年版。

段文杰：《敦煌艺术论文集》，甘肃人民出版社1994年版。

段文杰、茂木雅博主编：《敦煌学与中国史研究论集》，甘肃人民出版社2001年版。

段玉泉：《西夏〈功德宝集偈〉跨语言对勘研究》，上海古籍出版社2015年版。

段玉泉：《语言背后的文化流传：一组西夏藏传佛教文献解读》，博士学位论文，兰州大学，2009年。

方立天：《魏晋南北朝佛教论丛》，中华书局2002年版。

方立天主编：《中国佛教简史》，宗教文化出版社2001年版。

尕藏加：《密宗——藏传佛教神秘文化》，中国藏学出版社2007年版。

尕藏加：《吐蕃佛教》，宗教文化出版社2002年版。

高木森：《印度艺术史概论》，中国台湾渤海堂文化公司1993年版。

国家图书馆编：《敦煌与丝路文化学术讲座》，国家图书馆出版社2003年版。

《国立北平图书馆馆刊》第四卷第三号"西夏文专号",北平京华印书局1932年版。
郝春文主编:《敦煌文献论集》,辽宁人民出版社2001年版。
何广博主编:《述善集研究论集》,甘肃人民出版社2001年版。
何周德、索朗旺堆:《桑耶寺简志》,西藏人民出版社1987年版。
弘学编著:《藏传佛教》,四川人民出版社2006年版。
胡开儒:《安西榆林窟》,新疆大学出版社1997年版。
华祖根等编:《中国民族史研究》(3),中央民族学院出版社1993年版。
黄忏华:《佛教各宗大纲》,中国台湾天华佛学丛刊1985年版。
黄春和:《藏传佛像艺术鉴赏》,华文出版社2004年版。
黄明信:《汉藏大藏经目录异同研究》,中国藏学出版社2003年版。
黄启江:《北宋佛教史论稿》,中国台湾商务印书馆1997年版。
黄征、吴伟:《敦煌愿文集》,岳麓书社1995年版。
季羡林:《佛教十五题》,中华书局2007年版。
季羡林主编:《敦煌学大辞典》,上海辞书出版社1999年版。
姜伯勤:《敦煌艺术宗教与礼乐文明》,中国社会科学出版社1996年版。
姜伯勤:《唐五代敦煌寺户制度》,中华书局1987年版。
金申:《西藏的寺庙和佛像》,文化艺术出版社2007年版。
廓诺·迅鲁伯:《青史》,郭和卿译,西藏人民出版社1985年版。
李安宅:《藏族宗教史之实地研究》,上海人民出版社2005年版。
李并成、李春元:《瓜沙史地研究》,甘肃文化出版社1996年版。
李范文:《西夏陵墓出土残碑粹编》,文物出版社1984年版。
李范文主编:《首届西夏学国际学术会议论文集》,宁夏人民出版社1998年版。
李范文主编:《西夏研究论集》,宁夏人民出版社1983年版。
李富华、何梅:《汉文佛教大藏经研究》,宗教文化出版社2003年版。
李华瑞:《宋夏关系史》,河北人民出版社1998年版。
李冀诚:《佛教密宗礼仪窥密》,大连出版社1991年版。
李翎:《藏密观音造像》,宗教文化出版社2003年版。

李蔚：《西夏史研究》，宁夏人民出版社1989年版。

李文实：《西陲古地与羌藏文化》，青海人民出版社2003年版。

梁启超：《佛学研究十八篇》，上海古籍出版社2001年版。

林英津：《西夏语译〈真实名经〉释文研究》，中国台湾"中研院"历史语言学研究所2006年版。

刘建丽：《宋代西北吐蕃研究》，甘肃文化出版社1998年版。

刘立千：《藏传佛教各派教义及密宗漫谈》，民族出版社2000年版。

刘立千：《藏密漫谈》，民族出版社2005年版。

刘立千：《印藏佛教史》，民族出版社2000年版。

刘立千著译：《刘立千藏学著译文集·杂集》，民族出版社2000年版。

吕澂：《印度佛学源流略讲》，上海人民出版社2002年版。

吕澂：《中国佛教源流略讲》，中华书局1998年版。

吕建福：《中国密教史》，中国社会科学出版社1995年版。

洛桑杰嘉措编：《图解大手印》，陕西师范大学出版社2007年版。

马长寿：《氐与羌》，上海人民出版社1984年版。

马德：《敦煌莫高窟史研究》，甘肃教育出版社1997年版。

聂鸿音：《西夏佛经序跋译注》，上海古籍出版社2016年版。

牛达生：《西夏遗迹》，文物出版社2007年版。

乔高才让、李占忠合著：《凉州佛教》，甘肃文化出版社2002年版。

钦则旺布：《卫藏道场胜迹志》，刘立千译注，民族出版社2000年版。

任继愈主编：《中国佛教史》（1—3卷），中国社会科学出版社1997年版。

荣新江：《归义军史研究》，上海古籍出版社1996年版。

桑杰坚赞：《米拉日巴传》，刘立千译，民族出版社2000年版。

沙武田：《吐蕃统治时期敦煌石窟艺术》，中国社会科学出版社2013年版。

沈卫荣等编：《西域历史语言研究丛书·黑水城人文与环境研究》，中国人民大学出版社2007年版。

史金波：《史金波文集》，上海辞书出版社2005年版。

史金波：《西夏佛教史略》，宁夏人民出版社1988年版。

宿白：《藏传佛教寺院考古》，文物出版社1996年版。

孙伯君、聂鸿音：《西夏文藏传佛教史料——"大手印"法经典研究》，中国藏学出版社 2018 年版。

孙昌盛：《西夏文〈吉祥遍至口合本续〉整理研究》，社会科学文献出版社 2015 年版。

孙颖新：《西夏文〈大宝积经·无量寿如来会〉对勘研究》，社会科学文献出版社 2019 年版。

孙颖新：《西夏文〈无量寿经〉研究》，中国社会科学出版社 2018 年版。

索南才让（许得存）：《西藏密教史》，中国社会科学出版社 1998 年版。

索南坚赞：《西藏王统记》，刘立千译，民族出版社 2000 年版。

汤开建：《党项西夏史探微》，中国台湾允晨文化实业股份有限公司 2005 年版。

汤开建：《宋金时期安多吐蕃部落史研究》，上海古籍出版社 2007 年版。

汤晓芳等编：《西夏艺术》，宁夏人民出版社 2003 年版。

汤一介：《佛教与中国文化》，宗教文化出版社 2000 年版。

汤用彤：《汉魏两晋南北朝佛教史》，北京大学出版社 1997 年版。

汤用彤：《隋唐佛教史稿》，江苏教育出版社 2007 年版。

唐景福：《中国藏传佛教名僧录》，甘肃民族出版社 1991 年版。

童玮编著：《二十二种大藏精通检》，中华书局 1997 年版。

土观·罗桑却吉尼玛：《土观宗派源流》，刘立千译注，民族出版社 2000 年版。

王静如：《西夏研究》（1—3 辑），中国台湾"中研院"历史语言研究所 1930、1932 年版。

王培培：《西夏文〈维摩诘经〉整理研究》，社会科学文献出版社 2015 年版。

王森：《西藏佛教发展史略》，中国社会科学出版社 1997 年版。

王尧：《西藏文史考信集》，中国藏学出版社 1994 年版。

魏道儒主编：《普贤与中国文化》，中华书局 2006 年版。

魏强、周润年等：《藏族宗教与文化》，中央民族大学出版社 2002 年版。

温玉成：《中国石窟与文化艺术》，上海人民美术出版社1993年版。

翁独健等主编：《中国民族史研究》（1），中央民族学院出版社1987年版。

无垢光尊者：《大圆满虚幻休息论妙车释等合编》，刘立千译，民族出版社2000年版。

吴天墀：《西夏史稿》，四川人民出版社1983年版。

五世达赖喇嘛：《西藏王臣记》，刘立千译，民族出版社2000年版。

谢继胜：《西夏藏传绘画—黑水城出土西夏唐卡研究》，河北教育出版社2002年版。

谢重光、白文固：《中国僧官制度史》，青海人民出版社1990年版。

熊文彬：《元代藏汉艺术交流》，河北教育出版社2003年版。

阎文儒：《中国石窟艺术总论》，广西师范大学出版社2003年版。

杨富学：《回鹘文献与回鹘文化》，民族出版社2003年版。

杨富学：《回鹘之佛教》，新疆人民出版社1998年版。

杨富学：《沙州回鹘及其文献》，甘肃文化出版社1995年版。

杨曾文：《唐五代禅宗史》，中国社会科学出版社1999年版。

杨志高：《〈慈悲道场忏法〉西夏译本的复原与研究》，中国社会科学出版社2017年版。

杨志高：《西夏文〈经律异相〉整理研究》，社会科学文献出版社2014年版。

殷光明：《敦煌壁画艺术与疑伪经》，民族出版社2006年版。

张伯元：《安西榆林窟》，四川教育出版社1995年版。

张九玲：《西夏文〈大随求陀罗尼经〉研究》，中国台湾花木兰文化出版社2017年版。

张云：《唐代吐蕃史与西北民族史研究》，中国藏学出版社2004年版。

郑炳林主编：《敦煌佛教艺术文化论文集》，兰州大学出版社2002年版。

郑炳林主编：《敦煌归义军史专题研究》，兰州大学出版社1997年版。

郑炳林主编：《敦煌归义军史专题研究三编》，甘肃文化出版社2005年版。

郑炳林主编：《敦煌归义军史专题研究续编》，兰州大学出版社2003年版。

止贡巴·贡却丹巴然杰：《安多政教史》，星全成等译，青海民族学院民族研究所语言文学室1988年版。

中国佛教协会编：《中国佛教》（1—4），东方出版中心1996年版。

周叔迦：《周叔迦佛学论著集》（上、下），中华书局2004年版。

周伟洲：《唐代党项》，三秦出版社1988年版。

周伟洲：《早期党项史研究》，中国社会科学出版社2004年版。

祝启源：《唃厮啰—宋代藏族政权》，青海人民出版社1988年版。

祝启源：《祝启源藏学研究文集》，中国藏学出版社2002年版。

四　期刊论文

敖特根：《敦煌莫高窟第465窟断代研究综述》，《敦煌研究》2003年第5期。

敖特根：《西夏沙州守将昔里钤部》，《敦煌学辑刊》2004年第1期。

巴卧·祖拉陈哇：《贤者喜宴》，黄颢译，《西藏民族学院学报》1981—1987年各期。

白滨：《元代西夏一行慧觉法师辑汉文〈华严忏仪〉补释》，《西夏学》（一），宁夏人民出版社2006年版。

岑仲勉：《元初西北五城之地理的考古》，《"中研院"历史语言研究所集刊》第12册，1947年。

陈炳应：《金书西夏文〈大方广佛华严经〉》，《文物》1989年第5期。

陈炳应：《天梯山石窟西夏文佛经译释》，《考古与文物》1983年第3期。

陈炳应：《图解本西夏文〈观音经〉译释》，《敦煌研究》1985年第3期。

陈炳应：《西夏与敦煌》，《西北民族研究》1991年第1期。

陈炳应：《西夏与吐蕃的关系史述论》，《陇右文博》1998年第1期。

陈得芝：《再论蒙古与吐蕃和吐蕃佛教的初期接触》，《西北民族研究》2003年第2期。

陈高华：《略论杨琏真加和杨暗普父子》，《西北民族研究》1986年第1期。

陈楠：《吐蕃时期佛教发展与传播问题考论》，《中国藏学》1994年第1期。

陈庆英：《〈大乘要道密集〉与西夏王朝的藏传佛教》，《宗教》2004年第1期。

陈庆英：《简论藏文史籍关于西夏的记载》，《中国藏学》1996年第1期。

陈庆英、仁庆扎西：《元代帝师制度述略》，《西藏民族学院学报》1984年第1期。

陈庆英：《西夏大乘玄密帝师的生平》，《西藏大学学报》2000年第3期。

陈庆英：《西夏及元代藏传佛教经典的汉译本》，《西藏大学学报》2000年第2期。

陈育宁等：《13世纪蒙古统一战争与藏传佛教》，《宁夏大学学报》2004年第4期。

崔红芬：《百年来西夏华严文献的发掘整理与研究》，慧云主编《华严学研究》（第1辑），宗教文化出版社2017年版。

崔红芬：《保定出土〈老索神道碑铭〉再研究》，《中国文化》2013年第38期（秋季号）。

崔红芬：《从〈父母恩重经〉看儒释融合——兼及敦煌、黑水城残本的比较》，杜建录主编《西夏学》（第12辑），甘肃文化出版社2016年版。

崔红芬：《敦煌本与西夏文本〈坛经〉比较研究》，《禅与人类文明研究》（第3期），香港中文大学出版社2018年版。

崔红芬：《俄藏黑水城〈佛说大乘圣无量寿王经〉及相关问题考略》，《宁夏社会科学》2017年第3期。

崔红芬：《俄藏黑水城文献〈密咒圆因往生集〉相关问题考论》，《文献》2013年第6期。

崔红芬：《甘博藏西夏文〈普贤行愿品疏序〉研究》，《宁夏社会科学》2014年第3期。

崔红芬：《黑水城出土〈佛果圆悟禅师碧岩录〉考》，《西夏研究》2019年第1期。

崔红芬：《黑水城遗存〈景德传灯录〉考略》，秋爽主编《景德传灯录与佛教中国化》，宗教文化出版社 2018 年版。

崔红芬：《〈六字大明陀罗尼〉考释》，杜建录主编《西夏学》（15 辑），甘肃文化出版社 2017 年版。

崔红芬：《泉州清源山三世佛造像题记考略》，《民族研究》2011 年第 3 期。

崔红芬：《僧人"慧觉"考略》，《世界宗教研究》2010 年第 4 期。

崔红芬：《丝路文化背景下〈药师经〉的翻译与流行》，悟实主编《药师如来与佛教中国化》，宗教文化出版社 2018 年版。

崔红芬、文健：《英藏西夏文〈无常经〉考略》，《敦煌研究》2019 年第 2 期。

崔红芬、文志勇：《西夏寺院依附人口初探——以〈天盛律令〉为中心》，《西夏研究》2013 年第 1 期。

崔红芬：《武威博物馆藏西夏文〈金刚经〉及赞颂残经译释研究》，《西夏学》第 8 辑，上海古籍出版社 2011 年版。

崔红芬：《西夏观音绘画考略》，《平顶山学院学报》2017 年第 3 期。

崔红芬：《西夏文〈过去庄严劫千佛名经〉发愿文之西北方音及相关问题》，《宁夏社会科学》2017 年第 6 期。

崔红芬：《西夏文〈药师琉璃光七佛本愿功德经〉及相关问题考略》，学愚主编《佛学思想与佛教文化研究》（上册），社会科学文献出版社 2017 年版。

崔红芬：《夏汉文本华严经典考略》，《宁夏社会科学》2016 年第 3 期。

崔红芬：《杨琏真伽与杭州佛教的发展》，光泉主编《灵隐文丛》，宗教文化出版社 2017 年版。

崔红芬：《英藏西夏文〈大宝积经〉译释研究》，《西夏学》第 10 辑，上海古籍出版社 2014 年版。

崔红芬：《元代杨琏真伽佛事活动考略》，《西蒙古研究》2015 年第 4 期。

崔红芬：《元杭州路刊刻河西字〈大藏经〉探析》，《西蒙古研究》2014 年第 2 期。

崔红芬：《中英藏西夏文〈圣曜母陀罗尼经〉考略》，《敦煌研究》2015年第2期。

东噶·洛桑赤列：《论西藏政教合一制度》，唐景福译，《青海民族学院学报》1982年第1、2期。

俄军：《甘肃省博物馆藏敦煌藏文文献补录》，《敦煌研究》2006年第3期。

樊锦诗、赵青兰：《吐蕃占领时期莫高窟洞窟的分期研究》，《敦煌研究》1994年第4期。

傅立诚、杨俊：《敦煌市博物馆藏古藏文〈大乘无量寿经〉目录》（一）和（二），《敦煌学辑刊》2004年第2期；2005年第3期。

尕藏加：《吐蕃佛教与西域》，《西藏研究》1993年第1期。

甘肃省博物馆：《甘肃武威发现一批西夏遗物》，《文物》1974年第1期。

胡同庆、宋琪：《安西东千佛洞研究编年述评》，《敦煌研究》2006年第5期。

黄颢：《藏文史书中的弭药》，《青海民族学院学报》1985年第4期。

黄明信：《敦煌藏文写卷〈大乘无量寿宗要经〉及其汉文本之研究》，《中国藏学》1994年第2期。

黄文焕：《河西吐蕃经卷目录跋》，《世界宗教研究》1988年第2期。

黄文焕：《河西吐蕃文书简述》，《文物》1978年第12期。

黄振华：《西夏龙（洛）族试考——兼谈西夏遗民南迁及其他》，《中国藏学》1998年第4期。

霍巍：《关于佛教初传吐蕃传说的一个新版本》，《世界宗教研究》2000年第4期。

霍巍：《早期密教图像在敦煌的传播及其来源的新探索》，《敦煌研究》2006年第2期。

吉思：《元代蒙古王室与藏传佛教的关系》，《青海民族学院学报》1999年第2期。

勘措吉、黎大祥：《武威市博物馆藏敦煌藏文写本》，《敦煌研究》2006年第3期。

李春元：《安西旱峡石窟》，《敦煌研究》1996年第2期。

李范文：《藏传佛教对西夏的影响》，中国台湾历史博物馆馆刊《历史文物》1996 年第 6 卷第 3 期。

李范文：《西夏在中国历史中的地位》，《宁夏社会科学》2002 年第 3 期。

李华瑞：《北宋朝野人士对西夏的看法》，《安徽师范大学学报》1997 年第 4 期。

李华瑞：《论北宋与河湟吐蕃的关系》，《河北青年管理干部学院学报》2000 年第 2 期。

李翎：《藏传佛教阿弥陀像研究》（上、下），《中国藏学》2004 年第 2、4 期。

李清凌：《藏传佛教与宋夏金时期西北的民族关系》，《西北民族学院学报》2001 年第 2 期。

李清凌：《〈高僧传合集〉与宋夏金时期西北的佛教》，《西藏大学学报》2004 年第 4 期。

李清凌：《宋夏金时期佛教的走势》，《西北师范大学学报》2002 年第 6 期。

李淑萍、黄维忠：《敦煌市档案局所藏藏文写经定名》，《敦煌学辑刊》2002 年第 2 期。

李烨等：《八思巴对元代西藏纳入中国版图的重大贡献》，《内蒙古社会科学》2005 年第 3 期。

刘永增：《安西东千佛洞第 5 窟毗沙门天王与八大夜叉曼荼罗解说》，《敦煌研究》2006 年第 3 期。

刘玉权：《本所藏图解本西夏文〈观音经〉版画初探》，《敦煌研究》1985 年第 3 期。

刘玉权：《敦煌莫高窟、安西榆林窟西夏洞窟分期》，《敦煌研究文集》，甘肃人民出版社 1982 年版。

刘玉权：《敦煌西夏洞窟分期再议》，《敦煌研究》1990 年第 3 期。

刘玉权：《榆林窟第 29 窟窟主及其营建年代考论》，《段文杰敦煌研究五十年纪念文集》，世界图书出版公司 1996 年版。

刘玉权：《榆林窟第 3 窟〈千手经变〉研究》，《敦煌研究》1987 年第 4 期。

刘玉权：《再论西夏据瓜沙的时间及其相关问题》，《敦煌研究》1993 年第 4 期。

卢梅、聂鸿音：《藏文史籍中的木雅诸王考》，《民族研究》1996年第5期。

罗秉芬：《从三件〈赞普愿文〉看吐蕃王朝的崩溃——敦煌古藏文文书P. T. 16 I. O. 751、P. T. 134、P. T. 230初探》，北京图书馆敦煌吐鲁番资料中心与中国台湾《南海》杂志社合编《敦煌吐鲁番学研究论集》，书目文献出版社1996年版。

罗炤：《藏汉合璧〈圣胜慧到彼岸功德宝集偈〉考略》，《世界宗教研究》1983年第4期。

马德：《甘肃藏敦煌藏文文献概述》，《敦煌研究》2006年第3期。

马文宽、黄振华：《宁夏新出带梵字密宗器物考》，《文物》1990年第3期。

聂鸿音：《大度民寺考》，《民族研究》2003年第4期。

聂鸿音：《党项人方位概念的文化内涵》，《宁夏社会科学》1999年第3期。

聂鸿音：《俄藏5130号西夏文佛经题记研究》，《中国藏学》2002年第1期。

聂鸿音：《贺兰山拜寺沟方塔所出〈吉祥遍至口和本续〉的译传者》，《宁夏社会科学》2004年第1期。

聂鸿音：《明刻本西夏文〈高王观世音经〉补议》，《宁夏社会科学》2003年第2期。

聂鸿音、史金波：《西夏文本〈碎金〉研究》，《宁夏大学学报》1995年第2期。

聂鸿音、史金波：《西夏文〈三才杂字〉考》，《中央民族大学学报》1995年第6期。

聂鸿音：《吐蕃经师的西夏译名考》，《清华大学学报》（哲学社会科学版）2002年第1期。

聂鸿音：《西夏帝师考辨》，《文史》2005年第3期。

聂鸿音：《西夏刻字司和西夏官刻本》，《民族研究》1997年第5期。

聂鸿音：《西夏文藏传〈般若心经〉研究》，《民族语文》2005年第2期。

聂鸿音：《西夏译本〈持诵圣佛母般若多心经要门〉述略》，《宁夏社会科学》2005 年第 2 期。

宁笃学、钟长发：《甘肃武威西郊林场西夏墓清理简报》，《考古与文物》1984 年第 4 期。

宁夏回族自治区文物管理委员会办公室、贺兰县文化局：《宁夏贺兰县宏佛塔清理简报》，《文物》1991 年第 8 期。

宁夏文物考古所、贺兰县文化局：《宁夏贺兰县拜寺沟方塔废墟清理纪要》《贺兰县拜寺沟西夏遗址调查》，《文物》1994 年第 9 期。

宁夏文物考古所、贺兰县文化局：《宁夏贺兰县拜寺口北寺塔群遗址的清理》，《考古》2002 年第 8 期。

牛达生：《从考古发现看唐宋文化对西夏的影响》，《考古与文物》2001 年第 3 期。

牛达生：《贺兰山拜寺沟方塔废墟考古散论》，《宁夏社会科学》1993 年第 4 期。

牛达生：《宁夏贺兰山拜寺口西夏古塔》，《考古与文物》1986 年第 1 期。

牛达生：《西夏文佛经〈吉祥遍至口和本续〉是西夏印本辨证》，《首届西夏学国际学术会议论文集》，宁夏人民出版社 1998 年版。

牛达生：《西夏学研究中藏学研究成果的应用》，《中国藏学》2002 年第 1 期。

牛达生：《新发现西夏文佛经〈吉祥遍至口和本续〉的刻本特点及学术价值》，《中国印刷》1993 年第 2 期。

牛达生：《元刊木活字版西夏文佛经〈大方广佛华严经〉第 76 卷考察记》，《国家图书馆馆刊》1997 第 1 期。

牛达生：《再论贺兰山拜寺口古塔为西夏原建》，《考古与文物》1987 年第 1 期。

蒲文成：《宁玛派的民间信仰》，《中国藏学》2001 年第 3 期。

任树民：《独具风仪的河陇吐蕃佛教文化》，《西藏艺术研究》2003 年第 1 期。

任宜敏：《萨迦派在元代的特殊地位》，《浙江学刊》2005 年第 2 期。

桑珠：《西夏王族迁入西藏时间献疑》，《甘肃民族研究》1986 年第 4 期。

沈卫荣：《〈大乘要道密集〉与西夏、元朝所传藏传密法》，《法鼓学报》

（第 1 辑），中国台湾 2007 年。

沈卫荣：《汉、藏译〈圣大乘胜意菩萨经〉研究》，2006 年西域文献学术座谈会。

沈卫荣：《西夏黑水城所见藏传佛教瑜伽修习仪轨文书研究——梦幻身要门》，《当代西藏学术研讨会论文集》，中国台湾"蒙藏委员会"2004 年版。

沈卫荣：《序说有关西夏、元朝所传藏传密法之汉文文献》，《欧亚学刊》（第 7 集），2006 年。

沈卫荣：《重构十一至十四世纪的西域佛教史》，《历史研究》2006 年第 5 期。

史金波：《敦煌莫高窟北区出土西夏文文献初探》，《敦煌研究》2000 年第 3 期。

史金波：《国家图书馆藏西夏文社会文书残页考》，《文献》2004 年第 2 期。

史金波：《略论西夏文物的学术价值》，《考古与文物》1987 年第 4 期。

史金波：《西夏的藏传佛教》，《中国藏学》2002 年第 1 期。

史金波：《西夏佛教的流传》，《世界宗教研究》1986 年第 1 期。

史金波：《西夏文〈过去庄严劫千佛名经〉发愿文译证》，《世界宗教研究》1981 年第 1 期。

史金波：《西夏文〈金光明最胜王经〉序跋考》，《世界宗教研究》1983 年第 3 期。

史金波：《西夏文〈六祖坛经〉残页译释》，《世界宗教研究》1993 年第 3 期。

宿白：《敦煌莫高窟密教遗迹札记》（上、下），《文物》1989 年第 9、10 期。

孙昌盛：《黑水城出土顶髻尊胜佛母曼荼罗木板画考》，《敦煌研究》2001 年第 2 期。

孙昌盛：《西夏方塔塔心柱汉文题记考释》，《考古与文物》1997 年第 1 期。

孙昌盛：《西夏文佛经〈吉祥遍至口和本续〉题记译考》，《西藏研究》2004 年第 2 期。

孙宏武、寇克红：《张掖甘州区、高台县两博物馆藏敦煌藏文〈大乘无量寿经〉简介》，《敦煌研究》2006 年第 3 期。

索南才让：《藏密的形成及其特点》，《青海民族研究》2000 年第 4 期。

索南才让：《关于吐蕃佛教研究的两个问题》，《西藏民族学院学报》2003 年第 5 期。

邰惠莉、范军澍：《兰山范氏藏敦煌写经目录》，《敦煌研究》2006 年第 3 期。

唐嘉弘：《关于西夏拓拔氏的族属问题》，《四川大学学报》1955 年第 2 期。

万庚育：《莫高窟、榆林窟的西夏艺术》，《敦煌研究文集》，甘肃人民出版社 1982 年版。

王菡：《元代杭州刊刻〈大藏经〉与西夏的关系》，《文献》2005 年第 1 期。

王继光、郑炳林：《敦煌汉文吐蕃史料综述——兼论吐蕃控制河西时期的职官与统治政策》，《中国藏学》1994 年第 3 期。

王静如：《甘肃武威发现的西夏文考释》，《考古》1974 年第 1 期。

王静如：《新见西夏文石刻和敦煌安西洞窟夏汉文题记考释》，《王国维学术研究论集》（一），华东师范大学出版社 1983 年版。

王南南、黄维忠：《甘肃省博物馆所藏敦煌藏文文献叙录（上）》，《中国藏学》2003 年第 4 期。

王尧：《关于敦煌古藏文历史文书》，《中国历史研究》1980 年第 3 期。

王尧：《吐蕃佛教述略》，《世界宗教研究》1981 年第 2 期。

文志勇：《〈西夏官阶封号表〉残卷新译及考释》，《宁夏社会科学》2009 年第 1 期。

吴彦、金伟：《西藏密教传承考要》，《西藏研究》2002 年第 2 期。

西安市文管处、中国社会科学院民族研究所：《西安市文管处藏西夏文物》，《文物》1982 年第 4 期。

先巴：《唐五代河西佛教与藏传佛教后弘期"下路弘法"》，《青海民族研究》2000 年第 4 期。

谢继胜：《敦煌莫高窟第 465 窟壁画双身图像辨识》，《敦煌研究》2001 年第 3 期。

谢继胜：《关于敦煌第465窟断代的几个问题》，《中国藏学》2000年第3期。

谢继胜：《关于敦煌第465窟断代的几个问题（续）》，《中国藏学》2000年第4期。

谢继胜：《吐蕃西夏历史文化渊源与西夏藏传绘画》，《西藏研究》2001年第3期。

谢继胜：《金刚乘佛教传入吐蕃与藏传佛教双身图像的历史考察》，《华林》（第二辑），中华书局2002年版。

谢继胜：《莫高窟第465窟壁画绘于西夏考》，《中国藏学》2003年第2期。

谢重光：《吐蕃占领期与归义军时期的敦煌僧官制度》，《敦煌研究》1991年第3期。

熊文彬：《从版画看西夏佛教艺术对元代内地藏传佛教艺术的影响（续）》，《中国藏学》2003年第3期。

熊文彬：《从版画看西夏佛教艺术对元代内地藏传佛教艺术的影响》，《中国藏学》2003年第1期。

许德存：《试析桑耶寺僧诤的焦点》，《西藏研究》2003年第4期。

薛宗正：《唐代西域吐蕃人生活管窥》，《青海民族研究》1996年第4期。

杨铭：《吐蕃经略西北的历史作用》，《民族研究》1997年第1期。

杨铭：《吐蕃统治下的河、陇少数民族》，《西藏民族学院学报》1987年第8期。

曾雪梅：《甘肃省图书馆藏敦煌藏文文献叙录》，《敦煌研究》2003年第5期。

张宝玺：《安西发现密教坛场遗址》，《敦煌研究》2005年第5期。

张宝玺：《东千佛洞西夏石窟艺术》，《文物》1992年第2期。

张宝玺：《文殊山万佛洞西夏壁画的内容．敦煌学术讨论会文集》（上册），甘肃人民出版社1985年版。

张宝玺：《五个庙石窟壁画内容》，《敦煌学辑刊》1986年第1期。

张伯元：《莫高窟465窟藏传佛教壁画浅识》，《西藏研究》1993年第1期。

张亚莎：《吐蕃时期的禅宗传承》，《西藏民族学院学报》2004 年第 1 期。

张亚莎：《扎塘寺壁画与敦煌艺术》，《中国藏学》2001 年第 4 期。

张延清、梁旭澍等：《敦煌研究院藏敦煌古藏文写经叙录》，《敦煌研究》2006 年第 3 期。

张耀中：《酒泉博物馆古藏文〈大乘无量寿经〉叙录》，《敦煌研究》2006 年第 3 期。

张羽新：《帝师考论》，《中国藏学》2004 年第 1 期。

张云：《党项名义及族源考证》，《中国藏学》1996 年第 1 期。

张云：《论吐蕃文化对西夏的影响》，《中国藏学》1989 年第 2 期。

张云：《吐蕃与党项政治关系初探》，《甘肃民族研究》1988 年第 3—4 期。

仲布·次仁多杰：《佛教传入西藏时间考》，《西藏研究》2003 年第 3 期。

朱丽霞：《8—9 世纪流传于吐蕃的禅宗派别考》，《西藏研究》2004 年第 2 期。

五　外文或外国学者论著、论文

［俄］Н. А. Невский：*Тангутская филология*，Издательство восточной литературы，Москва，1960 г.［俄］聂历山：《西夏语文学》，文志勇、崔红芬合译，李范文主编《西夏研究》（第六集），中国社会科学出版社 2007 年版。

［俄］Е. И. Лубо-лесниченко и Т. К. Шафрановская：*Мертвый город Хара-хото*，Москва，Издательство Наука，1968 г. 崔红芬、文志勇译：《黑水死城》（上、下），《西北第二民族学院学报》2005 年第 1、2 期。

［俄］А. Н. Терентьев-катанский：*Материальная культура Си Ся*，Москва，Издательская фирма Восточная литература，1993 г.［俄］捷连吉耶夫－卡坦斯基：《西夏物质文化》，崔红芬、文志勇合译，民族出版社 2006 年版。

［俄］Е. И. Кычанов, *Каталог тангутских буддийских памятников*, Киото, Университет Киото, 1999 г. 崔红芬、文志勇合译：《俄藏黑水城西夏文佛经叙录》，甘肃文化出版社 2020 年版。

［俄］Е. И. Кычанов, *Запись у алтаря о примирении конфуция*, Москва, Издательская фирма Восточная литература, 2000 г.

［俄］К. Ф. Самосюк：*Буддийская живопись из Хара-Хото XII – XIV веков*, Санкт-петербург, Издательство государственного эрмитажа, 2006 г.

［俄］彼·库·柯兹洛夫：《蒙古、安多和死城哈喇浩特》，王希隆等译，兰州大学出版社 2002 年版。

［俄］克恰诺夫：《唐古特西夏国的藏族与藏文化》，杨元芳等译，《甘肃民族研究》1985 年第 2 期。

［俄］克恰诺夫著，波波娃编：《宋时期的非汉族政权之西夏（982—1227）》，崔红芬、文健译，《西夏研究》2019 年第 3 期。

［俄］孟列夫：《黑城出土汉文遗书叙录》，王克孝译，宁夏人民出版社 1994 年版。

［俄］萨玛秀克：《黑水城遗址出土 12 世纪"恒星巫术圈"》，郑国穆译，见《敦煌学与中国史研究论集》，甘肃人民出版社 2001 年版。

［俄］萨玛秀克：《丝路上消失的王国——西夏黑水城的佛教艺术》，许洋主译，中国台湾历史博物馆 1996 年版。

［俄］萨玛秀克：《西夏王国的星曜崇拜》，谢继胜译，《敦煌研究》2004 年第 4 期。

［法］伯希和：《伯希和敦煌石窟笔记》，耿昇译，甘肃人民出版社 1993 年版。

［法］伯希和：《评〈西藏文字对照西夏文字抄览〉》，聂鸿音译，孙伯君编《国外早期西夏学论集》（二），民族出版社 2005 年版。

［法］戴密微：《吐蕃僧诤记》，耿昇译，甘肃人民出版社 1984 年版。

［法］噶尔美：《〈西夏藏〉中的藏式木刻插图》，杜永彬译，耿昇主编：《国外藏学研究译文集》（第 8 辑），西藏人民出版社 1992 年版。

［法］海瑟·噶尔美：《早期汉藏艺术》，熊文彬译，中国藏学出版社 1994 年版。

［法］罗伯尔·萨耶:《印度—西藏的佛教密宗》,耿昇译,中国藏学出版社 2000 年版。

［法］毛利瑟:《西夏语言文字初探》,唐均译,孙伯君编《国外早期西夏学论集》(一),民主出版社 2005 年版。

［法］石泰安:《川甘青藏走廊古部落》,耿昇译,四川民族出版社 1992 年版。

［法］石泰安:《汉藏走廊的羌族》,耿昇译,《1957—1958 年法国高实验学院宗教科学系年鉴》。

［法］石泰安:《西藏的文明》,耿昇译,中国藏学出版社 1999 年版。

［法］谢和耐:《中国 5—10 世纪的寺院经济》,耿昇译,上海古籍出版社 2005 年版。

［美］邓如萍:《党项王朝的佛教及元代遗存——帝师制度起源于西夏说》,聂鸿音等译,《宁夏社会科学》1992 年第 5 期。

［美］范德康:《捴也阿难捴:十二世纪唐古忒的喀什米尔国师》,陈小强等译,见《国外藏学研究译文集》(14 集),西藏人民出版社 1998 年版。

［日］冲木克己:《敦煌出土的藏文禅宗文献的内容》,李德龙译,耿昇主编:《国外藏学研究译文集》(第 8 辑),西藏人民出版社 1992 年版。

［日］东北帝国大学藏版:《西藏大藏经总目录索引》1934 年版。

［日］荒川慎太郎:《西夏文金刚经の研究》,中西印刷株式会社出版部、松香堂书店 2014 年版。

［日］日本大谷大学图书馆藏:《西藏大藏经—甘殊尔勘同目录》1930—1932 年版。

［日］森安孝夫:《沙州回鹘与西回鹘国》,梁晓鹏译,《敦煌学辑刊》2000 年第 2 期。

［日］矢崎正见:《西藏佛教史》,陈季菁译,中国台湾文殊出版社 1986 年版。

［日］松元文三郎:《弥勒净土论》,张元林译,宗教文化出版社 2001 年版。

［日］土肥义合:《归以军时期(晚唐、五代、宋)的敦煌》(一及

续），李永宁译，《敦煌研究》1986年第4期、1987年第1期。

［日］西田龙雄：《西夏文华严经》（1—3卷），京都大学文学部1975、1976、1977年版。

［日］岩崎力：《北宋时期河西的藏族部落与佛教》，李德龙译，见《国外藏学研究译文集》（13集），西藏人民出版社1997年版。

［意］L.毕达克：《吐蕃与宋、蒙的关系．国外藏学研究译文集》（一辑），陈得芝译，西藏人民出版社1986年版。

［意］杜齐：《西藏考古》，向红笳译，西藏人民出版社2004年版。

［意］马可·波罗：《马可波罗行纪》，冯承钧译，上海书店出版社2002年版。

［英］迈克尔·理德利：《大乘、小乘、密乘与西藏、尼泊尔佛教艺术》，鄢玉兰译，耿昇主编：《国外藏学研究译文集》（第8辑），西藏人民出版社1992年版。

［英］伟列：《华北居庸关古代佛教铭文考》，孙伯君译，孙伯君编《国外早期西夏学论集》（一），民族出版社2005年版。

［英］渥德尔：《印度佛教史》，王世安译，商务印书馆2000年版。

［英］约翰·布洛菲尔德：《西藏佛教密宗》，耿生译，西藏人民出版社2006年版。